Gläubigerschutz beim Zuzug ausländischer Gesellschaften aus der Sicht des englischen Rechts

Europäische Hochschulschriften

Publications Universitaires Européennes
European University Studies

Reihe II
Rechtswissenschaft

Série II Series II
Droit
Law

Bd./Vol. 4375

PETER LANG
Frankfurt am Main · Berlin · Bern · Bruxelles · New York · Oxford · Wien

Claus M. Mößle

Gläubigerschutz beim Zuzug ausländischer Gesellschaften aus der Sicht des englischen Rechts

PETER LANG
Europäischer Verlag der Wissenschaften

Bibliografische Information Der Deutschen Bibliothek
Die Deutsche Bibliothek verzeichnet diese Publikation in der Deutschen Nationalbibliografie; detaillierte bibliografische Daten sind im Internet über <http://dnb.ddb.de> abrufbar.

Zugl.: Heidelberg, Univ., Diss., 2005

D 16
ISSN 0531-7312
ISBN 3-631-55200-9

www.peterlang.de

Vorwort

Die vorliegende Arbeit lag der Juristischen Fakultät der Ruprecht-Karls-Universität Heidelberg im Sommersemester 2005 als Dissertation vor. Die mündliche Doktorprüfung fand am 21. Dezember 2005 statt. Literatur und Rechtsprechung konnten bis Ende 2005 berücksichtigt werden.

Mein besonderer Dank gilt meinem Doktorvater Herrn Professor Dr. Dr. h.c. Werner F. Ebke, LL.M, der die Wahl des Themas angeregt und seine Bearbeitung mit großem Einsatz beispielhaft betreut hat. Darüber hinaus danke ich ihm herzlich für die Unterstützung meines Studienaufenthaltes am Magdalen College, Oxford. Herrn Professor Dr. Christian Baldus danke ich für die zügige Erstellung des Zweitgutachtens.

Dem Deutschen Akademischen Austauschdienst (DAAD) danke ich für großzügige Unterstützung meines Forschungsaufenthaltes in England. Bei Herrn Prof. Dan Prentice und Herrn Prof. Derrek Wyatt der University of Oxford sowie Herrn Robertson vom Department of Trade and Industry (DTI) möchte ich mich für die Anregungen und die Diskussionsbereitschaft bedanken.

Meinen Freunden in Kostanz und Oxford, insbesondere Bastian Meyenburg und Tom H. Westerling, danke ich für die stetige Unterstützung und Hilfsbereitschaft. Für die Durchsicht des Manuskripts danke ich Ingrid Burger und meiner Schwester Doris Mößle. Bei meinem Bruder Dr. Bernd Mößle M. Jur. (Oxford) möchte ich mich für das Vorbild und den Rat bedanken, die maßgeblich zum Gelingen dieses Werkes beigetragen haben. Ebenso zum Dank verpflichtet bin ich meiner Schwester Adriane Mößle und Susanne Bareth.

Schließlich möchte ich mich bei meinen Eltern bedanken. Ihr habt mich immer gefördert und unterstützt. Euch ist die vorliegende Arbeit gewidmet.

Frankfurt am Main, im Februar 2006

Claus M. Mößle

Meinen Eltern

Inhaltsverzeichnis

Abkürzungsverzeichnis

a.A.	anderer Ansicht
a.a.O.	am angegebenen Ort
Abl.EG	Amtsblatt der Europäischen Gemeinschaften
Abs.	Absatz
AC	Appeal Cases (ab 1891)
ACCA	Association of Chartered Accountants
ACLR	Australian Company Law Cases
AWD	Außenwirtschaftsdienst des Betriebsberaters
a.F.	alte Fassung
AG	Aktiengesellschaft bzw. Amtsgericht
AGM	Annual General Meeting
Am.J.Comp.L.	American Journal of Comparative Law
All ER	All England Law Reports
A.L.R.	Australian Law Reports
Anh.	Anhang
App.	Appeal
ARD	Accounting Reference Date
ARP	Accounting Reference Period
Art(t).	Artikel
ASB	Accounting Standards Board
B & Ald	Barnewall & Alderson's King's Bench Reports
BB	Der Betriebsberater
BCC	British Company Cases
BCLC	Butterworth Company Law Cases
Bd.	Band
BerDtGesVö	Bericht der Deutschen Gesellschaft für Völkerrecht
B.V.	Besloten Vennootschap
BGBl.	Bundesgesetzblatt
BMJ	Bundesministerium der Justiz
Bus.Law.	The Business Lawyer
B.W.	Burgerlijk Wetboek
BYIL	British Yearbook of International Law
C	Case
CA	Companies Act
CDDA 86	Company Directors Disqualification Act 1986

Ch	Chancery, Law Reports
Ch D	Chancery Division, Law Reports
CJJA 82	Civil Jurisdiction and Judgement Act 1982
CLJ	Cambridge Law Journal
Cmd	Command Paper
CMLR	Common Market Law Review
Co.Law.	The Company Lawyer
CommLR	Commonwealth Law Reports
Comp.YB Int'l Bus.	Comparative Yearbook of International Business
DB	Der Betrieb
Del.J.Corp.L.	Delaware Journal of Corporate Law
d.h.	das heißt
DLR	Dominion Law Reports (Canada)
DNotZ	Deutsche-Notar-Zeitschrift
Dok.	Dokument
DStR	Deutsches Steuerrecht
DTI	Department of Trade and Industry
DZWIR	Deutsche Zeitschrift für Wirtschaftsrecht
EBOR	European Business Organization Law Review
EC	European Community
ECFR	European Company and Financial Law Review
ed.	Editor/in
Edw	King Edward
EFTA	Europäische Freihandelsassoziation
EG	Europäische Gemeinschaft
EGMR	Europäischer Gerichtshof für Menschenrechte
EGV	Vertrag zur Europäischen Gemeinschaft
ELJ	European Law Journal
EMRK	Europäische Menschenrechtskonvention
engl.	englisch
ET	European Taxation
EuGH	Europäischer Gerichtshof
EuGRZ	Europäische Grundrechte Zeitschrift
EuGVÜ	Europäisches Übereinkommen über die gerichtliche Zuständigkeit und die Vollstreckung gerichtlicher Entscheidungen in Zivil- und Handelssachen
EuInsVO	Europäische Insolvenzverordnung
Eur.Bus.L.Rev.	European Business Law Review

Eur.L.Rev.	European Law Review
EuR	Europarecht
EuZW	Europäische Zeitschrift für Wirtschaftsrecht
EWG	Europäische Wirtschaftsgemeinschaft
EWHC	High Court of England and Wales
EWS	Europäisches Wirtschafts- und Steuerrecht
ECFR	European Company and Financial Law Review
f.	folgende
ff.	fortfolgende
Fn.	Fußnote
FA	Finance Act
FS	Festschrift
FSA	Financial Service Act
GbR	Gesellschaft bürgerlichen Rechts
GLJ	German Law Journal
GmbH	Gesellschaft mit beschränkter Haftung
GmbHR	Gesellschaft mit beschränkter Haftung Rundschau
GS	Gedächtnisschrift
GVO	Europäische Verordnung über die gerichtliche Zuständigkeit und die Vollstreckung gerichtlicher Entscheidungen in Zivil- und Handelssachen
HGB	Handelsgesetzbuch
HL	House of Lords
HMSO	Her Majesty's Stationery Office
Hrsg.	Herausgeber/in
IA 86	Insolvency Act 1986
IA 00	Insolvency Act 2000
ICCLR	International Company and Commercial Law Review
ICLQ	International Comparative Law Quarterly
ICTA	Income and Corporation Tax Acts
i.d.F.	in der Form
i.d.R.	in der Regel
IHK	Industrie- und Handelskammer
ILM	International Law Materials
InInt	Insolvency Intelligence
InsLaw.	The Insolvency Lawyer

Intertax	International Tax Review
IntGes	Internationales Gesellschaftsrecht
Int l' Law.	International Lawyer
IPRax	Praxis des Internationalen Privat- und Verfahrensrecht
i.R.d.	im Rahmen der
ital.	italienisch
i.V.m.	in Verbindung mit
J	Judge
JBL	Journal of Business Law
JIBL	Journal of International Banking Law
JZ	JuristenZeitung
KB	King's Bench Division, Law Reports
KOM	Kommissionsvorschlag
KommEU	Kommentar zum Recht der Europäischen Union
KTS	Zeitschrift für Insolvenzrecht
L. & Contemp. Probs.	Law & Contemporary Problems
lat.	lateinisch
Ld Raym.	Lord Raymond's Reports
Lev	Levinz Law Report (1660-1696)
LG	Landgericht
LJ	Lord Justice
LQR	Law Quarterly Review
LR Ch App	Law Reports Chancery Division Appeal
LR Eq	Law Reports Equity Cases
LR QB	Law Reports Queen's Bench
Ltd.	private limited company
MLR	Modern Law Review
MR	Master of the Rolls
MünchKomm	Münchener Kommentar
m.w.N.	mit weiteren Nachweisen
M & W	Meeson and Welsby, Exchequer Reports
NAO	National Audit Office
n.F.	neue Fassung
NJW	Neue Juristische Wochenzeitschrift
No.	Number

Nr.	Nummer
NSWLR	New South Wales Law Reports
NZLR	New Zealand Law Reports
OECD	Organisation für wirtschaftliche Zusammenarbeit und Entwicklung
OGH	Oberster Gerichtshof
OHG	Offene Handelsgesellschaft
OJ	Official Journal of the European Communities
OJLS	Oxford Journal of Legal Studies
O.V.	Ohne Verfasser
Overseas Reform	The Company Law Review Steering Group: Reforming the Law concerning Overseas Companies
para.	Paragraph
PAC	Public Accounts Committee
PC	Privy Council
plc	public limited company
QB	Queen's Bench
QBD	Queen's Bench Division
QC	Queens Council
r.	rule
RabelsZ	Rabels Zeitschrift für ausländisches und internationales Privatrecht
Rd.	Randnummer
Red.	Redakteur
reg	regulation
regs	regulations
RiL	Richtlinie
RIW	Recht der Internationalen Wirtschaft
Rn.	Randnummer
Rpfleger	Der Deutsche Rechtspfleger
Rs.	Rechtssache
RSC	Rules of the Supreme Court 1965, SI 1965/1776, as subsequently amended
Rspr.	Rechtsprechung
Rz.	Randzeichen

s./ss.	section(s)
Sch	Schedule
SI	Statutory Instruments published by authority
Slg.	Sammlung (der Rspr. des EuGH)
SLT	Scots Law Times
s.o.	siehe oben
SR	Statutory Rules of Northern Ireland published by authority
U.S.	United States Reports
v.	versus
VC	Vice Chancellor
vgl.	vergleiche
WLR	Weekly Law Reports
WM	Wertpapier-Mitteilungen
z.B.	zum Beispiel
ZEuP	Zeitschrift für Europäisches Privatrecht
ZfRV	Zeitschrift für Rechtsvergleichung
ZGR	Zeitschrift für Unternehmens- und Gesellschaftsrecht
ZHR	Zeitschrift für das gesamte Handels- und Wirtschaftsrecht
ZIP	Zeitschrift für Wirtschaftsrecht
ZInsO	Zeitschrift für das gesamte Insolvenzrecht
ZSR	Zeitschrift für schweizerisches Recht
z.T.	zum Teil
ZZP	Zeitschrift für Zivilprozess

Einleitung

A. Ausgangspunkt der Untersuchung

Das Internationale Gesellschaftsrecht hat in jüngster Zeit eine erstaunliche Entwicklung vollzogen. Nachdem die Vereinheitlichung des europäischen Gesellschaftsrechts durch Rechtsetzungsakte seit der Verabschiedung der vorwiegend aus den siebziger und achtziger Jahren des letzten Jahrhunderts stammenden europäischen Gesellschaftsrechtsrichtlinien[1] zunehmend ins Stocken geraten war[2], hat der EuGH durch die Entscheidungen in Sachen *Centros*, *Überseering BV* sowie *Inspire Art Ltd.* den Durchbruch für die Idee des Wettbewerbs der Gesellschaftsrechtsordnungen und der gegenseitigen Anerkennung wirksam gegründeter Gesellschaften in der EU geschaffen.[3] In der Entscheidung *Centros Ltd. ./. Erhvervs- og Selskabsstyrelsen*[4] erkannte der EuGH zunächst, dass ein Mitgliedstaat, der die Eintragung der Zweigniederlassung einer Gesellschaft verweigert, die in einem anderen Mitgliedstaat, in dem sie ihren Sitz hat, rechtmäßig errichtet worden ist, aber keine Geschäftstätigkeit entfaltet, gegen die Artt. 43, 48 EGV verstößt, wenn die Zweigniederlassung es der Gesellschaft ermöglichen soll, ihre gesamte Geschäftstätigkeit in dem Staat auszuüben, in dem diese Zweigniederlassung errichtet wird, ohne dort eine Gesellschaft zu errichten und damit das dortige Recht über die Errichtung von Gesellschaften zu umgehen, das höhere Anforderungen an die Einzahlung des Mindestgesellschaftskapitals stellt. Das Urteil in *Centros* hat, insbesondere im deutschen Raum, zu einer Flut[5] von Veröffentlichungen[6] geführt. Einzelne mitgliedstaatliche

---

1 Einen Überblick über die EG-Richtlinien bietet *Habersack*, S. 41/42; zum materiellen Inhalt der EG-Richtlinien siehe *Schwarz*, S. 167-560 bzw. aus englischer Sicht *Edwards*, S. 15-228.

2 Ebke, FS Großfeld, S. 189, 191; Ebke, (2000) 48 Am.J.Comp.L. 623, 625; Lutter, ZGR 2000, 1, 8; Hopt, ZIP 1998, 96. Anlass zu berechtigten Hoffnungen könnte nun aber die jüngst im Ministerrat erzielte Einigung zu dem im November 2003 vorgelegten Richtlinienvorschlag der Kommission, vgl. KOM (2003) 703 endgültig, über die Verschmelzung von Kapitalgesellschaften aus verschiedenen Mitgliedstaaten geben; vgl. hierzu http://europa.eu.int/rapid/pressReleasesAction.do (Stand: April 2005); FAZ vom 27.11.2004, S. 14 bzw. Wiesner, DB 2005, 91-94.

3 Ebke, JZ 2003, 927, 933.

4 EuGH Rs. C-212/97, Slg. 1999, I-1459-Centros.

5 Bzw.: „earthquake in jurisprudential terms", Omar (2000) 11 ICCLR 407.

6 Vgl. z.B. Ebke, JZ 1999, 656; Kieninger, ZGR 1999, 725-749; Sandrock, BB 1999, 1337; Kindler, NJW 1999, 1993; Ulmer, JZ 1999, 662; Geyrhalter, EWS 1999, 201; Meilicke, EuZW 1999, 216; Leible, RIW 1999, 447; Sedemund/Hausmann, BB 1999, 810; Cascante, ZIP 1999, 438; Roth, ZIP 1999, 861; Götsche, DStR 1999, 1403-1408; Roth, ZGR 2000, 311-338; Werlauf, ZIP 1999, 867; Borges, RIW 2000, 167; Steindorff, JZ 1999, 1140-1143; Thorn, IPRax 2001, 102-110; Görk, GmbHR 1999, 793; Zimmer, ZHR 2000, 23-42; Lange, DNotZ 1999, 599-607; Roth, ZIP 1999, 861 u.a. Das Echo in der englischen Literatur war hiergegen vergleichsweise zurückhaltend. Vgl. z.B. Micheler (2000) 21 Co.Law. 179-182; Omar (1999) 10 ICCLR 286-288; derselbe (2000) 11 ICCLR 407-415; Cabral (2000) 25 Eur.L.Rev. 157-164; Xanthaki (2001) 22 Co.Law. 2-8, Looijesijn-Clearie (2000) 49 I.C.L.Q. 621-642, Siems (2002) E.L.Rev. 47 u.a..

Gerichte waren wiederholt zur Interpretation der *Centros*-Entscheidung aufgerufen.[7] In mehreren Fällen[8] erfolgte eine Vorlage an den EuGH. Die Vorlagefragen des AG Heidelberg und des Landgerichts Salzburg wurden dabei vom EuGH[9], wie vereinzelt im Schrifttum vorausgesehen[10], zurückgewiesen. Der EuGH befand, dass das Amtsgericht Heidelberg in der vorgelegten Frage in einer verwaltungsrechtlichen Funktion aufgetreten sei. Die Zulässigkeit einer Vorlage an den EuGH setzt dagegen voraus, dass das nationale Gericht eine Entscheidung mit Rechtsprechungscharakter zu treffen hat.[11]

Einen „Meilenstein"[12] stellte die Vorlageentscheidung in Sachen *Überseering*[13] dar. Der EuGH entschied, dass nationale Gerichte die Rechts- und Parteifähigkeit ausländischer Gesellschaften anzuerkennen haben. Entgegen dem Votum des *Generalanwalts Colomer* in seinen Schlussanträgen beschränkte sich der EuGH nicht auf eine Beantwortung der konkreten ersten Vorlagefrage. Der Gerichtshof befand: „Macht eine Gesellschaft, die nach dem Recht des Mitgliedstaats gegründet worden ist, in dessen Hoheitsgebiet sie ihren satzungsmäßigen Sitz hat, in einem anderen Mitgliedstaat von ihrer Niederlassungsfreiheit Gebrauch, so ist dieser andere Mitgliedstaat nach den Artt. 43, 48 EGV verpflichtet, die Rechtsfähigkeit und damit die Parteifähigkeit zu achten, die diese Gesellschaft nach dem Recht ihres Gründungsstaats besitzt." Der EuGH hat in der Entscheidung *Überseering* endgültig seine Neutralität und Zurückhaltung im Bereich der Niederlassungsfreiheit von Gesellschaften aufgegeben.

---

7 Z.B. u.a. LG München I, RIW 2000, 61; LG Potsdam, RIW 2000, 145; AG Heidelberg, RIW 2000, 557; bzw. die Entscheidung des österreichischen OGH, JZ 2000, 199; vgl. hierzu Heidinger, (2000) 15 JIBL, N8; Höfling, EuZW 2000, 145-146; Kieninger, NZG 2000, 36-41; Lurger, IPRax 2001, 346.

8 EuGH Rs. C-208/00, Slg. 2002, I-9919-Überseering, BGH, RIW 2000, 555; siehe hierzu Luttermann, EWS 2000, 375; Kindler, RIW 2000, 649; EuGH, Rs. C-86/00, AG Heidelberg, RIW 2000, 557; EuGH Rs. C-447/00, vorgelegt vom Landgericht Salzburg; vgl. hierzu Leible, NZG 2001, 460.

9 Vgl. EuGH Rs. C-86/00- HSB-Wohungsbau GmbH.

10 Bzgl. der Vorlagefrage des AG Heidelberg siehe Ebke, 48 Am.J.Comp.L. 623, 656 (2000), der schon zum damaligen Zeitpunkt eine Entscheidung in der Heidelberger Vorlagefrage angesichts des EuGH-Urteils in Job Centre I, EuGH Rs. C-111/94, Slg. 1995, I-3361, für eher unwahrscheinlich hielt. Zu der Entscheidung in Job Centre I vgl. Kohler, ZEuP 1996, 452, 455 f.

11 Siehe HSB-Wohnungsbau GmbH, s.o., Rn. 5, unter Berufung auf EuGH Rs. C-318/85, Slg. 1986, I-955- Greis Unterweger, Rn. 4; EuGH Rs. C-111/94, Slg. 1995, I-3361- Job Centre I, Rn. 9; EuGH Rs. C-134/97, Slg. 1998, I-7023-Victoria Film, Rn. 14; EuGH Rs. C-178/99, Slg. 2001 I-1-Salzmann, Rn. 14 bzw. Holto Ltd.., s.o., Rn. 22-23.

12 Ebke, JZ 2003, 927, 933, mit Hinweis auf Behrens, IPRax 2003, 193, 194.

13 EuGH, Rs. C-208/00, Slg. 2002, I-9919-Überseering. Vgl. hierzu u.a. Ebke, JZ 2003, 927; derselbe, BB 2003, Heft 1, S. I ("Die Erste Seite"); Kindler, NJW 2003, 1073; Lutter, BB 2003, 7; Eidenmüller, ZIP 2002, 2233; Forsthoff, NJW 2003, Heft 3 ("NJW-Editorial"); Behrens, IPRax 2003, 193; derselbe, EuZW 2002, Heft 12 ("Editorial"); Binz/Mayer, GmbHR 2003, 249; Halbhuber, ZEuP 2003, 418; Von Halen, WM 2003, 571; Geyrhalter/Gänßler, NZG 2003, 409; Leible/Hoffmann, RIW 2002, 925; dieselben, ZIP 2003, 925; Merkt, RIW 2003, 458; Paefgen, WM 2003, 561; Rehberg, IPRax 2003, 175; W.-H. Roth, IPRax 2003, 117; SchanzeJüttner, AG 2003, 30; Schulz, NJW 2003, 2705; Stoller, JuS 2003, 846; Triebel, BB 2003, Heft 36, S. I ("Die Erste Seite"); derselbe, BB 2003, 2409; Wilhelm, ZHR 2003, 520; Zimmer, BB 2003, 1; derselbe, FAZ v. 3.4.2003, S. 14; Bücker, FAZ v. 9.10.2003, S. 21.

Im Zentrum der wissenschaftlichen und gerichtlichen Auseinandersetzung mit den Entscheidungen in Sachen *Centros* bzw. *Überseering* stand die Frage der Vereinbarkeit der in vielen kontinentaleuropäischen Ländern[14] damals vorherrschenden Sitztheorie[15] mit der in den Artt. 43, 48 EGV garantierten Niederlassungsfreiheit. Durch die Entscheidung in *Überseering BV* ist diese Frage weitgehend geklärt.[16] Ungeklärt blieb jedoch zunächst die Frage, inwieweit die Artt. 43, 48 EGV neben der Anerkennung ausländischer Gesellschaften auch verlangen, dass das anzuwendende Gesellschaftsstatut dem ausländischen Recht der Zuzugsgesellschaft zu entnehmen ist bzw. welcher Raum einem Zuzugsstaat nach *Überseering BV* noch verbleibt, durch Sonderanknüpfung einzelne nationale Schutzvorschriften gegenüber einer zuziehenden EU-Gesellschaft durchzusetzen. Eine erste Antwort hierauf gab der EuGH in der Entscheidung *Inspire Art Ltd.*[17] Danach stehen die Artt. 43, 48 EGV einer Regelung eines Mitgliedstaats entgegen, die die Ausübung der Freiheit zur Errichtung einer Zweigniederlassung in diesem Staat durch eine nach dem Recht eines anderen Mitgliedstaats gegründeten Gesellschaft von bestimmten Voraussetzungen abhängig macht, die im innerstaatlichen Recht für die Gründung von Gesellschaften bezüglich des Mindestkapitals und der Haftung der Geschäftsführer vorgesehen sind.[18] Der EuGH stellte fest, dass die Niederlassungsfreiheit nicht nur die Anerkennung der Rechts- und Parteifähigkeit einer ausländischen Gesellschaft voraussetzt, sondern dass darüber hinaus auch die Sonderanknüpfung nationaler Vorschriften gegen die Artt. 43, 48 EGV verstoßen kann.

Mit seiner Entscheidung in Sachen *Inspire Art Ltd.* hat der EuGH das Tor für einen unbeschränkten[19] Wettbewerb zwischen den verschiedenen europäischen Gesell-

---

14 Deutschland, Österreich, Frankreich, Belgien, Luxemburg, Portugal, Spanien, Griechenland, Polen, Türkei; vgl. MünchKomm/Kindler, IntGes, Rn. 382.

15 Die Sitztheorie knüpft das Gesellschaftsstatut an den Ort des tatsächlichen Verwaltungssitzes an, vgl. Staudinger/Großfeld, Rn. 20.

16 Ein Verfechter der „alten Sitztheorie“ ist noch Kindler BB 2003, 812.

17 EuGH Rs. C-167/01-Inspire Art Ltd.; vgl. hierzu u.a. Zimmer, NJW 2003, 3585; Ziemons, ZIP 2003, 1913; Wachter, GmbHR 2004, 88; Weller, DStR 2003, 1800; derselbe, IPRax 2003, 207; Ulmer, NJW 2004, 1201; derselbe, KTS 2004, 292; Bitter, 2004, 2190; Riedemann, GmbHR 2004, 345; Riegger, ZGR 2004, 510; Sandrock, BB 2003, 2588; derselbe, BB 2004, 897; K. Schmidt, ZHR 2004, 493; Paefgen, ZIP 2004, 2253; Merkt, RIW 2004, 1; Maul/Schmidt, BB 2003, 2297; Leible, ZGR 2004, 531; Kieninger, ZEuP 2004, 685; Kindler, NZG 2003, 1086; Horn, NJW 2004, 893; Hirsch/Britain, NZG 2003, 1100; Geyrhalter/Gänßler, DStR 2003, 2167; Fischer, ZIP 2004, 1477; Eidenmüller, JZ 2004, 24; Eidenmüller/Rehm, ZGR 2004, 159; Drygala, ZEuP 2004, 337; Borges, ZIP 2004, 733; Bayer, BB 2003, 2357; Altmeppen, NJW 2004, 97; Altmeppen/Wilhelm, DB 2004, 1083; Schanze/Jüttner, AG 2003, 661; Spindler/Berner, RIW 2004, 7; dieselben, RIW 2003, 949; Bernsau, FAZ v. 9.6.2004, S. 25; Anne Looijestijn-Clearie (2004) 5 EBOR 389; De Kluiver, ECFR 2004, 121; Wulf/Dejonghe (2004) 15 ICCLR 29.

18 EuGH Rs. C-167/01-Inspire Art Ltd., Rn. 143. Siehe zu den Auswirkungen der Entscheidung im Verhältnis zu US-Gesellschaften im Rahmen des Freundschafts-, Handels- und Schiffahrtsvertrages zwischen der Bundesrepublik Deutschland und den Vereinigten Staaten von Amerika, BGH, ZIP 2004, 1549. Zur Auslegung und Kritik des Urteils vgl. Ebke, RIW 2004, 740. Zum Gläubigerschutz im Recht der Delaware corporation siehe Fleischer, RIW 2005, 92-97.

19 Ebert/Levedag, GmbHR 2003, 1337, 1346, sprechen jedoch zu Recht von einem „asymmetrischen Wettbewerb“, da die Wegzugbeschränkungen derzeit noch nicht weggefallen sind und Sitztheorie-

schaftsformen weiter geöffnet.[20] Wegen des „Quasi-Stillstandes" der Harmonisierungsbemühungen innerhalb der EU[21] muss sich Deutschland einem Wettbewerb der Gesellschaftsrechtsordnungen[22] innerhalb der EU stellen. Bereits nach *Überseering* stand fest, dass es deutschen und anderen europäischen Gesellschaften frei steht, sich in jedem beliebigen Mitgliedsland der EU zu inkorporieren, ohne dass die Gesellschaft in dem betreffenden Land gleichzeitig auch ihren tatsächlichen Verwaltungssitz oder ihren Geschäftsmittelpunkt vorweisen muss. *Inspire Art* bekräftigt das und stellt weiter klar, dass jedes Mitgliedsland verpflichtet ist, EU-Gesellschaften nicht nur uneingeschränkt anzuerkennen, sondern ihre Rechtsbeziehungen grundsätzlich auch nach dem Heimatrecht der Gesellschaft zu beurteilen.[23] Die Frage, ob man einen Wettbewerb der Gesellschaftsrechte (jurisdictional competition) rechtspolitisch als „race to the bottom"[24] für nicht sachgerecht hält,[25] oder ob man ihn aus Subsidiaritätsgründen begrüßt,[26] kann hier offen bleiben. Tatsache ist, dass nach den jüngsten Entscheidungen des EuGH der Wettbewerb der Gesellschaftsrechte innerhalb Europas[27] an Schärfe gewinnt.

Das Bundesjustizministerium hat vor diesem Hintergrund eine Reform des GmbH-Rechts angekündigt, um die Attraktivität der Rechtsform der GmbH zu stärken

---

Staaten wie Deutschland den Import ausländischer EU-Gesellschaften zulassen müssen, sie ihre eigenen Gesellschaftsformen aber noch nicht exportieren können.

20 Vgl. Wachter, GmbHR 2004, 88, 89. Dass ein Markt für Gesellschaftsrechtsordnungen besteht, lässt sich mit fundamentalen ökonomischen Erwägungen von Angebot und Nachfrage belegen (ausführlich hierzu Cheffins, S. 426 ff.). Eine Nachfrage auf Unternehmensseite lässt sich schon durch die Phänomene der „Briefkastenfirmen" bzw. der „Scheinauslandsgesellschaften" belegen. Ein Angebot im ökonomischen Sinne wäre anzunehmen, wenn es für die einzelnen Mitgliedstaaten von Vorteil wäre, ihre Gesellschaftsordnung so maßzuschneidern, dass ausländische Unternehmen einen Anreiz verspürten, sich nach dem Recht des betreffenden Staates zu inkorporieren. Da die meisten europäischen Mitgliedstaaten untereinander Doppelbesteuerungsabkommen geschlossen haben (vgl. das deutsch-englische Doppelbesteuerungsabkommen vom 26.11.1964, BGBl. 1966 II, S. 358), liegt der Vorteil dabei weniger in einem wachsenden Steueraufkommen. Erhöhte Einnahmen bei Registrierungs- und anderen Verwaltungsgebühren fallen ebenfalls nicht weiter in Betracht. Erstens müssen diese Gebühren im Rahmen der Niederlassungsfreiheit verhältnismäßig sein, zweitens sind diese Gebühren bei Volkswirtschaften wie England und der Bundesrepublik Deutschland marginal. Entscheidend ist, dass von dem Beschluss eines Unternehmens, sich in einem bestimmten Mitgliedsstaat zu inkorporieren, vor allem Anwälte, Wirtschaftsprüfer und andere professionelle Dienstleister am Ort des Satzungssitzes profitieren. Diese Berufsgruppen werden daher nicht zu Unrecht „Katalysatoren" (siehe Cheffins, S. 437) eines liberalen Zuzugsrechts genannt.

21 Siehe Ebke, (2000) 48 Am.J.Comp.L. 623, 625. Die Bewegungslosigkeit in der europäischen Gesellschaftsrechtsentwicklung ist besonders im Bereich der kleinen, nicht an der Börse notierten Gesellschaften augenfällig (sog. „private companies").

22 Vgl. zum Wettbewerb der Gesellschaftsrechte in Europa: Merkt, RabelsZ 1995, 545; Ebke, RabelsZ 1998, 195; Ebke, ZGR 1987, 245, 259-263; Ebke 31 Int. Law. 961 (1997); Kübler, Gesellschaftsrecht, S. 457-459; Reher, S. 132 ff.; Behrens, FS Mestmäcker, S. 831, 838-843.

23 Siehe hierzu ebenfalls das Urteil des BGH vom 14. März 2005 (II ZR 5/03), im Internet veröffentlicht unter www.bundesgerichtshof.de.

24 Vgl. zum Begriff: Brandeis in Liggett v. Lee 288 US 517, 557-560 (1933).

25 So Schwarz, Rd. 24/25, der einen Wettbewerb der Gesellschaftsrechte, soweit Fragen des Dritt- und Gläubigerschutzes betroffen sind, für kein geeignetes Regulierungskonzept hält.

26 Vgl. Merkt, RabelsZ 1995, 545 ff.

27 Vgl. hierzu umfassend Kieninger, Wettbewerb der Privatrechtsordnungen im Europäischen Binnenmarkt.

und dem zunehmenden Wettbewerb der Rechtsformen von Kapitalgesellschaften in der EU zu begegnen.[28] Durch die Entscheidung in Sachen *Inspire Art Ltd.* geraten sog. „Scheinauslandsgesellschaften" (pseudo-foreign companies) oder „Briefkastengesellschaften" verstärkt in den Fokus des Interesses.[29] In der Literatur wird davor gewarnt, dass ein freier Wettbewerb der Gesellschaftsrechte einen rechtsfreien Raum für in Deutschland tätige ausländische Gesellschaften schaffen könnte.[30] Nach dem Wegfall der Sanktionen der Sitztheorie[31] werden Mittel und Wege gesucht, die privaten und öffentlichen Gläubiger zu schützen. Es ist nicht erstaunlich, dass vor diesem Hintergrund das Interesse an ausländischen Gesellschaften und deren Gesellschaftsrecht enorm gewachsen ist. Im Brennpunkt des Interesses steht dabei (derzeit noch)[32] das englische Gesellschaftsrecht. Das englische Handels- und Wirtschaftsministerium (*Department of Trade and Industry*, kurz: *DTI*) hat beträchtliche Anstrengungen unternommen, die Anziehungskraft und Attraktivität des englischen Gesellschaftsrechts weiter zu steigern.[33] Das Internationale Gesellschaftsrecht Englands gilt als „liberal".[34] Dem materiellen englischen Gesellschaftsrecht wird ein Modellcharakter zugesprochen. Das englische Gesellschaftsrecht wird dem Gesellschaftsrecht des amerikanischen Bundesstaates Delaware gleichgesetzt.[35] London ist der natürliche Brückenkopf für Investoren aus Übersee

---

28 FAZ vom 7. April 2005, S. 11. Das Bundesministerium der Justiz veröffentlichte am 29. April 2005 eine Pressemitteilung zur Neuregelung des Mindestkapitals im GmbH-Recht (vgl. www.bmj.de/media/archive/908.pdf), danach soll das Mindestkapital der GmbH auf 10.000 Euro abgesenkt werden; vgl. hierzu ebenfalls Eidenmüller/Engert, GmbHR 2005, 433-438 m.w.N. bzw. Eilmann/Seulen, FAZ vom 04. Mai 2005, S. 25; bzgl. eines alternativen Reformentwurfs vgl. Vossius, GmbHR 2005, R 373 bzw. www.gmbhr.de/volltext.htm.

29 Zu Recht weist Ebke, JZ 2003, 927, 930 darauf hin, dass diese Gesellschaftsklassifizierungen nach Überseering im Hinblick auf EU-Gesellschaften irreführend sind, weil es sich bei den in Rede stehenden Gesellschaften um „echte" niederlassungsberechtigte Gesellschaften handelt.

30 Ebenroth/Eyles, DB 1989, 413, 416; Schön, FS Lutter, S. 685, 698; Zimmer, FS Lutter, S. 231, 244-245; Zimmer, Int.Ges., S. 328 f.; Staudinger/Großfeld, Rn. 132; Geyrhalter/Gänßler, NZG 2003, 409, 411.

31 Ebke, BB 2003 Heft 1, S. I („Die Erste Seite").

32 Andere europäische Staaten sind nicht untätig geblieben und haben ihr Recht der kleinen Kapitalgesellschaft wie z.B. Frankreich radikal vereinfacht (Einführung einer sog. „Ein-Euro-S.A.R.L.") bzw. im Falle Spaniens eine neue attraktive kleine Kapitalgesellschaft in Form der „Sociedad Limitada Nueva Empresa" (SLNE) geschaffen, um sich für den anstehenden Wettbewerb der Gesellschaftsrechte fit zu machen. Vgl. zum Ganzen Lutter, GmbHR 2005, 1, 2-3; Emid Iruyo, RIW 2004, 760 (zum spanischen Recht) bzw. Recq/Hoffmann, GmbHR 2004, 1070 (zum französischen Recht).

33 Vgl. vor allem die Reformvorschläge der Company Law Review Steering Group (http://www.dti.gov.uk/cld/review.htm) bzw. das hierzu jüngst ergangene neue „White Paper" der englischen Regierung (White Paper Company Law Reform, March 2005, http://www.dti.gov.uk/cld/WhitePaper.pdf) mit konkreten Formulierungsvorschlägen für eine Gesetzesänderung sowie die Reformvorschläge der „Rickford-Arbeitsgruppe": Reforming Capital, (2004) 15 Eur.Bus.L.Rev. 4. Issue 1-109. Einen Überblick über die Reform des englischen Gesellschaftsrechts bieten Lembeck, NZG 2003, 356 ff. bzw. Micheler, ZGR 2004, 324.

34 Roth, ZIP 1999, 861, 863, spricht in diesem Zusammenhang davon, dass die englische private limited company innerhalb der EU die beliebteste „Oasen-Gesellschaft" geworden sei.

35 Z.B. Halbhuber (2001) 38 CMLR 1385, 1403: „England is widely perceived as the most likely candidate for a European Delaware."; Wachter, GmbHR 2004, 88, 91: „England erscheint daher prädestiniert, sich zum europäischen Delaware zu entwickeln."

in Europa.[36] Im Blickpunkt der Aufmerksamkeit steht zum einen die Frage, welche Chancen und Risiken sich mit der Handlungsform einer private limited company verbinden, zum anderen, wie es das englische Recht schafft, trotz eines „liberalen" Zuzugs- bzw. Gründungsrechts, einen effektiven Schutz der Rechte Dritter (stakeholder), insbesondere der Gläubiger, zu gewährleisten. Sowohl die *High Level Group of Company Law Experts on a modern Regulatory Framework for Company Law in Europe* in ihrem Abschlussbericht[37] als auch die Arbeitsgruppe Europäisches Gesellschaftsrecht (*Group of German Experts on Corporate Law)*[38] haben sich dafür eingesetzt, dass auf EU-Ebene eine Regelung über die Konkursverschleppung eingeführt werden soll, die an die englische Vorschrift des wrongful trading[39] angelehnt ist.[40] Im Schlussbericht der *High Level Group of Company Law Experts* vom 04.11.2002 wird ferner die Einführung von europaweiten Disqualifizierungen und Berufsverboten für persönlich und fachlich ungeeignete Geschäftsführer erwogen.[41] Die Nähe zu den englischen Disqualifizierungvorschriften des Company Directors Disqualification Act 1986 (CDDA 86) ist dabei unverkennbar. In ihrem Aktionsplan zur Modernisierung des Gesellschaftsrechts vom 21. Mai 2003 hat die Europäische Kommission mittelfristig einen Richtlinienvorschlag angekündigt, der eine Regelung über eine europarechtliche Konkursverschleppungshaftung bzw. ein EU-weites Tätigkeitsverbot für Unternehmensleiter enthalten soll.[42]

B. Ziel der Untersuchung

Ziel dieser Untersuchung ist es, zu zeigen, dass die englischen Vorschriften zum Schutz der Gesellschaftsgläubiger und die funktional vergleichbaren Gläubigerschutzinstrumente des deutschen Rechts gegenüber zuziehenden ausländischen EU-Gesellschaften europarechtlich nicht uneingeschränkt zur Geltung gebracht werden können.[43] Die Arbeit wird deutlich machen, dass die englischen Vorschriften zum Schutz der Gesellschaftsgläubiger als Strukturmodell für eine mögliche Harmonisierung des gesellschaftsrechtlichen Gläubigerschutzes in Europa nicht geeignet sind.

---

36 Efferink/Ebert/Levedag, GmbHR 2004, 880, 890.

37 Report of the High Level Group of Company Law Experts, http://europa.eu.int/comm./internal_market/en/company/company/modern/index.htm., S. 73-74.

38 Stellungnahme vom März 2003, Ziff. III.13, ZIP 2003, 863, 870.

39 Siehe s. 214 IA 86.

40 So zuvor schon für das Konzernrecht das Forum Europaeum Konzernrecht, ZGR 1998, 672, 771, 772; vgl. hierzu auch Fleischer, AG 1999, 350; vgl. zur englischen Sicht, auf europäischer Ebene eine „wrongful trading-Haftung" einzuführen, Omar (2003) 6 InsLaw. 239-249.

41 Schlussbericht der High Level Group of Company Law Experts, s.o., S. 74/75.

42 Aktionsplan der EU-Kommission zur Reform des Europäischen Gesellschaftsrechts vom 21.05.2003, NZG 2003, Sonderbeilage 13, S. 9.

43 Hiergegen noch Höfling, S. 22: „Das englische Internationale Gesellschaftsrecht kann daher als Modell für die Entwicklung eines nicht gegen die Niederlassungsfreiheit verstoßenden internationalen Gesellschaftsrechts dienen."

Die Untersuchung konzentriert sich dabei auf die Darstellung und Analyse des Zuzugs kleiner Kapitalgesellschaften.[44] Ausländische Gesellschaften im Sinne dieser Arbeit sind nur Gesellschaften aus einem anderen EU-Mitgliedstaat. Es findet keine Untersuchung des Zuzugs von Gesellschaften aus Drittstaaten bzw. des Europäischen Wirtschaftsraumes statt. Ferner wird nur der Zuzug von ausländischen EU-Gesellschaften behandelt, deren Gründungsstaat den Wegzug gestattet.[45]

C. Gang der Untersuchung

Die Arbeit gliedert sich in sechs Teile. Der erste Teil widmet sich dem Internationalen Gesellschaftsrecht Englands. Die Bedeutung des Internationalen Gesellschaftsrechts für den Gläubigerschutz in England wird erarbeitet. Dazu liefert das erste Kapitel zunächst einen historischen Überblick über die Entwicklung der Gründungstheorie in England. Dem schließt sich die Untersuchung der inhaltlichen Reichweite der englischen Gründungstheorie bzw. des Begriffs domicile an (2.-4. Kapitel). Im Anschluss daran werden die rechtlichen Rahmenbedingungen der Sitzverlegung einer ausländischen Gesellschaft nach England dargestellt (5. Kapitel). Den Abschluss bildet eine Bewertung der Rolle des Internationalen Gesellschaftsrechts für den englischen Gläubigerschutz (6. Kapitel).

Gegenstand des zweiten Teils ist es, das System des englischen Gläubigerschutzes darzustellen und zu analysieren. Hierfür wird die Arbeit zunächst eine kurze Einführung in das materielle englische Gesellschafts- (1. Kapitel) und Insolvenzrecht (2. Kapitel) liefern. Im Anschluss wird das dritte Kapitel das englische Gläubigerschutzrecht systematisieren und die Entwicklung und den Inhalt der einzelnen englischen Gläubigerschutzinstitute darstellen. Der zweite Teil endet mit einer Zusammenfassung und Bewertung des englischen Gläubigerschutzsystems.

Im nachfolgenden dritten Teil wird untersucht, inwieweit die englischen Gläubigerschutzvorschriften auf ausländische Gesellschaften Anwendung finden. Wegen der enormen Bedeutung des Insolvenzrechts für den englischen Gläubigerschutz wird zunächst das englische Internationale Insolvenzrecht dargestellt (1. Kapitel). Im Anschluss hieran wird die Anwendbarkeit der einzelnen Gläubigerschutzinstitute auf ausländische Gesellschaften erörtert werden (2.-8. Kapitel). Der dritte Teil endet mit einer Zusammenfassung der Ergebnisse (9. Kapitel).

---

44 Im Sinne der GmbH bzw. private limited company. Die Beschränkung rechtfertigt sich daher, dass die „Zuzugseuphorie" infolge der jüngsten Rechtsprechungsentwicklung des EuGH (Centros, Überseering, Inspire Art) in erster Linie kleine Kapitalgesellschaften erfasst; ähnlich Kieninger, 6 GLJ 741, 769 (2005).

45 Für den Fall, dass der Gründungsstaat den Wegzug nicht erlaubt, spricht nichts gegen die Weitergeltung der modifizierten Sitztheorie, vgl. Weller, IPRax 2003, 324, 327; Leible/Hoffmann, RIW 2002, 925, 935; Paefgen, WM 2003, 561, 568 bzw. jüngst das OLG Brandenburg, DB 2005, 604.

Im vierten Teil wird die Arbeit dann untersuchen, ob die Anwendung der englischen Gläubigerschutzinstrumente auf zuziehende ausländische Gesellschaften mit dem Europarecht vereinbar ist. Zunächst wird die Auswirkung der Europäischen Insolvenzverordnung auf das Internationale Insolvenzrecht Englands erörtert werden. Im Zentrum der Analyse steht aber die Frage, ob die Anwendung der englischen Gläubigerschutzvorschriften gegen die europarechtliche Niederlassungsfreiheit verstößt. Die Arbeit wird daher ausführlich auf die jüngste Rechtsprechung des EuGH zur Niederlassungsfreiheit eingehen. Die Folgen, insbesondere der Entscheidung *Inspire Art Ltd.*[46], auf den Gläubigerschutz im Allgemeinen und das englische Gläubigerschutzsystem im Speziellen werden eingehend untersucht.

Der fünfte Teil widmet sich der Untersuchung bestimmter deutscher Gläubigerschutzinstitute. Aufbauend auf den im vierten Teil gewonnenen Erkenntnissen wird geprüft, ob die Anwendung Gläubigerschutzinstrumente des deutschen Rechts auf zuziehende ausländische Gesellschaften mit dem Europarecht vereinbar ist. Um die Ergebnisse des vierten Teils fruchtbar zu machen, wird die Analyse auf die dem englischen Recht funktional vergleichbaren Gläubigerschutzinstrumente des deutschen Rechts beschränkt. Die Analyse konzentriert sich auf die Untersuchung der Transparenzregeln, der Insolvenzverschleppungshaftung (§ 64 Abs. 1 GmbHG i.V.m § 823 Abs. 2 BGB), einzelner Durchgriffshaftungsinstitute, insbesondere der Rechtsprechung des BGH zur Existenzvernichtungshaftung, sowie auf die Ausschlussvorschriften des § 6 Abs. 2 Satz 3 GmbHG i.V.m. §§ 283 bis 283d StGB.

Die Arbeit endet mit einer Schlussbetrachtung. Die Ergebnisse der vorangegangenen Teile werden zusammengefasst und mögliche Alternativen bzw. Perspektiven für die Entwicklung eines tragfähigen Gläubigerschutzmodells in Europa aufgezeigt.

---

46 EuGH Rs. C-167/01-Inspire Art Ltd.

Erster Teil: Das Internationale Gesellschaftsrecht Englands

Das Internationale Gesellschaftsrecht Englands ist nicht kodifiziert. Es beruht auf ungeschriebenen Regeln, die in einem umfassenden Fallrecht entwickelt wurden und präjudizielle Wirkung entfalten. Maßgebliche Bedeutung für das Internationale Gesellschaftsrecht Englands hat die sog. Gründungsrechtstheorie.

§ 1: Der geschichtliche Ursprung der Gründungsrechtstheorie[47]

Die Gründungstheorie begegnet uns in England erstmals im Jahre 1724. The *Dutch West-India Company v. van Moses*[48] ist der erste dokumentierte Fall, indem eine ausländische Gesellschaft als Partei vor einem englischen Gericht auftrat. Als Entstehungsbegründung der Gründungstheorie wird vorgebracht, dass England als größtes kapitalexportierendes Land der damaligen Zeit ein erhebliches Interesse daran hatte, seine eigenen Gesellschaften unter den Schutz seines eigenen Rechts zu stellen.[49] Durch die Anknüpfung an die Gründung wurde zudem eine Legitimierung für die Gewährung diplomatischen Schutzes geschaffen.[50] Daneben kann festgestellt werden, dass die Gründungstheorie in Analogie zum domicile of origin bei natürlichen Personen entwickelt wurde. Der Geburt, als Anknüpfungsfaktor bei natürlichen Personen, wurde die Gründung als entscheidender Faktor bei juristischen Personen gleichgesetzt.[51] Bestätigung fand diese Entstehungsbegründung für die Gründungstheorie in dem Diktum von *Huddleston B* in *Cesena Sulphur Co Ltd. v. Nicholsen*: „...taking the analogy between a natural and an artificial person, in the case of a corporation you can say that the place of its registration is the place of birth...“[52]

---

47 Siehe hierzu Großfeld, FS Westermann, S. 200-203; Richter, S. 8-18.

48 The Dutch West India Company v. van Moses (1724) 1 Strange 613. Im Fall ging es um die Begleichung einer Darlehensschuld, welche die Dutch West India Company gegenüber Moses geltend machte. Vgl. auch den Folgefall Henriques v. General Privileged Dutch Co Trading to the West Indies (1728) 2 Ld Ray 1532, indem die West India Company gegen den Bürgen vorging.

49 Siehe Großfeld, FS Westermann, S. 203; Batiffol/Lagarde, S. 240; Ebenroth/Sura, RabelsZ 1979, 315, 326 ff.

50 Großfeld, Schutz, 537 ff.

51 Vgl. Farnsworth, Corporations, S. 209: "On analogy of an individual, the domicil of origin of a corporation would be that of the country of its incorporation for the act of being incorporated can well be compared to the act of being born in the case of an individual."

52 Cesena Sulphur Co Ltd. v. Nicholsen (1876) LR 1 Ex 453. Ähnlich ziehen die Entscheidungen in Bradbury v. English Sewing Cotton Co Ltd. [1923] AC 744 und Egyptian Delta Land and Investment Co Ltd. v. Todd [1929] AC 13 eine Analogie zwischen dem domicile of origin von natürlichen Personen und dem von juristischen Personen, indem sie die Gründung einer Gesellschaft der Geburt einer natürlichen Person gleichsetzen.

§ 2: Anerkennung ausländischer Gesellschaften in England

Eine ausländische Gesellschaft, die in ihrem Heimatstaat wirksam gegründet wurde, wird in England als solche anerkannt.[53] Bei der Frage der Anerkennung einer ausländischen Gesellschaft folgt das englische Recht der sogenannten Gründungsrechtstheorie. Für die Anerkennung einer ausländischen Gesellschaft in England ist es daher gleichgültig, wo die Gesellschaft ihren geschäftlichen Schwerpunkt bzw. ihren tatsächlichen Verwaltungssitz hat.[54] Ausreichend ist, dass die Gesellschaft nach dem Recht des Gründungsstaates die Rechtspersönlichkeit erlangt hat. Die Frage, „ob" eine Gesellschaft wirksam gegründet wurde, bestimmt sich nach dem Personalstatut oder Gesellschaftsstatut der Gesellschaft. Als rechtsdogmatische Begründung für die Anerkennung ausländischer Gesellschaften durch englische Gerichte kann der völkerrechtliche Grundsatz der Comitas (eng. „comity") herangezogen werden. So *Scrutton LJ* in einem der berühmten „*Russian Bank* cases"[55]: „So in the case of artificial persons, the existence of such person depends on the law of the country under whose law it is incorporated, recognized in other countries by international comity, though its incorporation is not in accordance with their law."[56]

§ 3: Das domicile als Anknüpfungspunkt zur Bestimmung des Personalstatuts

Das englische Internationale Privatrecht knüpft zur Bestimmung des Personalstatuts natürlicher Personen an den Begriff des Domizils („domicile") an.[57] Dies steht im Gegensatz zu den meisten kontinentaleuropäischen Rechtsordnungen, die das Personalstatut einer natürlichen Person an die Nationalität anknüpfen.[58] Einer der wesentlichen Gründe, warum das englische Recht die Anknüpfung an das domicile bevorzugte, liegt in der Aufteilung des Vereinigten Königreichs in unterschiedliche Rechtsordnungen.[59] So sagt die englische Staatsangehörigkeit allein nichts über die Zugehörigkeit zu einer bestimmten Rechtsordnung aus. Dagegen ermöglicht die Anknüpfung an das Domizil eine Zuordnung zu einer der Teilrechtsordnungen. Aus diesem Grunde knüpfen auch

---

53 Dicey & Morris, S. 1107, Bonanza Creek Gold Mining Co VR [1916] 1 AC 566; Lazard Bros v. Midland Bank [1933] AC 289; National Bank of Greece and Athens SA v. Metliss [1958] AC 509.

54 Gillessen, S. 46; Richter, S. 19.

55 Die „Russian Bank cases" ergaben sich im Zusammenhang mit der russischen Revolution und den dabei einhergehenden Enteignungen beim Übergang zum sozialistischen Gesellschaftssystem in der ehemaligen Sowjetunion.

56 Bank International de Commerce de Petrograd v. Goukassow (1923) 2 KB 682, 691; siehe ebenfalls Phillimore J in De Beers Consolidated Mines, Limited v. Howe [1905] 2 KB 612, 630.

57 Udny v. Udny (1869) LR 1 Sc App 441, 457.

58 Young (1908) 22 HLR 1, 2.

59 England, Schottland, Nordirland, Gibraltar, die Kanalinseln u.a.; siehe hierzu Re O'Keefe [1940] Ch. 124.

Staaten wie die USA, Kanada und Australien bei natürlichen Personen an das Domizil und nicht an die Nationalität an.[60]

A. *Das domicile natürlicher Personen*

Das domicile natürlicher Personen wird grundsätzlich objektiv durch die Geburt festgelegt („domicile of origin"). Ein Wechsel ist bei Vorliegen bestimmter objektiver Kriterien („residence") und einem subjektiven Änderungswillen („animus manendi") möglich („domicile of choice").[61] Wird das domicile of choice aufgegeben und kein neues begründet, lebt das ursprüngliche domicil of origin wieder auf.[62]

B. *Das domicile juristischer Personen*

Das englische Recht und mit ihm alle anderen anglo-amerikanischen Rechtsordnungen bestimmen das Personalstatut juristischer Personen in Analogie zu natürlichen Personen nach dem domicile der juristischen Person.[63] Das domicile einer company wiederum bestimmt sich nach dem Recht am Ort der Inkorporierung oder Gründung.[64] In diesem Zusammenhang hat domicile daher nichts mit dem deutschen Begriff „Domizil" oder „Residenz" gemein. Der Begriff „domicile" im englischen Recht entspricht eher dem, was wir im deutschen Recht bei einer natürlichen Person unter den Terminus „Nationalität" fassen würden.[65] Eine Gesellschaft, die in England gemäß dem CA 85 registriert wurde, hat folglich ein englisches domicile, und eine Gesellschaft, die gemäß den deutschen gesellschaftsrechtlichen Gründungsvorschriften inkorporiert wurde, ein deutsches domicile, unabhängig davon, wo die Gesellschaft tatsächlich schwerpunktmäßig geschäftlich tätig ist. Das domicile ist insbesondere auch unabhängig von dem domicile seiner Gründer bzw. von dem seiner Gesellschafter.[66]

Die Frage, ob für die Bestimmung des domicile einer company auf den spezifischen Ort der Gründung (lokaler Ansatz) oder auf das Rechtssystem am Ort der Gründung (rechtsordnungsbezogener Ansatz) abzustellen ist, wurde bisher nicht eindeutig

---

60 Vgl. Morris, S. 45.
61 Daneben gibt es noch das domicile of dependency für abhängige Personen, vgl. von Hoffmann, S. 180.
62 Gillesen, S. 40.
63 Gasque v. I.R.C. [1940] 2 K.B. 80, 84.
64 Morris, S. 43; Cheshire & North, S. 175; Farnsworth, Corporations, S. 204; Dicey & Morris, S. 1103; Gasque v. Inland Revenue Commissioners [1940] 2 KB 80; National Trust Company v. Ebro Irrigation & Power Ltd. [1954] DLR 326.
65 Von Hoffmann, S. 180.
66 Dicey & Morris, S. 1105.

entschieden.[67] Relevant wird diese Frage in den Fällen, in denen sich die einheitliche Rechtsordnung eines Staates in zwei oder mehrere getrennte Rechtsordnungen aufgespalten hat, wie das z.B. im ehemaligen Jugoslawien erfolgt ist. Bedeutung erlangt das Problem auch im Falle einer geografischen Verschiebung eines Landes, wie z.B. Polens im letzten Jahrhundert. Mehrheitlich wird jedoch die Anwendung eines rechtsordnungsbezogenen Ansatzes vertreten.[68] Eine klärende Entscheidung im House of Lords steht noch aus.

Aufgrund des Foreign Corporations Act 1991[69] ist es nicht mehr zwingend notwendig, dass der Staat, indem die Gesellschaft gegründet wurde, völkerrechtlich vom Vereinigten Königreich (bzw. von „Her Majesty's Government") zumindest faktisch anerkannt wird.[70] Ausreichend ist, dass das Territorium, nach dessen Recht die Rechtsfähigkeit der Gesellschaft entstanden oder erloschen sein soll, über ein eingerichtetes Gerichtswesen verfügt, das dieses Recht anwendet.[71] Problematisch bleiben jedoch Fälle, in denen zwei rivalisierende Staaten sich darüber uneins sind, wer die Autorität über ein bestimmtes umstrittenes Territorium besitzt. Das Gericht wird zur Lösung dieser Frage weiterhin auf tatsächlicher Basis feststellen müssen, welches Recht effektiv in dem Territorium angewandt wird.[72] Internationale Organisationen, die durch einen völkerrechtlichen Vertrag geschaffen wurden, werden nicht allein aufgrund dieses Vertrages von englischen Gerichten anerkannt. Solche Organisationen werden nur insoweit anerkannt, als der völkerrechtliche Vertrag in englisches Recht inkorporiert wurde.[73]

C. Mehrfaches domicile einer company

Ein mehrfaches domicile liegt vor, wenn sich eine Gesellschaft in mehr als einem Staat inkorporiert. Diese Mehrfachinkorporierung ist von der bloßen Registrierung einer Gesellschaft in einem weiteren Staat zu unterscheiden. Die Registrierung allein begründet keine neue Rechtspersönlichkeit, sondern schafft lediglich bestimmte neue Rechte und Pflichten der Gesellschaft in dem neuen Rechtssystem.[74] Traditionell gilt bzgl. der

---

67 Zum Stand der Rechtsprechung siehe Gillessen, S. 49 ff.

68 Siehe Gillessen, S. 53 ff.; Behrens, GmbH, S. 893.

69 Vgl. hierzu (1991) 62 BYIL 565-568. Eine ähnliche Gesetzgebung existiert ebenfalls in Australien, vgl. den Foreign Corporations (Application of Laws) Act 1989.

70 Gillessen, S. 47 m.w.N.; Dicey & Morris, S. 1109; zur alten Rechtslage siehe noch Richter, S. 35.

71 Vgl. Foreign Corporations Act 1991 s. 1 (1); Dicey & Morris, S. 1109, 1110; Gillessen, S. 47.

72 Dicey & Morris, S. 1110; Carl Zeiss Stiftung v. Rayner & Keeler Ltd. (No. 2) [1967] 1 AC 853.

73 J.H. Reyner (Mincing Lane) Ltd. v. Departement of Trade and Industry [1990] 2 AC 418; Dicey & Morris, S. 1108-1109.

74 Smart [1990] JBL 127; Gillessen, S. 61; So erfordert z.B. Part XXIII des CA 85 von ausländischen Gesellschaften, die in Engand einen „established place of business" haben, die Registrierung und die Erfüllung bestimmter Informationspflichten. Die Gesellschaft wird durch die Registrierung jedoch nicht neu gegründet. Sie bleibt eine ausländische Gesellschaft (eine sog. „overseas company").

Mehrfachinkorporation die Grundregel, dass eine Gesellschaft nur in dem Land ihr domicile hat, in dem sie gegründet wurde, und dass sie ihr domicile nicht wechseln kann.[75] Dennoch haben in den letzten Jahren gerade manche Steueroasen es Gesellschaften ermöglicht, sich unter Beibehaltung des alten domicile in ihren Staaten neu zu gründen.[76] Eine solche Gesellschaft, die sich innerhalb eines föderalen Gesellschaftsrechtssystems in mehreren Bundesstaaten inkorporiert, wird auch als „multi-state-corporation" bezeichnet. Es stellt sich daher auch für das englische Recht die Frage, wie Gesellschaften, die über zwei oder mehrere domiciles verfügen, behandelt werden müssen. Problematisch an der Mehrfachinkorporation von Gesellschaften ist, dass deren Personalstatut nicht mehr eindeutig bestimmt werden bzw. das Personalstatut widersprüchliche Regelungen enthalten kann.[77] Englische Gerichte haben sich bisher noch nicht eindeutig zur Zulässigkeit der Mehrfachinkorporation geäußert.[78] In der englischen Rechtsliteratur hat sich hingegen vor allem *Smart* nachdrücklich für die Anerkennung der Mehrfachinkorporation einer Gesellschaft eingesetzt.[79] Um das Problem der Mehrfachinkorporation sachgerecht darzustellen, muss zunächst zwischen englischen Gesellschaften (d.h. Gründung unter dem CA 85 oder dessen Vorgängern) und ausländischen Gründungen differenziert werden.

1. *Englische Gesellschaften*

Eine Mehrfachinkorporation von Gesellschaften, die nach dem CA 85 oder einem seiner Vorgänger gegründet wurden, ist ausgeschlossen.[80] Eine Gesellschaft, die im Ausland gegründet wurde, kann daher auch nicht unter Beibehaltung ihrer Rechtspersön-

---

75 „The domicile of origin, or the domicile of birth, using with respect to a company a familiar metaphor, clings to it throughout its existence.", Gasque v. Inland Revenue Comissioners [1940] 2 KB 80, 84; Smart [1990] JBL 126.

76 Vgl. Smart [1990] JBL 129; z.B. Barbados, British Virgin Islands, New South Wales, eine Analyse dieses Problems findet sich bei Theroux (1977) 25 Am.J.Comp.L. 405, 409-413.

77 So kann z.B. eine Rechtshandlung des Vorstandes in einem Staat anerkannt, im anderen jedoch ultra vires sein.

78 Dicey & Morris, S. 1104; Gillessen, S. 59, der den Fall Saccharin Corp. Ltd. v. Chemische Fabrik von Heyden Aktiengesellschaft [1911] 2 KB 516, 527 anführt und dem obiter dictum hierin zumindest indizielle Wirkung für eine Anerkennung der Mehrfachinkorporation im englischen Recht zubilligen will. Das erscheint gewagt. Farewell LJ verweist hierin lediglich auf eine missglückte Formulierung von Lord Leonards in der Entscheidung Carron Iron Co. v. Mclaren [1855] 10 ER 961. In der Entscheidung New York Life Assurance Co. v. Public Trustee [1924] 2 Ch 101, 114, hat Lord Warrington LJ ebenfalls klargestellt, dass Lord Leonards in Carron die Begriffe domicile und residence verwechselte („when he [Lord Leonards] is using the word domicile there, I think it is clear that he only means residence..."). Die Behauptung von Gillessen, dass der Entscheidung im Fall Saccharin eine „gewisse indizielle Wirkung" zukommt, kann daher nicht aufrechterhalten werden.

79 Smart [1990] JBL 126 ff.; Smart, Cross Border Insolvency, S. 354-357.

80 Dicey & Morris, S. 1104; Gillessen, S. 59; Smart [1990] JBL 133: "Certainly, multiple incorporation cannot arise in respect of a company created under the Companies Act 1985."

lichkeit nach dem CA 85 neu gegründet werden. Durch eine solche Gründung nach dem CA 85 entsteht eine neue juristische Person, eine, die so vorher nicht bestand. Das Resultat einer erneuten Inkorporierung wäre daher die Existenz von zwei voneinander unabhängigen Gesellschaften, einer im Ausland gegründeten und einer nach dem CA 85 gegründeten Gesellschaft. Ebenfalls ausgeschlossen ist es, eine nach dem CA 85 bereits inkorporierte Gesellschaft im Ausland neu zu gründen. [81]

2. *Ausländische Gesellschaften*

Die Frage der Anerkennung der Mehrfachinkorporation einer ausländischen Gesellschaft ist bisher nicht ausdrücklich von englischen Gerichten entschieden worden.[82] In der Literatur wird jedoch vertreten, dass eine solche Mehrfachinkorporation nach dem englischen Internationalen Gesellschaftsrecht möglich sein soll, wenn die beteiligten Staaten die Mehrfachinkorporation anerkennen.[83] Für diesen Ansatz spricht einiges. Nach dem englischen Internationalem Gesellschaftsrecht bestimmt das Recht des Gründungsstaates das Personalstatut einer Gesellschaft. Das Personalstatut einer Gesellschaft umfasst prima facie auch die Frage, ob die Mehrfachinkorporation einer Gesellschaft möglich ist oder nicht. Es erscheint daher folgerichtig, dass allein das Recht des Gründungsstaates befugt ist, über die Frage der Zulässigkeit einer Mehrfachinkorporation zu befinden. Geht man von der Prämisse aus, dass die Mehrfachinkorporation einer ausländischen Gesellschaft im Einklang mit dem Internationalen Gesellschaftsrecht von England steht, so stellt sich das Problem, welches Recht angewendet werden soll, wenn die beiden betroffenen Rechtsordnungen eine das Personalstatut betreffende Frage unterschiedlich regeln.

Smart[84] schlägt vor, dass im Konfliktfalle diejenige Rechtsordnung berufen sein soll, zu der die Gesellschaft die engere Verbindung habe. Die Feststellung der engeren Verbindung solle eine reine Tatsachenfrage sein, wobei auch widerlegbare Tatsachenvermutungen zulässig sein sollten. Die zeitlich vorangehende Gründung solle solange eine Vermutung für eine engere Verbindung darstellen, bis eine engere Verbindung zu der anderen Rechtsordnung nachgewiesen sei. Eine derart ermittelte engere Verbindung solle wiederum so lange über das Personalstatut einer Gesellschaft bestimmen, bis

---

81 Dicey & Morris, S. 1105; Re Irrigation Company of France Ltd.., ex p. Fox (1871) LR 6 Ch App 176; Smart [1990] JBL 133; eine Ausnahmeregelung könnte nur durch einen „Special Act of Parliament" erfolgen, vgl. Smart, Cross Border Insolvency, S. 355. Dies ist jedoch sehr zeitaufwendig und kostspielig.

82 Vgl. jedoch Hughes v. Hannover Rückversicherungsgesellschaft [1997] 1 BCLC 497, in der Morritt LJ nach Meinung von Smart zumindest implizit den Wechsel des domicile einer Gesellschaft sowie die Mehrfachinkorporierung anerkannt hätte.

83 Tolley's Insolvency Law Issue 10 (March 2000), Cross Frontier Issues, C9005; Smart, Cross Border Insolvency , S. 357; Smart [1990] JBL 126 ff.; Gillessen, S. 61; Dicey & Morris, S. 1104.

84 Smart [1990] JBL 126, 131.

nachgewiesen ist, dass die Gesellschaft zu dem anderen Ort der Inkorporierung eine engere Verbindung habe.

Gillessen[85] stellt das Kriterium der engeren Verbindung in seiner globalen Anwendung in Frage. Er möchte zusätzlich auf die Relevanz der zu entscheidenden Frage für die beteiligten Rechtsordnungen im Einzelfall abstellen. Falls eine Rechtsordnung eine streitige Frage lediglich dem dispositiven Recht unterstellt, während die andere Rechtsordnung die Frage durch zwingendes Recht ausgestaltet hat, so könne im Einzelfall ein Nachgeben der ersteren Rechtsordnung angemessener und erträglicher sein. Lediglich in Fällen, in denen eine solche spezifische Anknüpfung an eine der beiden Rechtsordnungen ergebnislos verlaufe, könne man sich seiner Ansicht nach der Frage zuwenden, zu welcher Rechtsordnung die Gesellschaft die engere Verbindung unterhalte. Bei der Beantwortung dieser Frage könne dann auch der Ort des Geschäftssitzes eine Rolle spielen.[86]

3. *Würdigung*

Beide Ansätze können nicht überzeugen und führen zu einer großen Rechtsunsicherheit. Die sauberste Lösung ist, bei ausländischen Gesellschaften ebenfalls nur die zeitlich erste Gründung anzuerkennen, der zweiten jedoch die Anerkennung zu versagen. Diese Lösung des Problems der Mehrfachinkorporation wäre einfach und würde der Rechtssicherheit dienen, da die Gesellschaft so einem einheitlichen Personalstatut unterworfen wäre. *Smart* wendet sich vehement gegen diesen Ansatz. „Whilst this solution has the advantage of simplicity, closer analysis reveals it as unsound."[87] Diese Aussage ist nicht zutreffend. *Smart* bringt drei Kritikpunkte vor. Erstens erklärt er, dass es bei einem Abstellen auf den Zeitpunkt der Inkorporierung völlig dem Zufall überlassen wäre („purely a matter of chance"), welche Inkorporierung zuerst erfolge. Das Personalstatut einer Gesellschaft dürfe seiner Meinung nach nicht auf solch eine willkürliche Art und Weise bestimmt werden.[88] Selbst wenn man die Analogie zu natürlichen Personen nicht überstrapazieren sollte,[89] kann hiergegen zunächst vorgebracht werden, dass das „domicile of origin" einer natürlichen Person durch die Geburt bestimmt wird, die ähnlich vom Zufall beeinflusst ist. Es spricht also nichts dagegen, dass auch beim domicile von Gesellschaften der Zufall eine Rolle spielt. Gegen die

85 Gillessen, S. 63.

86 Auffallend ist, dass in diesem Falle die Gründungstheorie in die Nähe der Sitztheorie rücken würde (!), denn der Ort des Geschäftssitzes würde am Ende des Tages über das anzuwendende Recht entscheiden.

87 Smart [1990] JBL 126, 130.

88 Im Wortlaut: „...the rules on domicile should not be reduced to such a level.", Smart [1990] JBL 126, 130.

89 Vgl. Morris, S. 43: "It [die Analogie zum „domicile of origin" bei natürlichen Personen – der Verfasser] can only be applied to corporations with a certain sense of strain."

Zufallsthese von *Smart* spricht ferner, dass die Neuinkorporierung einer Gesellschaft in der Regel einen bewussten Akt der Gründer darstellt. In der Praxis erfolgt die Zweitinkorporation erst, nachdem sich die Ausgangsgesellschaft im Staat der Erstinkorporation bereits etabliert hat. Die Gründe für eine Neuinkorporierung der Gesellschaft sind dann in den meisten Fällen nicht „hehrer Natur".[90] Das legt ein Blick auf die Staaten, die eine Reinkorporierung zulassen, nahe. Dabei handelt es sich in der Regel um sogenannte Steueroasen. Die „Zufallsthese" von *Smart* ist damit in der Praxis sachlich verfehlt.

Als zweiten Kritikpunkt führt *Smart* das Problem der zeitgleichen Inkorporation an.[91] Dieses Argument kann ebenfalls nicht überzeugen. Aus den oben bereits erwähnten Gründen erfolgt die Reinkorporation in der Praxis meistens nicht zeitgleich. Denn die Gesellschaft hat sich in der Regel bereits in einem Ausgangsstaat etabliert. Das Problem der Zeitgleichheit ist daher eher theoretischer Natur. Wenn man sich jedoch auf die theoretische Ebene begibt, kann von einem rein naturwissenschaftlichen Standpunkt aus auch eingewendet werden, dass eine absolute Zeitgleichheit ausgeschlossen ist. Eine Inkorporierung muss, zumindest für die berühmte juristische Sekunde, logisch betrachtet die erste gewesen sein. Rein praktisch ist das Problem der Zeitgleichheit daher lediglich ein Problem der Beweisführung und daher grundsätzlich lösbar.

Zuletzt bringt *Smart* vor, dass der hier vertretene Gründungsansatz gegen die wesentliche Natur des „corporate domicile" verstoße, da die Anerkennung einer an sich wirksamen Gründung versagt wird.[92] Dieser Einwand ist beachtenswert. So verlangt das englische Recht für die Anerkennung einer ausländischen Gesellschaft grundsätzlich nur, dass die betreffende Gesellschaft nach dem Recht des ausländischen Staates ordnungsgemäß gegründet wurde.[93] Fraglich ist aber, ob englische Gerichte zwangsläufig von ein und derselben Identität der Gesellschaften ausgehen müssen. Die englischen Gerichte könnten die ordnungsgemäß reinkorporierte Gesellschaft als eine *neue, andere* Gesellschaft ansehen. Damit befinden sich die Gerichte auf dem Boden der Anerkennungstheorie, indem sie einer ordnungsgemäß gegründeten Gesellschaft auch die Existenz zubilligen. Demgegenüber könnte jedoch vorgebracht werden, dass dem Inkorpora-

---

90 Vgl. zum Beispiel die Entscheidung Hughes v. Hannover Rückversicherungs AG (CA) Court of Appeal [1997] 1 BCLC 497, in der eine Gesellschaft „E" (Electric Mutual Liability Insurance) ihr domicile auf die Bermudas transferierte, um erheblichen Versicherungsansprüchen der Geschädigten aus der Verwendung von Asbest durch einen Klienten von E zu entgehen. Dieser Sachverhalt ist ein lebendiger Beweis für die Aussage von Wolff, S. 300: „The reasons why promoters who do business in their own state prefer to subject their corporation to a different law are not always very reputable..."

91 Smart [1990] JBL 126, 130: „...the possibility of incorporations actually occuring at the same time cannot be ignored."

92 Smart [1990] JBL 126, 130: „...it goes against the essential nature of corporate domicile, in that it denies recognition to an otherwise perfectly valid incorporation."

93 Bonanza Creek Gold Mining Co v. R. [1916] 1 AC 566 (P.C.); Lazard Bros v. Midland Bank [1933] AC 289; National Bank of Greece and Athens SA v. Metliss [1958] AC 509; Arab Monetary Fund v. Hashim (No. 3) [1991] 2 AC 114; Gulf Consolidated Company for Services and Industries EC v. Credit Suisse First Boston Ltd. [1992] 2 Loyd's Rep 301.

tionsstaat in aller Regel auch das Recht zustehe, über den *Status* der von ihm „erschaffenen" Gesellschaft zu befinden. Dem Status ist möglicherweise auch die Frage der Zulässigkeit der Mehrfachinkorporation von Gesellschaften zuzuordnen.[94] Dieser Argumentation ist jedoch nicht zwingend zu folgen. Dass auch das englische Recht nicht vorbehaltlos und im vollen Umfang jedes ausländische Statut anerkennt, lässt sich z.B. der Entscheidung *General Steam Navigation Co v. Guillou*[95] entnehmen. Die Frage der Anerkennung der Reinkorporation einer ausländischen Gesellschaft ist deshalb weiterhin nicht eindeutig entschieden. Während in der Rechtsliteratur mit unterschiedlichen Argumenten die Zulässigkeit der Mehrfachinkorporation vertreten wird, bietet die hier vertretene traditionelle Ablehnung der Mehrfachinkorporation einer Gesellschaft zumindest den Vorteil einer gewissen Rechtssicherheit.

D. Kritik an der Anknüpfung des Personalstatuts juristischer Personen an das domicile

Das Konzept des domicile ist nicht unumstritten. Kann eine *juristische* Person qua natura überhaupt ein domicile haben? Dieser Kritik kann durch eine analoge Anwendung des Begriffs domicile begegnet werden.[96] Schwerwiegender ist die Kritik, welche die Anknüpfung an das domicile als umständlich und überflüssig ansieht.[97] Da im englischen Recht der Ort der Inkorporierung gleichzeitig über das domicile einer Gesellschaft bestimmt, hat der Begriff des domicile eigentlich keine eigenständige Bedeutung. Für juristische Personen ist das „law of incorporation" mit dem „law of domicile" identisch.[98] Die Bestimmung eines domicile erscheint daher als ein unnötiger Zwischenschritt.[99] Ein Zwischenschritt, der wegen der allgemeinen Bedeutung von „domicile" als Wohnsitz zu begrifflichen Verwirrungen führen kann. Es würde daher der Klarheit des Internationalen Gesellschaftsrechts Englands dienen, wenn das Konzept eines domicile aufgegeben werden würde und man stattdessen unmittelbar an den act of incorporation anknüpfen würde.[100]

---

94 So Smart, Cross Border Insolvency, S. 356:"The very existence of a company is governed by the law of the place of incorporation. Similarily, whether a corporation may exist under more than one legal system is a matter of status and must be referred to the law of the places in which incorporation is said to have occurred."

95 General Steam Navigation Co v. Guillou (1843) 11 M & W 874; vgl. auch Schmitthoff, S. 335.

96 Gillessen, S. 42.

97 Siehe hierzu Gillessen, S. 43, m.w.N.

98 Richter, S. 23, Farnsworth, Corporations, S. 211, 212.

99 Richter, S. 24.

100 Vgl. hierzu Carl Zeiss Stiftung v. Rayner & Keeler Ltd. (No. 3) [1970] 1 Ch 506, 529, 544; Richter, S. 24; Farnsworth, Corporations, S. 212; De Beers Consolidated Mines, Ltd. v. Howe [1906] AC 455, 458.

§ 4: Die inhaltliche Reichweite des Gesellschaftsstatuts nach der Domizil- oder Gründungstheorie

Das Recht des domicile einer Gesellschaft bestimmt alle Fragen der Entstehung und Gründung der Gesellschaft.[101] Darüber hinaus bestimmt es die Rechtspersönlichkeit und den Umfang der Rechtsfähigkeit,[102] die Aktiv- [103] und Passivlegitimation,[104] die Verschmelzung,[105] die Spaltung, die Verlegung des statutarischen Sitzes und vor allem auch die Auflösung der Gesellschaft.[106] Im Wesentlichen bestimmt das Recht des domicile einer Gesellschaft damit die gesamten innenrechtlichen Beziehungen der Gesellschaft.[107]

A. Umfang der Rechtsfähigkeit

Der Umfang der Rechtsfähigkeit einer Gesellschaft wird durch das Recht des domicile bzw. die Bestimmungen, die im Gesellschaftervertrag der Gesellschaft festgelegt wurden, definiert. Bei bestimmten Geschäften kann die Rechtsordnung, der die fragliche Transaktion unterliegt (lex causae, locus actus), jedoch Sonderregelungen vorsehen, die das Recht des domicile überlagern.[108] Die Sonderregelungen gehen dann dem Recht des Gesellschaftsstatuts vor. So war es z.B. ausländischen Gesellschaften, die nach ihrem lex domicilii grundsätzlich befugt waren, Land zu erwerben oder zu halten, unter dem (inzwischen aufgehobenen)[109] Mortmain Act in England verboten, Land zu besitzen („to hold land").[110] Ein zeitgemäßeres Beispiel stellt s. 23 CA 85 dar.[111] S. 23 CA

101 Siehe Wolff, S. 303, der jedoch darauf hinweist, dass in der Regel alle Akte vor Entstehung der Gesellschaft dem jeweiligen Vertragsstatut unterfallen würden.

102 Vgl. Wolff, S. 303; Dicey & Morris, S. 1111.

103 Vgl. Henriques v. Dutch West India Co (1728) Ld Raym 1532.

104 Newby v. Van Oppen (1872) LR 7 QB 293.

105 National Bank of Greece and Athens S.A. v. Metliss [1958] AC 509.

106 Lazard Brothers & Co v. Midland Bank [1933] AC 289, 297: „The will of the sovereign authority which created it can also destroy it."; vgl. Richter, S. 55 ff, zu den sog. „Russian Bank Cases"; Dicey & Morris, S. 1107; Cheshire & North, S. 175; Schmitthoff, S. 339 ff.

107 Dicey & Morris, S. 1111: "All matters concerning the constitution of a corporation are governed by the law of the place of incorporation."; vgl. General Steam Navigation Co v. Guillou (1843) 11 M & W 877; Pickering v. Stevenson (1872) LR 14 Eq 322; Bateman v. Service (1881) 6 App Cas 386, 389; Risdon Iron and Locomotive works v. Furness [1906] 1 KB 49 (CA); Banco de Bilbao v. Sancha and Rey [1938] 2 KB 176 (CA); National Bank of Greece and Athens S.A. v. Metliss [1958] AC 509; Carl Zeiss Stiftung v. Rayner & Keeler Ltd. (No. 2) [1967] 1 AC 853, 972.

108 Gillessen, S. 42; Smart, Cross Border Insolvency, S. 352; Dicey & Morris, S. 1111/1112; Banque International de Commerce de Petrograd v. Goukassow [1923] 2 KB 682, 690 f. (CA); Janred Properties Ltd. v. ENIT (Ente Nazionale Italiano per il Turismo) [1989] 2 All ER 444, 445 (CA); J.H. Rayner (Mincing Lande) Ltd. v. Departement of Trade and Industry et al [1990] 2 AC 418, 509; Pickering v. Stephenson (1872) LR 14 Eq 322, 340.

109 Aufgehoben durch s. 38 des Charities Act 1960.

110 Bonanza Creek Gold Mining Co v. R [1916] 1 AC 566; Great Western Sadlery Co v. R [1921] 2 AC 91; Morelle Ltd. v. Wakeling [1955] 2 QB 379 (CA)

85 verbietet es einer juristischen Person, Mitglied einer Gesellschaft zu sein, die ihre Muttergesellschaft ist. Zudem ist einer Muttergesellschaft grundsätzlich jede Zuteilung oder Übertragung von Anteilen an ihre Tochtergesellschaft verboten. Gem. s. 736 A i.V.m. s. 740 CA 85 findet die Regelung auch auf ausländische Gesellschaften Anwendung. Die Regelung in s. 23 CA 85 dient der Kapitalerhaltung und im weiteren Sinne dem Gläubigerschutz. Einer ausländischen Gesellschaft, die Tochtergesellschaft einer englischen Gesellschaft ist und deren ausländisches Personalstatut es grundsätzlich erlauben würde, Anteile an der Muttergesellschaft zu erwerben, ist dies aufgrund s. 23 CA 85 verboten. Die lex causae kann zwar im Einzelfall die Rechtsfähigkeit einer Gesellschaft für eine bestimmte Transaktion einschränken, ausgeschlossen ist es aber, dass sie einer Gesellschaft mehr Rechte verleiht, als ihr die lex domicilii, sprich ihr Gründungsrecht, zubilligen will. Denn das Gründungsrecht bestimmt die positive Reichweite der Rechtsfähigkeit einer Gesellschaft. Die lex causae kann diesen durch die lex domicilii bestimmten Umfang der Rechtsfähigkeit daher nur im negativen Sinne beschränken.[112]

B. Renvoi

Es gibt keine ausdrückliche Regelung des englischen Kollisionsrechts, die über die Zulässigkeit der Rück- bzw. Weiterverweisung (Renvoi)[113] Auskunft gibt. *Biggs* brachte die Einstellung des englischen Internationalen Privatrechts zum Renvoi auf den Punkt, indem er schrieb: „Conflict lawyers examine the doctrine of renvoi prior to, but probably only as part of, techniques for choice of law. It is often done in a rather hasty way, almost as if discussing something faintly embarrassing or distasteful [...] Renvoi was regarded as a distortion of principled choice of law, as a complication to, and an unjustified subversion of, our preference for choice of law.“[114] Dennoch finden sich auch im englischen Recht, vor allem im common law, vereinzelte Fälle, in denen die Richter auf die Renvoi-Doktrin eingingen.[115] Die Anwendung des Renvoi bleibt jedoch die Ausnahme. Im Allgemeinen wird eine Verweisung des englischen Kollisionsrechts auf ausländisches Recht so zu verstehen sein, dass nur das ausländische Sachrecht berufen sein soll.[116] Die vereinzelten Renvoi-Fälle im common law scheinen insbesonde-

---

111 Siehe ebenfalls s. 27 CA 48 bzw. Richter, S. 87.

112 Siehe hierzu Dine [1988] JBL 77, 78.

113 Zur Problematik des Renvoi im englischen Kollisionsrecht: Morris, S. 502 ff.; Farnsworth, Corporations, S. 186-205; Biggs (1998) 47 I.C.L.Q. 877; Inglis (1958) 74 LQR 493.

114 Biggs (1998) 47 I.C.L.Q. 877, 878.

115 Z.B. Re Ross [1930] 1 Ch 377, Re Annesley [1926] Ch 692; Re O'Keefe [1940] Ch 124.

116 Cheshire & North, S. 65:"The conclusion, in fact is, that generally a reference made by an English rule for choice of law to a foreign legal system is to the internal law, not to the private international law, of the chosen system, but that this general principle is subject to a number of exceptions.";

re keine Präzedenzwirkung im Internationlen Gesellschaftsrecht zu entfalten. In *Chesire/North*[117] findet sich der Hinweis, dass die englischen Gerichte in Fällen, die das Partnerschaftsrecht oder die Abwicklung und Auflösung von Gesellschaften betrafen, nicht die geringsten Bedenken hatten, einfach das Sachrecht des jeweiligen Staates anzuwenden. Es kann daher festgestellt werden, dass das Renvoi im Internationalen Gesellschaftsrecht Englands keine Rolle spielt.

§ 5: Die Sitzverlegung

Zunächst muss definiert werden, was unter dem Begriff „Sitz" zu verstehen ist. Der Begriff „Sitz" ist vieldeutig. Es kann differenziert werden zwischen dem statutarischen Sitz (dem Satzungssitz), dem Verwaltungssitz und dem „Sitz" in speziellen Gesetzen.[118] In der folgenden Darstellung soll daher jeweils zwischen der Verlegung des Satzungssitzes und der Verlegung des Verwaltungssitzes unterschieden werden.

A. Die Verlegung des Sitzes der Hauptverwaltung

Das Internationale Gesellschaftsrecht Englands steht der Verlegung des Verwaltungssitzes grundsätzlich neutral gegenüber. Eine Verlegung des Verwaltungssitzes hat kollisionsrechtlich keine Bedeutung.[119] Die Verlegung des Verwaltungssitzes nach England führt lediglich dazu, dass die Gesellschaft bestimmten gesellschaftsrechtlichen Pflichten, wie z.B. den Registrierungs- und Informationspflichten des Part XXIII des CA 85, unterworfen wird. Die Nichtbefolgung dieser Regeln ist strafbar.[120] Bedeutung hat die Verlegung des Verwaltungssitzes vor allem für die Bestimmung der residence einer Gesellschaft. Der Begriff der „residence" einer Gesellschaft wiederum dient als Anknüpfungspunkt für die steuerrechtliche Verantwortlichkeit einer Gesellschaft in England. Residence ist in diesem Sinne als steuerrechtliche Ansässigkeit zu übersetzen.

---

vgl. auch Morris, S. 515. Das Renvoi spielt demnach vor allem im englischen Internationalen Erbrecht eine Rolle.

117 Chesire & North, S. 64: „In countless cases dealing with such matters as...partnerships, dissolution of foreign companies and so on, the English courts, when referred to the law of a foreign country, never had the slightest hesitation in applying the internal law of that country."

118 Z.B. im Brüsseler EWG-Übereinkommen über die gerichtliche Zuständigkeit und die Vollstreckung gerichtlicher Entscheidungen in Zivil- und Handelssachen vom 27. September 1968 (BGBL. 1972 II, S. 774), i.d.F. des 4. Beitrittsübereinkommens vom 29.11.1996 (BGBl. 1998 II, S. 1412).

119 Behrens, GmbH, S. 894.

120 S. 697 CA 85.

1. *Steuerrechtliche Ansässigkeit einer Kapitalgesellschaft*

Eine Gesellschaft hat in dem Land ihre residence, in dem die zentrale Geschäftsführung und Kontrolle der Gesellschaft ausgeübt wird.[121] Wenn die zentrale Geschäftsführung und Kontrolle der Gesellschaft auf zwei oder mehrere Staaten verteilt ist, dann hat die Gesellschaft in jedem dieser Staaten eine residence.[122] Bis zur Verabschiedung der s. 66 Finance Act 1988 galten zur Bestimmung der residence einer Gesellschaft für ausländische und englische Gesellschaften dieselben Grundsätze.[123] Eine Gesellschaft war demzufolge in England ansässig, wenn sie dort ihre zentrale Geschäftsführung und Kontrolle ausübte. Diese Anknüpfung barg die Gefahr, dass sich englische Gesellschaften durch die Verlegung der zentralen Geschäftsführung ihrer Steuerpflicht entziehen konnten. Um dieser Gefahr zu begegnen, versuchte der englische Gesetzgeber, die Abwanderung der zentralen Geschäftsführung einer Gesellschaft ins Ausland von der Zustimmung der Finanzverwaltung („treasury consent") abhängig zu machen.[124] In der Entscheidung *Daily Mail* des EuGH[125] stand die Vereinbarkeit dieses Zustimmungserfordernisses mit den Artt. 43, 48 EGV auf dem Prüfstand. Der EuGH hielt, zumindest zum damaligen Zeitpunkt, das englische Zustimmungserfordernis für europarechtskonform. Obwohl damit für den englischen Gesetzgeber eigentlich kein dringender Handlungsbedarf bestand, hat er dennoch 1988 überraschend das Zustimmungserfordernis abgeschafft und durch s. 66 Finance Act 1988 eine neue Anknüpfung der steuerrechtlichen Ansässigkeit für englische Gesellschaften eingeführt.

Eine Gesellschaft, die im Vereinigten Königreich inkorporiert wurde,[126] gilt seither dort auch als steuerrechtlich ansässig („resident").[127] Dass die zentrale Geschäftsführung und Kontrolle an einem anderen Ort ausgeübt wird, ist für die steuerliche Ansässigkeit einer im Vereinigten Königreich inkorporierten Gesellschaft grundsätzlich unerheblich.[128] Die steuerliche Ansässigkeit einer ausländischen Gesellschaft hingegen bestimmt sich weiterhin nach dem Ort, an dem die zentrale Geschäftsführung und Kontrolle der Gesellschaft ausgeübt wird. Wird die zentrale Geschäftsführung und Kontrolle der Gesellschaft im Vereinigten Königreich ausgeübt, gilt die ausländische Gesellschaft

---

121 Vgl. Dicey & Morris, S. 1103: "A corporation is resident in the country where its central management and control is exercised."

122 Vgl. Dicey & Morris, S. 1103: "If the exercise of the central management and control is divided between two or more countries, then the corporation is resident in each of these countries."

123 Vgl. hierzu ausführlich Gillessen, S. 73 ff.

124 Siehe s. 765 Abs. 1 (a) ICTA 1988 a. F.; Gillessen, S. 74.

125 EuGH Rs. C-81/87, Slg. 1988, I-5483-Daily Mail.

126 Durch Registrierung unter dem CA 85 oder seinen Vorgängern.

127 Finance Act 1988, s. 66 und Schedule 7. S. 66 Finance Act 1988 hat gem. s. 788 ICTA jedoch keine Auswirkungen auf die Bestimmung der steuerrechtlichen Ansässigkeit im Rahmen von Doppelbesteuerungsabkommen.

128 Nach s. 249 (1) Finance Act 1994 können „tie-breaker-rules" von Doppelbesteuerungsabkommen dazu führen, dass eine Gesellschaft steuerrechtlich im Vereinigten Königreich als „not resident" betrachtet wird.

im Vereinigten Königreich auch als resident und damit als steuerrechtlich ansässig bzw. verantwortlich.

Die zentrale Geschäftsführung und Kontrolle einer Gesellschaft befindet sich dort, wo die Leitungsebene der directors („board of directors") oder zumindest die Mehrheit der directors zusammenkommen, um die leitenden Unternehmensentscheidungen zu treffen.[129] Für diese Definition des Ortes der zentralen Geschäftsführung und Kontrolle spricht, dass das englische Gesellschaftsrecht den directors eine weitführende Leitungskompetenz zubilligt. Sollte die Finanzverwaltung zu dem Schluss kommen, dass die directors nicht die zentrale Geschäftsführung und Kontrolle ausüben, so kann zur Bestimmung der steuerlichen Ansässigkeit der Ort herangezogen werden, an dem gewöhnlich die Hauptversammlungen abgehalten werden. Dass der Ort der zentralen Geschäftsführung und Kontrolle nicht abschließend definiert ist und eine gewisse Unschärfe des Begriffes bleibt, wird von der Finanzverwaltung aus Gründen der „Funktionalität des Anknüpfungsmerkmals" begrüßt.[130]

2. *Mehrfache residence*

Das House of Lords hat in *Swedish Central Railway v. Thompson*[131] entschieden, dass eine Gesellschaft in mehreren Ländern steuerrechtlich ansässig sein kann bzw. mehr als eine residence haben kann.[132] Das Urteil in *Swedish Central Railway* ist nicht nur auf ungeteilte Zustimmung gestoßen. Besonders *Farnsworth*[133] warf der Entscheidung Inkonsistenz vor. Problematisch ist insbesondere, wie sich die Entscheidung mit dem „central management and control"-Test[134] vereinbaren lässt. Denn auf den ersten Blick scheint das Konzept der zentralen Geschäftsführung und Kontrolle eine mehrfache residence auszuschließen.

Klarheit brachten zwei spätere Entscheidungen. In *Union Corporation v. IRC*[135] entschied der Court of Appeal, dass die zentrale Geschäftsführung und Kontrolle getrennt sein könne. Die zentrale Geschäftsführung und Kontrolle müsse nicht zwangsläufig nur an dem Ort sein, an dem die „Letztentscheidungskompetenz" („power of final arbitrament")[136] liege. Ausreichend für die Annahme einer mehrfachen residence sei,

129 Vgl. Farnsworth (1952) LQR 307, 308; De Beers Consolidated Mines Ltd. v. Howe [1906] AC 455, 459; Swedish Central Railway Co Ltd. v. Thompson [1925] AC 495, 503.

130 Gillessen, S. 81.

131 Swedish Central Railway Co Ltd. v. Thompson [1925] AC 495.

132 Dicey & Morris, S. 1105; vgl. hierzu auch Gillessen S. 83 ff.

133 Vgl. Farnsworth (1952) 68 LQR 307 ff.; Farnsworth, Corporations, S. 106-122; vgl. auch Dicey & Morris, S. 1105-1106; und Gillessen, S. 83-84.

134 De Beers Consolidated Mines, Ltd. v. Howe [1906] AC 455, 458.

135 Union Corporation v. IRC [1952] 1 All ER 646, 654 ff.

136 Union Corporation v. IRC [1952]1 All ER 646; vgl. auch Dicey & Morris, S. 1105.

dass ein Teil der „superior and directing authority“,[137] durch welche die Gesellschaft überwacht wird, an einem anderen Ort liege. Die Frage, ob ein Teil der „superior and directing authority“ an einem anderen Ort liege, sei eine Tatsachenfrage, bei der die Entscheidung des Tax Commissioners grundsätzlich abschließend sei und die Gerichte nur eine eingeschränkte Überprüfungskompetenz hätten.[138] Die zweite wichtige Entscheidung fiel in *Unit Construction Co Ltd. v. Bullock.*[139] *Lord Radcliffe* stellte fest, dass Fallsituationen auftreten können, in denen ein Ort zentraler Geschäftsführung und Kontrolle faktisch nicht feststellbar sei und in denen die „central management und control“-Formel daher nicht angewandt werden könne. In solchen außergewöhnlichen Situationen (und nur in solchen)[140] solle eine residence überall dort angenommen werden, wo die Ausübung eines Teils der Kontrollgewalt und –autorität feststellbar sei.[141]

Unglücklicherweise sind die Ausführungen zur Mehrfachresidence jedoch in beiden Entscheidungen nur in der Form eines obiter dictum erfolgt. Die Ausführungen zur Mehrfachresidence haben daher keine Bindungswirkung für englische Gerichte. Eine erneute Überprüfung der Rechtslage ist daher nach *Gillessen*[142] (zumindest theoretisch) möglich. Dennoch scheint die Entscheidung in *United Construction Co Ltd.* die Richtung vorgegeben zu haben. Eine mehrfache residence kann daher nur noch in Ausnahmefällen angenommen werden, wenn sich ein Ort der zentralen Geschäftsführung und Kontrolle faktisch nicht feststellen lässt.[143] Für nach englischem Recht gegründete Ge-

---

137 Der Court of Appeal verwies hierbei auf ein Diktum von Sir Dixon J (einer australischen Entscheidung) in Koitaki Para Rubber Estates, Ltd. v. Federal Commissioner of Taxation (1940) 64 Commonwealth LR 19.

138 Vgl. Union Corporation v. IRC [1952] 1 All ER 646.

139 Unit Construction Co Ltd. v. Bullock [1960] AC 351.

140 In der Entscheidung Swedish Central Railway Co Ltd. v. Thompson, s.o., hätte daher grundsätzlich kein Bedürfnis für die Gerichte bestanden, eine dual residence anzunehmen, da nach Ansicht des commissioners die Gesellschaft eindeutig ihre zentrale Geschäftsführung und Kontrolle in Schweden ausübte. Das Gericht hat daher, indem es eine doppelte residence und damit eine Teilung der zentralen Geschäftsführung und Kontrolle annahm, seine Kompetenz überschritten. Denn das Gericht darf grundsätzlich keine neuen Fakten ermitteln, sondern lediglich die von den commissioners vorgelegten Fakten rechtlich beurteilen. Zu Recht spricht Lord Radcliffe in der Entscheidung Unit Construction Co Ltd. v. Bullock, s.o., 351, 368 daher aus, dass er die Entscheidung in Swedish Central Railway für unglücklich hält („My Lords, I cannot avoid the opinion that the Swedish Central Railway Co. decision was an unfortunate one...“); vgl. zum Ganzen auch, Farnsworth, Corporations, S. 119 ff.

141 United Construction Co Ltd., s.o., 351, 367.

142 Gillessen, S. 84.

143 Vgl. zu der einschränkenden Anerkennung einer Mehrfachresidence: Re Little Olympian Each Ways Ltd. [1994] 4 All ER 561, 566-567. In diesem Fall ging es um die Bestimmung des Begriffs „ordinary residence“ außerhalb des Steuerrechts, nämlich um die Frage, ob ein Kläger außerhalb der englischen Jurisdiktion „ordinarily resident“ und daher gem. der RSC Ord. 23 r. 1 (1) (a) zur Sicherheitsleistung verpflichtet ist. Es wurde festgestellt: "Different considerations, though, might well apply to the determination of residence or ordinary residence for the purpose of the United Kingdom taxing statutes and to the determination for other purposes,..." Zur Bestimmung des Begriffes „ordinarily resident“ im Rahmen von RSC Ord. 23 r. 1 (1) (a) tendiert die Entscheidung daher dahin, dass, abgesehen von außergewöhnlichen Umständen, eine Mehrfachresidence abgelehnt wird („Both the word „ordinarily“ and the framework of Ord. 23 should incline me to a mea-

sellschaften ist das Problem der Mehrfachresidence dagegen nach Einführung des FA 1988 s. 66 nicht mehr relevant, da sich deren steuerliche Ansässigkeit nun unabhängig von dem Ort beurteilt, an dem sich die zentrale Geschäftsführung und Kontrolle der Gesellschaft befindet.

3. *Mehrfachresidence und dual residence*

Begrifflich von der Mehrfachresidence („multiple residence") zu unterscheiden ist die dual residence company. Eine dual residence company ist eine Gesellschaft, die aus der Sicht mehrerer Rechtsordnungen in deren Territorium als steuerrechtlich ansässig betrachtet wird. Das Problem der Mehrfachresidence ist dagegen ein genuin englisches Problem, das aufritt, wenn aus Sicht der englischen Rechtsordnung eine Gesellschaft in mehreren Staaten steuerlich ansässig ist.[144] Englische Gesellschaften können daher nach Einführung der s. 66 des Finance Act 1988 zwar keine Mehrfachresidence mehr besitzen (s.o.), eine dual residence aus internationaler Sicht ist aber mit allen damit verbundenen Vorteilen und Nachteilen[145] für englische Gesellschaften weiterhin möglich.

Im Falle der Auflösung einer Gesellschaft und Bestellung eines Insolvenzverwalters liegt die zentrale Geschäftsführung und Kontrolle und damit die residence einer Gesellschaft zwingend in England.[146] Eine Gesellschaft, die nicht mehr geschäftlich tätig ist oder außerhalb des Vereinigten Königreichs aufgelöst wird, unterliegt weiterhin der Steuerhoheit des Vereinigten Königreichs, wenn sie unmittelbar vor dem Zeitpunkt der Aufgabe des Geschäftsbetriebes oder der Bestellung eines Insolvenzverwalters im Vereinigten Königreich steuerlich ansässig war.[147]

B. Die Verlegung des Satzungssitzes

Im englischen Recht bestimmt der statutorische Sitz oder Satzungssitz das domicile einer Gesellschaft. Beide Begriffe sind deshalb eng miteinander verknüpft. S. 2(1)(b),

---

ning for „ordinarily resident" such that, other than in exceptional circumstances, I should be able to envisage only one such residence.").

144 Siehe hierzu Gillessen, S. 85.

145 Als ein Nachteil kommt in erster Linie die Gefahr einer Doppelbesteuerung in Betracht. Als Vorteil weist Gillessen insbesondere auf das sogenannte „double dipping" hin. Das heißt, dass dieselben steuerlichen Abzugsposten oder Gutschriften in mehreren Steuerhoheiten gleichzeitig zum Ansatz gebracht werden, vgl. Gillessen, S. 85. Die Gefahr einer Doppelbesteuerung ist heutzutage, zumindest auf europäischer Ebene, durch zahlreiche Doppelbesteuerungsabkommen weitgehend gebannt (vgl. das Deutsch-Englische Doppelbesteuerungsabkommen, BGBl. 1966 II, S. 358; zur Doppelbesteuerung auf europäischer Ebene vgl. Dietrich, S. 67 ff.).

146 Gillessen, S. 86; Theissen/Wenz 1994, 404; Roxburgh (1992) 32 ET 425.

147 S. 66 Abs. 2 Finance Act 1988.

(2) CA 85 legt für englische Gesellschaften fest, dass bei Gründung angegeben werden muss, ob der Sitz („registered office") in England, Wales oder Schottland liegen soll. Über eine Änderung dieser Festlegung gibt der CA 85 in keiner Vorschrift Auskunft. Es gilt jedoch die traditionelle Regel des common law, dass das domicile einer Gesellschaft (und damit ihr Satzungssitz) grundsätzlich unveränderbar ist. In den berühmten Worten von *Macnaghten J in Gasque v. Commissioners of Inland Revenue*: „The domicile of origin, or the domicile of birth, using with respect to a company a familiar metaphor, clings to it throughout its existence."[148] Eine Gesellschaft kann ihr domicile daher nicht nach ihrem freien Willen wechseln.

1. *Hintergrund des Verbots*

Dogmatisch begründet wird das Verbot eines Wechsels des domicile mit z.T. „rechtsmystischen"[149] Argumenten, vor allem, dass eine Gesellschaft als ein unbelebtes Sein keinen freien Willen habe.[150] Eine Gesellschaft könne folglich, im Gegensatz zu natürlichen Personen, kein „domicile of choice" begründen. Ein weiteres Argument ist, dass eine Gesellschaft außerhalb des Staates, der sie erschaffen hat, nicht existieren könne, da sich ihr Dasein ausschließlich aus diesem Rechtssystem herleite (Konzessionstheorie[151]). *Latty* befand hierzu treffend: „Obviously this quasi-theology gets us nowhere." [152] Rein praktisch steht hinter dem Verbot eines Wechsels des domicile der Gedanke der Rechtssicherheit.[153] Das Prinzip der Rechtssicherheit hat eine große Bedeutung im englischen Rechtssystem. Traditionell geht es, trotz der vielfältigen Equity-Rechtsprechung, der Einzelfallgerechtigkeit vor.[154] Im Gegensatz hierzu stehen die kontinentalen Rechtsordnungen, in denen die Einzelfallgerechtigkeit in der Regel wichtiger ist als das Prinzip der Rechtssicherheit.[155] Historisch lässt sich die besondere Bedeutung der Rechtssicherheit im englischen Recht mit der überragenden Stellung des Handelsrechts für die Seehandelsnation England begründen. Im Handelsrecht spielt die Rechtssicherheit schon immer eine wichtigere Rolle als in anderen Rechtsbereichen.[156]

---

148 Gasque v. Commissioners of Inland Revenue [1940] KB 80, 84.

149 So Latty (1955) 65 Yale LJ 137, 139.

150 Vgl. Gasque v. Inland Revenue Commissioners [1940] 2 KB 80, 84.

151 Siehe hierzu ausführlich Gillessen, 216-234; bzw. Foster (2000) 48 Am.J.Comp.L. 573, 582-83.

152 Latty (1955) 65 Yale LJ 137, 139.

153 Vgl. Latty (1955) Yale LJ 137, 139-140.

154 Vgl. Dignam/Allen, S. 217: "Foremost amongst those private law norms is the concept of certainty being favoured over justice."

155 Vgl. Zweigert/Kötz, S. 510. Paradigmatisch für den traditionellen Vorrang der Rechtssicherheit im englischen Recht ist das Zitat von Lord Mansfield in der Entscheidung Vallejo v. Wheeler (1774) 1 Cowp 143, 153: „...[i]n all mercantile transactions the great object should be certainty and therefore, it is of more consequence that a rule be certain, than whether the rule be established one way or the other. Because speculators in trade then know what ground to go upon."

156 Siehe z.B. im deutschen Handelsrecht die §§ 377, 378 HGB oder das „kaufmännische Bestätigungsschreiben". Ein weiteres bekanntes Beispiel für die Bedeutung der Rechtssicherheit im eng-

Die Entscheidung für die Gründungstheorie ist beispielhaft für die besondere Bedeutung der Rechtssicherheit in den angelsächsischen Rechtsordnungen. Die Gründungstheorie soll mehr Rechtssicherheit geben.[157] Dem kann jedoch nicht vorbehaltlos zugestimmt werden. Die Fragwürdigkeit dieser Annahme zeigen überzeugend *Großfeld*[158] und *Ebke*[159] auf. So führt die Gründungstheorie, um dem Problem der pseudo-foreign-companies zu begegnen oder generell zwingenden lokalen Interessen Geltung zu verschaffen, zu einem unerwünschten „Normenmix".[160]

2. *Ausnahmen vom Grundsatz*

Eine Ausnahme vom Grundsatz, dass der Satzungssitz einer englischen Gesellschaft unveränderlich ist, gilt bei der translokalen Verlegung. Unter einer translokalen Verlegung des registered office (und damit des Satzungssitzes) versteht man die Verlegung des Satzungssitzes innerhalb des Staates, dem die Gesellschaft ihre Existenz verdankt. So z.B., wenn eine in London gegründete Gesellschaft ihr registered office innerhalb Englands nach Oxford verlegen würde oder eine schottische Gesellschaft ihr registered office von Aberdeen nach Edinburgh. Eine derartige lokale Verlegung innerhalb desjenigen Landes, in dem der Sitz ursprünglich eingetragen wurde, ist jederzeit möglich und relativ einfach. Erforderlich ist nur, dass dem zuständigen Registeramt die Sitzverlegung mitgeteilt wird.[161]

Für den transnationalen Wechsel[162] gilt die Grundregel, dass eine Gesellschaft ihr domicile und damit ihren Satzungssitz nicht ändern kann. In der Praxis hat sich gezeigt, dass Gesellschaften durchaus ein Interesse daran haben können, ihren Satzungssitz zu ändern bzw. (was nach englischem Recht dasselbe ist) ihr domicile zu wechseln. Beispielhaft sei auf die Hong Kong-Gesellschaften verwiesen, die vor Übergabe der Kronkolonie an China 1997 ein vitales Interesse daran hatten, nicht nur den Schwerpunkt ihrer geschäftlichen Tätigkeit, sondern auch ihren Satzungssitz ins Ausland zu verlegen und somit ihr domicile zu verändern. Das sind zugegeben drastische Beispiele. Aber es gibt auch andere Gründe, vor allem steuerrechtliche[163] bzw. psychologische,[164] die es

---

lischen Recht ist z.B. auch die „postal acceptance-rule" oder „mailbox"-Theorie im englischen Vertragsrecht. Danach entfaltet eine Annahmeerklärung schon dann Bindungswirkung, wenn der Empfänger der Offerte sie „auf den Weg gebracht", d.h. z.B. zur Post gebracht hat. Ein Zugang beim Offerenten ist nicht erforderlich; vgl. grundlegend Adams v. Lindsell (1818) 1 B & Ald 681; vgl. hierzu Beatson, S. 44; bzw. Zweigert/Kötz, S. 352-353.

157 Siehe z.B. De Mott, 48 L & Contemp Probs 161 (1985).

158 Staudinger/Großfeld, Rn. 55-57.

159 Ebke 36 Int'l Law. 1015, 1031-1032 (2002).

160 Staudinger/Großfeld, Rn. 56.

161 S. 287 CA 85.

162 Wobei Schottland für englische und walisische Gesellschaften als Ausland gilt und vice versa.

163 Es sei nur auf die Steueroasenländer verwiesen, die Beweis dafür sind, dass ein Bedarf für die Neuinkorporation von Gesellschaften besteht.

einer Gesellschaft ratsam erscheinen lassen, sich in einem anderen Staat neu zu inkorporieren. Natürlich steht es einer Gesellschaft grundsätzlich frei, im anvisierten Zielland eine Tochtergesellschaft oder eine Zweigniederlassung zu errichten. Doch das ist oft mit wirtschaftlichen Nachteilen verbunden.[165] Zudem ist die Gründung einer Tochtergesellschaft oder einer Zweigniederlassung schon dem Wortsinn nach nicht einer identitätswahrenden Satzungssitzverlegung gleichzustellen.

Im Folgenden wird zunächst die derzeit noch gültige Rechtslage darstellt und analysiert. Im Anschluss daran werden die Reformvorschläge der *Company Law Steering Group* im Final Report[166] präsentiert. Diese Reformvorschläge werden den Zuzug von Gesellschaften nach England erheblich beeinflussen. Beachtet werden muss auch die europäische Entwicklung. Die Europäische Kommission hat angekündigt, dass sie einen Vorschlag für die Verlegung des Satzungssitzes erarbeiten will.[167] *Die Company Law Review Steering Group* begrüßt die Entwicklung. Viele Vorschläge im Final Report verwiesen bereits ausdrücklich auf den Vorschlag einer Sitzverlegungsrichtlinie. *Die Company Law Review Steering Group* macht in ihrem Papier ferner deutlich, dass sie ihre Vorschläge unter dem Vorbehalt der Verabschiedung der 14. Richtlinie oder einer abgeänderten Form der 14. Richtlinie sieht. Sollte die Harmonisierungsrichtlinie wider Erwarten in naher Zukunft beschlossen werden, sollten die englischen Gesetze im Lichte dieser Richtlinie geändert werden. *Die Company Law Review Steering Group* befürwortet auch nachdrücklich die freie Migration von und in Drittstaaten.[168] Ihre Vorschläge sollen daher auch für diese Staaten gelten. Im Übrigen soll eine künftige europäische Sitzverlegungsrichtlinie nach Ansicht der *Company Law Review Steering Group* so weitgehend wie möglich auch auf Gesellschaften aus Drittstaaten Anwendung finden.

3. *Die derzeitige Rechtslage*

Das Dogma, dass eine Gesellschaft ihren Satzungssitz nicht ändern kann, hat auch in England im Laufe der Zeit Risse bekommen. Der Erosionsprozess basiert zum Teil darauf, dass es auch in England traditionell Möglichkeiten gab, einer Gesellschaft durch Royal Charter oder parlamentarisches Einzelfallgesetz die identitätswahrende Neuinkorporation zu erlauben. In jüngerer Zeit wurden zudem auch zeitgemäßere Methoden entwickelt, um einer Gesellschaft die Verlegung des Satzungssitzes zu ermöglichen. Zunächst sollen die historischen Methoden dargestellt werden.

---

164 Eine Gesellschaft, die ihre gesamte geschäftliche Tätigkeit ins Ausland verlegt hat, möchte sich in diesem Land neu inkorporieren, um ihren Anteilseignern, Geschäftspartnern und Kunden die Identifikation mit der Gesellschaft zu erleichtern.

165 Registrierungskosten u.a.

166 Final Report, Volume I, Kapitel 14 („Jurisdictional Migration").

167 Siehe hierzu Becker, GmbHR 2004, R 145, 147.

168 Das heißt Staaten, die nicht Mitglied der EU sind.

a) *Royal Charter*

Traditionell kann die Inkorporierung einer Gesellschaft und damit auch ihre identitätswahrende Neuinkorporierung durch eine Royal Charter erfolgen. Methodisch findet dieses Recht seine Begründung in der königlichen Prärogative. Die Verleihung der Rechtspersönlichkeit durch eine Royal Charter ist mit großem Prestige verbunden. Im Wesentlichen ist die Inkorporation mittels einer Royal Charter jedoch ein Privileg geblieben, das karitativen, pädagogischen und kulturellen Einrichtungen sowie Verbänden vorbehalten ist und auf deren Erteilung kein Anspruch besteht. Die Inkorporation durch Royal Charter findet sich daher vor allem bei Colleges, Universitäten, Privatschulen, Krankenhäusern, Standesvereinigungen sowie später auch bei Eisenbahngesellschaften bzw. Banken.[169] Wirtschaftsunternehmen wird dieses Privileg in der Regel nicht zuteil.

b) *Einzelfallgesetz*

Das Parlament kann durch Einzelfallgesetz („private bill" oder „privat act of parliament") eine Gesellschaft gründen oder die Neuinkorporierung einer Gesellschaft zulassen. Das Recht ist verfassungsrechtlich in der souveränen Stellung des Parlaments begründet. Bis 1844 konnte eine juristische Person sogar nur durch Royal Charter oder durch ein Einzelfallgesetz des Parlaments errichtet werden.[170] Die private bill ermächtigt die Gesellschaft, ihr registered office und damit ihren Satzungssitz identitätswahrend von England ins Ausland zu verlegen. Gleichzeitig wird der Registerbeamte vom Zeitpunkt der Anerkennung der Gesellschaft im Ausland[171] ermächtigt, die Gesellschaft aus dem englischen Register zu streichen. Von diesem Zeitpunkt an finden die Regelungen des CA 85 auf die Gesellschaft keine Anwendung mehr.[172]

Die Verlegung des Satzungssitzes aufgrund eines Einzelfallgesetzes wird von Wirtschaftsunternehmen äußerst selten angewandt. Die Ursache liegt darin, dass das Verfahren sehr kostspielig und langwierig ist. Zum Teil kann das Verfahren bis zur endgültigen Inkorporierung über ein Jahr dauern.[173] Problematisch ist außerdem, dass der Erlass eines Einzelfallgesetzes von dem Willen der parlamentarischen Mehrheit und damit von politischen Unwägbarkeiten abhängig ist. Das führt zu einer erheblichen Rechtsunsicherheit für die Unternehmen. Die Reinkorporierung durch ein parlamentari-

---

169 Siehe Gillessen, S. 212.

170 Siehe ausführlich zur geschichtlichen Entwicklung und dogmatischen Grundlage der Inkorporation von Kapitalgesellschaften in England Gillessen, S. 208-236 bzw. Gower/Davies, S. 18-53.

171 Der Zuzugsstaat erläßt hierbei oft eine Spezialgesetzgebung, um die Immigration der Gesellschaften zu ermöglichen, vgl. Lewis (1995) 16 Co.Law. 295, 298.

172 Es sei denn, die Gesellschaft behält einen „place of business" in England, dann finden die Informationsvorschriften der ss. 691 ff. auf die Gesellschaft Anwendung.

173 Siehe hierzu ausführlich mit historischen Beispielen Lewis (1995) 16 Co.Law. 295, 298.

sches Einzelfallgesetz ist daher im modernen Wirtschaftsleben nicht praktikabel. Im englischen Gesellschaftsrecht wurden daher andere, zeitgemäßere Methoden entwickelt, um den Wechsel des Satzungssitzes einer Gesellschaft zu ermöglichen.

c) Mehrfachinkorporation mit Wechsel des domicile

Geht man von der Prämisse aus, dass die Mehrfachinkorporation einer ausländischen Gesellschaft im Ausland möglich ist, so lässt sich der Wechsel eines domicile leicht durchführen. Eine Gesellschaft muss sich dazu in einem Zweitstaat, in den sie ihr domicile verlegen will, reinkorporieren. Die darauf folgende Auflösung der Gesellschaft im Erststaat führt dann zu dem angestrebten Wechsel des domicile. Es wurde vertreten,[174] dass diesem Wechsel des domicile nicht die Grundregel in *Gasque v. Inland Revenue Commissioners*[175] entgegenstehe, da der Wechsel des domicile durch Mehrfachinkorporation der staatlichen Kontrolle bzw. Einflussnahme (z.B. im Rahmen der Auflösung) unterworfen sei. Es könne daher nicht davon gesprochen werden, dass der Wechsel dem freien Willen der Gesellschaft unterliege. Gegen diese Form der identitätswahrenden Sitzverlegung sprechen jedoch die oben ausführlich dargestellten Bedenken.[176] Nach geltendem englischen Internationalen Gesellschaftsrecht ist eine identitätswahrende Sitzverlegung daher nicht mittels einer Mehrfachinkorporation durchzuführen.

d) Scheme of arrangement[177]

Die Verlegung des Satzungssitzes kann ferner durch ein besonderes Vergleichsverfahren („scheme of arrangement") zwischen den Gesellschaftsmitgliedern und den Gläubigern herbeigeführt werden.[178] Das Verfahren nach den ss. 425 ff. CA 85 ist ein Umstrukturierungsübereinkommen, das, um bindend zu sein, die Zustimmung einer Dreiviertelmehrheit der Anteilseigner oder Gläubiger verlangt.[179] Die Anteilseigner oder Gläubiger können dabei jeweils in Gattungen mit vergleichbaren Interessen („classes") unterteilt sein. Die Vereinbarung muss vom Gericht sanktioniert und eine Kopie hier-

---

174 Dicey & Morris, S. 1104.

175 Wonach eine Gesellschaft, mangels eines eigenen freien Willens, ihr domicile nicht wechseln könne, Gasque v. Inland Revenue Commissioners [1940] 2 KB 80, 84.

176 So vor allem die mangelnde Rechtssicherheit und die Gefahr sich widersprechender Gesellschaftsstatute.

177 Ss. 425-427A CA 85.

178 Lewis (1995) 16 Co.Law. 295, 299; zum „scheme of arrangement" siehe ebenfalls Triebel, Englisches Handels- und Wirtschaftsrecht, S. 311 bzw. Gower/Davies, S. 762-767.

179 Die Stimmengewichtung bei den Gläubigern erfolgt nach der Werthaltigkeit der den Gläubigern zustehenden Ansprüche gegen die Gesellschaft; vgl. s. 425 (2) CA 85: „...three-fourths in value...".

von bei der Registerstelle des Companies House eingereicht und veröffentlicht werden,[180] um bzgl. der Anteilseigner (auch der dissentierenden Minderheit) Bindungswirkung zu entfalten. Die Entscheidung des Gerichts, das Übereinkommen zu billigen, ist eine Ermessensentscheidung. Die Verlegung des Satzungssitzes der Gesellschaft kommt dadurch zustande, dass die Anteilseigner einer Gesellschaft ihre Anteile an der alten englischen Gesellschaft gegen Anteile einer neu inkorporierten ausländischen Muttergesellschaft eintauschen. Ein solcher Anteilstausch fällt grundsätzlich unter den Begriff der Umstrukturierung („reconstruction").[181]

e) Das Verfahren nach s. 110 IA 86[182]

Die Migration nach s. 110 IA 86 erfolgt dadurch, dass die Gesellschaft freiwillig abgewickelt wird und dem Insolvenzverwalter aufgrund eines außerordentlichen Hauptversammlungsbeschlusses („special resolution") erlaubt wird, die Vermögensgegenstände auf eine ausländische Gesellschaft im Austausch für Anteile an der neuen Gesellschaft zu übertragen.[183] Die Anteile an der neuen ausländischen Gesellschaft werden dann auf die einzelnen Anteilseigner der alten Gesellschaft durch den Insolvenzverwalter verteilt. Problematisch ist, dass ein Verfahren nach s. 110 IA 86 aus Gläubigerschutzgesichtspunkten ein Jahr lang anfechtbar bleibt. Denn gem. s. 110 (6) IA 86 ist eine special resolution ungültig, wenn innerhalb eines Jahres, nachdem die freiwillige Abwicklung eröffnet wurde, bzgl. der alten Gesellschaft ein Zwangsabwicklungsbeschluss erfolgt. Das Verfahren nach s. 110 IA 86 hat den Vorteil, dass eine gerichtliche Zustimmung nicht erforderlich ist. Dem steht jedoch als gewichtiger Nachteil gegenüber, dass die Ansprüche der Gläubiger im Rahmen der freiwilligen Abwicklung der alten Gesellschaft befriedigt werden müssen. Zudem haben gem. s. 111 IA 86 Gesellschaftsmitglieder, die der special resolution nicht zugestimmt haben, unter bestimmten Umständen die Möglichkeit sich auszahlen zu lassen. Die Sitzverlegung kann dadurch für die Gesellschaft extrem teuer werden.

f) Bewertung der bisherigen Modelle zur Satzungssitzverlegung

Schwachpunkt der bisherigen Modelle, die Satzungssitzverlegung einer Geselschaft zu ermöglichen, ist, dass sie im engeren Wortsinne keine identitätswahrende Sitzverle-

180 S. 425 (3) CA 85.
181 Siehe s. 427 (2)(a) CA 85.
182 Vgl. Gower/Davies, S. 761-762; Boyle/Birds, S. 615-620.
183 Wichtig ist, dass der freiwillige Abwicklungsbeschluß und die special resolution gleichzeitig erfolgen. Ansonsten könnte es für die Gesellschaft ein böses Erwachen geben, wenn die special resolution nicht durchgeht, die Gesellschaft aber gleichwohl abgewickelt wird, ohne dass zuvor ihre Vermögensgegenstände auf einen anderen Rechtsträger übertragen wurden.

gung herbeiführen. Der Vorgang der Auflösung der alten Gesellschaft im Herkunftsstaat (z.B. im Wege der freiwilligen Auflösung nach s. 110 IA 86) und der Gründung einer neuen Gesellschaft im Ausland unter Übertragung der Organisation und der Vermögensgegenstände ist schon rein sprachlich nur schwer unter den Begriff der Sitzverlegung zu fassen. In diesem Fall würde gerade nicht der Sitz der alten Gesellschaft verlegt, sondern schlicht eine neue Gesellschaft im Migrationsstaat gegründet. Zudem sind eine solche Auflösung und Neugründung mit erheblichen Kosten und Risiken verbunden.[184] Allein die identitätswahrende Sitzverlegung ist aber in der Regel von den Unternehmen gewünscht. Nur die identitätswahrende Sitzverlegung ist im Interesse der migrationswilligen Unternehmen. Diese identitätswahrende Sitzverlegung wird im englischen Recht aber weiter durch die Doktrin behindert, dass eine Gesellschaft nicht außerhalb des Staates, der sie erschaffen hat, existieren könne und die Migration in einen anderen Staat daher ausgeschlossen sei. Die *Law Review Steering Group* hat diesem Problem in ihrem Vorschlagpapier Rechnung getragen. Im Folgenden soll der Vorschlag der *Law Review Steering Group* im Final Report dargestellt werden. Die Umsetzung des Vorschlags soll die identitätswahrende Sitzverlegung einer Gesellschaft ermöglichen.

4. *Der Vorschlag der Company Law Steering Group*

Ausländische Gesellschaften, die ihren Satzungssitz nach England verlegen wollen, sollen verpflichtet werden, beim Companies House eine formelle Erklärung einzureichen, dass es der Gesellschaft unter ihrem gegenwärtigen Recht erlaubt ist, ihren Sitz nach England zu verlegen. Zusätzlich soll die Gesellschaft beim Companies House weitere Informationen einreichen, die in etwa den Informationen entsprechen, welche eine englische Gesellschaft bei der Statusänderung durch Umwandlung („re-registration") einzureichen verpflichtet ist.[185] Darüber hinaus ist eine Satzung („constitution") vorzulegen, die derjenigen der entsprechenden englischen Gesellschaftsform entspricht. Der Registerbeamte am Companies House kann zudem von der zuziehenden Gesellschaft verlangen, dass sie ihren Geschäftsnamen ändert, wenn der Name der zuziehenden Gesellschaft in England nicht erlaubt ist. Der Registrierungsprozess und die Publizitätsarrangements sollen ansonsten der englischen Gesellschaft entsprechen, die ihren Status durch Umwandlung verändern will.[186]

---

184 So besteht neben den oben dargestellten Risiken auch die Gefahr der Schlussbesteuerung.

185 Siehe hierzu bisher s. 43 CA 85 bzw. die Vorschläge der Company Law Review Steering Group zur Reform des englischen Umwandlungsrechts, Final Report, Volume I, Rz. 11.6, 11.7.

186 Final Report, Volume I, Rz. 14.12.

Zusammenfassung und Bewertung

Eine zuziehende ausländische Gesellschaft wird vom englischen Recht ohne weiteres anerkannt. Die Belegenheit des tatsächlichen Verwaltungssitzes im Gründungsstaat wird nicht verlangt. Das englische Recht wendet ausländisches Recht ohne Vorbehalte auf die inneren Angelegenheiten einer ausländischen Gesellschaft an. Die Sitzverlegung scheint daher, zumindest auf den ersten Blick, ohne nennenswerte Probleme möglich. So ist die Verwaltungssitzverlegung nach England ohne Auflösung und unter Beibehaltung der Identität der Gesellschaft möglich.

Die Verlegung des Satzungssitzes bereitet derzeit noch Probleme. Nach der traditionellen Ansicht ist eine solche Satzungssitzverlegung nicht identitätswahrend möglich. Die in der Praxis entwickelten Modelle, zumindest effektiv eine Verlegung des Satzungssitzes herbeizuführen, haben sich im modernen Wirtschaftsleben als nicht praktikabel erwiesen. Die *Company Law Review Steering Group* hat nun ein Verfahren vorgeschlagen, das es den Gesellschaften ermöglichen würde, ihren Satzungssitz ohne Auflösung der Gesellschaft identitätswahrend zu verlegen. Sollten die Vorschläge der *Company Law Review Steering Group* übernommen und entsprechende Gesetze verabschiedet werden,[187] scheinen einer Sitzverlegung bald keine nennenswerten Hindernisse mehr entgegenzustehen.

Das englische Gesellschaftskollisionsrecht dient grundsätzlich nicht dem Gläubigerschutz. Die das englische Gesellschaftskollisionsrecht kennzeichnende Offenheit darf aber nicht zu falschen Schlüssen führen. Das englische Recht bringt ebenfalls bestimmte Aspekte seines nationalen Rechts („local internal affairs rules") zum Schutz lokaler Interessen gegenüber ausländischen Gesellschaften zur Geltung.[188] Während Sitztheoriestaaten bisher lokale Interessen wie den Gläubigerschutz vornehmlich kollisionsrechtlich mit der drohenden Verweigerung der Anerkennung von ausländischen Gesellschaften durchsetzten, fanden Gründungsrechtsstaaten wie England andere Mittel und Wege, um funktional das gleiche Ziel zu erreichen.[189] Ein Blick in die USA zeigt, dass die Gesellschaftsrechte einzelner Bundesstaaten[190] durchaus erfinderisch waren, um im Einzelfall ihrem lokalen Recht, trotz grundsätzlicher Anerkennung der liberalen „internal affairs doctrine", zur Durchsetzung zu verhelfen.[191]

Die entscheidende Frage besteht daher nicht darin, ob England bereit ist, lokale Interessen wie den Gläubigerschutz gegenüber ausländischen Gesellschaften durchzusetzen, sondern wie es sich England erlauben kann, eine offenere Haltung bzgl. der An-

187 Womit, mangels gegenteiliger Hinweise, zu rechnen ist.

188 Siehe Ebke 36 Int'l Law. 1015, 1030 (2002); Drury (1998) 57 CLJ 165, 191.

189 Zum Problem der pseudo-foreign-companies und der Entwicklung von sog. „outreach statutes" siehe Ebke 36 Int'l Law. 1015, 1029-1030 (2002); bzw. Drury (1998) 57 CLJ 165, 184-186, 188-191.

190 Namentlich vor allem New York und Kalifornien zur Abwehr von pseudo-foreign-companies, siehe Ebke 36 Int'l Law. 1015, 1029 (2002).

191 So zutreffend Ebke 36 Int'l Law. 1015, 1029 (2002).

erkennung von ausländischen Gesellschaften einzunehmen und gleichzeitig seine Gläubiger zu schützen. Das Geheimnis liegt hauptsächlich in der strukturellen Natur des englischen Gläubigerschutzrechts begründet. So sind die wichtigsten Regeln des englischen Gläubigerschutzrechts nicht dem Gesellschaftsrecht, sondern dem Insolvenzrecht zuzuordnen.[192] Die englische Rechtsordnung ist daher nicht auf die kollisionsrechtliche Anwendbarkeit ihres Gesellschaftsrechts angewiesen. Weitaus bedeutender aus englischer Sicht ist die kollisionsrechtliche Anwendbarkeit des englischen Insolvenzrechts auf ausländische Gesellschaften. Es ist daher nicht erstaunlich, dass englische Gerichte, wie die Arbeit im Folgenden zeigen wird, im Bereich des Insolvenzrechts bisher teilweise eine exorbitante Abwicklungsjurisdiktion gegenüber ausländischen Gesellschaften annahmen. Im englischen Gesellschaftsrecht finden sich darüber hinaus Vorschriften, die zwingend auf ausländische Gesellschaften angewendet werden und die in ihrer Natur den amerikanischen „outreaching statutes" gleichkommen. So sind die Transparenzvorschriften des Part XXIII CA 85 und die Untersuchungs- und Investigationsvorschriften des Part XIV CA 85 weitgehend auch auf ausländische Gesellschaften anwendbar, die in England Geschäfte betreiben.[193] Diese Regeln dienen dem Gläubigerschutz und können als „mandatory rules" oder „general interest reservations" verstanden werden, die ohne Rücksicht auf das Gründungsrecht ausländischer Gesellschaften zwingend zur Anwendung kommen. Zu Recht weist *Ebke* daher darauf hin, dass England: „...superimposes her respective laws on foreign corporations ("overseas companies") and their directors who have taken steps to avoid local legal controls."[194] In der Literatur wird der Standpunkt vertreten, dass die Methode der Überlagerung des Gründungsrechts durch zwingende Regelungen des englischen Gesellschaftsrechts der Grund dafür sei, dass die Anknüpfung des Gesellschaftsstatuts ausländischer Gesellschaften an ihren Satzungssitz in England keine Probleme bereite.[195] Namentlich *Höfling* sieht in dieser Methode eine Parallele zu der von *Sandrock* entwickelten „Überlagerungstheorie",[196] die sie als zukunftsweisendes Modell für das deutsche Internationale Gesellschaftsrecht ansieht.[197] Im Folgenden sollen die Wirkungsmechanismen des englischen materiellen Gläubigerschutzrechts und dessen Anwendbarkeit auf ausländische Gesellschaften dargestellt und erläutert werden.

---

192 Vor allem der CDDA 86 bzw. die wrongful trading-Vorschrift.

193 Siehe Ebke 36 Int'l Law. 1015, 1030 (2002).

194 Ebke 36 Int'l Law. 1015, 1031 (2002).

195 Höfling, DB 1999, 1207,1208.

196 Siehe hierzu: Sandrock, RabelsZ 1978, 227; Sandrock, FS Beitzke, S. 669; Sandrock, BerDTGesVölkR 1978, 169 ff. Sandrock scheint jedoch inzwischen der von ihm entwickelten Überlagerungstheorie niederlassungsrechtlich keine Chance mehr zu geben und setzt sich für einen Wettbewerb der Rechtsordnungen in der EU ein, vgl. Rehberg, IPrax 2003, 175, 178.

197 Höfling, DB 1999, 1207, 1208. Für eine erweiterte Durchgriffshaftung vgl. Ulmer, JZ 1999, 662 ff.

Zweiter Teil: Der Schutz der Gesellschaftsgläubiger im englischen Recht

Der nun folgende Abschnitt stellt das System des Gesellschaftsgläubigerschutzes im englischen Recht dar. Zum besseren Verständnis des englischen gesellschaftsrechtlichen Gläubigerschutzes liefert die Arbeit zunächst einen kurzen Überblick über das materielle Gesellschafts- bzw. Gesellschaftsinsolvenzrecht Englands. Anschließend werden die Gläubigerschutzinstrumente des englischen Rechts systematisiert und untersucht.

§ 1: Einführung in das englische Gesellschaftsrecht

A. Rechtsquellen

Das englische Gesellschaftsrecht kennt zwei wichtige Rechtsquellen: Zum einen gesetzliche Vorschriften,[198] zum anderen das common law[199] mit seinen umfangreichen und vielfältigen Entscheidungen, deren Präzedenzfällen unmittelbare Gesetzeskraft zukommt.[200] Von den gesetzlichen Vorschriften ist vor allem der Companies Act 1985[201] mit seiner Erweiterung durch den Companies Act 1989[202] für Kapitalgesellschaften zu nennen. Wichtig, insbesondere für das Gläubigerschutzrecht, sind außerdem der Insolvency Act 1986[203] und der Company Director's Disqualification Act 1986.[204] Seit dem Beitritt Englands zum EG Vertrag 1972 sind auch europäische Nor-

198 Den einfachsten Zugang zu englischen Gesetzestexten hat man via Internet unter der Domain http://www.hmso.gov.uk.

199 Der Begriff „common law" wird in einem anderen Zusammenhang auch als Bezeichnung für das anglo-amerikanische Rechtssystem in Abgrenzung zum „civil law" kontinentaleuropäischer Prägung verwendet.

200 Siehe Triebel, Englisches Handels- und Wirtschaftsrecht, S. 210. Gerade im Bereich der Rechtsstellung eines directors ist vieles gesetzlich nicht geregelt und läßt sich nur den einschlägigen Entscheidungen entnehmen.

201 Der CA 85 ist das Ergebnis einer großen Konsolidierungsmaßnahme, in dem die verschiedenen, nur Ausschnitte des englischen Gesellschaftsrechts regelnden Companies Acts von 1862, 1867, 1900, 1907, 1928, 1947, 1948, 1967, 1976, 1980, 1981 in einem umfassenden Gesetzeswerk gebündelt wurden.

202 Der CA 89 ist keine umfassende Neufassung des CA 85. Er ändert und ergänzt den CA 85 nur an bestimmten Stellen. Schultheiß, S. 14, meint daher, dass es präzise sei, vom CA 85 in der durch den CA 89 geänderten Form zu sprechen.

203 Kurz: IA 86.

204 Kurz: CDDA 86.

men, hierbei insbesondere die gesellschaftsrechtlichen Richtlinien,[205] von wachsender Bedeutung.

B. Territoriale Reichweite des englischen Kapitalgesellschaftsrechts

Das englische Kapitalgesellschaftsrecht in Gestalt der Companies Acts 1985, 1989 bzw. des Insolvency Act 1986 gilt in Wales, wie auch weitgehend in Schottland.[206] Es kann bei diesen Kodifizierungen daher von englischem Recht gesprochen werden. Nordirland wiederum wendet zwar überwiegend englisches Kapitalgesellschaftsrecht an, kommt hierzu aber nicht durch die direkte Anwendung des CA 85, sondern im Wege besonderer Verordnungen („Orders in Council").[207] Ein besonderer Fall sind die Kanalinseln und die Isle of Man. Zu den Kanalinseln gehören eine Reihe von Inseln[208] zwischen Südengland und der französischen Nordküste, deren Zentren die voneinander unabhängigen Regierungsbezirke (Bailiwicks) von Jersey und Guernsey sind. Jersey und Guernsey gehören genau genommen nicht zum Vereinigten Königreich, sondern pflegen mit diesem nur besondere völkerrechtliche Beziehungen.[209] Die Unabhängigkeit der Inseln in bestimmten lokalen Angelegenheiten wird vom Vereinigten Königreich bis heute respektiert. Aus diesem Grunde besitzen Jersey und Guernsey ihre eigene Steuerhoheit und eine Reihe weiterer wirtschaftlicher Privilegien, deren Ursprung bis ins 11. Jahrhundert, in die Zeit der Eroberung Englands durch die Normannen unter William dem Eroberer, zurückreicht. Im Zusammenhang mit der besonderen Stellung der Kanalinseln steht auch, dass das Europarecht in den Bereichen, in denen die Kanalinseln autonome Rechte besitzen, keine Anwendung findet.[210] Dies gilt für die Sachgebiete Niederlassung,

---

205 Eine umfassende Darstellung dieser Richtlinien bieten zum einen Edwards, S 1-331, zum anderen Prentice, Directives, S. 1ff. Der CA 80 setzte die Zweite Gesellschaftsrechtsrichtlinie (Richtlinie 77/91, OJ 1977, L 26/1) um. Der CA 81 implementierte die Vierte Gesellschaftsrechtsrichtlinie (Richtlinie 78/660, OJ 1978, L 222/11), während der CA 89 u.a. die Siebte (Richtlinie 83/249, OJ 1983, L 193/1) und Achte Gesellschaftsrechtsrichtlinie (Richtlinie 84/253, OJ 1984 L 126/20) ins englische Recht umsetzte. Die Dritte (Richtlinie 78/855, OJ 1978, L 295/36) und die Sechste Gesellschaftsrechtsrichtlinie (Richtlinie 82/891, OJ 1982, L 378/47) wurden wiederum in England durch die (Mergers and Divisions) Regulations 1987, SI 1987/1991 implementiert.

206 Siehe S. 440 IA 86; bzw. Triebel, Englisches Handels- und Wirtschaftsrecht, S. 210, 301.

207 Triebel, Englisches Handels- und Wirtschaftsrecht, S. 210-212, z.B.: Companies (Northern Ireland) Order 1986 (SI 1986/1032), the Business Names (Northern Ireland) Order 1986 (SI 1986/1033), the Company Securities (Insider Dealing) (Northern Ireland) Order 1986 (SI 1986/1033), the Companies Consolidation (Consequential Provisions) Order 1986 (SI 1986/1035), Insolvency (Northern Ireland) Order 1989 (SI 1989/2405); vgl. Halsbury's Laws of England, Vol.7 (2) Rn. 241 ff.

208 Jersey, Ecrehous und Minquiers bzw. Guernsey, Alderney, Sark und Herm.

209 Voß, S. 36.

210 In den Beitrittsverhandlungen des Vereinigten Königreichs mit den Europäischen Gemeinschaften wurden für die Kanalinseln Sonderkonditionen ausgehandelt, die zu einem weitgehenden Ausschluss der Anwendung des primären und sekundären Europarechts auf den Kanalinseln führten. Art. 299 Abs. 5c EGV regelt nun verbindlich, dass nur die Vorschriften über den freien Warenver-

Steuern und insbesondere auch für das Gesellschaftsrecht.[211] Wegen dieser weitgehenden Autonomie gelten die Kanalinseln als Steuerparadiese innerhalb der EU. So hat z.B. Jersey zwar nur 90.000 Einwohner, aber mehr als 32.000 „Off-shore"-Firmen (insbesondere Investmentgesellschaften und Versicherungsunternehmen) sowie mehr als 80 Banken.[212]

Das für Jersey und Guernsey Gesagte gilt entsprechend für die Isle of Man. Der Ursprung der Isle of Man geht auf eine alte Wikingerniederlassung zurück. Die englische Krone erwarb die Souveränität über die Insel 1785. Seit dieser Zeit ist der englische Monarch unter dem Titel „Lord of Man" Staatsoberhaupt der Insel.[213] Dennoch ist die Isle of Man nicht Bestandteil des Vereinigten Königreichs, und das Europarecht findet bis auf wenige Ausnahmen keine Anwendung. Hinsichtlich interner Angelegenheiten genießt die Isle of Man ähnliche Privilegien wie die Kanalinseln. So hat auch die Isle of Man ihr eigenes Gesellschaftsrecht. Dieses hat aber viele Gemeinsamkeiten mit dem englischen Recht.[214]

Das Gesellschaftsrecht der Kanalinseln sowie der Isle of Man wird in der Arbeit nicht näher beleuchtet werden, denn die Kanalinseln sind zwar Teil des Vereinigten Königreichs, aber nicht Großbritanniens. Aus demselben Grund wird im Folgenden auch eine Darstellung des Rechts von Gibraltar und der überseeischen Territorien des Vereinigten Königreichs unterbleiben. Eine kurze Darstellung der rechtlichen Stellung der Kanalinseln und der Isle of Man ist jedoch wichtig, um die Entwicklung des englischen Gesellschaftsrechts zu verstehen, da viele englische Gesellschaftsgläubigervorschriften in Reaktion auf die Bedrohung durch pseudo-foreign-companies aus Guernsey and Jersey entstanden. Deren Entstehung wiederum ist in der oben dargestellten, besonderen rechtlichen Stellung der Kanalinseln begründet.

C. Geschichtlicher Hintergrund

Bis zur Mitte des 19. Jahrhunderts war dem englischen Recht die Inkorporierung durch Registrierung unbekannt. Die Verleihung eines körperschaftlichen Statuts erfolgte fast ausschließlich durch das Konzessierungssystem der „Royal Charter"[215]. Dies war ein unsicherer und für die Bedürfnisse moderner Wirtschaftsunternehmen ineffizienter Weg. Die bequeme und wirtschaftlich effiziente Möglichkeit, eine Gesellschaft durch

---

kehr (Zollunion und Beseitigung der mengenmäßigen und ihnen gleichstehenden Beschränkungen) sowie über die Landwirtschaft auf den Kanalinseln Anwendung finden.

211 Siehe Voß, S. 36.

212 Siehe FAZ, vom 4. September 2000, S. 3, die Organisation für wirtschaftliche Zusammenarbeit und Entwicklung (OECD) und die Europäische Kommission üben demnach zunehmend Druck aus, dass diese Steueroasen ausgetrocknet werden.

213 Voß, S. 40.

214 Hachenburg/Behrens, Rn. 592.

215 Zum Wesen und Herkunft der Royal Charter, Gillessen, S. 210-212.

Registrierung unter den Companies Act zu gründen, ist hingegen noch relativ jung. Ermöglicht wurde diese Entwicklung durch die Verabschiedung des Joint Stock Companies Act 1844.[216] Der Grund für die Verabschiedung des Joint Stock Companies Act 1844 lag weniger darin, den Investoren den Schutz einer beschränkten Haftung zuteil werden zu lassen, als dem Wunsch, die rapide wachsende Zahl unregistrierter, auf partnerschaftlicher Basis organisierter Joint Stock Companies der staatlichen Regulierung zu unterwerfen. Die Wurzeln des modernen englischen Gesellschaftsrechts liegen daher in den partnerschaftlich organisierten Joint Stock Companies des frühen 19. Jahrhunderts.[217] Dies ist einer der Gründe dafür, dass das moderne englische Kapitalgesellschaftsrecht auch heute noch die Regelung vieler Fragen weitgehend der Privatautonomie der Gründer überlässt. Die Satzungsautonomie hat im englischen Gesellschaftsrecht einen hohen Stellenwert. Die Aufgaben zwingender gesellschaftsrechtlicher Regelungen übernehmen daher oftmals Publizitätsvorschriften.[218]

D. Gesellschaftstypen

Die Arbeit beschränkt sich auf eine Untersuchung der kleinen Kapitalgesellschaft. Dennoch soll zur Einordnung und Abgrenzung ein kurzer Überblick über die anderen Gesellschaftsformen erfolgen. Das englische Gesellschaftsrecht bietet im Wesentlichen zwei Gesellschaftsformen an: Personengesellschaften („partnerships") und Kapitalgesellschaften („companies"). Companies und partnerships unterscheiden sich vor allem darin, dass die partnership bislang keine eigene Rechtspersönlichkeit besaß.[219] Das Wort „company" wird zwar umgangssprachlich auf beide Gesellschaftsformen angewandt, im modernen englischen Gesellschaftsrecht verwendet man den Begriff „company" aber grundsätzlich nur für Kapitalgesellschaften.

Das englische Kapitalgesellschaftsrecht kennt im Wesentlichen drei Korporationsformen:[220] Companies limited by shares, companies limited by guarantee sowie unlimited companies. Praktische Bedeutung in der Geschäftswelt hat nur die Form der company limited by shares erlangt, bei der die Haftung der Gesellschafter auf ihre Einlage beschränkt ist. Nur die company limited by shares kann den Sicherheitsbedürfnissen der Investoren, die eine persönliche Haftung weitgehend vermeiden wollen, Rechnung tragen. Die company limited by guarantee führt dagegen im Falle eines Liquidationsverfahrens zu einer gesamtschuldnerischen, persönlichen Haftung der Gesellschafter. Die

---

216 Wobei der 1844 Act nicht für Schottland galt. Das schottische common law wurde erst durch Verabschiedung des Joint Stock Companies Act 1856 verdrängt, Boyle/Birds, S. 2.

217 Boyle/Birds, S. 3.

218 Gerade bei private companies, vgl. Behrens, GmbH, S. 856.

219 Durch die Einführung des Limited Partnership Act 2000 verfügt die limited partnership nun zumindest im Außenverhältnis über eine eigene Rechtspersönlichkeit.

220 Triebel, Englisches Handels- und Wirtschaftsrecht, S. 215.

„unlimited company" schließlich, die eine uneingeschränkte Haftung der Mitglieder impliziert, wird bevorzugt für nicht profitorientierte Gesellschaften, wie Vereine, benutzt, da sie unter bestimmten Voraussetzungen[221] eine Befreiung von den Publizitätsvorschriften des CA 1985 mit sich bringt.[222]

Die bedeutendsten company-Formen sind die public company limited by shares und die private company limited by shares. Daneben findet sich noch die private company limited by guarantee, die aber wegen ihrer geringen Bedeutung vorliegend außer Betracht bleiben soll. Das englische Kapitalgesellschaftsrecht wird beherrscht von der public limited company einerseits und der private limited company andererseits. Die public limited company entspricht in etwa unserer Aktiengesellschaft, während die private limited company unserer GmbH vergleichbar ist. Der rechtliche Unterschied zwischen der public und der private company ist aber nicht derart bedeutend wie der zwischen den deutschen Entsprechungsformen der AG und der GmbH.[223] Die public bzw. private company werden daher z.T. auch als Typen im Sinne von Abwandlungen ein und derselben Gesellschaftsform betrachtet.[224] Die meisten Normen des CA 85 differenzieren nicht zwischen den beiden Erscheinungsformen der public bzw. der private company limited by shares.

1. *Public company*

Gem. s. 1 (3) CA 85 ist eine public company eine company limited by shares (oder „by guarantee" mit einem Gesellschaftskapital[225]), deren memorandum of association[226] die Gesellschaft als public company bezeichnet und bezüglich der die entsprechenden Registrierungsvorschriften des CA 85 eingehalten wurden. Diese Vorschriften verlangen, dass die Gesellschaft als Suffix zu ihrem Namen die Bezeichnung „public limited company" trägt[227] (oder die Abkürzung „plc"[228]). Zudem verlangt die plc Mindestgrundkapi-

---

221 S. 254 CA 85.

222 Triebel, Englisches Handels- und Wirtschaftsrecht, S. 215. Im Referenzjahr 1999/00 waren von den 225.600 neuinkorporierten Gesellschaften lediglich 200 sog. unlimited companies, vgl. DTI, Companies in 1999/00, S. 29.

223 Schultheiß, S. 15; Triebel, BB 2003/Heft 36, I („Die Erste Seite").

224 Hachenburg/Behrens, 7. Auflage, Rn. 601; Behrens, Die Gesellschaft mit beschränkter Haftung, S. 852; Triebel, BB 2003/Heft 36, I („Die Erste Seite").

225 Seit dem 22. Dezember 1980 können solche companies nicht mehr gegründet werden, vgl. Farrar, S. 43.

226 Im englischen Gesellschaftsrecht gibt es keinen einheitlichen Gesellschaftsvertrag. Die Gesellschaftsverfassung besteht aus zwei selbständigen Urkunden, dem memorandum of association und den articles of association. Die articles bestimmen das Innenverhältnis, während das memorandum die Aussenbeziehung der Gesellschaft festlegt und bei der Registrierung eingereicht werden muss. Im Zuge der derzeitigen Reform des englischen Gesellschaftsrechts wurde vorgeschlagen, diese beiden Urkunden zu einer einheitlichen Gesellschaftsverfassung zusammenzufassen, vgl. Final Report, Volume I, Kapitel 9, Rz. 9.4.

227 S. 25 (1) CA 85.

228 S. 27 CA 85.

tal in Höhe von 50.000 Pfund, das zu einem Viertel samt Agio eingezahlt werden muss.[229]

2. *Private company*

Die private companies werden in s.1 (3) CA 85 negativ definiert. Private companies sind demnach alle companies, die keine public companies sind. Zwischen der private limited company und der public limited company bestehen noch eine weitere Zahl von Unterschieden, z.B. bei der Besetzung des Board of Directors[230] oder im Rahmen der Publizitätsvorschriften.[231] Bedeutend ist, dass es den private companies unter Androhung der Strafbarkeit verboten ist, Aktien oder Schuldverschreibungen zur öffentlichen Zeichnung anzubieten.[232] Private companies können daher zu ihrer Finanzierung nicht auf den Kapitalmarkt zurückgreifen. Das ist der auffälligste Nachteil einer private limited company, die ansonsten gegenüber einer public limited company viele Vorteile hat.[233] Es ist daher üblich, dass sich viele Unternehmen zunächst als private companies gründen und sich erst später bei einem anstehenden Börsengang („going public") in eine public company umwandeln.[234]

In ihrer tatsächlichen Wirkung und Stellung im englischen Recht bestehen zwischen der private limited company und der public limited company bedeutende Unterschiede. Augenfälliger Beleg hierfür ist, dass die private limited company der public company zahlenmäßig deutlich den Rang abläuft. So liegt der Anteil der private companies an allen Kapitalgesellschaften in England bei ca. 99 %.[235] Zudem ist bei den an der Börse zugelassenen public companies der Einfluss des Kapitalmarktrechts ein entscheidender Faktor geworden. Public companies finanzieren sich weitgehend über den öffentlichen Kapitalmarkt. Dem Kapitalmarktrecht kommt im Vergleich zum klassischen Gesellschaftsrecht eine wachsende Bedeutung zu. Die Wirkung des Kapitalmarktrechts ist jedoch im Wesentlichen auf die public companies beschränkt. Das Schicksal der kleinen companies liegt weiterhin zu einem beträchtlichen Teil in den Händen staatlicher Regulatoren und ist maßgeblich durch die Strukturen des nationalen Gesellschafts-

---

229 Ss. 117/118 CA 85.

230 Public companies müssen mindestens zwei directors haben, während für private companies einer genügt, vgl. ss. 282 (1), 1 (3A) CA 85.

231 In Farrar, S. 43/44, findet sich eine Zusammenfassung der wichtigsten Unterschiede.

232 FSA 86, ss. 143 (3), 170 und 171 (3) bzw. s. 81 CA 85.

233 So besteht für eine private company keine Mindestkapitalisierungspflicht, wie sie ss. 117, 118 CA 85 für public companies statuieren. Private companies bedürfen auch keiner besonderen Genehmigung (trading certificate) und können so unmittelbar nach der Gründung ihre Geschäftstätigkeit aufnehmen.

234 Behrens, GmbH, S. 856.

235 Im Referenzjahr 1999/00 waren von 1.349.200 registrierten Gesellschaften 12.400 public companies, DTI, Companies in 1999-2000, S. 25. Das entspricht einem Anteil von 0,9%.

rechts bestimmt.[236] Gerade kleine Unternehmen sind bestrebt, die noch bestehenden strukturellen Unterschiede[237] in den nationalstaatlichen Gesellschaftsrechten durch eine „Flucht“ ins Ausland auszunutzen.[238]

Ein weiterer wesentlicher Unterschied zwischen den private und public companies besteht darin, dass bei der Harmonisierung der nationalen Gesellschaftsrechte auf europäischer Ebene den public companies Priorität eingeräumt wurde.[239] Bei der Angleichung der nationalen Aktienrechte ist europaweit ein gewisser Fortschritt zu verzeichnen. Zu nennen sind dabei vor allem die gesellschaftsrechtlichen Richtlinien[240] und die Verordnung über das Statut einer Europäischen Aktiengesellschaft („Societas Europaea“). Solche Harmonisierungserfolge sind auf der Ebene der private companies bisher weitgehend ausgeblieben.

E. Gründung einer Gesellschaft

Für einen kontinentaleuropäischen Gesellschaftsrechtler ist es erstaunlich, wie zügig, einfach und relativ „preiswert“ man im Vereinigten Königreich eine Kapitalgesellschaft gründen kann. Um eine englische Gesellschaft zu gründen, braucht es eigentlich nur ein paar Mausklicks. Es gibt inzwischen eine Unzahl von Firmen, die über das Internet[241] damit werben, dass sie einem Auftraggeber innerhalb kürzester Zeit (in der Regel zwei Arbeitstage) eine private limited company verschaffen können. Im Angebot stehen sowohl „ready-made companies“ als auch „companies of your own choice“. Infolge der Entscheidung *Inspire Art Ltd.* hat sich der Trend noch verstärkt. Interessenten sollten sich jedoch darüber im Klaren sein, dass eine umfassende Aufklärung über die Chancen und Risiken bzw. die nicht unerheblichen Folgekosten, die mit der Gründung einer private limited company verbunden sind, von den Onlineanbietern in der Regel nicht zu erwarten sein wird.

---

236 So auch Wymeersch, Company Law in the 21st Century, S. 8-9.

237 Vor allem im Bereich des Gläubigerschutzes.

238 Namen wie Centros Ltd., Challenger Trading Ltd., Holto Ltd., Inspire Art Ltd., um nur einige zu nennen, sind namhafte Protagonisten dieser Entwicklung. Siehe auch Micheler (2000) 21 Co.Law. 179, 182: „The companies who are most likely to take advantage of the ruling in Centros are private companies run by shareholders.“

239 Im Bereich der Privatgesellschaften, den private companies, sind die Harmonisierungsbemühungen dagegen weitgehend erlahmt. Siehe auch Timmermanns, Draft Paper, Siena 2000, S. 2: „On private companies very little was achieved.“

240 Vgl. hierzu ausführlich Edwards, S. 1-332; bzw. Habersack, S. 77-352.

241 Siehe u.a. www.firmfactory.de; www.bolimited.com; www.limited24.de; www.go-limited.de; www.limited4you.de; www.tschuessdeutschland.de.

1. *Shelf-companies*

Wie einfach es ist, in England eine Kapitalgesellschaft zu gründen, wird durch das Phänomen der „shelf companies“ illustriert. Shelf-companies entsprechen in etwa unseren Vorratsgesellschaften. Vorratsgesellschaften sind nur zur Weiterveräußerung „auf Vorrat“ gegründete Gesellschaften, die nie unternehmerisch tätig waren.[242] Shelf companies sind weit verbreitet in England. Es wird spekuliert, dass jährlich mindestens 50.000 shelf-companies gegründet werden.[243] Infolge der Entscheidung *Inspire Art* wird der Markt der europäischen Vorratsgesellschaften von der englischen private limited company dominiert.[244]

2. *Keine Mindestkapitalvorschriften*

Dem traditionellen englischen Gesellschaftsrecht waren Mindestkapitalisierungsvorschriften unbekannt.[245] Erst durch die Umsetzung der zweiten Gesellschaftsrechtsrichtlinie[246] fanden Mindestkapitalisierungsvorschriften Eingang ins englische Gesellschaftsrecht. Public companies müssen nun ein Gründungskapital von 50.000 Pfund aufweisen, bevor sie den Geschäftsbetrieb aufnehmen dürfen.[247] Die Umsetzung der Kapitalschutzrichtlinie hat in England ein geteiltes Echo gefunden. Anhänger einer Gesellschaftsrechtsharmonisierung nahmen sie mit großer Begeisterung auf.[248] Andererseits wird die Kapitalschutzrichtlinie jedoch auch für alle Übel des derzeitigen englischen Gesellschaftsrechts verantwortlich gemacht.[249] Fest steht, dass die Umsetzung der Kapitalschutzrichtlinie die weitreichendste Übernahme kontinentaleuropäischer Methoden durch das englische Gesellschaftsrecht darstellt.[250]

---

242 Heidinger, NZG 2003, 1129.

243 Goulding, S. 58.

244 Vgl. Wachter, GmbHR 2004, 88, 91.

245 Das Nennkapital englischer Gesellschaften ist daher gering. Zum Referenzzeitpunkt 31. März 2000 hatten von 1.510.500 registrierten companies 1.053.000 ein geringeres Nennkapital als 100 Pfund, DTI, Companies in 1999/00, S. 28.

246 Art. 6 Abs. 1, implementiert durch ss. 11, 12 (1) i.V.m. s. 118 (1) Companies Act 1985.

247 Ss. 117 (2), 118 CA 85.

248 Edwards, S. 51, schreibt, dass die Kapitalschutzrichtlinie: „...has been welcomed [...] as a heartening illustration of harmonization at its best.” Schmitthoff (1978) 15 CMLR 43, versteigt sich zu der Bemerkung: “...with admirable skill, the best features of national company law have been welded together.” Gower/Davies, S. 295, bewerten die Kapitalschutzvorschriften der 2. Richtlinie „on the whole logical and sensible“ und behaupten „...for this we have to thank our membership of the European Community.“

249 Art. 6 der Richtlinie wird als eine Vorschrift kontinentaleuropäischen Ursprungs angesehen, die durch ihre mangelnde Flexibilität die Reform des englischen Gesellschaftsrechts behindere, vgl. z.B. Sealy, (1999) 58 CLJ 247, 248. Zu kritischen Stimmen in Deutschland, vgl. Kübler, AG 1994, 141; Kübler/Mendelson/Mundheim, AG 1990, 461.

250 Gower/Davies, S. 239: „...[die Zweite Richtlinie] probably amounts to the most fundamental adoption so far by English company law of civil law practises.“

Die sachliche Reichweite der Kapitalschutzrichtlinie erstreckt sich jedoch nicht auf private limited companies.[251] Private limited companies kennen keine Mindestkapitalisierungsvorschriften.[252] Wegen der fehlenden Verpflichtung zur Aufbringung eines Mindestkapitals gibt es folgerichtig auch keine Haftung wegen Unterkapitalisierung. Private limited companies können, zumindest theoretisch, mit einem Nennkapital („nominal capital") von einem Penny gegründet werden.[253] So ist es nicht erstaunlich, dass bereits im Jahre 1995 von 1.25 Millionen englischen Kapitalgesellschaften, die im Register eingetragen sind, 1.1 Millionen ein tatsächlich ausgezahltes Kapital („issued alloted or paid-up capital") von weniger als 1000 Pfund hatten. Achtzig Prozent davon hatten sogar ein ausgezahltes Kapital von weniger als 100 Pfund.[254] Neuere Zahlen belegen, dass dieser Trend ungebrochen ist. Ende März 1999 wiesen siebzig Prozent aller registrierten Kapitalgesellschaften ein „issued share capital" von weniger als 100 Pfund auf.[255] Die *Company Law Review Steering Group*, verantwortlich für einen Entwurf zur Modernisierung des englischen Gesellschaftsrechts, kann daher zu Recht behaupten, dass das „issued share capital" wenig Einfluss auf die Kreditwürdigkeit eines Unternehmens oder deren Geschäftsentscheidungen hätte.[256] In dieser Aussage der *Company Law Review Steering Group* spiegelt sich das angelsächsische Grundverständnis wider, dass das Gesellschaftskapital nicht primär dem Gläubigerschutz dient, sondern lediglich als Betriebsmittel aufgefasst wird.[257] Es ist daher verständlich, dass die Zweite Europäische Gesellschaftsrechtsrichtlinie mit ihren detaillierten Kapitalschutzvorschriften von der Mehrheit der englischen Gesellschaftsrechtler nicht mit Liebe aufgenommen wurde. Sie bleibt ein Fremdkörper. Ein Preis, den man gezwungenermaßen für die Öffnung der europäischen Märkte zahlen müsse, ein Hindernis auf dem Weg einer umfassenden Gesellschaftsrechtsreform, da ihre Vorschriften zur Mindestkapitalisierung und zur Kapitalerhaltung eine angestrebte radikale Modernisierung und Vereinfachung des englischen Gesellschaftsrechts erschweren würden.[258]

---

251 Der ursprüngliche Plan der Kommission, den Anwendungsbereich der Kapitalschutzrichtlinie auf englische und irische private limited companies zu erstrecken, ließ sich politisch nicht durchsetzen.

252 Siehe zu der Finanz- und Haftungsverfassung der private limited company Fleischer, DStR 2000, 1015, 1016.

253 Das ist seit der Umsetzung der Zwölften Gesellschaftrechtssrichtlinie möglich. Davor hätte das Nennkapital zumindest 2 Pence betragen müssen, da eine private limited company zwei Gründungsmitglieder erforderte.

254 Siehe hierzu DTI: „The Euro: Redenomination of Share Capital", 1998, Rd. 1.7.

255 The Company Law Review Steering Group: Modern Company Law for a Competitive Economy–Developing the Framework, March 2000, S. 358.

256 The Company Law Review Steering Group: Modern Company Law for a Competitive Economy-Developing the Framework, March 2000, S. 358-359.

257 Siehe Gansen, S. 29.

258 So Ferran (1999) 58 CLJ 656.

3. *Keine Lehre von der fehlerhaften Gesellschaft*

Die Inkorporierung in England wird schließlich durch das Fehlen einer Lehre von der fehlerhaften Gesellschaft erleichtert.[259] Mit Ausstellung der Gründungsbescheinigung („certificate of registration") durch den zuständigen Registrierungsbeamten („registrar of companies") liegt der schlüssige Beweis („conclusive evidence") vor, dass die Gesellschaft alle notwendigen Gründungsvorschriften des CA 85 beachtet hat.[260] Conclusive evidence bedeutet, dass der Status einer Company nicht mehr infrage gestellt werden kann, weder von den einzelnen Parteien eines Rechtsgeschäfts noch von der company selbst. Etwaige Mängel gelten als geheilt. Die Minderjährigkeit eines Gründers hat so zum Beispiel nur seine Nichtbeteiligung zur Folge, niemals jedoch die Unwirksamkeit der Gesellschaftsgründung.[261]

4. *Fazit*

Auf den ersten Blick stehen der Gründung einer Kapitalgesellschaft in England keine großen Hindernisse entgegen.[262] In England dominiert der Grundsatz: „Incorporation encourages innovation."[263] Gerade für junge Unternehmensgründer im Dienstleistungssektor, die über eine innovative Unternehmensidee, aber wenig Startkapital verfügen, erscheint es attraktiv, in England eine private limited company zu gründen.[264] Bei der Entscheidung für die private limited company ist aber zu beachten, dass die relativ einfache Gründung mit nicht unerheblichen Folgekosten einhergeht.[265] Die Folgekosten resultieren zunächst daraus, dass die in England gegründete private limited company bestimmten Pflichten des englischen Gesellschaftsrechts unterliegt.[266] Um den Pflichten zu entsprechen, werden ausländische Gesellschaftsgründer nicht umhinkommen, sich kompetenten Rechtsrat einzuholen.[267] Da das englische Kapitalgesellschaftsrecht unsystematisch und nur schwer zugänglich ist, sind dabei nicht unerhebliche Rechtsberatungskosten zu erwarten. Rechtsstreitigkeiten werden darüber hinaus wegen Art. 2 EuGVVO häufig in England zu führen sein.[268] Für private limited companies, die nach

259 Hohloch, Rn. 146, Prentice, Incorporation Theory, S. 3.

260 Vgl. s. 13 CA 85. Die Prüfungsbefugnis des Registerbeamten beschränkt sich dabei im Wesentlichen auf die formelle Gesetzmäßigkeit der eingereichten Unterlagen.

261 Behrens, GmbH, S. 860.

262 Vgl. Pettet, Company Law, S. 42: „Forming a company by registration is relatively simple and costs very little." bzw. Bernsau, FAZ v. 9. Juni 2004, S. 25.

263 Freedman (2000) 63 MLR 317, 326.

264 Z.B. Hirsch, NZG 2003, 1100, 1103.

265 Vgl. u.a. Noack, FAZ v. 26. November 2003, S. 25.

266 Die Gesellschaft ist z.B. verpflichtet am Ort ihres satzungsmäßigen Sitzes (registered office) ein Gesellschaftsregister zu führen.

267 Möglicherweise fallen auch Übersetzungskosten an.

268 Maul/Schmidt, BB 2003, 2297, 2299.

der Gründung vornehmlich außerhalb Englands tätig werden wollen, stellt sich zudem das Problem inländischer Akzeptanz. Der inländische Rechtsverkehr am Marktort wird der ihm unbekannten Gesellschaftsform der private limited company weniger Vertrauen entgegenbringen als den einheimischen Entsprechungsformen. Infolgedessen könnte die private limited company als weniger kreditwürdig angesehen werden. Gläubiger (vor allem Banken) könnten im erheblich größeren Umfang die Stellung persönlicher Sicherheiten von den Gesellschaftern bzw. Geschäftsführern einfordern. Die relativ einfache Gründung einer private limited company ist daher nur die eine Seite der Medaille. Ausländische Gesellschaftsgründer müssen mögliche Folgekosten bei ihrer Entscheidung für die private limited company berücksichtigen und sorgfältig die Vor- und Nachteile der Gründung einer private limited company abwägen. Das „Schreckgespenst“[269] der englischen „Scheinauslandsgesellschaft“[270] kann sich daher letzlich als Chimäre erweisen.

§ 2: Überblick über das englische Gesellschaftsinsolvenzrecht

Eine kurze Einführung in das englische Gesellschaftsinsolvenzrecht ist wichtig, da der englische Gläubigerschutz in vielen Fällen die Abwicklung und Auflösung einer Kapitalgesellschaft voraussetzt. Die Abwicklung einer Gesellschaft, das sogenannte „winding-up“ oder „liquidation“, ist weitgehend im Insolvency Act 1986 sowie in den Insolvency Rules 1986 geregelt.[271] Es beschreibt die Vorgehensweise im Falle der Liquidation einer Kapitalgesellschaft. Die Abwicklung einer Kapitalgesellschaft ist von den verwandten Verfahren der „administration“ und der „administrative receivership“ abzugrenzen. Beide Verfahren sind durch das Inkrafttreten des Enterprise Act 2002 am 15. September 2003 durchgreifend reformiert worden. Durch den Enterprise Act 2002 ist in erster Linie die Position der ungesicherten Gläubiger verbessert worden. Das besondere Verwertungsverfahren der administrative receivership wurde weitgehend abgeschafft und die praktische Wirksamkeit des administration-Verfahrens dadurch erhöht.[272] Zunächst soll ein kurzer Überblick über die Verfahren der administration bzw. der administrative receivership gegeben werden.

---

269 Weller, IPRax 2003, 207.

270 Vgl. zur irreführenden Terminologie Ebke, JZ 2003, 927, 930.

271 SI 1986 No. 1925, abgeändert durch die Insolvency Amendment Rules 1987 (SI 1987/1919), 1989 (SI 1989/397), 1991 (SI 1991/495), 1993 (SI 1993/602), 1995 (SI 1995/586), 1999 (SI 1999/1022). Für schottische Kapitalgesellschaften: Insolvency (Scotland) Rules (SI 1986/1915), Amendment Rules 1987 (SI 1987/1921).

272 Siehe hierzu Jungmann/Bisping, RIW 2003, 930, 931, 934. Alle bisherigen Vorschriften über das administration-Verfahren (ss. 8 ff. IA 86) wurden demnach aufgehoben und durch eine einzige Vorschrift ersetzt, die einen neuen Anhang in den IA 86 einführt. In dem Anhang (Schedule B1, IA 86) finden sich nun die Vorschriften zur administration.

Das Verfahren der administration[273] ist ein Produkt der insolvenzrechtlichen Reformgesetzgebung der achtziger Jahre des letzten Jahrhunderts.[274] Die Einführung erfolgte auf Empfehlung des *Cork Committee*. Das *Cork Committee* wurde Ende der siebziger Jahre des letzten Jahrhunderts vom DTI eingesetzt, um Vorschläge für eine Reform des Insolvenzrechts zu erarbeiten. In seinem abschließenden Vorschlagspapier[275] 1982 identifizierte es das Fehlen von Sanierungsregeln als eines der Grundübel des englischen Kapitalgesellschaftsinsolvenzrechts. Damals gab es kein Gesetzgebungsverfahren, das es Kapitalgesellschaften in vorübergehenden finanziellen Schwierigkeiten ermöglichte, der zwangsläufigen Liquidation zu entgehen. Das führte dazu, dass eine Reihe von Unternehmen aufgelöst wurden, die im Grunde ökonomisch überlebensfähig gewesen wären.[276]

Die administration ist ein externes Reorganisationsverfahren,[277] dessen vorrangiges Ziel es ist, das Unternehmen als „going-concern" im Wirtschaftsleben zu erhalten.[278] Der bedeutendste Unterschied zwischen der liquidation und der administration liegt in der Zielrichtung der Verfahren.[279] Die liquidation führt zur ordentlichen Beendigung der Geschäftstätigkeit eines Unternehmens. Das primäres Ziel der liquidation ist die Realisierung der Vermögensgegenstände des Unternehmens, die Begleichung der Schulden, Erfüllung der Verbindlichkeiten sowie die gleichmäßige Verteilung eventuell noch übrig gebliebener Vermögensgegenstände unter den Gesellschaftern. Am Ende einer liquidation ist ein Unternehmen aufgelöst. Es existiert nicht mehr. Die administration dient hingegen in erster Linie dem Ziel, das Unternehmen zu sanieren. Unternehmen, die auf einer stabilen wirtschaftlichen Basis stehen und nur vorübergehende finanzielle Schwierigkeiten haben, sollen durch die administration erhalten werden. Erst nachrangig soll der Verwalter in der administration Gläubigerinteressen berücksichtigen und für die Gläubiger der Gesellschaft ein besseres Ergebnis erzielen, als es bei einer liquidation

273 Vgl. hierzu eingehend Prentice/Oditah/Segal, Administration, S. 63-106.

274 Die Reform wurde ursprünglich durch den IA 85 eingeführt. Der IA 85 wurde darauf folgend durch den IA 86 ersetzt, der die englische Insolvenzgesetzgebung für Kapitalgesellschaften „konsolidierte", das heißt, die früheren Insolvency Acts und verstreute Insolvenznormen in anderen Acts, wie dem CA 85, in einem einheitlichen Gesetzeswerk zusammenfasste; vgl. hierzu Fletcher, [1989] JBL 365, der einen Überblick über die Ziele der Reform liefert.

275 The Report of the Review Committee on Insolvency Law and Practise (1982) Cmd 8558.

276 The Report of the Review Committee on Insolvency Law and Practise (1982) Cmd 8558, Rz. 495. Dass das jeder wirtschaftlichen Vernunft widersprach, hat Gower, Gower/Davies, S. 817, in einem drastischen Vergleich verdeutlicht: „Although [...] one of the advantages of a body corporate is that it can live forever, most companies do not. Indeed in times of economic recession they are put to death with alarming frequency because they are unable to pay their debts. If that is their only offence death may seem an unnecessarily extreme penalty (we don't hang individuals who have gone bankrupt)."

277 Vgl. zum Begriff Jungmann/Bisping, RIW 2003, 930, 934.

278 Siehe Schedule B1, para. 3(1)(a) IA 86.

279 Vgl. Boyle/Birds S. 637.

(ohne vorheriges administration-Verfahren) der Fall wäre.[280] Die administration ist eine sog. „rescue procedure“,[281] die das Überleben des Unternehmens ermöglichen soll. Ein administration-Verfahren kann daher niemals parallel neben einem „winding-up“-Verfahren laufen.[282] Sie schließen sich gegenseitig aus.[283]

B. Administrative receivership

Die adminstrative receivership ist ein privates Verwertungsverfahren. Die administrative receivership diente in erster Linie der Verwertung des speziellen Sicherungsmittels der „floating charge“.[284] Da Inhaber einer floating charge in der Regel durch ihr Veto die Einleitung eines administration-Verfahrens verhindern konnten,[285] ist die Bedeutung des administration-Verfahrens im Vergleich zur administrative receivership bis zur Reform durch den Enterprise Act 2002 gering geblieben.[286] Die Gesellschaftsgläubiger zogen die administrative receivership dem administration-Verfahren vor.[287] Das Interesse des administrative receiver besteht einzig und allein darin, die Sicherheiten seiner Auftraggeber zu verwerten, ohne auf die Erhaltung des Unternehmens Rücksicht nehmen zu müssen. Die directors einer Gesellschaft hatten ebenfalls kein Interesse an einer administration. Zum einen hat der Verwalter in der administration die Möglichkeit, die directors ihres Postens zu entbinden. Zum anderen ist der Verwalter in der administration verpflichtet, einen Bericht über das Verhalten der directors an den Secretary of State

280 Schedule B1, para. 3 (1)(b) IA 86.

281 Vgl. Boyle/Birds S. 637.

282 Ein Liquidationsverfahren kann sich aber durchaus einem adminstration-Verfahren anschließen, wie der Wortlaut von Schedule B1, para. 3 (1)(b) IA 86 klarstellt.

283 S. 8 Abs. 4 IA 86 (alte Regelung).

284 Eine floating charge ist ein in England sehr beliebtes pragmatisches Sicherungsmittel. Die floating charge belastet das ganze Vermögen der Gesellschaft, unabhängig davon, welche spezifischen Vermögenswerte gerade dazugehören. Die floating charge bietet der Gesellschaft den Vorteil, dass sie frei über ihr Gesellschaftsvermögen verfügen kann. Im Gegensatz zur floating charge steht die fixed charge, die es der Gesellschaft nicht erlaubt, frei über die belasteten Wirtschaftsgüter zu verfügen. Eine floating charge konkretisiert sich zur fixed charge an den gerade vorhandenen Wirtschaftsgütern der Gesellschaft, wenn die Gesellschaft den Gläubigern gegenüber in Verzug gerät. Der Zeitpunkt der Konkretisierung heißt crystallization. Im Fall der Konkretisierung steht den Inhabern der floating charges das Recht zu, einen sog. receiver zu bestellen, der die Geschäftsführung der Gesellschaft im Interesse der Inhaber der floating charges übernimmt und gegebenenfalls Vermögenswerte der Gesellschaft verkauft. Nur Kapitalgesellschaften (companies) haben das Recht, floating charges zu bestellen. Mehr zur floating charge, vgl.: Boyle/Birds, S. 288-293, Dierksmeier, S. 45/46.

285 S. 9 Abs. 3 IA 86.

286 Vgl. die Statistik in Gower/Davies, S. 832, dass im Jahre 1995 1845 administrative receivers, aber nur 168 administrators bestellt wurden. Vgl. ferner den Bericht des Insolvency Service: Insolvency Service, Company Voluntary Arrangements and Administration Orders: Consultative Document, London Oktober 1993, in dem weitere Ursachen für die geringe Nutzung des administration-Verfahrens dargelegt werden.

287 Ausnahmefälle, in denen die Gläubiger möglicherweise die Einsetzung eines administrators vorziehen könnten, nennen Boyle/Birds, S. 646.

zu schicken. Dieser Bericht konnte wiederum die Grundlage eines Disqualifizierungsverfahrens nach dem CDDA 86 bilden.

Die Reform durch den Enterprise Act 2002 ist die Reaktion auf die geringe Bedeutung des administration-Verfahrens gegenüber dem besonderen Verwertungsverfahren der administrative receivership. Durch s. 250 Enterprise Act 2002 wurde ein neues Kapitel IV in den IA 86 eingefügt. Die zentrale Vorschrift, s. 72 A IA 86, normiert nun ein weitgehendes Verbot der „floating charge"-Inhaber,[288] einen administrative receiver zu ernennen.[289]

C. Die Abwicklung und Auflösung einer Gesellschaft

Die Existenz einer Gesellschaft wird durch die Auflösung beendet. Zur Auflösung muss die Gesellschaft abgewickelt worden sein. Die Abwicklung einer Gesellschaft wird im englischen Recht „winding-up" genannt. Es gibt zwei Grundtypen des winding-up. Zum einen ist das die Zwangsabwicklung („compulsory winding-up"), zum anderen die freiwillige Abwicklung („voluntary winding-up").[290] Das voluntary winding-up untergliedert sich weiter in die freiwillige Abwicklung durch die Mitglieder der Gesellschaft („members' voluntary winding-up") und die freiwillige Abwicklung durch die Gläubiger („creditors' voluntary winding-up"). Der grundlegende Unterschied zwischen der Zwangsabwicklung und der freiwilligen Abwicklung besteht darin, dass im ersteren Fall die Initiative vom Gericht ausgeht und im letzteren Fall von der Gesellschaft selbst.[291] Members' voluntary winding-up und creditors' winding-up unterscheiden sich dadurch, dass ein members' voluntary winding up nur möglich ist, wenn die Gesellschaft solvent ist.[292] Für die Abwicklung einer Gesellschaft gerichtlich zuständig ist normalerweise der High Court.[293] Unter gewissen Voraussetzungen besitzt der County Court des Bezirks, in dem die abzuwickelnde Gesellschaft ihr registered office hat, die konkurrierende Gesetzgebung.[294] Bei einer freiwilligen Abwicklung erlischt die Gesellschaft drei Monate, nachdem der registrator, nach Erhalt des Abschlussberichts („final accounts and re-

---

288 Gem. s. 72 A(4)(a) IA 86 hat die Regelung keine Rückwirkung. S. 72 A IA 86 findet daher nur für nach dem Inkrafttreten des Enterprise Act 2002 am 15. September 2003 bestellte floating charges Anwendung.

289 Siehe Jungmann/Bisping, RIW 2003, 930, 933.

290 Früher gab es noch ein drittes winding-up-Verfahren, nämlich das „voluntary winding-up subject to supervision of the court" (freiwillige Abwicklung unter Aufsicht des Gerichts). Diese hybride Form wurde jedoch im Rahmen der Insolvenzreform der Jahre 1985/86 abgeschafft.

291 Die Gläubiger einer Gesellschaft können die Gesellschaft grundsätzlich nicht zwingen, ein freiwilliges Abwicklungsverfahren einzuleiten.

292 Der Begriff der „insolvency" im Rahmen des Insolvency Act 1986 umfasst sowohl die Zahlungsunfähigkeit (cash flow insolvency) als auch den Fall der Überschuldung im bilanzrechtlichen Sinne (balance sheet insolvency), ss. 122/123 IA 86; bzgl. der näheren Voraussetzungen der balance sheet insolvency vgl. im Übrigen Boyle/Birds, S. 638-639.

293 S. 117 Abs. 1 IA 86.

294 S. 117 Abs. 2 IA 86.

turns")[295] durch den Insolvenzverwalter, die Abwicklung im Register vermerkt hat.[296] Eine automatische Auflösung kann nur durch einen Gerichtsbeschluss auf Antrag des Insolvenzverwalters oder irgendeiner Person, die nach Ansicht des Gerichts ein berechtigtes Interesse hat, abgewendet werden.[297] Bei einer Zwangsabwicklung durch das Gericht erfolgt die Auflösung im Wesentlichen nach den gleichen Regeln.[298] Neben der Auflösung nach erfolgter Abwicklung gibt es noch eine weitere Situation, in der eine Gesellschaft nach dem CA 85 aufgelöst werden kann. So kann die Gesellschaft gem. s. 652 CA 85[299] oder ss. 652 (a)-(f) CA 85 aus dem Register gestrichen werden. Sie gilt dann als aufgelöst. Das Auflösungsverfahren der s. 652 CA 85 findet Anwendung, wenn der Registrator einen guten Grund hat anzunehmen, dass eine Gesellschaft keine Geschäftstätigkeit mehr entfaltet („defunct companies").

§ 3: Das System des Gläubigerschutzes nach englischem Recht

Die Mitglieder einer private limited company haften den Gläubigern der Gesellschaft gegenüber grundsätzlich nur in Höhe ihrer Anteile. Wenn die Anteilseigner die Einlageforderung der Gesellschaft bereits erfüllt haben, sind sie grundsätzlich sogar von jeder weiteren persönlichen Haftung befreit.[300] Dieses Prinzip der limited liability bzw. der separaten Rechtspersönlichkeit der Gesellschaft in Beziehung zu ihren einzelnen Mitgliedern ist in England spätestens seit der wegweisenden Entscheidung *Salomon v. Salomon & Co* [301] anerkannt.[302]

Die Entscheidung in *Salomon* ist nicht allein deshalb wegweisend, weil in ihr das Prinzip der separaten Rechtspersönlichkeit der Gesellschaft bestätigt wurde („Trennungsprinzip"). Ihre besondere Bedeutung gewinnt die Enscheidung *Salomon* vor allem dadurch, dass das englische Recht schon zum Ausgang des vorletzten Jahrhunderts die „Einmanngesellschaft" quasi-legalisierte[303]. Das Urteil in *Salomon* eröffnete somit auch

---

295 Im Falle des members' winding-up gem. s. 94 IA 86, im Falle des creditors' winding-up gem. s. 106 IA 86.

296 S. 201 IA 86.

297 S. 201 Abs. 3 IA 86.

298 S. 205 IA 86.

299 „If the registrar of companies has reasonable cause to believe that a company is not carrying on business in operation..." Dieser Auflösungsgrund hat vor allem Bedeutung für „shelf-companies".

300 Im Falle der Insolvenz der Gesellschaft ist das in s. 74 (2)(d) IA 86 festgelegt: "In the case of a company limited by shares, no contribution is required from any member exceeding the amount (if any) unpaid on the shares in respect of which he is liable as a present or past member."

301 Salomon v. Salomon & Co [1897] AC 22. Zu Salomon und der sich anschließenden Rechtsentwicklung siehe auch Hess, RIW 1994, 826-829.

302 Das Trennungsprinzip wurde tatsächlich bereits in Edmunds v. Brown and Tillard (1668) 1 Lev 237, 238 angedeutet.

303 Endgültig bestätigt wurde die Legalität der „Einmanngesellschaft" durch die Zwölfte Richtlinie der EG, zu deren Umsetzung die Companies (Single Member Private Limited Companies) Regulation 1992, SI 1992/1699 erlassen wurde.

kleinen Partnerschaften und Gewerbetreibenden die Möglichkeit, sich mit Hilfe von Strohmännern („nominees") zu inkorporieren und somit der unbeschränkten persönlichen Haftung zu entgehen. Das Urteil wurde „als ein Triumph der Form über den Inhalt" interpretiert.[304] Es begründete den Erfolg und die unglaubliche Popularität der private limited company.

Schon bald wurde jedoch klar, dass die Erfolgsgeschichte ihre Schattenseiten hatte. Die große Zahl von Inkorporierungen und die damit einhergehende Haftungsbeschränkung der Gesellschafter brachten Risiken für all jene mit sich, die mit der wachsenden Zahl von Gesellschaften in geschäftlichen Kontakt traten. Die Gefahr wuchs, dass Gläubiger mit Kapitalgesellschaften Geschäfte tätigten, die keine ausreichende Kapitaldecke aufwiesen oder sogar bewusst von Unternehmern in betrügerischer Absicht gegründet worden waren. Eine Reihe von Gläubigern, üblicherweise Großgläubiger wie Banken, konnte der Insolvenzgefahr dadurch entgegentreten, dass sie sich Sicherheiten einräumen ließen. Es blieb jedoch ein erhebliches Restrisiko, insbesondere für ungesicherte Gläubiger.[305] Im Gegensatz zur deutschen Rechtsordnung versuchte das englische Kapitalgesellschaftsrecht nicht, der Gefahr des Missbrauchs der Haftungsprivilegierung durch Mindestkapitalisierungsvorschriften zu begegnen. Welche Schutzmechanismen das englische Recht favorisierte, soll im Folgenden dargestellt und analysiert werden.

A. Die Säulen des englischen Gläubigerschutzrechts

Grundsätzlich lassen sich drei verschiedene Säulen ausmachen, die das Fundament des englischen gesellschaftlichen Gläubigerschutzes bilden: Eine erweiterte persönliche Haftung der Gesellschafter bzw. Geschäftsführer, ein umfassendes staatliches Aufsichts- und Investigationssystem sowie Transparenzpflichten (Registrierungspflichten, Publizitätsvorschriften, Prüfung). Die Abgrenzung zwischen den Säulen ist im Einzelfall nicht immer einfach. Einer eindeutigen Klassifizierung entziehen sich vor allem die CDDA 86-Vorschriften.[306] Wegen ihrer herausragenden Bedeutung für das englische

---

304 Sealy, CLJ, 1999, 247. Einer der Gründe dafür, dass im common law-Rechtskreis das formale Wortlautargument eine bedeutende Rolle spielt, ist in der Gesetzesexegese zu sehen. Im common law beruht der Gesetzeswortlaut oft auf Prinzipien, die sich aus einer Kette von Entscheidungen herauskristallisiert haben. Der Gesetzeswortlaut ist daher der Endpunkt einer Rechtsentwicklung, während im civil law abstrakte Gesetze oft lediglich als Ausgangspunkt einer Rechtsentwicklung verstanden werden, deren Normzweck durch nachfolgende richterliche Interpretation herausgearbeitet wird.

305 Z.B. deliktische Gläubiger.

306 Der CDDA 86 nimmt eine Zwitterstellung ein. So finden sich in ihm u.a. Durchgriffshaftungsregeln (s. 15 CDDA 86) und strafrechtliche Vorschriften (ss. 13/14 CDDA 86). Er hat eine private (Schutz privater Gläubigerinteressen) und öffentliche Funktion (Erziehungsfunktion, Präventivfunktion). Die Einordnung seiner rechtlichen Natur ist schwierig. Das CDDA 86-Verfahren wird sowohl als „quasi-penal" als auch als „zivilrechtlich-regulativ" bezeichnet.

Gläubigerschutzsystem sollen sie daher am Ende des Abschnittes über den Gläubigerschutz dargestellt werden.

1. *Die erweiterte persönliche Haftung*

Erweiterte persönliche Haftung im Sinne dieser Arbeit bedeutet zum einen, dass die Haftungseinschränkung der Gesellschafter, die bei inkorporierten Gesellschaften die Regel ist, durchbrochen ist (Durchgriffshaftung). Zum anderen sehen eine Reihe englischer Gläubigerschutzvorschriften eine persönliche gesamtschuldnerische Haftung der Geschäftsleiter („directors“) vor. Im Haftungsfalle können die Gesellschaftsgläubiger im Allgemeinen nur auf das Gesellschaftsvermögen zurückgreifen. Durch die erweiterte persönliche Haftung ist es den Gesellschaftsgläubigern darüber hinaus eröffnet, gegen das persönliche Vermögen Dritter vorzugehen. Dritte im Sinne dieser Definition sind zum einen im engeren Sinne die Gesellschafter („shareholder“) und Unternehmensleiter der Gesellschaft, zum anderen jedoch auch im weiteren Sinne alle, die in irgendeiner Weise, entweder direkt oder indirekt, ein Interesse an der Gesellschaft haben oder an der Promotion, der Formation oder dem Management der Gesellschaft beteiligt gewesen sind.[307] Durch die Erweiterung der Definition sollen insbesondere sogenannte Strohmänner („shadow directors“) erfasst werden. Das sind natürliche Personen oder auch andere Gesellschaften, die nicht (bzw. nicht wirksam) zu Unternehmensleitern bestellt worden sind, die aber gleichwohl einen maßgeblichen Einfluss auf die Entscheidungen der Geschäftsführung haben oder hatten.[308]

Im englischen Recht ist schon lange anerkannt, dass in gewissen Ausnahmefällen das Prinzip der separaten Rechtspersönlichkeit einer Gesellschaft („Trennungsprinzip“) durch die Gesetzgebung durchbrochen werden kann. Ein solches Vorgehen wird in der englischen Rechtsterminologie: „lifting the corporate veil“[309] genannt. *Devlin J* charakterisiert das Prinzip in den Worten: „...the legislature can forge a sledgehammer capable of cracking open the corporate shell“.[310] Neben dem Gesetzgeber waren auch die Gerichte in bestimmten Situationen bereit, diese „corporate shell“ zu knacken. Zunächst sollen die gesetzlich bestimmten Fälle dargestellt werden.

---

307 Vgl. s. 1D CDDA 86.

308 Umfassend zur Entstehungsgeschichte und Haftung der shadow directors in der englischen Kapitalgesellschaft Schultheiß.

309 Bzw. „piercing of the corporate veil“; zum fruchtlosen Streit um die richtige Terminologie vgl. Payne (1997) 56 CLJ 284.

310 Vgl. Devlin J in Bank voor Handel en Scheepvaart N.V. v. Slatford [1953] 1 QB 248, 278.

a) *Gesetzlich geregelte Fälle der erweiterten persönlichen Haftung*

S. 332 des Companies Act 1948 (CA 48)[311] regelte ursprünglich einheitlich die Sanktion für fraudulent trading. Demnach traf denjenigen der Bann des Strafrechts, der sich die Form einer Kapitalgesellschaft zu Nutze machte, um andere zu betrügen. War die Gesellschaft zudem in der Liquidation, konnte das Gericht gem. s. 332 CA 48 nach seinem Ermessen erklären, dass die Betrüger für alle Schulden der Gesellschaft persönlich und uneingeschränkt verantwortlich waren. S. 332 CA 48 war in seiner Wirksamkeit begrenzt.[312] Zum einen bestand eine Verantwortlichkeit nur, wenn Betrugsabsicht nachgewiesen werden konnte, zum anderen führte die Verbindung der zivilrechtlichen und strafrechtlichen Sanktion in einer Norm dazu, dass auch im zivilrechtlichen Verfahren die Beweiserhebung dem hohen strafrechtlichen Standard genügen musste. Zudem hatte die Verknüpfung von strafrechtlicher und zivilrechtlicher Sanktion den Nachteil, dass Insolvenzverwalter bei weniger schweren Fällen, aufgrund der zwingenden strafrechtlichen Sanktion, oft davon absahen, ein zivilrechtliches Verfahren einzuleiten.

Im Rahmen der weitreichenden Gesellschaftsrechtsreform der Jahre 1985/86[313] wurde die Sanktion des s. 332 CA 48 auf zwei neue Normen verteilt. S. 458 des CA 85 bestimmt nun die strafrechtliche Verantwortlichkeit, während die zivilrechtliche Haftung[314] in den ss. 213-215 IA 86 geregelt ist. Auf Betreiben des *Cork Committee*[315] wurde die zivilrechtliche Haftung dabei ferner um die Fälle des wrongful trading erweitert.

aa) Fraudulent trading [316]

Das englische Recht sieht in s. 458 CA 85 eine Strafbarkeit vor, wenn die Geschäfte einer Gesellschaft in der Absicht weiterbetrieben werden, die Gesellschaftsgläubiger zu betrügen: „If any business of a company is carried on with intent to defraud creditors of the company, or creditors of any other person or for any fraudulent purpose, every person who was knowingly a party to the carrying on of the business in that manner is liable to imprisonment or a fine, or both. This applies whether or not the company has been, or is in the course of being, wound up.“ Der letzte Satz der s. 458 CA 85 greift dabei die Ergänzung durch s. 96 CA 89 auf, der sich gegen die Entscheidung in *Schildkamp*[317] wendete, in deren Folge ein Liquidationsverfahren als essentielle Vorbedin-

311 Ergänzt durch s. 96 des Companies Act 1981.
312 Vgl. Griffin, Disqualification, S. 57-58.
313 Konsolidierung des englischen Gesellschaftsrechts durch den CA 85 und den IA 86.
314 Nach Sealy, S. 488, sieht s. 458 CA 85 eine maximale Gefängnisstrafe von sieben Jahren vor.
315 Auf Betreiben des Cork Committee wurde die zivilrechtliche Sanktion gleichzeitig um die Fälle des wrongful trading erweitert, vgl. Review Committee (K. Cork), Insolvency Law and Practise, Report of Review Committee, (1982) Cmd 8558, Kapitel 24.
316 Gem. s. 458 CA 85 und s. 213 IA 86.
317 DPP v. Schildkamp [1971] AC 1.

gung einer strafrechtlichen Verantwortlichkeit angesehen wurde. Die zivilrechtliche Verantwortlichkeit nach s. 213 IA 86 setzt demgegenüber die Insolvenz der Gesellschaft voraus. Ansonsten stimmen s. 458 CA 85 und s. 213 IA 86 inhaltlich weitgehend überein.[318] S. 458 CA 85 und s. 213 IA 86 sind in ihren objektiven Tatbestandsmerkmalen sehr weit gefasst. Verantwortlich ist jeder, der das Geschäft weiter betrieben hat, obwohl er um den betrügerischen Zweck wusste. Ein „fraudulent conduct" wird in der Regel vermutet, wenn eine Gesellschaft weiter Geschäfte betreibt und Schulden macht, obwohl nach dem Wissen der directors keine vernünftige Hoffnung besteht, dass die Gesellschaft der Insolvenz entgehen kann. Oder in den Worten von *Maugham J*: „If a company continues to carry on business and to incur debts at a time when there is, to the knowledge of the directors, no reasonable prospect of the creditors ever receiving payment of those debts, but cannot be inferred merely because they ought to have realised it."[319]

Dem Wort „ever" darf hier keine besondere Bedeutung beigemessen werden. So ist es ausreichend, dass der director oder jede andere Person, die in den personellen Anwendungsbereich fällt, weiß, dass die Schulden von der Gesellschaft im Zeitpunkt der Fälligkeit oder kurze Zeit danach nicht bezahlt werden können.[320] Als Schulden kommen nicht nur Geschäfts- bzw. Handelsschulden, sondern auch Crown debts in Betracht. Crown debts sind ausstehende Verpflichtungen gegenüber dem Staat, vor allem Steuerschulden. Im Einzelfall kommen aber auch ausstehende Prämienzahlungen für eine gesetzliche Pflichtversicherung in Betracht.[321] Ein Nachweis, dass die vom fraudulent trading Betroffenen einen realen Vermögensverlust erlitten haben, ist nicht erforderlich.[322] Ausreichend ist die willentliche Begehung einer betrügerischen Handlung.[323] „Carrying on of the business" im Sinne von s. 213 IA 86 verlangt eine aktive, positive Rolle in der Führung des Geschäfts. Ein bloßes Unterlassen, den Weiterbetrieb des Geschäfts zu verhindern, reicht in der Regel nicht.[324] Ebenfalls nicht genügend ist die Bevorzugung eines Gläubigers oder mehrerer gegenüber anderen.[325] Jedoch können im Einzelfalle auch Gläubiger einer Gesellschaft haften, die Teilzahlungen akzeptierten,

---

318 Vgl. s. 213 IA 86: (1) If in the course of the winding-up of a company it appears that any business of the company has been carried on with the intent to defraud creditors of the company or creditors of any other person, or for any fraudulent purpose, the following has effect. (2) The court, on application of the liquidator may declare that any persons who were knowingly parties to the carrying on of the business in the manner abovementioned are to be liable to make such contributions (if any) to the company's assets as the court thinks proper.

319 Maugham J in Re William C. Leitch Bros Ltd. [1932] 2 Ch 71, 77.

320 R v. Grantham [1984] All ER 166 (CA); R v. Lockwood (1986) 2 BCC 99, 333 (CA).

321 Siehe Re L Todd (Swanscombe) Ltd. [1990] BCLC 454; zur Bedeutung von Crown debts im System des CDDA 86 vgl. Griffin, Disqualification, S. 176.

322 Welham v. DPP [1961] AC 103; R v. Grantham [1984] QB 675, 683-684.

323 Griffin, Disqualification, S. 50.

324 Vgl. Re Maidstone Building Provisions Ltd. [1971] WLR 1085.

325 Re Sarflax Ltd. [1979] Ch 529.

obwohl sie wussten, dass das Geld dem betrügerischen Weiterbetrieb des Geschäfts gegenüber anderen Gläubigern entstammte.[326]

Der objektiven Weite des Tatbestandes steht jedoch einschränkend gegenüber, dass subjektiv Betrugsabsicht („intent") verlangt wird. Betrugsabsicht erfordert den Nachweis von „actual dishonesty". Der Maßstab der „actual dishonesty" bestimmt sich im Wesentlichen nach den gegenwärtigen kaufmännischen Grundsätzen bzw. wirklicher moralischer Schuld.[327] „Actual dishonesty" verlangt nicht, dass die handelnde Person im Zeitpunkt der Eingehung der Schuld weiß, dass die Verpflichtung nicht zurückgezahlt werden kann. Die betrügerische Absicht liegt schon dann vor, wenn die betreffende Person mit großer Wahrscheinlichkeit voraussehen konnte, dass die Schuld nicht beglichen werden kann.[328] Nach *Griffin* ist die Definition der Absicht durch die Entscheidung in *R v. Grantham* derart ausgedehnt worden, dass man von einem „recklessness" (Rücksichtslosigkeit, Indifferenz) Test sprechen kann.[329] Die Grenzen zwischen fraudulent und wrongful trading scheinen daher zu verschwimmen. Ein solcher Schluss ist jedoch nicht zwingend. Die Entscheidung in *R v. Grantham* erging im Jahre 1984. Zu dieser Zeit war die wrongful trading-Vorschrift der s. 214 IA 86 noch nicht erlassen. Es kann daher vermutet werden, dass das Gericht sich deswegen veranlasst sah, den subjektiven Anwendungsbereich von s. 213 IA 86 weit zu fassen. Nach dem Erlass von s. 214 IA 86 gibt es hierfür jedoch kein Bedürfnis mehr. Die Anwendung eines „recklessness"-Tests zur Bestimmung der Betrugsabsicht im Rahmen von s. 213 IA 86 sollte daher mit Vorsicht genossen werden.

Falls eine Person des fraudulent trading überführt wurde, ist sie nach Ermessen des Gerichts dazu verpflichtet, aus ihrem eigenen Vermögen zur Konkursmasse der Gesellschaft beizutragen. Das Ermessen des Gerichts wird in erster Linie vom Kompensationsgedanken geleitet. Die Höhe der persönlichen Beitragspflicht bestimmt sich nach dem Ausmaß der Schulden, welche die Gesellschaft im Zeitraum des betrügerischen Handelns des director eingegangen ist. Im Einzelfalle kann die Verantwortlichkeit nach s. 213 IA 86 aber auch punitive Elemente beinhalten.[330] Die persönliche Verantwortlichkeit überschreitet dann in ihrer Höhe das Kompensationsinteresse der Gläubiger. Die Zahlungen, die aufgrund fraudulent trading von den betreffenden Personen zu entrichten sind, dienen der Befriedigung der ungesicherten Gläubiger. Diejenigen Gläubiger, die persönlich durch das betrügerische Handeln einen vermögenswirksamen Nachteil erlitten haben, genießen keine vorrangigen Sonderrechte.[331]

---

326 Re Cooper Chemicals Ltd. [1978] Ch 262.

327 Vgl. Re Patrick Lyon Ltd. [1933] Ch 786, 790, 791: "...current notions of fair trading among commercial men, real moral blame."

328 R v. Grantham [1984] QB 675.

329 Griffin, Disqualification, S. 52.

330 Vgl. Re a Company [1991] BCLC 197. Dieser Fall beruht noch auf s. 630 CA 85, der Vorgängernorm von s. 213 IA 86.

331 Griffin, Disqualification, S. 54, kritisiert das.

bb) Wrongful trading[332]

Die wrongful trading-Vorschrift wurde auf Empfehlung des *Cork Committee*[333] eingeführt, um eine zivilrechtliche Sanktionsmöglichkeit zur Hand zu haben, die im Gegensatz zu der fraudulent trading-Vorschrift nicht den schwierigen Nachweis der Unredlichkeit erforderte und auch gegenüber inkompetenten directors eingesetzt werden konnte.[334] S. 214 IA 86 wurde Anfang der neunziger Jahre von dem anerkannten Gesellschaftsrechtsexperten *Prentice* beschrieben als: „...one of the most important developments in company law in this century."[335] Dieses Zitat spiegelt die Hoffnungen wider, die zu Beginn der neunziger Jahre des letzten Jahrhunderts in die wrongful trading-Vorschrift gesetzt wurden.[336] Die Einführung einer Haftung wegen wrongful trading war einer der Eckpfeiler der durch das *Cork Committee* Anfang der achtziger Jahre gemachten Vorschläge zur Reform des insolvenzrechtlichen Gläubigerschutzes.[337] Die Reform sollte das Vertrauen in die neoliberale Wirtschaftspolitik der jungen Regierung Thatcher stärken. Die wrongful trading-Vorschrift verfolgte dabei sowohl einen privaten als auch einen öffentlichen Zweck. Zum einen sollten die Gläubiger und die Gesellschaft vor einem Missbrauch der beschränkten Haftung durch die directors einer Gesellschaft geschützt werden (private Funktion). Zum anderen sollte s. 214 IA 86 (dadurch dass er nicht nur betrügerisches, sondern auch inkompetentes Verhalten von directors sanktionierte) im weiteren Sinne auch einem Erziehungszweck dienen (öffentliche Funktion). Mittels s. 214 IA 86 und seiner präventiv abschreckenden Wirkung sollte ein Mindeststandard handelsrechtlicher Moral und Kompetenz unter den directors etabliert werden.

Die Hoffnungen, die in s. 214 IA 86 gesetzt wurden, haben sich bisher nicht erfüllt.[338] Das zeigt sich an der geringen Zahl von wrongful trading-Verfahren im Vergleich zu der beträchtlichen Zahl von Unternehmensinsolvenzen.[339] Die Hauptursache für die auffallende Diskrepanz war bisher die Zurückhaltung der Insolvenzverwalter, als exklusivem Inhaber des Antragsrechts, ein Verfahren nach s. 214 IA 86 zu eröffnen. Diese Zurückhaltung beruhte wiederum hauptsächlich auf der ungesicherten Finanzierung eines Vorgehens nach s. 214 IA 86. Wegen des Finanzierungsproblems spielten die Disqualifizierungsvorschriften des CDDA 86 in der Praxis bisher eine weitaus be-

332 S. 214 IA 86. Eine gewisse Entsprechung zu der Haftung für wrongful trading findet sich im deutschen Recht in der Haftung der Geschäftsführer wegen Konkursverschleppung gem. § 64 Abs. 1 GmbHG i.V.m. § 823 Abs. 2 BGB; vgl. hierzu Schultheiß, S. 178-182 bzw. K. Schmidt, NJW 1993, 2934 und Ulmer, ZIP 1993, 769.

333 Cork Committee Report, para. 1176-1177.

334 Mokal (2000) 59 CLJ 335, 340; Hirt, ECFR 2004, 71, 85.

335 Prentice (1990) 10 OJLS 265, 277. Inzwischen drückt sich aber auch Prentice moderater bzgl. der Wirkung von s. 214 IA 86 aus, vgl. Prentice, Personality, S. 125: "...the right start..."

336 Hicks (1993) 14 Co.Law. 16: „a sharp and powerful weapon".

337 Cork Committee Report, Cmd 8558, para. 1806.

338 Siehe Sinclair/Vogel/Snowden, 6/53: „smoke without a fire".

339 Nach Griffin, Disqualification, gab es seit 1986 im Durchschnitt 18.000 Unternehmensinsolvenzen.

deutendere Rolle im englischen Gläubigerschutzrecht als die wrongful trading-Regelung der s. 214 IA 86.[340] Der englische Gesetzgeber hat hierauf reagiert und das entsprechende Verfahrens- und Kostenrecht reformiert.[341] Ob die Reform Erfolg hat, ist jedoch noch nicht absehbar[342].

(I) Anwendungsbereich der s. 214 IA 86

S. 214 IA 86 gibt dem Gericht, ähnlich wie in s. 213 IA 86, unter bestimmten Voraussetzungen die Möglichkeit, die persönliche Verantwortlichkeit der directors einer Gesellschaft für die Schulden der Gesellschaft anzuordnen.[343] In objektiver Hinsicht ist s. 214 IA 86 enger gefasst als s. 213 IA 86. Zum einen erfordert s. 214 IA 86, dass die Gesellschaft sich in „*insolvent* liquidation" befindet.[344] Der Begriff „insolvent liquidation" ist in s. 214 Abs. 6 IA 86 definiert.[345] Insolvenz in diesem Sinne ist als Überschuldung zu verstehen („balance sheet insolvency"). Nicht ausreichend ist die Zahlungsunfähigkeit („cash flow insolvency").[346] Demnach müssen die Vermögensgegenstände der Gesellschaft unzureichend sein, um die Schulden der Gesellschaft sowie die Kosten des Liquidationsverfahrens zu tragen.[347] Das Gericht kann die Anordnung nur an Personen richten, die zu irgendeinem Zeitpunkt, bevor die Gesellschaft in insolvent liquidation gefallen ist, directors waren.[348]

Neben demjenigen, der formell zur Geschäftsleitung bestellt wurde („de jure director"), fallen auch der de facto director und der shadow director in den Anwendungsbereich der s. 214 IA 86.[349] Ein de facto director ist ein Unternehmensleiter, der zwar nicht wirksam zur Geschäftsführung bestellt worden ist, der aber de facto nach außen hin die Managementfunktionen eines de jure director ausübt.[350] Shadow directors sind dagegen Personen, die auf die Entscheidungen der („de jure" oder „de facto") Unternehmensleiter einen maßgeblichen Einfluss ausüben bzw. aufgrund deren Entschlüsse

---

340 Griffin, Disqualification, S. 97.

341 Rule 4.218 (1)(a) of the Insolvency Rules 1986, SI 1986/1925, as amended by the Insolvency (Amendment) (No. 2) Rules 2002, SI 2002/2712, Sch 1 (2) para. 23; vgl. hierzu Tolmie (2003) 4 I.Law. 153-156 bzw. Habersack/Verse, ZHR 2004, 174, 181.

342 Ähnlich Bachner (2004) 5 EBOR 293, 298.

343 Die Höhe der Zahlung steht gem. s. 214 (1) IA 86 im Ermessen des Gerichts.

344 S. 214 (2)(a) IA 86 (im Rahmen der s. 213 IA 86 war die Eröffnung eines Insolvenzverfahrens ausreichend).

345 Zum heftig umstrittenen Problem der Feststellung der „Überschuldung" i.S.d. § 19 Abs. 2 Satz 1 InsO im deutschen Recht siehe Götker, S. 68-121.

346 Siehe z.B. Goode (1989) JBL 436.

347 S. 214 (6) IA 86: "...when its assets are insufficient for the payment of its debts and other liabilities and the expenses of the winding-up." Zu Schwierigkeiten bei der exakten Bestimmung der „balance sheet insolvency" im Rahmen von s. 214 IA 86 siehe: Goode (1989) JBL 436-439.

348 Ein identisches Problem stellt sich im Rahmen des CDDA 86.

349 Für den shadow director ergibt sich dies ausdrücklich aus dem Gesetz, vgl. s. 214 (7) IA 86.

350 Vgl. Griffin, Disqualification, S. 3-5, 80, 154 ff.; vgl. zum Begriff des „de facto director" auch die Entscheidungen Re Richborough Furniture [1996] 1 BCLC 507; Re Hydrodam (Corby) Ltd. [1994] 2 BCLC 180, 182-183.

die directors gewöhnlich handeln.[351] Im Gegensatz zu den de facto directors treten die shadow directors bei ihrer Einflussnahme auf die Unternehmensleiter nicht in den Vordergrund. Gewöhnlich handeln sie im Verborgenen. Der Begriff des „shadow director" spielt insbesondere im Konzernrecht eine Rolle.[352] Als shadow director kann eine Muttergesellschaft bzw. Konzernobergesellschaft auftreten, die auf die Managemententscheidungen ihrer Tochtergesellschaft einen maßgeblichen Einfluss ausübt.[353] Potenziell mögliche Kandidaten einer shadow directorship und damit einer Haftung nach s. 214 IA 86 sind auch Banken.[354] Indem Banken mit dem Entzug weiterer Kreditvergabe drohen, können sie den Kurs einer finanziell angeschlagenen Gesellschaft derart bestimmen, dass von einer shadow directorship ausgegangen werden muss. Als Gläubiger mit bestimmendem Einfluss auf die Gesellschaft können Banken dann in den Anwendungsbereich der s. 214 IA 86 fallen.[355]

Subjektiv erfordert s. 214 IA 86 nicht den Nachweis einer Betrugsabsicht auf Seiten der directors. S. 214 (2)(b) IA 86 legt fest, dass die Verantwortlichkeit einen director schon dann trifft, wenn er vor Beginn der Abwicklung der Gesellschaft wusste oder hätte wissen können, dass es für die Gesellschaft keine vernünftige Aussicht auf eine Abwendung der Insolvenz gab.[356] Ein director kann daher schon bei Fahrlässigkeit persönlich haften. S. 214 IA 86 geht damit nicht nur gegen betrügerische directors, sondern auch gegen inkompetente directors vor.[357]

(II) Maßgeblicher Zeitpunkt des Haftungseintritts

Die wrongful trading-Regelung kann (theoretisch) schon im Vorfeld der Gesellschaftsinsolvenz eingreifen. Die Haftung nach s. 214 IA 86 setzt grundsätzlich ein, sobald die Gesellschaftsinsolvenz für den director absehbar war. Die Haftung verlangt dabei, dass der director bereits zu einem Zeitpunkt vor der Eröffnung der Abwicklung der Gesellschaft erkannt hat oder hätte erkennen können, dass es keine vernünftige Aussicht gab,

---

351 Vgl. s. 251 IA 86 bzw. 741 CA 85: „In relation to a company, shadow director means a person in accordance with whose directions or instructions the directors of the company are accustomed to act."

352 Vgl. hierzu ausführlich Schultheiß.

353 Keine shadow directors sind aber dann gewöhnlich die directors der Muttergesellschaft, Re Hydrodam (Corby) Ltd. [1994] BCC 180, 182-183. Denn das board of directors der Muttergesellschaft handelt bei der Erteilung von Weisungen nicht im eigenen Namen, sondern als Vertreter bzw. Organ der Gesellschaft. Es gilt der Grundsatz der Gesamtvertretung. Verpflichtet wird daher allein die Muttergesellschaft und nicht ihre directors; vgl. Schultheiß, S. 133-134.

354 Vgl. Re a Company ex parte Copp [1989] BCLC 13; vgl. zum Problem auch Doyle, Insolvency Litigation, S. 162- 164; bzw. Schultheiß, S. 95-103.

355 Griffin, Disqualification, S. 80.

356 „...at some time before the commencement of the winding-up of the company, [...] knew or ought to have concluded that there was no reasonable prospect that the company would avoid going into insolvent liquidation."

357 Treffend Sealy, S. 491: "The wide wording of section 214 IA 86 clearly makes it possible to penalize incompetence, ignorance, and indifference quite as much as conscious wrongdoing."

die insolvenzbedingte Liquidation abzuwenden.[358] Die Bestimmung des Haftungseintritts („moment of truth"[359]) bereitet große Schwierigkeiten und ist in der Praxis uneinheitlich. Die Rechtsprechung tendiert dazu, den Zeitpunkt des Haftungseintritts relativ spät anzunehmen.[360] Das liegt daran, dass es schwierig ist, den directors im Einzelfall eine negative Fortführungsprognose im Vorfeld der Insolvenz nachzuweisen. Die wrongful trading-Haftung ist daher beim derzeitigen Stand insbesondere für ausländische Unternehmensleiter mit einer großen Rechtsunsicherheit verbunden.[361]

(III) Der Sorgfaltsmaßstab

Der Maßstab für die Sorgfaltswidrigkeit eines director bestimmt sich nach s. 214 Abs. 4 IA 86 (sog. „reasonably diligent person-test"). Die Vergleichsperson ist eine im vernünftigen Maße sorgfältige Person, die sowohl das allgemeine Wissen, die Fähigkeit und die Erfahrung hat, die man vernünftigerweise von einer Person erwarten kann, welche in Beziehung zu der company dieselben Funktionen ausübt wie der director, als auch das allgemeine Wissen, die Fähigkeit und die Erfahrung besitzt, welche der director hatte.[362] Grundlage der Sanktion nach s. 214 Abs. 4 IA 86 ist damit ein gemischt objektiv-subjektiver Maßstab. Hierbei arbeitet das subjektive Kriterium zu Lasten der directors. Die directors einer Gesellschaft müssen sich etwaiges Spezialwissen anrechnen lassen. Überdurchschnittliche directors mit überdurchschnittlichen Fähigkeiten müssen auch dementsprechend handeln. Sie können sich nicht darauf berufen, dass ein durchschnittlicher director in ihrer Lage ähnlich gehandelt hätte.

Abgemildert wird die persönliche Verantwortlichkeit durch den Entlastungsbeweis der s. 214 (3) IA 86 (die sog. „every step defence").[363] Danach kann ein director der Haftung entgehen, wenn das Gericht festgestellt hat, dass der director alles unternommen hat („every step"), um den möglichen Verlust für die Gläubiger zu minimieren.[364] Zur Bestimmung der Frage, ob ein director alles Erforderliche getan hat, um den

358 Vgl. S. 214 (2)(b) IA 86: "...at some time before the commencement of the winding-up of the company, that person knew or ought to have concluded that there was no reasonable prospect that the company would avoid going into insovent liquidation."

359 Cheffins, S. 542; so zuvor aber schon Charles D. Drake (1989) JBL 474.

360 Bachner (2004) 5 EBOR 195, 199: „The assumption that wrongful trading imposes duties on company directors at an earlier stage than Insolvenzverschleppungshaftung is not supported by the case law; on the contrary, it appears that directors in Britain can get away with the conduct that would almost certainly attract their personal liability under German law." Siehe ebenfalls Habersack/Verse, ZHR 2004, 174, 184.

361 Wiesner, ZIP 2003, 213, 215.

362 „...a reasonably diligent person having both the (a) general knowledge, skill and experience that may reasonably be expected of a person carrying out the same functions as are carried out by that director in relation to the company, and (b) the general knowledge, skill and experience that that director has."

363 Vgl. Doyle, Insolvency Litigation, S. 172–174, Griffin, Disqualification, S. 74-77.

364 S. 214 (3) IA 86: „The court shall not make a declaration under this section with respect to any person if it is satisfied that after the condition specified in subsection (2)(b) was first satisfied in relation to him that person took every step with a view to minimising the potential loss to the com-

Verlust für die Gläubiger zu minimieren, kommt wiederum der „reasonably diligent person test" zur Anwendung.[365] Die an den director gestellten Anforderungen richten sich ebenfalls nach den speziellen Fähigkeiten des director. Die Entscheidung, ob ein director alles unternommen hat, um den möglichen Verlust für die Gläubiger zu minimieren, ist weitgehend eine Einzelfallentscheidung, bei der den Gerichten ein weites Ermessen eingeräumt wird. Es lassen sich keine präzisen Leitlinien festmachen.[366] Fest steht allein, dass die „every step"-Verteidigung eine aktive Komponente hat. Ein director, der einer Entscheidung des board of directors nicht folgt oder der die Entscheidung nicht mittragen will, kann der Verantwortlichkeit nicht dadurch entgehen, dass er einfach zurücktritt oder nichts tut.[367] Erforderlich ist ein aktives Verhalten. Notfalls muss der director versuchen, direkt mit den betroffenen Gläubigern der Gesellschaft Kontakt aufzunehmen.[368]

Neben der „every step defence" der s. 214 (3) IA 86 gibt es keine alternative Verteidigungsmethode. Insbesondere findet s. 727 CA 85 keine Anwendung. S. 727 CA 85 ermöglicht es dem director unter bestimmten Voraussetzungen, der Verantwortlichkeit für sorgfaltswidriges Verhalten („negligence"), Pflicht- und Vertrauensverletzungen („breach of duty and trust") zu entgehen. S. 727 CA 85 greift zugunsten des director ein, wenn das Gericht der Ansicht ist, dass der director redlich („honest") und vernünftig („reasonable") gehandelt hat und daher nicht für sein Handeln haftbar gemacht werden sollte. Wie *Knox J* in *Re Produce Marketing Consortium Ltd.*[369] jedoch überzeugend zum Ausdruck brachte, ist der Entlastungsbeweis nach s. 727 CA 85 nicht mit der Natur des wrongful trading-Verfahrens vereinbar.[370] S. 214 IA 86 beurteilt die Vernünftigkeit („reasonabless") eines Handelns in erster Linie aufgrund eines objektiven Maßstabs. Subjektive Elemente kommen nur pflichterhöhend zum Tragen. Im Rahmen von s. 727 CA 85 dagegen sollen gerade besondere subjektive Umstände die grundsätzliche Verantwortlichkeit heilen.[371]

---

pany's creditors as (assuming him to have known that there was no reasonable prospect that the company would avoid going into insolvent liquidation) he ought to have taken."

365 Griffin, Disqualification, S. 74.

366 Doyle, Insolvency Litigation, S. 173 nennt den Begriff „every step" daher zurecht nebulös („nebulous").

367 Vgl. Re Majestic Studios Ltd. (1998) 4 BCC 519.

368 Doyle, Insolvency Litigation, S. 175.

369 Re Produce Marketing Consortium Ltd. [1989] BCLC 513. Vgl. auch Re DKG Contractors Ltd. [1990] BCC 903.

370 Siehe Knox J in Re Produce Marketing Consortium Ltd. [1989] BCLC 513, 518.

371 Vgl. Knox J in Re Produce Marketing Consortium Ltd., s.o., 513, 518: "...[s. 214 IA 86 – der Verfasser] is an objective test which is very difficult indeed to marry with the essentially subjective approach that s. 727 requires."

(IV) Das Antragsrecht im wrongful trading-Verfahren

Anträge gem. s. 214 IA 86 kann nur der Insolvenzverwalter stellen.[372] Im *Cork Report*[373] war demgegenüber ursprünglich vorgesehen, dass auch der administrator,[374] der receiver[375] sowie Gläubiger und Gesellschafter (hier: „contributories") in bestimmten Situationen antragsberechtigt sein sollten. Die Regierung Thatcher ist den Empfehlungen des *Cork Report* in ihrem *White Paper*[376] und in der endgültigen Gesetzesfassung ohne Begründung nicht gefolgt. Es kann vermutet werden, dass für die Regierung bzw. den Gesetzgeber die Sorge um den Erhalt von instabilen, aber möglicherweise überlebensfähigen Unternehmen Priorität gegenüber einem effektiveren Gläubigerschutz genoss. Wäre der Gesetzgeber den Empfehlungen des *Cork Report* gefolgt und hätte schon im Sanierungsverfahren dem administrator bzw. im Verwertungsverfahren dem administrative receiver die Möglichkeit eröffnet, gegen directors vorzugehen, deren Unternehmen sich in der Krise befinden, so hätte das leicht den Zusammenbruch der Unternehmen herbeiführen können. Die Regierung beschränkte daher das Antragsrecht bewusst auf den Insolvenzverwalter. Die Bevorzugung der Rechte der directors (bzw. des Unternehmens) gegenüber den Rechten der Gläubiger ist nicht ohne Kritik geblieben.[377] Die exklusive Antragskompetenz des Insolvenzverwalters ist einer der Hauptgründe dafür, dass die wrongful trading-Vorschrift die in sie gesetzte Hoffnung nicht erfüllen konnte.

(V) Nutznießer eines wrongful trading-Verfahren

Cui bono? Wer ist der eigentliche Nutznießer eines Vorgehens nach s. 214 IA 86? S. 214 IA 86 begründet eine neue Verpflichtung der directors, im Insolvenzfall persönlich zur Vermögensmasse der Gesellschaft in Liquidation beizutragen. S. 214 IA 86 ist nicht dazu da, eine bereits bestehende Schuld durchzusetzen.[378] Aufgrund der Entscheidung des Court of Appeal in *Re Oasis Merchandising Services Ltd.*[379] ist der Anspruch aus s. 214 IA 86 bzw. die Beitragszahlung aufgrund eines Vorgehens nach s. 214 IA 86 kein Vermögensgegenstand der Gesellschaft. Da die aus einem Vorgehen nach s. 214 IA 86 resultierende Geldsumme nicht als Vermögensgegenstand der Gesellschaft eingeordnet wird, unterliegt sie auch nicht dem für das englische Sicherungsrecht so bedeutenden

372 S. 214 (1) IA 86.

373 The Cork Report, Cmd 8558, London 1982.

374 Der administrator entspricht dem Verwalter in einem gesetzlichen Sanierungsverfahren („administration").

375 Der receiver entspricht einem Verwalter in einem besonderen, privaten Verwertungsverfahren (receivership).

376 „A Revised Framework for Insolvency Law, (White Paper), Cmd 9175, London 1984.

377 Vgl. hierzu ausführlich Griffin, Disqualification, S 78-79.

378 Re Howard Holdings Inc [1998] BCC 549. In diesem Fall wurde eine ausländische Gesellschaft in England aufgelöst. Für die Haftung nach s. 214 IA 86 war es irrelevant, ob die Schuld existierte oder ob die Schuld unter dem ausländischen Rechtssystem überhaupt existieren konnte. Mokal (2000) 59 CLJ 335, 344, nennt den Anspruch aus s. 214 IA 86 daher „redistributive" (umverteilend), da einer Gruppe von Anspruchsstellern im Insolvenzverfahren ein Recht zugewiesen wird, das ihnen außerhalb des Insolvenzrechtszusammenhangs nicht zustehen würde.

379 Re Oasis Merchandising Services Ltd. [1997] WLR 764.

floating charge.[380] Gläubiger, die durch einen floating charge gesichert sind, haben gegenüber ungesicherten Gläubigern kein vorrangiges Befriedigungsrecht bzgl. der sich aus einem Verfahren nach s. 214 IA 86 ergebenden Vermögenswerte.[381] Zudem wird bei der Verwertung der gewonnenen Früchte nicht zwischen den Gläubigern, deren Ansprüche schon vor der wrongful trading-Periode entstanden sind, und Gläubigern, deren Ansprüche gegen die Gesellschaft teilweise oder im Ganzen der wrongful trading Periode entstammen, unterschieden. Die Zahlung kommt uneingeschränkt den ungesicherten Gläubigern zugute.

(VI) Die Natur und das Ausmaß der Haftung

Die Höhe der von den directors zu leistenden Zahlung liegt im Ermessen des Gerichts. Das Fallrecht zeigt, dass sich die Höhe der Zahlung in der Regel an den Auswirkungen bemisst, die das wrongful trading auf die Verringerung des Vermögens der Gesellschaft hatte.[382] Der Anspruch aus wrongful trading ist daher kompensatorischer und nicht etwa strafrechtlicher Natur. Bei der Berechnung der Höhe des Anspruchs sollen, im Gegensatz zu einem fraudulent trading-Verfahren gem. 213 IA 86, punitive Elemente keine Rolle spielen.[383]

(VII) Die Finanzierung eines Vorgehens nach s. 214 IA 86

Die Finanzierung eines Vorgehens nach s. 214 IA 86[384] war bisher problematisch und reduzierte die Effektivität der Vorschrift. S. 115 IA 86 stellt zwar grundsätzlich fest, dass alle Ausgaben („expenses"), die im Laufe der Abwicklung der Gesellschaft anfallen, Priorität genießen. Ausgaben fallen gem. den Insolvency Rules 1986, r. 4.218 (1) aber nur dann in den Anwendungsbereich der s. 115 IA 86, wenn sie der Realisierung oder Einbringung von *Vermögenswerten* der Gesellschaft dienen. In der Entscheidung *Re MC Bacon Ltd. (No. 2)*[385] wurde klargestellt, dass ein Vorgehen nach s. 214 IA 86 nicht der Realisierung oder Einbringung von Vermögenswerten der Gesellschaft dient, da die Kompensationszahlungen der directors zum Zeitpunkt des Abwicklungsbeginns

---

380 Die „floating charge" ist ein in dieser Form dem deutschen Recht unbekanntes, umfassendes Sicherungsrecht, das sich über das gesamte gegenwärtige und zukünftige Vermögen der Gesellschaft erstreckt. Die Besonderheit der floating charge ist, dass sie zunächst in der Schwebe bleibt und sich erst im Falle der Abwicklung oder im Falle der Einleitung eines speziellen Verwertungsverfahrens der gesicherten Gläubiger („receivership") konkretisiert.

381 Dasselbe muss aufgrund Re Oasis Merchandising Services Ltd. [1997] WLR 764 nun auch für fraudulent trading-Verfahren nach s. 213 IA 86 gelten.

382 Zum Beispiel Re Produce Marketing Consortium Ltd. [1989] 5 BCC 569; Re Purpoint Ltd. [1990] BCC 121.

383 Griffin, Disqualification, S. 83. Quasi-punitive Elemente spielen aber doch eine Rolle, da das Gericht nach s. 10 CDDA einen director wegen wrongful trading disqualifizieren kann und das CDDA 86 Verfahren als „quasi-pönal" gilt.

384 Schulte (1999) 20 Co.Law. 80-88; Griffin, Disqualification, S. 84-91; Arsalidou (2000) 22 Co.Law. 19, 21-22; vgl. auch Walters, S. 145-160.

385 Re MC Bacon Ltd. (No. 2) [1990] BCLC 607; vgl. hiergegen aber das obiter dictum von Phillips LJ in Katz v. Mc Nally [1997] BCC 784.

der Gesellschaft noch nicht zum Gesellschaftsvermögen gehörten.[386] Ein Insolvenzverwalter, der wie in *Re MC Bacon Ltd.* erfolglos ein wrongful trading-Verfahren geführt hatte, hatte daher gem. s. 115 IA 86 keinen Anspruch darauf, die Gerichtskosten vorrangig aus dem Gesellschaftsvermögen erstattet zu bekommen. Sein Rückerstattungsanspruch rangierte auf derselben Ebene wie die Ansprüche der ungesicherten Gläubiger. Es bestand daher die begründete Gefahr, dass der Insolvenzverwalter auf seinen Kosten sitzen blieb.

Es ist verständlich, dass Insolvenzverwalter[387] daher das Risiko eines Vorgehens nach s. 214 IA 86 in aller Regel scheuten und einen außergerichtlichen Vergleich anstrebten. War ein solcher außergerichtlicher Vergleich nicht erreichbar, ließen die Insolvenzverwalter den Vorfall nicht selten unter den Tisch fallen. Begünstigt wurde diese risikolose Haltung der Insolvenzverwalter durch den Umstand, dass Insolvenzverwalter gesetzlich nicht zu einem Vorgehen nach s. 214 IA 86 verpflichtet sind. Gem. s. 143 (1) IA 86 ist es Aufgabe des Insolvenzverwalters, alle Vermögenswerte der Gesellschaft einzusammeln und zu realisieren, die einzelnen Gläubiger soweit als möglich zu befriedigen und einen eventuell vorhandenen Überschuss auf die Anteilseigner zu verteilen. Da der Anspruch nach s. 214 IA 86, infolge der Entscheidung in *Re Oasis Merchandising Services Ltd.*, nicht als Vermögenswert der Gesellschaft betrachtet wird,[388] besteht demnach keine gesetzliche Verpflichtung des Insolvenzverwalters, ein Vorgehen nach s. 214 IA 86 einzuleiten.

Die Insolvenzverwalter versuchten zunächst, diesem Dilemma dadurch zu entgehen, dass sie mögliche Ansprüche aus einem Vorgehen nach s. 214 IA 86 veräußern.[389] Sie hofften dadurch, dem Anspruch aus s. 214 IA 86 indirekt Geltung zu verschaffen, ohne das immanente Kostenrisiko eines fehlgeschlagenen Vorgehens nach s. 214 IA 86 selbst tragen zu müssen. Die Vorgehensweise stieß jedoch auf praktische und rechtliche Schwierigkeiten. Eine Übertragung des Anspruchs aus s. 214 IA 86 selbst scheitert offensichtlich daran, dass nur der Insolvenzverwalter das Recht hat, einen Antrag gem. s. 214 IA 86 zu stellen. Nur der Insolvenzverwalter kann ein Verfahren nach s. 214 IA 86 betreiben. Eine entgeltliche Abtretung der Früchte eines Vorgehens nach s. 214 IA 86 an Dritte war dagegen rechtlichen Bedenken ausgesetzt. Der Insolvenzverwalter nimmt im wrongful trading-Verfahren nicht nur eine private, sondern auch eine öffentliche

386 Millet J in Re MC Bacon Ltd. (No. 2) [1990] BCLC 607, 613: „In my judgement, the same reasoning applies with even greater force on a claim brought under section 214 of the 1986 Act, which can be brought only by a liquidator not an administrator and in the absence of an insolvent liquidation cannot be brought at all. In any case, I do not see how an application for such an order under the section can properly be described as an attempt to realise or get in an asset of the company. This must in my view mean an existing asset and, until the order has been made and applied with, there is no such asset."

387 Insbesondere, da liquidators nach Schulte, s.o., S. 81, von Natur aus „risk adverse beings" seien.

388 Re Oasis Merchandising Services Ltd. [1997] WLR 764, Re MC Bacon Ltd. (No. 2) [1991] Ch. 127, 138.

389 Re Oasis Merchandising Services Ltd. [1997] WLR 764.

Funktion wahr.[390] Durch die Verkaufs- bzw. Abtretungsvereinbarung könnte der Insolvenzverwalter in der freien Ausübung seiner öffentlich-rechtlichen Funktion behindert werden, da er einer möglichen Beeinflussung durch die private Vertragspartei ausgesetzt sein könnte. Daneben könnte die Abtretung gegen das Verbot einer Vereinbarung unberechtigter finanzieller Unterstützung gerichtlichen Vorgehens („champertous agreement")[391] verstoßen.[392] Ein champertous agreement widerspricht der öffentlichen Ordnung oder ist sonst illegal.[393] Durch das Verbot solcher Vereinbarungen soll die Funktionsfähigkeit der Verwaltung bzw. der Gerichte gewährleistet sowie vulnerable litigants[394] geschützt werden. Die zivilrechtliche Rechtsfolge eines champertous agreement ist die Nichtigkeit der Vereinbarung.[395]

Die Gerichte waren unter bestimmten Umständen bereit, die Finanzierung einer Klage durch einen Dritten bei Vorliegen eines rechtfertigenden Interesses zu erlauben.[396] Insofern ist es den Gläubigern einer insolventen Gesellschaft durchaus erlaubt, ein Verfahren nach s. 214 IA 86 finanziell zu alimentieren. Die gesicherten Gläubiger werden hieran aber in der Regel kein Interesse haben, da die Vermögenswerte aus einem Vorgehen nach s. 214 IA 86 der Masse der ungesicherten Gläubiger zugute kommen. Die gesicherten Gläubiger können direkt aus ihren Sicherheiten vorgehen. In der Regel werden auch die ungesicherten Gläubiger nicht bereit sein, ein wrongful trading-Verfahren zu finanzieren. Sie scheuen das Risiko. Problematisch ist, dass diejenigen ungesicherten Gläubiger, die bereit wären, ein Vorgehen zu finanzieren, nicht besser gestellt werden als diejenigen, die das Risiko scheuen. Ein Generalkonsens aller ungesicherten Gläubiger, ein Vorgehen nach s. 214 IA 86 zu finanzieren, wird sich dagegen meistens nicht finden lassen. Die Alimentierung eines wrongful trading-Verfahrens durch die Gläubiger ist daher der Ausnahmefall.

---

390 Gem. s. 167 (3) IA 86 ist der liquidator bei der Zwangsabwicklung der Kontrolle des Gerichts unterworfen.

391 Maintenance, der Oberbegriff des champertous agreement, wird definiert als: „the procurement of direct or indirect financial assistance of any person to institute or carry on or defend civil proceedings without justification"; vgl. Doyle: Insolvency Litigation, S. 98-113

392 Doyle, Insolvency Litigation, S. 98, unter Verweis auf die Definition der Law Commission, deren Report zur Abschaffung der Strafbarkeit der maintenance führte.

393 Vgl. Griffin, Disqualification, S. 87: „A champertous agreement is one whereby encouragement or assistance is given to a litigant by a person with no direct interest in the litigation in consideration of a share in the fruits of the action. Such an agreement is contrary to the public policy or otherwise illegal." Siehe zum Begriff der „champerty" auch Halsbury's Laws of England (4th ed. 1996), vol. 9,272, para. 400; bzw. Giles v. Thompson [1994] 1 AC 142; bzw. Gibson LJ in Re Oasis Merchandising Service Ltd., s.o., 764, 767; vgl. auch allgemein: Goldring/Theobald (1996) 12 Insolvency Law & Practise 48-51.

394 Goldring/Theobald, (1996) 12 Insolvency Law & Practise 48. Als ein weiterer Grund wurde auch das öffentliche Interesse an einer Verhinderung des Entstehens eines unregulierten „Prozessmarktes" genannt, vgl. Re Latreefers [2001] BCC 174.

395 Vgl. z.B. Grovewood Holdings plc v. Jonathan Capel and Co Ltd. [1994] 4 All ER 417.

396 Erforderlich ist nach Lord Denning in Trendtex Trading Corporation v. Credit Suisse [1982] AC 679: "a legitimate and genuine interest in the result of it [the lawsuit] and the circumstances are such as to warrant giving his support."

Entscheidend war daher, ob auch außenstehende Dritte, vor allem Finanzierungsgesellschaften, ein Vorgehen nach s. 214 IA 86 alimentieren dürfen, insbesondere dann, wenn diese sich von der Abtretung der Früchte lediglich einen finanziellen Profit versprechen. Die Vereinbarkeit der Abtretung der Früchte eines Vorgehens nach s. 214 IA 86 an außenstehende Dritte wurde vom Berufungsgericht in der Entscheidung *Re Oasis Merchandising Services Ltd.*[397] erörtert. Unter Berufung auf *Re MC Bacon Ltd. (No. 2)*[398] bestätigte das Gericht darin die Entscheidung in erster Instanz,[399] dass die Möglichkeit eines Vorgehens nach s. 214 IA 86 *kein Vermögensrecht* der Gesellschaft darstelle.[400] Das Gericht schloss sich der Meinung von *Walker J* in der erstinstanzlichen Entscheidung an, dass aus der semi-öffentlichen Stellung des Insolvenzverwalters folge, dass selbst ein Teilverlust der Kontrolle des Insolvenzverwalters nicht mit dem öffentlichen Interesse vereinbar sei.[401] Obwohl das Gericht damit die Nichtigkeit der konkreten Vereinbarung in *Re Oasis* feststellte, machte es gleichzeitig klar, dass es eine Abtretung eines Teils der sich aus einem Antrag nach s. 214 IA 86 ergebenden Geldzahlungen gegen eine Übernahme des Prozessrisikos durch Dritte nicht kategorisch ablehne. Die Gültigkeit einer Vereinbarung setze jedoch voraus, dass der Insolvenzverwalter in der Erfüllung seiner Funktionen völlig frei und von dem Vertragspartner unbeeinflusst ist.[402] Wie eine solche Vereinbarung in concreto auszusehen habe und wann ein Gericht eine Beeinflussung des Insolvenzverwalters annehmen würde, ließ das Urteil offen. Die Entscheidung in *Re Oasis Merchandising Services Ltd.* hat daher für mehr Verwirrung als Klarheit gesorgt. Es wird zwar begrüßt, dass das Gericht die Fremdfinanzierung eines Vorgehens nach s. 214 IA 86 nicht rundweg abgelehnt habe. Gleichzeitig wird aber bezweifelt, dass in der Praxis eine Drittpartei das Kostenrisiko übernehmen würde, wenn sie keinerlei Möglichkeit hätte, auf die Art des Verfahrens bzw. des Vorgehens Einfluss zu nehmen.[403]

---

397 Re Oasis Merchandising Services Ltd. [1997] WLR 764.

398 Re MC Bacon Ltd. (No. 2), a.a.O.

399 Oasis Merchandising Services Ltd. [1995] 2 BCLC 493.

400 Re Oasis Merchandising Services Ltd. [1997] WLR 764, 777. Vgl. hierzu auch Doyle, Insolvency Litigation, S. 103.

401 Re Oasis Merchandising Services Ltd. [1997] WLR 764, 777. Die Abtretung des exklusiven Klagerechts an eine Drittpartei, die dem Gericht im Gegensatz zum liquidator nicht Rechenschaft schuldig ist, hätte zur Folge, dass das Gericht seiner im öffentlichen Interesse liegenden Überwachungsfunktion nicht mehr nachkommen könne, vgl. Doyle, Insolvency Litigation, S. 103.

402 Re Oasis Merchandising Services Ltd. [1997] WLR 764, 777/778: "As a matter of policy we think that there is much to be said for allowing a liquidator to sell the fruits of an action [...] provided that it does not give the purchaser the right to influence the course of, or interfere with the liquidator's conduct of the proceedings. The liquidator as an officer of the court exercising a statutory power in pursuing the proceedings must be free to behave accordingly."

403 Griffin, Disqualification, S. 90. Die Argumentation der Entscheidung wird zum Teil auch rundweg abgelehnt, vgl. Schulte, s.o., S. 84-88. Die Entscheidung Re Latreefers [2001] BCC 174 ändert, entgegen dem Vorbringen von Berg [2000] JBL 472, 476 („Whatever champerty difficulties there may have been in assigning the claim to an outside funder have been effectively removed..."), ebenfalls nichts an der korrekten Einschätzung von Griffin. Die finanzierende Drittpartei in Re Latreefers war ein Schiffsmakler, der ein großes Eigeninteresse an einer erfolgreichen Klage hatte

Der englische Gesetzgeber hat letztlich reagiert und das Finanzierungsproblem für die Geltendmachung von wrongful trading-Verfahren entschärft. Mit Wirkung zum 1. Januar 2003 hat der Insolvenzverwalter einen Anspruch darauf, seine Prozesskosten vorrangig gegen die Masse geltend zu machen.[404] Das gilt auch dann, wenn er den Prozess verloren hat. Voraussetzung bleibt jedoch eine gewisse Erfolgsaussicht vor Prozessbeginn.[405] Die verfahrens- und kostenrechtliche Reform könnte bewirken, dass wrongful trading-Verfahren künftig eine ungleich größere Rolle spielen werden.[406] Die Entwicklung bleibt jedoch abzuwarten.

(VIII) S. 214 IA 86 – eine Unterkapitalisierungshaftung?

Das englische Kapitalgesellschaftsrecht kennt (zumindest bzgl. der private limited companies) keine Mindestkapitalisierungsvorschriften. Dieser Charakterzug macht das englische Kapitalgesellschaftsrecht in den Augen vieler kleiner Kapitalgesellschaften vom Kontinent, deren Heimatländer über Mindestkapitalisierungsvorschriften verfügen, attraktiv. Das Fehlen von Mindestkapitalisierungsvorschriften gilt als Beleg der angeblichen „Liberalität" des englischen Kapitalgesellschaftsrechts. Interessant ist nun, dass durch die wrongful trading-Vorschrift (zumindest theoretisch) das Erfordernis eines ausreichenden Mindestkapitals indirekt eingeführt wird. Entscheidend für die Beurteilung, ob ein wrongful trading vorliegt oder nicht, ist immer, ob der fragliche director zu einem bestimmten Zeitpunkt wusste oder hätte wissen müssen, dass er die Insolvenz nicht hätte vermeiden können. In *Re Purpoint Ltd.*[407] deutete *Vinelott J.* an, dass die Vorschrift der s. 214 IA 86 auch schon bei Errichtung einer Kapitalgesellschaft eingreifen kann: „I have felt some doubt whether a reasonably prudent director would have allowed the company to commence trading at all. It had no capital base."[408] Der entscheidende Zeitpunkt für die Feststellung des Vorliegens von wrongful trading („moment of truth") scheint also (zumindest theoretisch) schon die Gründung der Gesellschaft zu sein.[409] Teilweise wird daher davon ausgegangen, dass das englische Recht die Fälle materieller Unterkapitalisierung über die insolvenzrechtliche Haftungsfigur des wrongful trading löse. Im Falle einer qualifizierten Unterkapitalisierung müsse im englischen Recht damit gerechnet werden, dass im Ergebnis die Haftungsbeschränkungen

---

und damit keine (wirklich) außenstehende Drittpartei darstellte. Der Finanzierungsvertrag sah zudem ausdrücklich vor, dass der Schiffsmakler keinen Einfluss auf die Prozessführung ausüben durfte.

404 Rule 4.218 (1)(a) of the Insolvency Rules 1986, SI 1986/1925, as amended by the Insolvency (Amendment) (No. 2) Rules 2002, SI 2002/2712, Sch 1 (2) para. 23; vgl. hierzu Tolmie (2003) 4 I.Law. 153-156 bzw. Habersack/Verse, ZHR 2004, 174, 181.

405 Denn ersetzt werden nur: "...expenses or costs, which are properly chargeable or incurred". Zur Auslegung dieser Einschränkung des Kostenerstattungsanspruchs des liquidator vgl. Tolmie (2003) I.Law. 153.

406 Bachner (2004) 5 EBOR 293, 28; Habersack/Verse, ZHR 2004, 173, 181; Hirt, ECFR 2004, 112-113.

407 Re Purpoint [1991] BCLC 491.

408 Re Purpoint [1991] BCLC 491, 498.

409 So auch Prentice, Incorporation Theory, S. 2 und Pettet, Company Law, S. 38.

bereits ab Gründung der Gesellschaft wegfielen.[410] Das englische Gläubigerschutzmodell scheint daher das Erfordernis einer adäquaten ex-ante-Kapitalisierung der Gesellschaft durch die nachträgliche Sanktion der wrongful trading-Haftung zu garantieren.

Dieser Einschätzung kann, zumindest in der Praxis, nicht gefolgt werden. Der vom *Cork Committee* in seinen Reformvorschlägen noch geäußerten Hoffnung, dass die wrongful trading-Haftung auch Fälle qualifizierter Unterkapitalisierung erfassen würde,[411] ist die Rechtsprechung nicht gefolgt.[412] In *Re Purpoint* hat *Vinelott J* die Haftungsausdehnung auf den Zeitpunkt der Gründung der Gesellschaft letztlich abgelehnt.[413] Wie teilweise angemerkt wurde, folgen die englischen Gerichte bei der Feststellung der negativen Fortführungsprognose der Gesellschaft einer sog. „sunshine doctrine".[414] Selbst eine qualifizierte Unterkapitalisierung reicht demnach (zumindest bisher) nicht aus, um den Nachweis zu erbringen, dass aus der Sicht der directors keine vernünftige Aussicht auf eine Rettung der Gesellschaft bestand. S. 214 IA 86 garantiert daher keinen hinreichenden Schutz vor einer qualifizierten materiellen Unterkapitalisierung.

(IX) Die Bewertung der wrongful trading-Haftung

Die Hoffnungen, welche in die wrongful trading-Vorschrift gesetzt wurden, haben sich nicht erfüllt. Die wrongful trading-Vorschrift führt zu Rechtsunsicherheit.[415] Die Vorschrift gibt weder einen Hinweis darauf, was bei drohender Insolvenz noch als ein akzeptables Verhalten seitens der directors angesehen wird, noch hat das Fallrecht bisher nachvollziehbare Standards entwickelt.[416] Es besteht die Gefahr, dass gewissenhafte directors, trotz bester Absicht, von den Sanktionen der Vorschrift erfasst werden können. Das Fehlen nachvollziehbarer Standards wiederum hat zur Folge, dass directors in Krisenzeiten davor zurückschrecken könnten, notwendige riskante Entscheidungen zu treffen. Stattdessen könnten die directors es vorziehen, einen Insolvenzantrag zu stellen.[417] Eine mögliche Fortexistenz lebensfähiger Unternehmen wird dadurch, mit allen gesamtgesellschaftlich verbundenen Kosten,[418] auf dem Altar der Gefahr einer möglichen persönlichen Haftung geopfert.[419]

---

410 Höfling, S. 227.
411 Siehe The Cork Report, (1982) Cmd 8558, Rn. 1785.
412 Vgl. Fleischer, AG 1999, 350, 360 (Fn. 127) bzw. die Urteilsanalysen von Bachner (2004) 5 EBOR 293, 303-309 und Habersack/Verse, ZHR 2004, 174, 184-188.
413 Re Purpoint [1991] BCLC 491, 498.
414 Fleischer, AG 1999, 350, 361.
415 Z.B. Bachner (2004) 5 EBOR 293, 309: „...flexibility is achieved at the cost of legal certainty."
416 Walters, S. 145: „It lacks conceptual clarity". Siehe als negatives Beispiel Knox J in Re Produce Marketing Consortium Ltd. (No. 2) [1989] BCLC 520. Siehe auch aus der kanadischen Perspektive Daniels, S. 570, der wenig Vertrauen in die Richterschaft hat und kristallklare, gesetzliche Standards für die Haftung der directors fordert: "Crystallized standards limit the ability of courts to pervert statutory standards in an effort to achieve loss spreading objectives."
417 Sealy, S. 491-492; Cheffins, S. 541.
418 Arbeitsplätze etc.
419 Eine kritische, rechts-ökonomische Analyse einer erweiterten, persönlichen Haftung der directors bieten Daniels, S. 558-572 bzw. Cheffins, S. 537-548.

Dass die Unzulänglichkeit der wrongful trading-Haftung bisher nicht zu einer Lähmung der notwendigen Risikofreudigkeit englischer directors geführt hat, liegt in erster Linie an den praktischen Problemen, die mit der Durchsetzung eines wrongful trading-Verfahrens verbunden sind. Die directors scheinen die Haftung (zumindest vorerst noch) weitgehend zu ignorieren.[420] Wie *Williams and Mc Gee* schreiben, ist s. 214 IA 86 ein Stück Gesetzgebung, das wenig Zähne hat und in der Geschäftswelt als weitgehend ineffektiv angesehen wird.[421] Die wrongful trading-Vorschrift wurde in der englischen Rechtsliteratur daher auch als: „all bark, but no bite“[422] beschrieben. Die praktische Wirksamkeit der wrongful trading-Vorschrift litt bisher vor allem an dem Problem der Finanzierung eines wrongful trading-Verfahrens. Daneben lassen sich aber noch andere Schwachpunkte der wrongful trading-Regelung ausmachen. Beklagt wurde immer wieder, dass diejenigen directors, die gem. 214 IA 86 zur Beitragszahlung verpflichtet werden sollen, oft selber bankrott sind. Es ist bei ihnen, umgangssprachlich gesprochen, „nichts mehr zu holen.“[423] Die Ursache hierfür liegt vor allem in der Natur der meisten private limited companies. Die Mehrzahl der private limited companies sind kleine, kapitalarme Unternehmen, deren Anteilseigner das Geschäftsführeramt in Personalunion ausüben und die kaum (oder keine) externe Investitionsbeteiligungen vorweisen (sog. „closely held companies“ oder „close corporations“[424]). Die Hauptkreditgeber dieser Unternehmen sind in der Regel Geschäftsbanken. Die Geschäftsbanken werden nicht allein auf die gesetzlichen Gläubigerschutzvorschriften verlassen, sondern verlangen zusätzlich von den Anteilseignern bzw. Unternehmensleitern persönliche Sicherheiten für ein Darlehen. Das führt dazu, dass die verantwortlichen directors im Falle des Zusammenbruchs des Unternehmens oft auch persönlich ruiniert sind. Für die Masse der ungesicherten Gläubiger, zu deren Wohl die wrongful trading-Vorschriften in erster Linie erlassen wurden,[425] bleibt dann meistens nichts mehr übrig. Die Möglichkeit der Inanspruchnahme der directors erweist sich daher in den meisten Fällen als eine Chimäre.

cc) Das sogenannte „Phoenix-Syndrom“

Neben der Haftung für fraudulent bzw. wrongful trading hat der IA 86 noch eine weitere Möglichkeit eröffnet, directors in die persönliche Haftung zu nehmen. Voraussetzung

420 Vgl. O.V., Accounting Age, vom 29.10. 1992, S. 8.
421 Williams/Mc Gee (1992) 7 Insolvency Lawyer, 2, 6: "...clearly a piece of legislation that has few teeth and is perceived by the business word as largely ineffective."
422 Godfrey/Nield (1995) 11 Insolvency Law & Practise 139; vgl. auch Sinclair/Neil, 6/53.
423 Vgl. Cheffins, S. 541: "...those who run companies are poor risk bearers. A manager's financial status and career plans are often closely linked to the fortunes of his company."
424 Freedman, (2000) 63 MLR 317, 318.
425 Vgl. The Cork Report, Cmd 8558, London 1982.

einer Haftung nach ss. 216/217 IA 86 („Phoenix-Syndrom“)[426] ist, dass eine Person in einem Zeitraum von zwölf Monaten, bevor die ursprüngliche Gesellschaft in Liquidation gefallen ist, director der inzwischen insolventen Gesellschaft war, dass diese Person eine neue Gesellschaft gegründet hat oder in die Geschäftsführung einer neuen Gesellschaft involviert ist, dass diese neue Gesellschaft einen Firmennamen hat, unter dem die insolvente Gesellschaft firmierte, oder dass die neue Gesellschaft einen Namen hat, der dem der ursprünglichen Gesellschaft so ähnlich ist, dass der Name mit demjenigen der inzwischen insolventen Gesellschaft assoziiert wird.

(I) Die Voraussetzungen der Haftung

Phoenix war in der griechischen Mythologie ein Wesen, das aus der Asche neu erstand. Das Phoenix-Syndrom beschreibt dementsprechend eine Situation, in der die leitenden Akteure einer Gesellschaft ein Unternehmen (Altunternehmen) in Schwierigkeiten zielstrebig in die Insolvenz fallen lassen, um danach unter einem identischen oder ähnlichen Namen mittels des Vehikels einer neuen Gesellschaft (Nachfolgegesellschaft) die Geschäfte der alten Gesellschaft (befreit von den alten Verbindlichkeiten) weiterzubetreiben. Das Phoenix-Syndrom liegt in anderen Worten vor, wenn die insolvente Gesellschaft, befreit von allen Verbindlichkeiten, im Gewand einer neuen Gesellschaft wiederauftritt. *Fletcher* hat in einem Aufsatz über die Reform des Insolvenzrechts Mitte der achtziger Jahre des letzten Jahrhunderts die dem Phoenix-Syndrom zu Grunde liegende Philosophie wie folgt beschrieben: „The company is dead; long live the business!“ Noch einprägsamer ist sein Slogan: „Change the name, the game's the same.“[427] Die besondere Gefahr des Phoenix-Syndroms liegt darin, dass die Nachfolgegesellschaft nicht für die angehäuften Schulden der Altgesellschaft einzustehen hat. Gläubiger, sowohl der Alt-, als auch der Nachfolgegesellschaft, könnten aufgrund der Namensähnlichkeit irrtümlicherweise annehmen, dass die Nachfolgegesellschaft lediglich ein rechtlich unselbständiger Bestandteil der Altgesellschaft ist. Der Schaden, der durch das Phoenix-Syndrom verursacht werden kann, ist besonders groß, wenn es den leitenden Akteuren gelingt, die werthaltigen Bestandteile („assets“) des „zu Asche verfallenen“ Altunternehmens vom Insolvenzverwalter zu einem unangemessen billigen Preis zu erwerben (sog. „transfer at an undervalue“).[428] Diese Vorgehensweise ist unter dem Namen „asset stripping“[429] berüchtigt geworden und ist eng mit dem Phänomen der „rogue directors“ und der „fly-by-night operators“ verbunden, die zu Beginn der achtziger Jahre des letzten Jahrhunderts die neoliberale Wirtschaftspolitik der jungen Thatcher-Regierung in Verruf zu bringen drohten. In einem nie gekannten Maße war die öffentliche Meinung damals durch diese Phänomene alarmiert. Die junge Thatcher-Regierung

426 S. 216 IA 86: „Restriction on re-use of company names.“
427, Vgl. Fletcher, [1989] JBL 365, 368.
428 Vgl. s. 238 IA 86.
429 Oder auch „centrebinding“ nach dem Fall Re Centrebinding Ltd. [1967] 1 WLR 377.

war sehr besorgt, dass ihre wirtschaftsliberale Politik durch diese Auswüchse in der Öffentlichkeit in Misskredit geraten würde. Kritiker warfen ihr vor, dass sie nicht entschieden genug gegen solche gesellschaftsschädigenden Praktiken vorgehen würde. Um diesen Kritikern das Wasser abzugraben, griff die Regierung Thatcher die Vorschläge des *Cork Committee* zur Reform des Gesellschaftsinsolvenzrechts auf[430] und machte sie zur Grundlage eines White Papers der Regierung.[431] Nach heftigen Debatten in beiden parlamentarischen Häusern brachte die Regierung schließlich die Gesetzesreform auf den Weg.[432] Die Phoenix-Vorschriften der ss. 216/217 IA 86 [433] sind eine der Früchte dieser Reform. S. 217 IA 86 ordnet an, dass jede Person, die gegen die Beschränkung der s. 216 IA 86 verstößt, für die relevanten Verbindlichkeiten der Neugesellschaft persönlich verantwortlich ist.[434] Relevante Verbindlichkeiten sind gem. s. 217 (3) IA 86 alle Verbindlichkeiten, welche die Gesellschaft während der Unternehmensleitung der fraglichen Person eingegangen ist.

(II) Die Bewertung der Haftung

Die Phoenix-Regelungen haben die in sie gesetzten Hoffnungen enttäuscht. Das hat mehrere Gründe. So ist die sachliche Reichweite der ss. 216/217 IA 86 nicht weit genug. Ss. 216/217 greifen nur, wenn eine Person unter dem gleichen oder einem ähnlichen Namen eine Nachfolgegesellschaft betreibt. Ss. 216/217 IA 86 verbieten einer Person nicht, nachdem die Altgesellschaft in Liquidation gefallen ist, eine Nachfolgegesellschaft unter einem neuen, anderen Namen zu betreiben. In personeller Hinsicht werden nur Geschäftsleiter erfasst, die in einer Periode von zwölf Monaten, bevor die Gesellschaft in Liquidation fiel, tätig waren. Diese Schwächen werden aber größtenteils dadurch behoben, dass auf die Vorschriften über fraudulent/wrongful trading und auf die CDDA 86-Regelungen zurückgegriffen werden kann bzw. dass oftmals s. 238 IA 86 („transactions at an undervalue") zugunsten der Gläubiger des Altunternehmens eingreift. Der naheliegende Zugriff auf diese Vorschriften hat dazu geführt, dass die Phoenix-Regelungen praktisch keine Anwendung mehr finden. Es ist daher nicht erstaunlich, dass es kaum einen Fall gibt, in dem die persönliche Haftung gem. s. 217 IA 86 eine

430 The Cork Report, Cmd 8558, London 1982.

431 DTI: A Revised Framework for Insolvency Law, Cmd 9175.

432 Insolvency Act 1985.

433 Erstmals eingeführt als s. 17 des Insolvency Acts 1985. Die wrongful trading-Vorschrift und der Company Directors Disqualification Act 1986 gehen ebenfalls auf die Arbeit des Cork Committee zurück.

434 Wer gegen s. 216 IA 86 verstößt, macht sich zudem gemäß s. 216 (4) Insolvency Act 1986 strafbar. Die Höhe der Strafe bestimmt sich nach Schedule 10 des Insolvency Act 1986. Seit der Entscheidung des court of appeal (criminal divison) in R v. Cole, Lees & Birds [1998] BCC 87 kann die Strafe neben einer Freiheits- oder Geldstrafe auch in der Leistung einer gemeinnützigen Arbeit (community service) liegen. Ein Verstoß gegen s. 216 IA 86 gilt zudem als zwingender Beweis der unfitness eines director im Rahmen eines Disqualifizierungsverfahrens nach s. 6 CDDA 86; siehe Re Travel Mondial (Uk) Ltd. [1991] BCLC 120, 123.

Rolle spielte.[435] Es kann daher als Resümee festgehalten werden, dass die Bedeutung und praktische Wirksamkeit der Vorschriften der ss. 216/217 IA 86 reichlich unklar bleiben.[436]

dd) Die Haftung für Verletzung von common law-Pflichten

Eine weitere Norm, die im Zusammenhang mit der persönliche Verantwortlichkeit der directors steht, ist s. 212 IA 86 („misfeasance proceedings").[437] S. 212 IA 86 schafft keinen neuen Anspruch, sondern regelt die prozessuale Durchsetzung anderweitig begründeter Ansprüche, die sich aus der Verletzung von Geschäftsleiterpflichten ergeben.[438] Relevant sind vor allem Verletzungen von Geschäftsleiterpflichten, die sich aus dem common law ergeben. Aus Gläubigerschutzgründen von Interesse ist dabei vor allem die Frage, inwieweit die Geschäftsleiter die Pflicht trifft, Interessen der Gesellschaftsgläubiger zu berücksichtigen. Nach traditionellen common law-Grundsätzen waren die Unternehmensleiter nur der Gesellschaft gegenüber verpflichtet, Rechenschaft abzulegen.[439] Es bestand daher keine common law-Pflicht, die Interessen der Gläubiger zu berücksichtigen. Diese traditionelle Position hat sich jedoch im Laufe der Zeit gewandelt. Die directors sind nun verpflichtet, zumindest in der Krise der Gesellschaft auch die Interessen der Gläubiger mit zu berücksichtigen.[440] Maßgeblicher Zeitpunkt für die Beachtung der Gläubigerinteressen ist die drohende Insolvenz der Gesellschaft.[441] Konzeptionell wird die Beachtung der Gläubigerinteressen als eine Pflicht angesehen, welche die directors der Gesellschaft als solcher schulden (Innenhaftung). Das Gläubigerinteresse wird durch das Interesse der Gesamtgesellschaft vermittelt

---

435 Final Report, Volume I, Kapitel 15, Rz. 15.61. Lange schien es nur einen Fall zu geben, in dem s. 216 IA 86 eine Rolle spielte, nämlich Thorne v. Silverleaf [1994] BCC 109. Siehe aber nun Ricketts v. Ad Valorem Factors Ltd. [2003] EWHC 1246, vgl. hierzu Vorpeil, RIW 2004, 691, 697. Die geringe Anzahl von ss. 216/217 IA 86-Verfahren wird paradoxerweise als ein Erfolg der präventiven Abschreckungswirkung von ss. 216/217 IA 86 interpretiert, vgl. Final Report, Volume I, Kapitel 15, Rz. 15.61.

436 Im Final Report, Volume I, Kapitel 15, S. 324-333 wird daher eine Reform der „Phoenix-Companies"-Vorschriften erwogen. Die Regelungen sollen insgesamt verschärft werden. Im Einzelnen ist u.a. vorgesehen, dass ss. 320/322 CA 85 („substantial property transactions involving directors") zugunsten des liquidator verändert werden sollen. Der Secretary of State soll ermächtigt werden, „interim disqualification orders" gegenüber delinquenten directors zu erlassen.

437 Misfeasance proceedings waren vor Einführung der s. 212 IA 86 in s. 631 CA 85 geregelt. Rechtsgeschichtlich lässt sich s. 212 IA 86 aber bis zur s. 165 Companies Act 1862 zurückverfolgen. Vgl. zu den misfeasance proceedings auch Wheeler [1993] JBL 256, 257-260.

438 Griffin, Disqualification, S. 23; Habersack/Verse, ZHR 2004, 174, 200 (Fn. 149).

439 Percival v. Wright [1902] Ch 421.

440 Siehe vor allem West Mercia Safteywear v. Dodd [1988] BCLC 250; Brady v. Brady [1989] AC 750. Einen Überblick über die Rechtsprechungsentwicklung bietet Keay (2004) 17 InInt 1, 3-9 bzw. derselbe (2002) JBL 379-388.

441 Z. B. Nicholson v. Permakraft (NZ) Ltd. [1985] 1 NZLR 242.

(„directors duties for the benefit of creditors“[442]). Einschränkende Folge dieser konzeptionellen Gestaltung ist nun aber, dass die Gläubiger vor Gericht keine Klagebefugnis haben, im Gesellschaftsinteresse eine ihnen gegenüber begangene Pflichtverletzung geltend zu machen.

Mit Eintritt der Gesellschaftsinsolvenz haben die Gläubiger die Möglichkeit, misfeasance proceedings gem. s. 212 IA 86 einzuleiten. Misfeasance bedeutet im Rechtssinne jedes Verhalten, das in einer Interessenkollision und/oder einer Pflicht- bzw. Vertrauensverletzung der Gesellschaft gegenüber resultiert. Wobei die Pflicht- und/oder Vertrauensverletzung bzw. Pflichtenkollision in ihrer Konsequenz eine unsachgemäße Verwendung von Gesellschaftsvermögen oder Gläubigervermögen zur Folge hat.[443] Misfeasance proceedings begründen keine neue Form der Verpflichtung, sondern geben dem Insolvenzverwalter lediglich ein prozessuales Mittel („procedural device“) an die Hand, eine bereits bestehende Verpflichtung durchzusetzen. Durch s. 212 IA 86 hat der Insolvenzverwalter im Falle der Insolvenz des Unternehmens die Möglichkeit, all diejenigen Personen, die in das Management des Unternehmens involviert waren[444] und sich einer Treue- bzw. Sorgfaltspflichtverletzung gegenüber dem Unternehmen schuldig gemacht haben, zur persönlichen Rechenschaft zu ziehen. Ein Verfahren nach s. 212 IA 86 kann daher nur eröffnet werden, wenn die Gesellschaft schon vor der Liquidation die Möglichkeit hatte, aufgrund der misfeasance gegen die fragliche Person gerichtlich vorzugehen.[445] Die persönliche Verantwortlichkeit stellt das Gericht nach s. 212 (3) IA 86 fest.[446] Antragsberechtigt sind demnach neben dem official receiver[447] und dem Insolvenzverwalter auch jeder Gläubiger und „contributory“ (d.h. jedes Mitglied der Gesellschaft).[448]

---

442 Siehe Kealy (2004) 17 InInt 1.

443 Vgl. Griffin, Disqualification, S. 23, Fn. 1 bzw. Griffin, Company, S. 303.

444 Vgl. s. 212 (1)(c) IA 86: „...[any person who] is or has been concerned, or has taken part, in the promotion, formation or management of the company.“ Das sind vor allem „officers of the company“, s. 212 (1)(a) IA 86 und "liquidators, administrators, administrative receivers", s. 212 (1)(b) IA 86.

445 S. 212 IA 86: „This section applies in the course of the winding-up of a company if it appears that a person who is or has been an officer of the company has acted as liquidator, administrator or administrative receiver of the company, or not being a person falling within the paragraph (a) or (b), is or has been concerned, or has taken part, in the promotion, formation or management of the company has misapplied or retained, or become accountable for, any money or other property of the company, or been guilty of any misfeasance or breach of any fiduciary or other duty in relation to the company."

446 „The court may, on the application of the official receiver or the liquidator, or of any creditor or contributory, examine into the conduct of the person falling within subsection (1) and compel him – to repay or restore or account for the money or property or any part of it, [...] or to contribute such sum to the company's assets by way of compensation in respect of the misfeasance or breach of fiduciary or other duty as the court thinks just."

447 Official receivers sind Angestellte des Insolvency Services im DTI, die den für die Liquidation zuständigen Gerichten zugeordnet sind und als Insolvenzverwalter auftreten, vgl. Davies/Gower, S. 836. Zu beachten ist jedoch, dass es im Gegensatz zu England und Wales in Schottland keinen official receiver gibt, Mithani, IX 13.

448 Vgl. s. 212 (3) IA 86; Griffin, Company, S. 303.

Schwierigkeiten bei einem Vorgehen nach s. 212 IA 86 könnten dann auftreten, wenn das Verhalten der fraglichen Person vor der Liquidation des Unternehmens von der Hauptversammlung gebilligt wurde. Eine solche Billigung ist an sich geeignet, das unrechtmäßige Verhalten der fraglichen Person zu entschuldigen. Als Konsequenz einer Billigung durch die Hauptversammlung entfiele damit grundsätzlich auch eine persönliche Haftung der fraglichen Person im Falle der Liquidation, da die Gesellschaft mittels ihres Hauptorgans auf die Verfolgung des Fehlverhaltens verzichtet hat. Problematisch an diesem Ergebnis ist aber, dass es die Gläubiger der Gesellschaft benachteiligen könnte. Eine Ratifizierung des Fehlverhaltens der fraglichen Personen zu einem Zeitpunkt, als die Gesellschaft bereits insolvent war, ist damit in jedem Falle ausgeschlossen. Mit Eintritt der Insolvenz geht das Gläubigerinteresse demjenigen der Anteilseigner vor.[449] Eine Ratifizierung ist aber auch schon dann fragwürdig, wenn sie zu einem Zeitpunkt erfolgt, in dem die Insolvenz der Gesellschaft unabwendbar war.[450]

Probleme bereitet auch das Verhältnis zwischen s. 212 IA 86 und s. 214 IA 86. Ein Insolvenzverwalter, der aus s. 214 IA 86 gegen einen director vorgehen kann, besitzt theoretisch auch immer die Möglichkeit eines Vorgehens gem. s. 212 IA 86. Ein director, dem wrongful trading vorgeworfen werden kann, hat damit gleichzeitig auch eine Pflichtverletzung („breach of duty") gegenüber der Gesellschaft begangen. Ein Insolvenzverwalter steht daher immer vor der Frage, ob er alternativ nach s. 212 IA 86 oder s. 214 IA 86 bzw. aus beiden Vorschriften kumulativ vorgehen soll. Ein isoliertes Vorgehen nach s. 214 IA 86 hat den Vorteil, dass alle Gläubiger gleichermaßen hiervon profitieren. Der Erlös eines Vorgehens nach s. 212 IA 86 würde dagegen primär den Gläubigern zugute kommen, die durch das spezielle Sicherungsrecht der floating charge gesichert sind. Im Gegensatz zu einem Anspruch aus s. 214 IA 86[451] wird der Anspruch aus s. 212 IA 86 als ein Vermögensrecht der Gesellschaft angesehen,[452] das mit crystallisation (der Pfandreife) durch das Sicherungsrecht der floating charge belastet wird. Diesem Vorteil eines Vorgehens nach s. 214 IA 86 steht jedoch der Nachteil gegenüber, dass die Finanzierung eines Verfahrens nach s. 214 IA 86 oft unüberwindbare Probleme stellt und nur äußerst mutige Insolvenzverwalter das Risiko eines fehlgeschlagenen Vorgehens aus s. 214 IA 86 auf sich nehmen. Geht der Insolvenzverwalter hingegen aus s. 212 IA 86 vor, so bekommt er seine entstandenen Kosten vorrangig gegenüber allen

449 Vgl. West Mercia Safetywear Ltd. v. Dodd [1988] BCLC 250: „Once a company was insolvent the interests of the creditors overrode those of the shareholders since the company's assets belonged in a practical sense to the creditors who could displace the power of the shareholders and directors to deal with them."

450 Vgl. West Mercia Safetywear Ltd. v. Dodd [1988] BCLC 250, 252-253; Kinsela v. Russel Kinsela Pty Ltd. (in liquidation) (1986) 4 NSWLR 722, 730; bzw. Griffin, Company, S. 304; Griffin, Disqualification, S. 30-31.

451 Vgl. Re Oasis Merchandising Services Ltd. [1997] WLR 764, 777.

452 Begründet wird das durch die besondere Natur des Anspruchs aus s. 212 IA 86. Wie oben dargestellt, ist s. 212 IA 86 lediglich ein prozessuales Mittel zur Durchsetzung eines bereits existierenden Anspruchs der Gesellschaft (wegen einer misfeasance bzw. breach of duty).

anderen Gläubigeransprüchen aus der allgemeinen Vermögensmasse der Gesellschaft ersetzt.[453]

Zentrale Bedeutung für die Frage eines Vorgehens nach s. 214 IA 86 hat daher eine Beurteilung der finanziellen Situation der Gesellschaft nach Begleichung aller Gesellschaftsschulden. Es ist damit zu rechnen, dass ein Insolvenzverwalter im Zweifel eher ein Vorgehen nach s. 214 IA 86 scheuen und den sicheren Weg eines Vorgehens nach s. 212 IA 86 einschlagen wird. Dem Insolvenzverwalter steht es grundsätzlich frei, kumulativ aus beiden Vorschriften vorzugehen. Ein kumulatives Vorgehen erscheint auf den ersten Blick auch naheliegend. Dennoch hat ein kumulatives Vorgehen schwerwiegende Nachteile.[454] So sind die Kosten eines kumulativen Vorgehens um einiges höher als die Kosten eines alternativen Vorgehens. Der Erlös eines kumulativen Vorgehens ist in der Regel nicht höher als bei einem alternativen Vorgehen. Dies liegt daran, dass ein Richter die directors (für ein fast identisches Fehlverhalten) nicht doppelt bestrafen wird. Rein praktisch steht ein Insolvenzverwalter bei einem hypothetisch erfolgreichen kumulativen Vorgehen zudem vor dem Dilemma, wie er den Erlös aufgrund der komplizierten gesetzlichen Konstellation[455] aufzuteilen hat. Es finden sich kaum Beispiele eines kumulativen Vorgehens. Eine Ausnahme bildet *Re DKG Contractors Ltd.*[456] Der Fall bestätigt, dass die Richter auch bei einem erfolgreichen kumulativen Vorgehen nicht bereit sind, die delinquenten directors doppelt zu bestrafen. *Weeks QC* ordnete an, dass Zahlungen gem. s. 212 IA 86 auf die Verbindlichkeit nach s. 214 IA 86 angerechnet würden.[457] Der klagende Insolvenzverwalter hatte damit zwar den größeren Aufwand eines kumulativen Vorgehens zu tragen, ohne dass er hierfür aber durch eine härtere Bestrafung der directors belohnt wurde. Ein kumulatives Vorgehen bietet dem Insolvenzverwalter damit keine Vorteile.

ee) Persönliche Verantwortlichkeit unter dem CDDA 86

Eine weitere gesetzliche Möglichkeit, die persönliche Verantwortlichkeit der directors einer Kapitalgesellschaft zu begründen, ergibt sich aus s. 15 CDDA 86.[458] S. 15 CDDA 86 bestimmt, dass Personen, die dem CDDA 86 zuwiderhandeln, für die Schulden persönlich verantwortlich sind, welche die Gesellschaft während dieser Zeit gemacht hat.

453 Gem. s. 115 IA 86.

454 Siehe Griffin, Disqualification, S. 38.

455 Bedingt durch die unterschiedlichen Vorrangregelungen, die wiederum auf der unterschiedlichen Natur von s. 212 IA 86 bzw. s. 214 IA 86 beruhen.

456 Re DKG Contractors Ltd. [1990] BCC 903.

457 Weeks QC in Re DKG Contractors Ltd., s.o., 903, 912: „This is not in addition to the orders made under sec. 212 and 239, and payments under the orders made under those sections are to be taken as satisfying the order under sec. 214 as well."

458 In der noch folgenden Darstellung und Untersuchung des CDDA 86 wird auf die persönliche Haftung nach s. 15 CDDA 86 näher eingegangen werden.

Dieselbe Haftung trifft alle anderen Personen, die wissentlich den Anweisungen disqualifizierter directors Folge leisteten. Die Haftung nach s. 15 CDDA 86 ist strenger als die nach den ss. 213-215 IA 86. Sie erfordert weder die Insolvenz der Kapitalgesellschaft, noch bedarf sie eines Antrags durch den Insolvenzverwalter. Ausreichend ist, dass das Gericht zuvor die Disqualifizierung der handelnden Person erklärt hat und diese entgegen der Weisung agierte. Die Höhe der persönlichen Haftung bestimmt sich im Gegensatz zu der Haftung nach s. 214 IA 86[459] konkret nach den Verpflichtungen, die der director im Rahmen seiner verbotenen Tätigkeit eingegangen ist. S. 15 CDDA 86 begründet keine eigene neue Schuld.

ff) Persönliche Haftung nach s. 349 (4) CA 85

Wenn ein Angestellter einer Gesellschaft oder eine andere Person in seinem Namen für die Gesellschaft Geschäfte tätigt und hierbei den Namen der Gesellschaft nicht korrekt und leserlich angibt, sind sie persönlich für die sich hieraus ergebenden Verpflichtungen der Gesellschaft verantwortlich. Die gesetzliche Grundlage hierfür findet sich in s. 349 (4) CA 85. Der korrekte Name einer Gesellschaft muss grundsätzlich in allen Geschäftspapieren [460] angegeben werden. [461] Falls die Gesellschaft ein Siegel hat, ist sie auch verpflichtet, den Namen im Siegel leserlich („in legible characters") anzuführen.[462] Eine in der Haftung beschränkte private limited company ist grundsätzlich[463] verpflichtet, den Zusatz „limited" in ihrem Namen aufzunehmen.[464] Das Wort „limited" kann auch durch die Abkürzung „Ltd." oder gegebenenfalls durch das walisische Äquivalent [465] ersetzt werden. Der Name einer public limited company muss zwingend mit der Bezeichnung „public limited company" enden. Zulässig ist wiederum die Abkürzung „plc" oder die walisische Form. [466] Unterlässt es eine Gesellschaft, ihren Namen in korrekter, leserlicher Form anzugeben, macht sie sich darüber hinaus strafbar. [467] Strafbar sind außerdem alle hierfür verantwortlichen Personen.[468]

---

459 Die Höhe der Kontributionszahlung des directors nach s. 214 IA 86 bestimmt sich nach dem freien Ermessen des Gerichts. Eine bereits bestehende Verpflichtung ist als Anknüpfungspunkt entbehrlich.

460 Wechsel, Rechnungen, Quittungen, Bestellaufträge, Bekanntmachungen, Veröffentlichungen etc.

461 S. 349 CA 85.

462 S. 350 CA 85.

463 Unter bestimmten Umständen können private companies limited by guarantee und einige anderen private companies (vor allem karitative, religiöse und der Förderung der Forschung und Erziehung dienende Einrichtungen) von dieser Verpflichtung befreit werden. Die Voraussetzungen hierfür sind in den ss. 30/31 CA 85 aufgelistet.

464 S. 25 (2) CA 85.

465 „cyfyngedig".

466 „Cwmni cyfyngedig cyhoeddus" oder abgekürzt „ccc".

467 S. 349 (2) CA 85.

468 S. 349 (3) CA 85.

b) Richterliche Durchbrechung des Trennungsprinzips

Die Gerichte können ebenfalls den schützenden Mantel („veil") der beschränkten Haftung durchstoßen.[469] Im englischen common law gibt es eine Reihe von Fällen, in denen die Richter das in *Salomon v. A. Salomon*[470] aufgestellte Prinzip der separaten Rechtspersönlichkeit der Gesellschaft durchbrachen und die hinter der Gesellschaft stehenden Gesellschafter in die Pflicht nahmen. Der Versuch, einen Grundsatz zu finden, auf dem alle diese Fälle basieren, ist zum Scheitern verurteilt.[471] Dazu sind die „Durchbrechungsfälle" zu unterschiedlich und nicht immer konsistent.[472] Dennoch lassen sich aus den unzähligen „Durchbrechungsfällen" bestimmte Fallgruppen „herausdestillieren".

aa) Betrugsfälle

Es ist anerkannt, dass die Gerichte es nicht erlauben, dass die Form der Kapitalgesellschaft zum Zwecke eines Betrugs oder zur Umgehung einer vertraglichen oder anderen rechtlichen Verpflichtung missbraucht wird.[473] Das Prinzip, das hinter dieser Ausnahme steht, ist unter dem Begriff „fraud exception" bekannt.[474]

Die zwei klassischen Beispiele der „fraud exception" sind *Gilford Motor Company Ltd. v. Horne*[475] und *Jones v. Lipman.*[476] In *Gilford Motor Company Ltd.* hatte der Beklagte, ein Ex-Angestellter der Gilford Motor Company, in seinem Arbeitsvertrag eine Klausel, die ihm nach dem Ausscheiden verbot, mit der Gilford Motor Company Ltd. in Wettbewerb zu treten.[477] Insbesondere war es ihm verboten, Kunden der Gilford Motor Company abzuwerben. Der Beklagte gründete jedoch in der Folge im Namen seiner Frau eine private limited company und warb als deren Geschäftsführer erfolgreich Kunden der Gilford Motor Company ab. Als diese sich hiergegen auf die Konkurrenzklausel in seinem Arbeitsvertrag berief, machte er geltend, dass nicht er der Gilford Motor Company Konkurrenz mache, sondern lediglich das Unternehmen, als dessen Geschäftsführer er bestellt sei. Das Gericht lehnte es ab, seiner Argumentation zu fol-

---

469 Vgl. hierzu Hess, RIW 1994, 826, 827-829.

470 Salomon v. Salomon [1897] AC 22.

471 Vgl. Schuberth, S. 178.

472 Zur Veranschaulichung der Inkonsistenz vgl. Wurzel v. Houghton Main Home Service Ltd. [1937] 1 KB 380 und Trebanog Working Men's Club and Institute Ltd. v. Macdonald [1940] 1 KB 576.

473 Vgl. Re Darby [1911] 1 KB 95 (fraud); Gilford Motor Co v. Horne [1933] Ch 935 (CA) (evading of contractual obligation).

474 Vgl. Payne (1997) 56 CLJ 284.

475 Gilford Motor Company Ltd. v. Horne [1933] Ch 935.

476 Jones v. Lipman [1962] 1 WLR 832.

477 Solche Wettbewerbsverbote sind auch in Deutschland, insbesondere bei den sogenannten freien Berufen, üblich. Wenn sich die Wettbewerbsklauseln im Rahmen der Verhältnismäßigkeit bewegen und keine Sittenwidrigkeit vorliegt, sind sie im allgemeinen auch rechtlich unbedenklich.

gen. Es erließ eine Unterlassungsverfügung („injunction"), die es sowohl ihm persönlich als auch dem Unternehmen untersagte, Kunden der Gilford Motor Company zu betreuen. Der Court of Appeal begründete die Entscheidung damit, dass der Beklagte die Gesellschaft nur gegründet habe, um die Wettbewerbsklausel aus seinem Arbeitsvertrag zu umgehen.[478]

In der zweiten Enscheidung *Jones v. Lipman* hatte der Beklagte sich verpflichtet, dem Kläger ein Gründstück zu verkaufen. In der Folge überlegte er es sich jedoch anders. Um seiner Verpflichtung zu entgehen, gründete Lipman eine limited company, die völlig seiner Kontrolle unterlag und verkaufte dieser das besagte Grundstück. Lipman beabsichtigte, Jones dadurch den Erfüllungsanspruch („remedy of specific performance") zu nehmen. Lipman kam damit nicht durch. Das Gericht gewährte Jones den Erfüllungsanspruch. Nach Meinung des Gerichts war die Gesellschaft nur ein Mittel, das Lipman bewusst eingesetzt hatte, um sich einer Verpflichtung zu entziehen.[479]

Welche Qualität muss eine Umgehung im Einzelnen haben, dass sie unter die „fraud exception" fällt? Klar ist, dass ein Element der Täuschung („deception") vorliegen muss.[480] Falls der Kläger zu jeder Zeit wusste, dass der Angeklagte die Gesellschaft nur als Vehikel nutzte, um die Anwendung einer gesetzlichen Regelung zu umgehen, haben die Gerichte eine Durchbrechung des Trennungsprinzips abgelehnt.[481] Fraglich ist, ob auch der Charakter der rechtlichen Verpflichtung, die umgangen werden soll, relevant ist. Teilweise wurde vorgeschlagen, dass die „fraud exception" nur dann zur Anwendung kommen soll, wenn dem Kläger durch die Umgehung ein schon existierendes Recht („a pre-existing right") versagt wird.[482] Das macht Sinn, um die Durchbrechungsfälle einzugrenzen. Würde man eine Durchbrechung auch bei erst entstehenden Rechten oder anderen spekulativen, zukünftigen Verpflichtungen zulassen, wäre die Rechtsunsicherheit zu groß.[483] Umstritten ist aber, ob die Gesellschaft, die als Vehikel zur Umgehung eines bereits existierenden Rechtes genützt werden soll, schon existent sein darf, oder ob die „fraud exception" gerade die Formation einer neuen Gesellschaft

---

478 In den Worten von Lord Hanworth MR [1933] Ch 935, 936: „...the company was formed as a device, a stratagem, in order to mask the effective carrying on of business of Mr. Horne."

479 Russel J beschrieb die Gesellschaft metaphorisch als: „a device and a sham, a mask which he [Mr. Lipman] holds before his face in an attempt to avoid recognition by the eye of equity." [1962] 1 WLR 832, 836. Vgl. auch International Investment Co v. Adhams [1998] BCC 134.

480 Vgl. hierzu Payne (1997) 56 CLJ 284, 286.

481 Vgl. Hilton v. Plustile Ltd. [1989] 1 WLR 149.

482 Payne, s.o., S. 288; z.B. in Gilford Motor Company v. Horne das Wettbewerbsverbot aus dem Arbeitsvertrag oder in Lipman v. Jones den Erfüllungsanspruch zur Übertragung des Hauses.

483 Konsequenterweise hat das Gericht in Adams v. Cape Industries plc [1990] Ch 433 die Durchbrechung des Trennungsprinzips abgelehnt. In Adams v. Cape ging es dem Angeklagten nicht darum, dem Kläger ein bereits existierendes Recht zu versagen. Die Absicht des Angeklagten war es einzig und allein, die Verbindung zwischen Cape und seinen Tochtergesellschaften zu verschleiern, um der Gefahr einer möglichen, zukünftigen Deliktshaftung in Amerika, wegen des Vertriebs von Asbest zu entgehen. Vgl. hierzu auch Pennington, Company Law, S. 59: „The fact that a parent company deliberately formed subsidaries in order to insulate itself from safety obligations imposed on them did not of itself impose liability on the parent company."

voraussetzt. In *Creasy v. Breachwood Motors Ltd.*[484] wurde die Anwendung der „fraud exception" abgelehnt, weil die „Umgehungsgesellschaft" im Gegensatz zu den Fällen *Gilford Motor Company v. Horne* und *Lipman v. Jones* schon existiert und Geschäfte betrieben hatte.[485] Da die Gesellschaft daher nicht gegründet worden war, um die Umgehung zu begehen, konnte nach Ansicht des Gerichts die „fraud exception" nicht zur Anwendung kommen. Eine Durchbrechung des Trennungsprinzips wurde gleichwohl nicht gewährt. Die Basis hierfür war jedoch keine fraudulöse Umgehung, sondern allgemeine Gerechtigkeitserwägungen („necessary in order to achieve justice"[486]). *Payne* wendet sich gegen diese Entscheidung. Solange die Gesellschaft als ein Mittel benutzt wurde, um eine Umgehung durchzuführen, sollte es nach seiner Ansicht irrelevant sein, dass die Umgehungsgesellschaft schon existierte und eigene Geschäfte betrieb.[487] Nach Ansicht von *Payne* war die Berufung auf die wahrscheinlich nicht existierenden („indeed probably non-existent") allgemeinen Gerechtigkeitserwägungen („justice") nicht zufriedenstellend.[488]

Die Meinung von *Payne* ist richtig. Durch sie werden Unsicherheiten, die durch die Berufung auf allgemeine Gerechtigkeitserwägungen („justice") entstehen, vermieden.[489] Die Entscheidungen in *Lipman v. Jones* und *Gilford Motor Company Ltd. v. Horne* können nicht als Präzedenzfälle für die Gegenmeinung herangezogen werden.[490] Der Zeitpunkt der Inkorporation der Umgehungsgesellschaft sollte daher für die Anwendung der „fraud exception" irrelevant sein. Entscheidend sollte allein sein, dass der Beklagte die körperschaftliche Struktur einer Gesellschaft benutzt, um dem Kläger ein bereits existierendes Recht zu versagen oder um sonst eine bereits existierende Verpflichtung zu umgehen.

bb) „Strohmannfälle"

Die Gerichte waren auch bereit, vom Trennungsprinzip abzuweichen, wenn in einem bestimmten Fall die Gesellschaft lediglich als ein Vertreter („agent") auftrat oder die

---

484 Creasy v. Breachwood Motors Ltd. [1993] BCLC 480.

485 Creasy v. Breachwood Motors Ltd. [1993] BCLC 480, 490.

486 Creasy v. Breachwood Motors Ltd. [1993] BCLC 480, 496.

487 Payne, s.o., S. 289.

488 Payne, s.o., S. 290.

489 Diese Ansicht steht auch im Einklang mit einem obiter dictum in der Entscheidung Adams v. Cape Industries plc [1990] Ch 433, 537: „....the court cannot lift the veil merely because it considers that justice so requires."

490 Gilford v. Horne (s.o.) und Lipman v. Jones (s.o.) legen nicht zwingend nahe, dass die Umgehungsgesellschaft nicht bereits existierten durfte. Die Referenz in Lipman v. Jones, dass Lipman die Gesellschaft einzig und allein erworben hatte, um sich seiner Verpflichtungen gegenüber Jones zu entledigen („the company was acquired with the sole purpose of evading Mr. Lipman's obligations to the plaintiff"), ist allein als Betonung des subjektiven Erfordernisses eines Absichtselements zu verstehen.

Gesellschaft ihr Vermögen nur als „trustee“ für die Anteilseigner hielt.[491] Wann jedoch genau das Gericht bereit ist, eine solche „agency and trusteeship“-Situation anzunehmen, ist unklar. Teilweise wird vermutet, dass die Gerichte immer dann vom „*Salomon*-Prinzip“ abweichen werden, wenn die strikte Anerkennung des Trennungsprinzips im Ergebnis zu einer Anomalie oder Ungerechtigkeit führe.[492] Gleichzeitig wird aber betont, dass ein anomales oder ungerechtes Ergebnis nicht immer zu einer Nichtbeachtung des Trennungsprinzips durch das Gericht führe.[493] Die Ausführungen sind daher widersprüchlich und können nicht überzeugen. Die Frage, wann die Gerichte bereit sind, eine „agency and trusteeship“-Situation anzunehmen, bleibt damit ungeklärt. Zu Lasten der Rechtssicherheit ist es mehr oder minder dem Ermessen der Gerichte überlassen, wann eine „agency and trusteeship“-Situation vorliegt. Leitlinien lassen sich schwer erkennen. Die Gerichte sind jedoch äußerst zurückhaltend bei der Bejahung einer „agency“- oder „trustee“-Situation. Abgesehen von Fällen in denen eine ausdrückliche Vereinbarung vorliegt,[494] wird es sehr schwierig sein, eine „agency“- oder „trustee“-Situation nachzuweisen.[495]

cc) Die Konzernfälle

Eine weitere Fallgruppe, die insbesondere im Konzernrecht eine Rolle spielt, ist unter dem Schlagwort der „wirtschaftlichen Einheit“ („single economic unit“) bekannt.[496] „Single economic unit“ besagt, dass die Gerichte in einer Konzernsituation eher geneigt seien, vom Trennungsprinzip abzuweichen und den Konzern faktisch als eine wirtschaftliche Einheit zu betrachten.[497] Am eindringlichsten kommt dieser Gedanke in der Entscheidung *DHN Food Distributors Ltd. v. Tower Hamlets LBC*[498] zum Ausdruck. In dem der Entscheidung zugrunde liegenden Fall betrieb eine Muttergesellschaft („DHN“) als Pächterin auf einem Grundstück Geschäfte. Das Grundstück gehörte der von DHN kontrollierten Tochtergesellschaft („Bronze“), die auf dem Grundstück jedoch keinerlei Geschäfte betrieb. Im Jahre 1969 enteignete die Gemeinde Bronze. Bronze wurde hierfür aufgrund s. 5a, r (2) des Land Compensation Act 1961 für den Wert des Landes entschädigt. DHN verlangte im Folgenden kraft s. 5, r 6 des

491 Die Leitentscheidung für diese Fallgruppe ist Smith, Stone & Knight Ltd. v. Birmingham corpn [1939] 4 All ER 116; siehe aber auch Southern v. Watson [1940] 3 All ER 439 (CA).
492 Pennington, S. 59.
493 Pennington, S. 59 mit Fallnachweisen.
494 Southern v. Watson [1940] 3 All ER 439.
495 Vgl. Boyle/Birds, S. 42; Schuberth, S. 178, der unter Verweis auf die Entscheidung Kodak Ltd. v. Clark [1903] 1 KB 505 (CA) deutlich macht, dass die bloße Tatsache einer „wholly owned company“ nicht zur Begründung einer „agency“-Situation ausreiche.
496 Vgl. Gower/Davies, S.166-170; Schuberth, S. 179 ff.; Boyle/Birds, S. 41 ff.; Ingenhoven, S. 79 ff. m.w.N.
497 Vgl. Schuberth, S. 179 m.w.N.; Gower/Davies, S. 308.
498 DHN Food Distributors Ltd. v. Tower Hamlets LBC [1976] 3 All ER 462.

Land Compensation Act 1961 eine Entschädigung wegen der Störung seines Geschäftsbetriebes („disturbance of its business"). Die Gemeinde bestritt dies, da DHN als bloßer Pächter („licensee") hierzu nicht berechtigt wäre. Entscheidend war nun, ob das Gericht DHN als faktischen Eigentümer des Grundstückes betrachtete. Als bloßer Pächter hätte sie jedenfalls keinen Entschädigungsanspruch gehabt.

Lord Denning machte in seinem Urteil deutlich, dass die Unternehmen im Sachverhalt grundsätzlich einer Partnerschaft vergleichbar wären, mit den einzelnen Unternehmen als Partnern. Die Gesellschaften sollten daher für den Zweck der Entschädigung als eine einheitliche Gesellschaft behandelt werden.[499] DHN war deshalb berechtigt, Kompensation für die Störung seines Geschäftsbetriebes zu verlangen. Das Urteil von *Lord Denning* war revolutionär, da es das Tor zu einer wirtschaftlichen Betrachtungsweise des Konzerns in Haftungsfragen aufzustoßen schien. Die Gegenreaktion ließ nicht lange auf sich warten. In der Entscheidung *Woolfson v. Strathclyde Regional Council*[500] vor dem House of Lords machte *Lord Frazer* klar, dass eine Durchbrechung des Trennungsprinzips im Konzernrecht nur dann möglich sei, wenn die speziellen Umstände des Falles anzeigen, dass die umstrittene Gesellschaft eine „bloße Fassade sei, welche die wahren Tatsachen verschleiere" („a mere façade concealing the true facts"). Bestätigt wurde dieser, auch als „konservativ" bezeichnete Ansatz[501] in der als „Meilenstein"[502] im Konzernrecht gefeierten Entscheidung *Adams v. Cape.*[503]

In *Adams v. Cape* ging es um die Vollstreckbarkeit eines amerikanischen Urteils vor einem englischen Gericht. Ehemalige Arbeiter einer amerikanischen Tochtergesellschaft versuchten, von der englischen Konzernmutter Schadensersatz für die durch Asbest erlittenen Gesundheitsverletzungen zu erhalten. Da sich die englische Konzernmutter nicht der amerikanischen Gerichtsbarkeit unterworfen hatte, war entscheidend, ob die Konzernmutter mittelbar durch ihre Tochtergesellschaften in den Vereinigten Staaten als „present"[504] gelten konnte. Das Urteil in *Adams v. Cape* macht deutlich, dass in Fallkonstellationen, in denen es um die Interpretation gesetzlicher oder vertraglicher Bestimmungen geht („Interpretationsfälle"), die Gerichte eine größere Freiheit haben, die ökonomische Realität zu berücksichtigen und die einzelnen Gesellschaften eines

---

499 DHN Food Distributors Ltd. v. Tower Hamlets LBC, s.o., 462, 467; in dieser Passage berief sich Lord Denning ausdrücklich auf Gower:„Principles of Modern Company Law" (3rd Edn, 1969), S. 216. Gower hatte hierin auf eine allgemein nachweisbare Tendenz aufmerksam gemacht, dass die separate Rechtspersönlichkeit der einzelnen Gesellschaften eines Konzerns zunehmend ignoriert und der Konzern als eine wirtschaftliche Einheit („economic entity") wahrgenommen werden würde.

500 Woolfson v. Strathclyde Regional Council [1978] SLT 159, 161.

501 Vgl. Schuberth, S. 180.

502 Boyle/Birds, S. 40.

503 Adams v. Cape Industries plc [1990] Ch 433 (CA).

504 „Presence" ist hier im Sinne der Entfaltung einer geschäftlichen Aktivität gemeint. Erforderlich ist, dass die Gesellschaft einen „place of business" hatte und von dem Ort Geschäfte tätigte, die nicht nur einen minimalen Umfang ausmachten, Adams v. Cape, s.o., 433, 436. Vgl. hierzu auch Schuberth, S. 180.

Konzerns als Einheit zu behandeln.[505] In Fällen, in denen festgestellt werden kann, dass die Tochtergesellschaft lediglich als Vertreter der Muttergesellschaft auftrat, können die Gerichte grundsätzlich den Konzern als eine Einheit behandeln.[506] Das Gericht brachte jedoch in *Adams v. Cape* klar zum Ausdruck, dass in Abwesenheit einer ausdrücklichen Vereinbarung eine solche Beziehung nur schwer feststellbar sein wird.[507] In allen anderen Fällen, insbesondere in Konstellationen, in denen es um einen echten gegen die Gesellschaft oder die Gesellschafter gerichteten Haftungsdurchgriff geht, bestätigten die Richter in *Adams v. Cape*[508] das Urteil in *Wolfson v. Strathclyde Regional Council.*[509] Die einzelnen Gesellschaften eines Konzerns können demnach nur dann als eine wirtschaftliche Einheit betrachtet werden, wenn die Tochtergesellschaft eine „bloße Fassade sei, welche die wahren Verhältnisse verschleiere."[510]

An der Entscheidung in *Adams v. Cape* wurde bemängelt, dass es das Gericht unterlassen habe, konkrete Anhaltspunkte vorzugeben, wann eine Tochtergesellschaft als „bloße Fassade" anzusehen sei.[511] Das Gericht lehnte es ausdrücklich ab, eine allgemeine Definition zu entwickeln.[512] Im Fall wandte es jedoch das „Fassadenprinzip" auf „AMC", eine liechtensteinische Tochtergesellschaft von Cape, an. Was den Klägern jedoch nichts einbrachte, da „AMC" nach Ansicht des Gerichts in den USA keine Geschäfte betrieb und damit auch nicht die mittelbare „presence" von Cape in den USA begründen könne. Es wird bedauert, dass es das House of Lords abgelehnt habe, ein weiteres Rechtsmittel zuzulassen, um die Unsicherheiten, die sich um das „Fassadenprinzip" ranken, zu beseitigen.[513] Fest steht aber, dass die Entscheidung in *Adams v. Cape* eine Durchbrechung des Trennungsprinzips nicht erleichtert hat. Zweifel an der Gültigkeit des Trennungsprinzips, die durch die Entscheidung von *Lord Denning* in *DHN*[514] neue Nahrung bekommen hatten, wurde ein Riegel vorgeschoben. Das Gericht hat in *Adams v. Cape* deutlich gemacht, dass es legitim sei, die Gesellschaftsstruktur derart auszunutzen, dass die Haftung für eine bestimmte zukünftige Aktivität des Konzerns nicht bei der Muttergesellschaft, sondern bei einzelnen Tochtergesellschaften eintrete. Unabhängig davon, ob dieses Ergebnis wünschenswert sei oder nicht, wäre das

---

505 Adams v. Cape, s.o., 536; Schuberth, S. 180; siehe z.B. Revlon Inc v. Cripps Lee Ltd. [1980] FSR 85, 105 oder Harold Holdsworth & Co (Wakerfield) Ltd. v. Caddies [1955] 1 WLR 352, 367; Ingenhoven, S. 81.

506 Adams v. Cape, 545-549; Boyle/Birds, S. 42/43; vgl. hierzu auch die oben dargestellten agency Fallgruppen.

507 Adams v. Cape, s.o., 545-549.

508 Adams v. Cape, s.o., 539.

509 Wolfson v. Strathclyde Regional Council [1978] SLT 159.

510 Wolfson v. Strathclyde Regional Council [1978] SLT 159, 161.

511 Gower/Davies, S. 174.

512 Adams v. Cape, s.o., 543.

513 Gower/Davies, S. 174.

514 DHN Food Distributors Ltd. v. Tower Hamlets LBC [1976] 3 All ER 462.

Recht, derartige Unternehmensstrukturen auf diese Weise auszunutzen, ein inhärenter Bestandteil des englischen Gesellschaftsrechts.[515]

dd) Zusammenfassung und Bewertung

Die Darstellung und Analyse einzelner Fallgruppen hat gezeigt, dass die richterliche Durchbrechung des Trennungsprinzips in England die Ausnahme bleibt. Der Schatten, den die Jahrhundertentscheidung in *Salomon*[516] wirft, ist lang. Der interventionistischen Phase der sechziger und achtziger Jahre des letzten Jahrhunderts, eingeleitet durch *Lord Denning* in der Entscheidung in *Littlewoods Mail Order Stores v. IRC,*[517] folgte die Trendwende in den neunziger Jahren des letzten Jahrhunderts mit dem Urteil in *Adams v. Cape Industries plc.*[518] Die englischen Gerichte pochen damit wieder verstärkt auf das in *Salomon* festgeschriebene Trennungsprinzip und bewerten damit im Einzelfall die Rechtssicherheit höher als individuelle Gerechtigkeitserwägungen.[519] Die Rückbesinnung auf das Trennungsprinzip ist jedoch nicht unproblematisch. Schwierigkeiten drohen diesem konservativen Ansatz insbesondere durch die Verabschiedung des Human Rights Act 1998.[520] Es wird geltend gemacht, dass eine strikte Anwendung des Trennungsprinzips mit den durch die Europäische Menschenrechtskonvention gewährten Rechten in Konflikt geraten könne.[521]

2. *Ein umfassendes staatliches Aufsichts- und Investigationssystem*

Gläubiger in England genießen den Schutz eines umfassenden Aufsichts- und Investigationssystems.[522] Im Companies Act 1985 finden sich Regelungen hierzu im Part XIV.[523] Daneben finden sich Vorschriften im Insolvency Act 1986 [524] und im Financial Service Act 1986[525] sowie in einzelnen Spezialgesetzen.[526] Auch die Regelungen des Company Directors Disqualification Act 1986 können funktional dem Bereich staatlicher Aufsicht

515 Adams v. Cape, s.o., 544; Boyle/Birds, S. 42; Schuberth, S. 180.
516 Salomon v. Salomon [1897] AC 22.
517 Littlewoods Mail Order Stores v. IRC [1969] WLR 1241.
518 Adams v. Cape [1990] Ch 433.
519 Lowry/Watson, Company Law, S. 424.
520 Die Europäische Menschenrechtskonvention wurde durch die Verabschiedung des Human Rights Act 1998 in nationales englisches Recht inkorporiert.
521 So Lowry/Watson, Company Law, S. 425-426 unter Berufung auf die Entscheidung des Court of Appeal in Ord v. Belhaven Pubs Ltd. [1998] BCC 607.
522 Ein guten Überblick über die aufsichtsrechtlichen Regelungen bietet Lidbetter, S. 2.
523 Ss. 431-457 CA 85.
524 Ss. 131-133 bzw. 218 IA 86.
525 Z.B. ss. 94 , 105, 177 FSA 86.
526 Z.B. s. 44 Insurance Companies Act bzw. die Vorschriften der Open-Ended Investment Companies (Investment Companies with Variable Capital) Regulations 1996, SI 1996/2827.

zugeordnet werden. Es würde den Rahmen dieser Arbeit sprengen, auf all diese Aufsichtsbefugnisse im Einzelnen einzugehen. Ein Schwerpunkt soll daher auf die Aufsichtsbefugnisse im Rahmen des CA 85 und des IA 86 gelegt werden. Diese stellen mit Abstand die wichtigsten Regelungen dar. Dem CDDA 86, als Herzstück des englischen Gläubigerschutzes, ist dagegen ein eigener Abschnitt gewidmet.

a) Die Aufsichtsregelungen im Companies Act 1985

Aufsichtsrechtliche Regelungen im englischen Gesellschaftsrecht finden sich schon im Joint Stock Companies Act 1856.[527] Demnach konnte das Board of Trade einen oder mehrere Inspektoren ernennen, welche die geschäftlichen Angelegenheiten einer Gesellschaft untersuchten und hierüber Bericht erstatteten. Voraussetzung einer Untersuchung war ein Antrag eines Fünftels der Gesellschaftsmitglieder.[528] Im Jahre 1862 wurden diese Rechte dahingehend eingeengt, dass der Antrag fortan mit guten Gründen versehen sein musste, weshalb eine Inspektion des Unternehmens eingeleitet werden sollte. Das Board of Trade wurde zudem ermächtigt, eine Sicherheitsleistung von den Antragsstellern zu verlangen.[529] Dagegen konnten die officers[530] der Gesellschaft zur Herausgabe von Dokumenten und zur Befragung unter Eid verpflichtet werden.[531]

Verantwortlich für die Aufsicht der Kapitalgesellschaften im Rahmen des Companies Act 1985 ist das Department of Trade and Industry („DTI") unter der Leitung des Secretary of State (dem Handels– und Wirtschaftsminister). Ihm stehen im Rahmen des Part XIV grundsätzlich zwei Aufsichtsinstrumente zur Verfügung. Zum einen ist das die Möglichkeit, Durchsuchungen anzuordnen, zum anderen das Recht, Dokumente herauszuverlangen. Die Untersuchung einer Kapitalgesellschaft kann entweder durch auswärtige Inspektoren oder durch Mitarbeiter des DTI durchgeführt werden. Letztere Untersuchung ist informeller. Wenn es das Ergebnis der Untersuchung oder das Resultat des Berichts der auswärtigen Inspektoren rechtfertigen, kann der Secretary of State entweder einen Antrag auf Abwicklung und Auflösung des Unternehmens bei Gericht einreichen oder im Namen der Gesellschaft ein zivilrechtliches Verfahren einleiten.

527 Vgl. ss. 48-52.

528 S. 48 Joint Stock Companies Act 1856.

529 S. 57 Companies Act 1862.

530 Eine Definition des Begriffs „officer" findet sich in s. 744 CA 85. Der Terminus beinhaltet: „a director, manager or secretary". Nach Loose/Griffiths/Impey, S. 28, ist die Definition nicht abschließend. Der Begriff „officer" umfaßt damit zumindest alle Personen, die auf senior-level-Ebene im Management tätig sind, egal welche Bezeichnung oder Titel sie führen.

531 S. 58 Companies Act 1862.

aa) Untersuchung durch auswärtige Inspektoren (Sonderprüfung)

Der Secretary of State betraut entweder einen oder mehrere kompetente Inspektoren, welche die Geschäftsführung der Gesellschaft untersuchen und ihm hierüber Bericht erstatten.[532] Im Allgemeinen sind dies ein barrister[533] und ein Wirtschaftsprüfer.[534] Ein Antrag auf Untersuchung einer Kapitalgesellschaft kann grundsätzlich durch die Gesellschaft selbst oder auch durch die Mitglieder der Gesellschaft gestellt werden. Voraussetzung für einen Antrag der Mitglieder der Gesellschaft ist erstens die Einhaltung eines bestimmten Quorums,[535] zweitens das Vorbringen von Fakten, die eine Durchsuchung aus guten Gründen („good reasons") rechtfertigen,[536] sowie drittens die Aufbringung einer Sicherungsleistung,[537] die den Betrag von £ 5.000 nicht übersteigen darf. Die Sicherungsleistung ist als Ersatz für eine möglicherweise fruchtlose Investigation gedacht.

Die Ernennung von Inspektoren ist bisher nur selten aufgrund eines Antrags der Gesellschaft selbst oder ihrer Mitglieder erfolgt. Der Grund für die fehlenden Anträge seitens der Gesellschaft ist naheliegend. Die Gesellschaft hat in der Regel kaum ein Interesse daran, dass externe Inspektoren ihre internen Angelegenheiten überprüfen. Die ausbleibende Zahl von Anträgen der Gesellschaftsmitglieder hat ihren Grund nicht allein in den speziellen gesetzlichen Antragshürden (Quorum, Sicherheitsleistung), die in s. 431 Abs. 2-4 CA 85 enthalten sind, sondern auch in einem schwerwiegenden praktischen Nachteil eines Vorgehens nach s. 431 CA 85. Ein offizieller Antrag nach s. 431 CA 85 führt unweigerlich dazu, dass diejenigen Verantwortlichen, die zur Rechenschaft gezogen werden sollen, vorzeitig gewarnt werden könnten und eine erfolgreiche Investigation durch die Inspektoren gefährdet wäre.[538] Ein inoffizieller Wink der Gesellschaftsmitglieder an das DTI ist daher erfolgversprechender.

Das DTI kann eine Untersuchung auch selbst einleiten. Die Antragsbefugnis hierfür ergibt sich aus s. 432 Abs. 2 CA 85. Der Secretary of State kann danach nach seinem Ermessen Inspektoren ernennen, wenn ihm die Umstände, die in s. 432 Abs. 2a-d CA 85 aufgelistet sind, dies signalisieren. Die Umstände, die eine Investigation rechtfertigen, sind denen, die zu einer gerichtlichen Anordnung im Rahmen des fraudulent

---

532 S. 431 Abs. 1 CA 85.

533 Barristers sind eine charakteristische Eigenheit des angelsächsischen Rechtswesens. In der angelsächsischen Tradition ist der Beruf des Rechtsanwalts in solicitor and barrister zweigeteilt. Die barristers besitzen dabei in den Verhandlungen vor den höheren Gerichten das Monopol, als Rechtsbeistand aufzutreten; vgl. hierzu näher Zweigert/Kötz, S. 208-212.

534 Pennington, S. 912.

535 Im Falle einer „company having a share capital" nicht weniger als 200 Mitglieder oder Mitglieder, die nicht weniger als 1/10 der ausgegebenen Anteile halten, s. 431(2)(a) CA 85. Bei einer „company not having a share capital" müssen die Antragssteller mindestens aus 1/5 der registrierten Mitglieder bestehen, s. 431 Abs. 2b CA 85.

536 S. 431 Abs. 3 CA 85.

537 S. 431 Abs. 4 CA 85.

538 Vgl. Gower/Davies, S. 695.

trading bzw. wrongful trading führen, ähnlich. Eine Untersuchung kann daher eingeleitet werden, wenn die Geschäfte der Gesellschaft in der Absicht geführt werden, die Gläubiger der Gesellschaft zu betrügen, oder wenn die Geschäfte zu irgendeinem anderen gesetzeswidrigen Zweck geführt werden.[539] Der Secretary of State kann zudem eine Untersuchung anordnen, wenn eine Gesellschaft zu einem betrügerischen oder gesetzeswidrigen Zweck gegründet wurde.[540] Daneben ist eine Untersuchung auch möglich, wenn den Mitgliedern einer Gesellschaft nicht alle Informationen gegeben werden, die sie üblicherweise erwarten können.[541]

Der Secretary of State kann grundsätzlich nach seinem Ermessen bestimmen, ob er eine Untersuchung einleitet. Der Secretary of State ist jedoch verpflichtet, eine Untersuchung einzuleiten, wenn das Gericht die Investigation einer Kapitalgesellschaft anordnet.[542] Die Inspektoren, die gem. ss. 431/432 CA 85 vom Secretary of State ernannt wurden, können die Untersuchung auch auf andere konzernangehörige juristische Personen („subsidaries" und „holding company" [543]) ausdehnen.[544]

Alle Angestellten und Vertreter („officers and agents"[545]) des Unternehmens sind verpflichtet, den Inspektoren jede zumutbare Unterstützung zukommen zu lassen.[546] Insbesondere müssen sie den Inspektoren alle Unterlagen[547] vorlegen, die diese wünschen[548] und ihnen jederzeit zur persönlichen Befragung zur Verfügung stehen.[549] Darüber hinaus können die Inspektoren zum Zweck der Untersuchung die Angestellten und Vertreter unter Eid vernehmen. Diese umfassenden Offenbarungspflichten finden ihre Schranken nur in dem Verschwiegenheitsgebot („professional privilege") bestimmter Berufsgruppen.[550] Auf das Verschwiegenheitsgebot kann sich eine Bank jedoch nicht berufen, wenn es lediglich gegenüber der zu untersuchenden Kapitalgesellschaft besteht.[551]

Jeder, der die Inspektoren bei ihrer Untersuchung behindert oder seinen Offenbarungs- und Erscheinungspflichten nicht nachkommt, macht sich eines „contempt of

---

539 Vgl. s. 432 Abs. 2 CA 85: „...that the company's affairs are being or have been conducted with intent to defraud its creditors, or the creditor of any other person, or otherwise for a fraudulent or unlawful purpose..."

540 Vgl. 432 Abs. 2b CA 85: „... or that the company was formed for any fraudulent or unlawful purpose..."

541 Vgl. s. 432 Abs. 2d CA 85: „...that the company's members have not been given all the information with respect to its affairs which they might reasonably expect."

542 S. 432 CA 85.

543 Die Begriffe der „subsidary" und der „holding company" und deren Beziehung zueinander sind in s. 736 CA 85 gesetzlich normiert.

544 S. 433 CA 85.

545 Der Begriff „agent" umfasst hierbei auch alle Wirtschaftsprüfer und Rechtsanwälte einer Kapitalgesellschaft.

546 S. 434 Abs. 1c, 2c CA 85.

547 Gem. s. 434 Abs. 6 CA 85 fallen hierunter auch alle elektronisch aufgezeichneten Informationen.

548 S. 434 Abs. 1a, 2a CA 85.

549 S. 434 Abs. 1b, 2b CA 85.

550 Vor allem Rechtsanwälte, ss. 452 ff. i.V.m. s. 69 CA 89.

551 Pennington, S. 915.

court“ schuldig und kann dementsprechend bestraft werden.[552] Die Untersuchung wird durch einen Bericht der Inspektoren an den Secretary of State abgeschlossen. Den Inspektoren steht es jedoch frei, dem Secretary of State auch schon vor dem formellen Abschluss der Untersuchung Zwischenberichte zukommen zu lassen.[553] Die Kosten der Untersuchung trägt primär der Secretary of State. Er kann jedoch hierfür diejenigen Personen in Regress nehmen, denen ein Verstoß nachgewiesen werden konnte.

bb) Herausgabepflicht von Unterlagen und Dokumenten

Ursprünglich war die Ernennung von externen Inspektoren die einzige Aufsichtsmöglichkeit, die der Secretary of State hatte. Da dieses Eingriffsinstrument einen erheblichen Eingriff in die Angelegenheiten einer Kapitalgesellschaft darstellt, war das Departement of Trade and Industry zurückhaltend, solche drastischen Aufsichtsmaßnahmen einzuleiten.[554] Die Folge war, dass Untersuchungen nur äußerst selten und nur dann eingeleitet wurden, wenn die Sachlage eindeutig war. Im Interesse einer effektiven Unternehmensaufsicht war diese Zurückhaltung des DTI untragbar.

Auf Empfehlung des *Jenkins Committee*[555] wurde im Companies Act 1967 daher die Möglichkeit eingeführt, unabhängig von einer geplanten Untersuchung einer Kapitalgesellschaft, die Herausgabe von Büchern und Geschäftsunterlagen zu verlangen.[556] Dieses schnelle und informelle Instrument der Informationsbeschaffung ist eine subtilere Aufsichtsmethode, die weniger öffentliches Aufsehen erregt und dennoch äußerst effektiv ist.[557] Gesetzlich verankert ist das Recht, die Herausgabe von Büchern und Geschäftsunterlagen zu verlangen, in s. 447 CA 85.[558] Es umfasst auch die Ermächtigung, von den Geschäftsunterlagen Kopien zu machen.[559] Darüber hinaus kann von den Angestellten und Vertretern der Gesellschaft eine Erläuterung der Unterlagen verlangt werden.[560] Gegebenenfalls können sie auch nach dem Verbleib der Dokumente befragt werden.[561] Ein weitergehendes Fragerecht ist jedoch den Inspektoren einer Untersuchung nach den ss. 431/432 CA 85 vorbehalten. Gem. s. 448 Abs. 1 – 3 CA 85[562] können die

552 S. 436 CA 85.
553 S. 437 CA 85.
554 Allein die Ankündigung einer offiziellen Untersuchung durch das DTI ist geeignet, den Ruf des Unternehmens in der Öffentlichkeit zu beschädigen.
555 Cmd. 1749, Rz. 213–219.
556 Part III CA 67.
557 Das Recht, die Herausgabe von Büchern und Geschäftsunterlagen zu verlangen, kann, muss aber nicht, der Einleitung einer large scale-Untersuchung nach s. 432 CA 85 dienen. Durch die Herausgabepflicht können im Vorfeld einer large scale-Untersuchung auch wichtige Beweisunterlagen gesichert werden.
558 Ergänzt durch s. 69 Abs. 1–3 CA 89.
559 S. 447 Abs. 5a Nr. 1 CA 85.
560 S. 447 Abs. 5a Nr. 2 CA 85.
561 S. 447 Abs. 5b CA 85.
562 Ergänzt durch s. 64 Abs. 1 CA 89.

Mitarbeiter des DTI zudem bei einem Friedensrichter („justice of the peace")[563] einen Durchsuchungsbefehl beantragen, wenn sie den begründeten Verdacht haben, dass sich in den Geschäftsräumen Unterlagen befinden, die ihnen vorenthalten werden.

Wer den Verpflichtungen der s. 447 CA 85 nicht nachkommt, macht sich strafbar.[564] Strafbar macht sich auch, wer Dokumente zerstört oder fälscht[565] oder falsche Informationen liefert.[566] Die Aufforderung zur Herausgabe von Dokumenten gem. s. 447 CA 85 ist heutzutage bei weitem die am häufigsten angewandte Aufsichtsmethode. Im Gegensatz hierzu sind die „large scale"-Inspektionen nach s. 432 CA 85 eher selten.[567]

cc) Weitere vermischte Untersuchungsbefugnisse des DTI

S. 442 CA 85 ermächtigt das DTI, die Eigentümerstellung an den Aktien einer Gesellschaft zu untersuchen. Der Secretary of Trade and Industry kann einen oder mehrere Inspektoren mit dieser Aufgabe betreuen. Sinn und Zweck der Untersuchung ist es, diejenigen Personen zu bestimmen, die ein verdecktes, finanzielles Interesse am Erfolg oder am Versagen der Gesellschaft haben oder die indirekt die Gesellschaft kontrollieren oder deren Unternehmenspolitik erheblich beeinflussen.[568] Gem. s. 444 CA 85 kann der Secretary of State, anstelle der Ernennung von Inspektoren, von den verantwortlichen Personen die Herausgabe von Informationen verlangen. Part XV des CA 85 ermächtigt das DTI außerdem, Aktien und Schuldverschreibungen mit bestimmten Beschränkungen zu versehen.

S. 446 CA 85 gibt dem Departement of Trade and Industry die Befugnis, Inspektoren zu ernennen, die untersuchen, ob verbotene Aktiengeschäfte getätigt wurden. Verboten sind insbesondere Aktiengeschäfte gem. ss. 323, 324 CA 85. S. 323 CA 85 legt fest, dass directors keine Optionsgeschäfte mit den notierten Aktien ihres Unternehmens betreiben dürfen. S. 324 CA 85 bestimmt die Pflicht der directors, die Gesellschaft schriftlich über bestehende eigene Rechte an den Aktien der Gesellschaft oder sonstiges Interesse an den Aktien der Gesellschaft aufzuklären. Der Begriff des Interesses ist weit zu fassen. Mit eingeschlossen ist auch der Aktienbesitz von Angehörigen der directors.

563 Richter, S. 151: „Friedensrichter sind von der Krone ernannte Beamte, die verschiedene Aufgaben der Verwaltung und der Rechtsprechung auf örtlicher Ebene wahrnehmen."

564 S. 447 Abs. 6 CA 85.

565 S. 450 CA 85.

566 S. 451 CA 85.

567 Vgl. Lidbetter, Investigations, S. 3.

568 S. 442 Abs. 1 CA 85.

dd) Eingriffsmöglichkeiten des Secretary of State

Wenn als Folge der Untersuchung festgestellt wird, dass sich eine Person möglicherweise strafbar gemacht hat, kann der Secretary of State durch Anklage die Strafverfolgung betreiben.[569] Der Secretary of State kann zudem im Falle eines standesrechtlichen Verstoßes die zu Tage getretenen Informationen der entsprechenden berufsständischen Vertretung zugänglich machen. Neben der strafrechtlichen Verfolgung und der Einleitung eines standesrechtlichen Verfahrens hat der Secretary of State die Möglichkeit, die Abwicklung und Auflösung der Gesellschaft bei Gericht zu beantragen. Die gesetzliche Grundlage hierfür findet sich in s. 124a Abs. 1a[570] IA 86. Wenn es das öffentliche Interesse („public interest") erfordert, kann der Secretary of State gem. s. 438 CA 85 die Rechte der Gesellschaft im Wege einer zivilrechtlichen Klage geltend machen.[571] Nach s. 453 Abs. 2 CA 85 muss er die Gesellschaft dann jedoch bzgl. aller Verfahrenskosten schadlos halten. Diese Eingriffsmöglichkeit gilt aber gem. s. 453 Abs. 1(b) CA 85 nicht gegenüber einer ausländischen Gesellschaft. Die Company Law Steering Group hat in ihrem Final Report vorgeschlagen, dass die Vorschrift der s. 438 CA 85 wegen ihrer geringen praktischen Relevanz aufgehoben werden soll.[572] Begründet wird dies damit, dass die Vorschrift nur äußerst selten angewendet wurde, da es schwierig sei, sich Umstände vorzustellen, in denen das öffentliche Interesse und das Gesellschaftsinteresse zusammenfielen. Der Secretary of State kann zuletzt ein Disqualifizierungsverfahren nach dem CDDA 86 einleiten. Die Drohung der Disqualifizierung nach dem CDDA 86 ist die effektivste Instrument des englischen Gläubigerschutzrechts. Die weitreichenden Folgen eines solchen Berufsverbots werden im Rahmen der Darstellung des CDDA 86 ausführlich dargestellt werden.

ee) Die Kosten der Untersuchung

Die Kosten einer Untersuchung nach s. 432 CA 85 werden vom DTI gem. s. 439 Abs. 1 CA 85 vorgestreckt.[573] Kommt es infolge des Berichts der Inspektoren zu einer strafrechtlichen Verurteilung oder ist das zivilrechtliche Vorgehen im Rahmen der s. 438 CA 85 erfolgreich, so ist das Departement of Trade and Industry ermächtigt, die Verur-

569 Im Gegensatz zu Deutschland steht in England die strafrechtliche Anklageerhebung nicht nur der Staatsanwaltschaft zu, siehe Richter, S. 154. Vgl. auch Lidbetter, S. 213: „...the DTI is the prosecuting authority under, in particular, the Companies Act 1985 and the Financial Service Act 1986."

570 Eingefügt durch s. 60 Abs. 3 CA 89.

571 Vgl. hierzu Richter, S. 155.

572 Final Report, Volume I, Kapitel 15, Rz. 15.26.

573 Die Kostentragung des DTI ist einer der Gründe, warum ein Vorgehen im Rahmen von s. 432 CA 85 für die Gesellschafter so attraktiv ist. Im Rahmen einer Untersuchung nach s. 431 CA 85 sind die Antragsteller dagegen nach Ermessen des Secretary of State für die entstandenen Kosten verantwortlich, s. 439 Abs. 5 CA 85.

teilten bzw. Unterlegenen in Regress zu nehmen.[574] Ferner ist die Gesellschaft, zu deren Gunsten ein zivilrechtliches Verfahren erfolgreich geführt wurde, verpflichtet, die Kosten der Untersuchung zu tragen.[575] Die Kostentragungspflicht der Gesellschaft ist jedoch nach oben begrenzt. Die Gesellschaft hat maximal nur den Betrag oder die Summe zu ersetzen, die sie durch das zivilrechtliche Verfahren gewonnen hat.[576] Eine Gesellschaft ist auch kostentragungspflichtig, wenn die Untersuchung vom Gericht angeordnet wurde und das DTI folglich kein eigenes Ermessen hatte.[577] Kosten, die das DTI schließlich nicht ersetzt bekommen kann, trägt gem. s. 439 Abs. 10 CA 85 die öffentliche Hand.

b) Aufsichtsrechtliche Regelungen des Insolvency Act 1986

aa) S. 133 IA 86

Gem. s. 133 IA 86 kann der official receiver die öffentliche Untersuchung all derjenigen Personen beantragen, die an der Promotion, Formation oder dem Management der Gesellschaft beteiligt waren oder hieran ein Interesse hatten.[578] Die öffentliche Untersuchung erfolgt insbesondere, wenn die in s. 133 (a)-(c) IA 86 genannten Personen ihren Mitwirkungspflichten im Rahmen des Abwicklungsverfahrens nach s. 131 IA 86 nicht oder nur unvollständig nachkommen. Die öffentliche Untersuchung soll den official receiver bei der Erfüllung seiner Aufgaben unterstützen. Hierzu zählt insbesondere gem. s. 132 (a) IA 86 die Untersuchung der Gründe des Unternehmenszusammenbruchs („business failure"). Der official receiver ist verpflichtet, dem Gericht über jedes Fehlverhalten seitens der oben genannten Personen Bericht zu erstatten. Der Bericht („report") dient oft als Ausgangspunkt eines Disqualifizierungsverfahrens nach dem CDDA 86.

bb) Ss. 235/236 IA 86

Ss. 235/236 IA 86 geben dem Insolvenzverwalter verschiedene Mittel an die Hand, um die Gesellschaft und ihre Geschäfte zu untersuchen. Insbesondere sind die Angestell-

574 S. 439 Abs. 2 CA 85. Das DTI kann daher bei einem Vorgehen nach s. 432 Abs. 2 CA 85 nur im Erfolgsfalle einen Ersatz der Kosten verlangen.
575 S. 439 Abs. 3 CA 85.
576 S. 439 Abs. 3 CA 85.
577 S. 439 Abs. 4 CA 85.
578 Vgl. s. 133 (c) IA 86, der generalklauselartig diejenigen Personen definiert, die sich auf Antrag des offical receiver einer öffentlichen Untersuchung unterziehen lassen müssen. Die Absätze (a) und (b) der s. 133 IA 86 nennen beispielhaft: die Angestellten (officers) der Gesellschaft (das sind z.B. die directors bzw. der company secretary), ein liquidator, administrator, receiver, manager oder (in Schottland) receiver des Vermögens der Gesellschaft.

ten und Geschäftsleiter der Gesellschaft verpflichtet, mit dem Insolvenzverwalter zusammenzuarbeiten, d.h. ihm die notwendigen Informationen zu liefern. Falls diese Zusammenarbeit nicht zur Zufriedenheit des Insolvenzverwalters läuft, kann er, nach Antragstellung bei Gericht, jeden Angestellten, Geschäftsleiter oder jede andere Person mit notwendigen Informationen zu sich zitieren lassen.[579] Sinn und Zweck dieser Vorschriften ist es, dem Insolvenzverwalter ein umfassendes Bild von der Gesellschaft und ihrer Geschäfte zu liefern.

Die Vorschriften der ss. 235/236 IA 86 haben in der Vergangenheit immer wieder zu Konflikten mit der EMRK geführt.[580] Seit der Implementierung der EMRK durch den Human Rights Act 1998 hat die Auseinandersetzung noch an Schärfe gewonnen.[581] Problematisch war vor allem, ob die durch ss. 235/236 IA 86 gewonnenen Informationen in Folgeverfahren genutzt werden dürfen oder ob einer solchen Nutzung das Recht auf ein faires Verfahren (nach Art. 6 EMRK) entgegensteht. Bei der Beantwortung dieser Frage ist von Bedeutung, dass den Gerichten ein Ermessen eingeräumt ist, ob sie eine Untersuchung gem. s. 236 IA 86 einleiten. Nach den Insolvency Rules 1986, Rule 9.5, können die Gerichte ferner den Zugang zu den Informationen kontrollieren, die durch eine Untersuchung nach s. 236 IA 86 erlangt wurden. Wichtig für die Beurteilung, ob die Nutzung der durch ss. 235/236 IA 86 gewonnenen Informationen in einem Folgeverfahren gegen Art. 6 EMRK verstößt, ist die Natur des Folgeverfahrens. Es besteht ein Unterschied zwischen Strafverfahren, Zivilverfahren und regulativen Zivilverfahren, die zwar als „Zivilverfahren" bezeichnet werden, aber dennoch eine „quasipönale" Natur haben. Auch Art. 6 EMRK trifft einen Unterschied zwischen Strafverfahren auf der einen Seite und Zivilverfahren auf der anderen Seite. Für Strafverfahren gilt ein strengerer Maßstab. So findet für Strafverfahren neben Art. 6 (1) EMRK auch Art. 6 (2) EMRK Anwendung. Es stellt sich die Frage, ob die Verwertung der durch ss. 235/236 IA 86 gewonnenen Informationen nicht gegen den anerkannten „nemo tenetur"-Grundsatz („privilege against self-incrimination") verstößt.[582] Für den englischen Gläubigerschutz ist vor allem die Einordnung des CDDA 86 von enormer Bedeutung. Denn oftmals schließt sich der Abwicklung einer Gesellschaft ein Disqualifizierungsverfahren nach dem CDDA 86 an. Auf die Frage, wie das CDDA 86-Verfahren rechtlich einzuordnen ist und welche Konsequenzen sich hieraus für die Verwertbarkeit der durch den Insolvenzverwalter gem. ss. 235/236 IA 86 gewonnenen Informationen ergeben, soll an späterer Stelle noch ausführlicher eingegangen werden.[583]

579 S. 236(2) IA 86.
580 Vor allem mit Art. 6 EMRK.
581 Vgl. zum Ganzen: Simmons/Smith (2000) 16 Insolvency Law and Practise 167, 171/172.
582 Vgl. Funke v. France (1993) 16 EHRR 297.
583 Siehe im vierten Teil der Arbeit.

3. *Transparenzpflichten*

Nach *Gower*[584] ist das fundamentale den englischen Company Acts zugrunde liegende Prinzip die Pflicht zur Offenlegung der gesellschaftlichen Angelegenheiten – die Transparenz: „Forwarned is forearmed.“[585] Diesem Satz liegt das Verständnis zugrunde, dass Gläubiger, Anleger oder Gesellschafter ausreichend geschützt wären, wenn ihnen alle relevanten Informationen über die Gesellschaft zugänglich wären. In der Vorrangstellung der Transparenz gegenüber strukturellen Schutzmechanismen spiegelt sich die angelsächsische Gesellschaftsrechtsdoktrin wider. Während im kontinentaleuropäischen Recht Drittinteressen („stakeholder interests“) eine herausragende Rolle spielen, will das angelsächsische Gesellschaftsrecht vor allem die Investoren („shareholder“) schützen. Folgerichtig ist das angelsächsische Gesellschaftsrecht stärker vom Kapitalmarktrecht geprägt als die kontinentaleuropäischen Varianten des Gesellschaftsrechts. Der Investorenschutz im Kapitalmarktrecht beruht wiederum zu einem wesentlichen Teil auf Transparenzvorschriften. Auffallend ist, dass der kapitalmarktrechtliche Gläubiger- und Investitionsschutz durch Transparenz auch auf europäischer Ebene an Bedeutung gewinnt. Das hat u.a. die Entscheidung in *Centros* bzw. *Inspire Art Ltd.* erneut deutlich gemacht.[586] In *Centros* und *Inspire Art Ltd.* verwies der Europäische Gerichtshof in seinem Urteil ausdrücklich auf die Transparenz- und Offenlegungsschutzvorschriften der Vierten und Elften Gesellschaftsrechtsrichtlinien.[587] Nach Ansicht des Gerichts garantieren die Transparenzvorschriften den Schutz der Rechte öffentlicher und privater Gläubiger einer Gesellschaft. Der EuGH betont, dass den Gläubigern die ausländische Herkunft der Gesellschaft bekannt ist und sie daher hinreichend gewarnt gewesen sind, dass die Gesellschaft nicht dem lokalen Recht über die Errichtung von Gesellschaften mit beschränkter Haftung unterliegt.[588] Die Passagen machen deutlich, dass der EuGH dem Gläubigerschutz durch Transparenz Priorität einräumt.[589] Andere Gläubigerschutzinstrumente hingegen werden sich vor dem Hintergrund der *Centros*- bzw. *Inspire Art*-Entscheidung in jedem Einzelfalle einer strengen Erforderlichkeitsprüfung unterwerfen müssen.

Neben gesetzlichen Transparenzverpflichtungen finden sich in England noch zwei andere Kategorien von Transparenzregeln. Zum einen sind das selbst-regulatorische Transparenzverpflichtungen[590] und zum anderen freiwillige Offenlegungsverpflichtungen.[591] Die Arbeit wird ihren Schwerpunkt im Folgenden auf die gesetzlichen Transpa-

584 Gower/Davies, S. 505; ähnlich auch Sealy (1981) 2 Co.Law. 51.
585 Gower/Davies, S. 505.
586 Vgl. hierzu Luttermann, ZEuP 2000, 907 ff.
587 EuGH Rs. 212/97, Slg. 1999, I-1459-Centros, Rn. 36 bzw. EuGH Rs. C-167/01-Inspire Art Ltd., Rn. 135.
588 Centros, s.o., Rn. 36 bzw. Inspire Art Ltd., s.o., Rn. 135.
589 Siehe Ebke 48 Am.J.Comp.L. 623, 646-647 (2000).
590 Zum Beispiel des Accounting Standards Board (ASB). Vgl. hierzu ausführlich Paal, S. 169 ff.
591 Vgl. Boyle/Birds, S. 354.

renzregeln legen. Den gesetzlichen Transparenzschutz von Kapitalgesellschaften versucht das englische Gesellschaftsrecht vor allem durch drei Methoden zu gewährleisten: Registrierungspflichten („registration"), Buchführungs- und Rechnungslegungspflichten („accounts"), Abschlussprüfung („audit"). Zusätzlich zu diesen drei Kategorien gibt es noch andere gesetzliche Transparenzregeln, die hier nur kurz erwähnt werden sollen. Gem. s. 351 CA 85 muss jedes Unternehmen in seiner Geschäftskorrespondenz den Geschäftssitz, die Registrierungsnummer sowie die Adresse des Geschäftssitzes angeben. Wenn die Gesellschaft eine „limited company", also eine Gesellschaft mit beschränkter Haftung, ist, muss sie das ebenfalls auf dem Briefkopf anführen.[592] Eine exakte Bezeichnung ist ebenfalls erforderlich, falls die Gesellschaft die Voraussetzungen einer „investment company" i.S.d. s. 266 CA 85 erfüllt.[593] Die Nichteinhaltung dieser Vorschriften hat sowohl für das Unternehmen als auch für die handelnde Person strafrechtliche Konsequenzen.[594] Zusätzlichen Publizitätsvorschriften müssen sich zudem Unternehmen unterwerfen, die an der Börse notiert sind.[595]

a) Registrierungspflichten

In England gibt es zwei wichtige Register. Zum einen die behördliche Registerstelle am Companies House,[596] und zum anderen ein von der Gesellschaft zu führendes Register am Sitz der Gesellschaft. Hinsichtlich beider Register hat die Gesellschaft gewisse Pflichten zu erfüllen. Zunächst sollen die Registerpflichten am Companies House dargestellt werden.

aa) Register am Companies House

Bei Gründung hat jede Gesellschaft beim Companies House eine Reihe von Unterlagen und Dokumenten einzureichen.[597] Diese Unterlagen müssen fortwährend aktualisiert

---

592 S. 351 Abs. 1d CA 85.

593 S. 351 Abs. 1c CA 85.

594 S. 351 Abs. 5 CA 85.

595 Siehe hierzu Boyle/Birds, S. 159-165 bzw. Mc Neil/Lau (2001) 50 I.C.L.Q. 78.

596 Das Companies House für englische und walisische Unternehmen befindet sich in Cardiff (mit einer Zweigniederlassung in London), für schottische Gesellschaften in Edinburgh.

597 Im Wesentlichen gehören dazu das „memorandum of association", welches für das Außenverhältnis der Gesellschaft wichtig ist und den Geschäftsgegenstand („object clause") festlegt, die „articles of association", welche die Satzung der Gesellschaft bestimmen und das Innenverhältnis darstellen sowie die Namen und Adressen der directors und des „company secretary" (gem. s. 283 CA 85 muss grundsätzlich jede Gesellschaft einen „company secretary" besitzen). Die Aufgaben des „company secretary" sind prinzipiell rein administrativer Natur. Er soll nicht mit Fragen der Leitung der Gesellschaft betraut werden. Sein Hauptaufgabenbereich ist die Führung des Registers am Satzungssitz („registered office") und die ordnungsgemäße Einreichung der notwendigen Abschlussberichte („returns") bei der Registerstelle („Companies House"). Behrens, GmbH, S. 870

werden. Als Faustregel gilt, dass jede Änderung der Gesellschaftsangelegenheiten, von denen die Gesellschaft annimmt, dass sie für die Öffentlichkeit wichtig ist, beim Companies House registriert werden muss. Die jüngst in Kraft getretene Companies Act 1985 (Electronic Communications) Order[598] ermöglicht, dass die gesamten Unterlagen auch durch elektronische Übermittlung eingereicht werden können.[599] Gegen Zahlung einer geringen Gebühr kann jeder die Akten und Dokumente einer Gesellschaft im Companies House einsehen und sich Kopien machen.[600] Dabei besteht kein Unterschied zwischen den Rechten von Gesellschaftern und denen von beliebigen Dritten.

Die Verpflichtung, jede einzelne Veränderung dem Companies House zugänglich zu machen, wird ergänzt durch einen zusammenfassenden Jahresabschlussbericht („annual return"). Der annual return ist dem Companies House grundsätzlich einmal im Jahr einzureichen.[601] Der annual return beinhaltet eine Zusammenfassung aller wichtigen Veränderungen der Gesellschaftsangelegenheiten. In der Praxis ist er daher weitaus wichtiger, da übersichtlicher, als all die einzelnen, beim Companies House registrierten Dokumente. Der annual return muss von einem director oder vom company secretary unterschrieben sein.[602] Er muss innerhalb von 28 Tagen nach dem Stichtag beim Companies House eingehen. Falls die Gesellschaft der Verpflichtung zur Einreichung eines ordnungsgemäßen annual return nicht nachkommt, macht sie sich strafbar. Die Gesellschaft ist zur Zahlung einer Geldstrafe verpflichtet. Bei anhaltendem Verstoß kann eine tägliche Unterlassungsstrafe festgesetzt werden.[603] Zusätzlich ist jeder director oder der company secretary strafrechtlich verantwortlich. Eine persönliche strafrechtliche Verantwortlichkeit entfällt nur, wenn der Betroffene nachweist, dass er alles Erforderliche unternommen hat („that he took all reasonable steps"), um die Begehung oder den anhaltenden Verstoß zu vermeiden.[604] Die nicht ordnungsgemäße Einreichung von annual returns spielt eine entscheidende Rolle bei der Feststellung der unfitness eines director im Rahmen des CDDA 86. Die Informationen, die der annual return enthalten muss, sind in den ss. 364 („general information") und 364 CA 85 („particulars of share capital and shareholders") festgelegt. Im Wesentlichen handelt es sich dabei um die oben erwähnten Registrierungspflichten. Dem Secretary of State steht es jedoch gem. s. 365 CA 85 frei, diese Liste aufgrund einer Verordnung zu ergänzen oder zu verändern.

---

definiert den „company secretary" als eine Art „Urkundsbeamter" und „Siegelverwahrer" der Gesellschaft mit wichtigen Rechten und Pflichten, vgl. zum „company secretary" auch Hübner, FS Großfeld, S. 459-469). Ferner hat jede Gesellschaft die Adresse des Satzungssitzes und ein Verzeichnis der Belastungen („charges") sowie das ausgegebene Kapital einer Gesellschaft („issued share capital") zu benennen.

598 SI 2000/3373.

599 Näher hierzu Siems, RIW 2002, 202 ff.

600 S. 709 CA 85.

601 Stichtag ist grundsätzlich der Jahrestag der Inkorporierung oder, wenn der annual return an einem anderen Tag erstmals eingereicht wurde, dessen Jahrestag, vgl. s. 363 Abs. 1a, b CA 85.

602 S. 363 Abs. 2c CA 85.

603 S. 363 Abs. 3 CA 85.

604 S. 363 Abs. 4 CA 85.

bb) Das Gesellschaftsregister am Ort des Satzungssitzes der Gesellschaft

Die meisten Informationen, die im Companies House gesammelt werden, sind auch am registered office der Gesellschaft erhältlich. Das registered office entspricht nicht dem Hauptverwaltungssitz im Sinne des deutschen Internationalen Gesellschaftsrechts. Wie der Name schon sagt, ist darunter vielmehr der Satzungssitz zu verstehen. Die Angabe eines registered office ist ein vorgeschriebener Bestandteil des memorandum of association, das jede englische Gesellschaft bei der Gründung einzureichen hat.[605] Nicht alle Dokumente können am registered office von jedermann frei eingesehen werden.[606] Die Höhe der Gebühren, die eine Gesellschaft für die Einsicht oder für Kopien von Dokumenten verlangen kann, ist durch Verordnungen geregelt.[607] Gesellschaftsmitglieder sind jedoch im Allgemeinen von dieser Gebühr befreit.[608]

b) Rechnungslegung, Publizität und Prüfung des Jahresabschlusses

Es ist eine weit verbreitete Ansicht, dass der Preis für die eingeschränkte persönliche Haftung der Gesellschafter von Kapitalgesellschaften die maximale Offenlegung der finanziellen Verhältnisse der Gesellschaft ist.[609] Gerade für kleine Gesellschaften galt diese Prämisse jedoch nicht immer. Bedeutende Erleichterungen für kleine Gesellschaften in England und der EU bei der Einreichung von Jahresabschlüssen machen sogar deutlich, dass die oben genannte These für „small companies" so nicht gilt.

Lange Zeit war keine Gesellschaft in England verpflichtet, einen Jahresabschluss einzureichen. Erst der Companies Act 1907 begründete die Verpflichtung zur Einreichung einer jährlichen Bilanz („annual balance sheet").[610] Private companies waren jedoch von dieser Regelung genauso ausgenommen wie partnerships.[611] Erst 1967 wurde

605 S. 2 Abs. 1b, s. 2 Abs. 2 CA 85.

606 Frei zugänglich sind im Wesentlichen das Verzeichnis der directors und der secretaries (s. 288-290 CA 85), das Verzeichnis aller Aktien und Schuldverschreibungen, die von den directors gehalten werden, Aufzeichungen der Geschäfte mit diesen Aktien und Schuldverschreibungen (s. 325 CA 85 und Schedule 13, Part IV, Rz. 25/26), das Register aller Belastungen des Vermögens der Gesellschaft (s. 406-409 CA 85), das Register aller Inhaber von Schuldverschreibungen (s. 406-409 CA 85) sowie das Verzeichnis aller Aktionäre, die mehr als 3% der Anteile an den stimmberechtigten Aktien einer public company erworben haben (ss. 198-220 CA 85, abgeändert durch die Disclosure of Interest in Shares [Amendment] Regs 1993, SI 1993/1819, die Disclosure of Interest in Shares [Amendment No. 2] Regs 1993, SI 1993/2689, die Disclosure of Interests in Shares [Amendment] Regs 1996, SI 1996/1560).

607 Vgl. s. 723A CA 85 und die hierauf erlassenen Verordnungen („regulations"): The Companies (Inspection and Copying of Registers, Indices and Documents) Regs. 1991 (1991 S.I. No. 1998).

608 Dasselbe gilt für Gläubiger, zumindest bzgl. der Register der ss. 395 – 409 CA 85 („registration of charges").

609 Gower/Davies, S. 512, Freedman/Godwin [1993] JBL 105, 112.

610 7 Edw 7, c 50.

611 In jenen Zeiten verstand man unter einer private company eine Gesellschaft, die in ihrer Gesellschaftsbinnenverfassung („articles of association") die Zahl ihrer Mitglieder auf 50 und die Über-

dieses Privileg der private limited companies vom Parlament abgeschafft.[612] Nach dem Companies Act 1967 sind alle Kapitalgesellschaften u.a. verpflichtet, beim registrar of companies eine Gewinn- und Verlustrechnung („company's profit and loss account"), eine Bilanz („balance sheet"), den Prüfungsbericht dieser Dokumente („auditor's report") sowie einen Geschäftsbericht der directors über die finanzielle Situation der Gesellschaft einzureichen.

Die Regelungen über die Prüfung des Jahresabschlusses bzw. die Bestellung der Rechnungsprüfer finden sich im Wesentlichen in Chapter I des Part VII[613] bzw. Chapter V des Part XI CA 85.[614] Abgesehen von bestimmten Ausnahmen[615] für small and medium sized companies ist demnach jede Gesellschaft verpflichtet, in einem jährlichen Turnus einen Rechnungsprüfer zu bestellen.[616] Die Rechnungsprüfer haben festzustellen, ob die Bilanz bzw. die Gewinn- und Verlustrechnung ordnungsgemäß nach den gesetzlichen Vorschriften erstellt wurde und ob die Bilanz bzw. die Gewinn- und Verlustrechnung dem „true and fair view"-Prinzip[617] entspricht.[618] Die Bestellung der Prüfer erfolgt auf jeweils ein Jahr. Ihr Amt endet grundsätzlich mit dem Ablauf der jeweils folgenden ordentlichen Hauptversammlung.[619]

Einen großen Einfluss auf das englische Gesellschaftsrecht hatte das Europäische Recht in Form von EG-Richtlinien.[620] Die EG-Richtlinien bestimmten in der neueren Zeit die Entwicklung des englischen Rechts. Da es wegen der weitgehenden europarechtlichen Harmonisierung im Bereich der Rechnungslegung, Publizität und Prüfung[621] keine maßgeblichen Unterschiede innerhalb der europäischen Rechtsordnungen gibt, wird auf eine nähere Darstellung im Folgenden verzichtet.

---

tragung von Anteilen beschränkt hatte bzw. welche die öffentliche Zeichnung von Aktien verboten hatte, vgl. s. 37 CA 1907.

612 Eine Pflicht, geprüfte Jahresabschlüsse herzustellen, bestand schon seit dem Companies Act 1900, ss. 21, 23.

613 Ss. 235-237 CA 85.

614 Ss. 384-394A CA 85, in der durch den CA 89 ergänzten Form.

615 So kann eine private company z.B. gem. s. 386 CA 85 auf die jährliche Ernennung von Rechnungsprüfern verzichten. Die bereits vorhandenen Rechnungsprüfer gelten dann für den neuen Ernennungszeitraum als wieder ernannt.

616 S. 384 CA 85.

617 Siehe ss. 226 (2), 227 (3) CA 85.

618 Triebel, Englisches Handels- und Wirtschaftsrecht, S. 281.

619 Behrens, GmbH; S. 871.

620 Erste Richtlinie 68/151/EWG des Rates vom 9.3.1968, Abl.EG L 65/8 (Publizitätsrichtlinie); Vierte Richtlinie 78/660/EWG des Rates vom 25.7.1978, Abl.EG L 222/11 (Bilanzrichtlinie); Siebente Richtlinie 83/349/EWG des Rates vom 13.6.1983, Abl.EG L 193/1 (Konzernrichtlinie); Achte Richtlinie 84/253/EWG des Rates vom 14.4.1984, Abl.EG L 126/20 (Abschlussprüferrichtlinie).

621 Vgl. Fehrenbacher, MünchKommHGB, § 325a, Rn. 13.

4. *Disqualifizierung der directors nach dem CDDA 86*[622]

Der Ursprung des Disqualifizierungsverfahrens von directors reicht bis in die zwanziger Jahre des letzten Jahrhunderts zurück. So finden sich die ersten Regeln zur Disqualifizierung von directors im Companies Act 1929. Der Companies Act 1929 beruhte auf Empfehlungen des *Green Committee*,[623] das im Jahre 1925 eingesetzt worden war, um die Auswirkungen von Unternehmenszusammenbrüchen („corporate failure") innerhalb des Wirtschaftslebens zu untersuchen. In seinen Anfängen war das Disqualifizierungsverfahren in seiner Wirkung sehr beschränkt. Der Companies Act 1929 sah nur zwei Arten der Disqualifizierung vor. Zum einen verbot er Bankrotteuren, sich ohne Genehmigung des Gerichts aktiv am Management einer Gesellschaft zu beteiligen, zum anderen sah er die Möglichkeit der Disqualifizierung von directors vor, die gegen die fraudulent trading-Vorschriften verstoßen hatten. Durch den Companies Act 1948[624] und den Companies Act 1976[625] wurde die Reichweite des Disqualifizierungsverfahrens Schritt für Schritt erweitert. S. 9 Companies Act 1976[626] führte schließlich die Möglichkeit ein, directors einer insolventen Gesellschaft aufgrund ihrer Ungeeignetheit („unfitness") zu disqualifizieren. Obwohl damit schon Mitte der siebziger Jahre die am häufigsten angewandte und wirkungsvollste Vorschrift des heutigen CDDA 86 Eingang in die Gesetzgebung fand, zeigte sich bald, dass die Urform noch an Kinderkrankheiten litt, welche die praktische Wirksamkeit behinderten. So war z.B. die Disqualifizierung dem Ermessensspielraum der Gerichte überlassen.[627] Zudem setzte s. 9 des Companies Act 1976 noch zahlenmäßig voraus, dass der betreffende director am Management von zwei oder mehr insolventen Gesellschaften beteiligt war,[628] wobei die zweite Insolvenz innerhalb von fünf Jahren nach der ersten erfolgen musste. Zuletzt waren die Gerichte auch in ihrer Sanktionsgewalt beschränkt. So betrug die maximale Zeit, für die ein director disqualifiziert werden konnte, nur fünf Jahre.[629] Im Rahmen der grundlegenden Überarbeitung des englischen Gesellschaftsinsolvenzrechts Anfang der achtziger Jahre des letzten Jahrhunderts[630] wurden daher auch die Regeln zur Disqualifizierung ungeeigneter directors verschärft. Das Ergebnis dieser Konsolidierung ist der Company Directors Disqualification Act 1986.[631]

---

622 Vgl. Schultheiß, S. 63/64, zu den im deutschen Recht vorhandenen Möglichkeiten, die Allgemeinheit vor der Geschäftsführung ungeeigneter Unternehmensleiter durch Berufsverbote zu schützen.
623 Greene Committee Report 1926 (Cmd. 2657).
624 Vgl. s. 188 Companies Act 1948.
625 Zum Beispiel s. 28 Companies Act 1976.
626 Diese Vorschrift wurde im Rahmen der Konsolidierung des englischen Gesellschaftsrechts als s. 300 CA 85 in den Companies Act 1985 inkorporiert.
627 Wohingegen s. 6 CDDA 86 nunmehr die Disqualifizierung zwingend vorschreibt.
628 Bzgl. s. 6 des CDDA 86 ist es ausreichend, dass der ungeeignete („unfit") director am Management einer insolventen Gesellschaft beteiligt war.
629 S. 6 des CDDA 86 ermöglicht eine Disqualifizierung von bis zu 15 Jahren.
630 Vor allem durch den Cork Report. Die Hintergründe dieser Reform wurden bereits oben erörtert.
631 CDDA 86.

a) Die Disqualifizierungsanordnung

Ziel des CDDA 86 ist es, die Öffentlichkeit vor den schädigenden Aktivitäten ungeeigneter Personen zu schützen, die in das Management einer Gesellschaft involviert sind oder waren. Das zentrale Eingriffsinstrument, das der CDDA 86 den Gerichten zur Verfügung stellt, ist die Disqualifizierungsanordnung („disqualification order"). Gem. s. 1 CDDA 86 kann, im Fall der s. 6 CDDA 86 muss das Gericht unter bestimmten Umständen gegenüber directors eine Disqualifizierungsanordnung aussprechen. Die Wirkungen dieser Disqualifizierungsanordnung sind in s. 1 Absatz 1 Satz 1a-d CDDA 86 aufgelistet. Personen, die von einer Disqualifizierungsanordnung betroffen sind, dürfen danach für eine bestimmte Zeit (2-15 Jahre) ohne Sondergenehmigung des Gerichts[632] nicht mehr das Amt eines Unternehmensleiters („director"), eines Insolvenzverwalters („liquidator") bzw. eines Verwalters („administrator"), Zwangsvollstreckers („receiver") oder Vermögensverwalters einer Gesellschaft ausüben.[633] S. 1 Absatz 1 Satz 1d CDDA 86 fasst zudem in der Form einer Generalklausel zusammen, dass disqualifizierte Personen in keiner Weise, weder direkt noch indirekt, an der Leitung oder Gründung eines Unternehmens beteiligt sein dürfen. Abgesehen von dem Fall der s. 6 CDDA 86 hat das Gericht einen Ermessensspielraum, ob es eine Disqualifizierungsanordnung ausspricht oder nicht. Bei der Abwägung muss das Gericht das öffentliche Interesse („public interest") im Auge behalten. In manchen Fällen kann die Disqualifizierung eines director für das öffentliche Interesse nachteilig sein. So zum Beispiel, wenn der director neben der Gesellschaft A, für deren gesetzeswidrige Leitung er verantwortlich gemacht wurde, eine andere Gesellschaft B führt, die solvent und erfolgreich ist. Die Disqualifizierung des director wegen des Fehlverhaltens bei der Leitung der Gesellschaft A hätte schwerwiegende Konsequenzen für die Gesellschaft B bzw. deren Anteilseigner, Gläubiger und Arbeitnehmer. Das Gericht muss daher sorgfältig abwägen, ob es im gesamtgesellschaftlichen Sinne die Interessen der Gesellschaft B höher bewertet als ein öffentliches Interesse an der Disqualifizierung des director. Im Vordergrund der Abwägung steht nicht die Bestrafung der verantwortlichen directors, sondern der effektive Schutz des öffentlichen Interesses, insbesondere der Schutz der privaten und öffentlichen Gläubiger.[634]

632 Zur Sondergenehmigung siehe s. 17 CDDA 86.

633 Wer entgegen den Vorschriften des CDDA 86 handelt, macht sich gem. s. 13 CDDA 86 strafbar. Dies gilt gem. s. 14 CDDA 86 auch für juristische Personen.

634 Griffin, Disqualification, S. 137; vgl. auch die Informationsbroschüre des Insolvency Service zum CDDA 86, zu finden unter http://www.insolvency.gov.uk/information/guidance (Stand: April 2005).

b) Konsequenzen eines Verstoßes gegen eine Disqualifizierungsanordnung

Ein Verstoß gegen eine Disqualifizierungsanordnung hat zwei Konsequenzen. Zum einen macht sich der Betroffene strafbar.[635] Zum anderen ist der Betroffene für alle Gesellschaftsverbindlichkeiten persönlich verantwortlich, die während seiner verbotenen Tätigkeit entstanden sind.[636] Falls eine juristische Person eine Disqualifizierungsanordnung des Gerichts missachtet, ordnet s. 14 CDDA 86 eine Geldstrafe an. Zudem trifft die Strafbarkeit und persönliche Haftung jeden Angestellten[637] dieser juristischen Person, dem die Missachtung bewusst war oder der die Missachtung nachlässigerweise nicht verhindert hat. Zuletzt umfasst die persönliche Haftung gem. s. 15 (1)(b) CDDA 86 auch noch alle Personen, die zwar nicht selbst disqualifiziert waren, die aber den Weisungen und Anordnungen einer ihnen bekanntermaßen disqualifizierten Person Folge leisteten oder Folge zu leisten bereit waren.[638]

c) Antragsberechtigung

Die Antragsberechtigung ist je nach spezifischem Disqualifizierungsgrund verschieden ausgestaltet. Am weitesten gefasst ist die Antragsbefugnis im Rahmen der ss. 2-5 CDDA 86 („allgemeine Disqualifizierungsgründe"). Eine Disqualifizierung kann dabei vom Secretary of State, dem official receiver und jedem gegenwärtigen oder früheren Gesellschafter oder Gläubiger beantragt werden. Im Falle des bedeutendsten Disqualifizierungsgrundes, der Disqualifizierung nach s. 6 CDDA 86, ist das Antragsrecht hingegen auf den Secretary of State oder den official receiver beschränkt.[639] Eine Disqualifizierung nach s. 8 CDDA 86 kann sogar nur auf Antrag des Secretary of State erfolgen.

d) Allgemeine Disqualifizierungsgründe

Gem. s. 11 CDDA 86 macht sich derjenige strafbar, der, ohne Ausnahmegenehmigung des Gerichts, trotz Bankrotts als director agierte oder sonst direkt oder indirekt an der Gründung, Förderung oder Leitung eines Unternehmens teilhatte. Nach s. 2 Abs. 1 CDDA 86 kann das Gericht jeden disqualifizieren, der sich in Zusammenhang mit der

---

635 S. 13 CDDA 86.

636 Der director, der entgegen der Disqualifizierung tätig wird, trifft die persönliche Haftung für alle entsprechenden Schulden, die die Gesellschaft in dieser Zeit gemacht hat.

637 Angestellte in diesem Sinne meint gem. s. 14 CDDA 86: „Any director, manager, secretary or other similar officer of the body corporate, or any person who was purporting to act in such a capacity."

638 Dadurch soll u.a. vermieden werden, dass der disqualifizierte director über einen Strohmann die Vorschriften des CDDA 86 umgehen kann.

639 S. 7 Abs. 1 CDDA 86. Für Schottland ist demnach nur der Secretary of State antragsberechtigt.

Gründung, der Förderung oder der Leitung einer Gesellschaft strafbar gemacht hat und dementsprechend verurteilt wurde (Verurteilung wegen einer strafbaren Handlung im Zusammenhang mit der Gesellschaftstätigkeit[640]). Das gleiche gilt für denjenigen, der als receiver tätig war und hierbei rechtmäßig wegen eines Verbrechens abgeurteilt wurde. Nicht jedes Verhalten in Zusammenhang mit der Geschäftstätigkeit einer Gesellschaft, in dessen Zusammenhang sich eine Person strafbar gemacht hat, fällt unter s. 2 CDDA 86. Notwendig ist, dass das strafbare Verhalten im Zusammenhang mit den Managementfunktionen der Gesellschaft steht.[641] Es ist aber nicht erforderlich, dass das strafbare Verhalten direkt mit der Ausübung einer Managementfunktion im Zusammenhang steht. Gem. dem Urteil des Court of Appeals in *R v. Goodman*[642] ist es für eine Disqualifizierung nach s. 2 CDDA 86 ausreichend, dass die Straftat eine faktische Verbindung („factual connection") mit den Managementfunktionen der Gesellschaft hat. So bestand zum Beispiel das strafbare Verhalten in *R v. Goodman* in Insiderdealing. Insiderdealing ist kein Verhalten, das direkt mit der Ausübung von Managementfunktionen innerhalb des Unternehmens verbunden ist. Dennoch bestand ein faktischer Zusammenhang darin, dass der Delinquent das erforderliche Insiderwissen im Rahmen seiner Funktion als Vorstand („chairman") der Gesellschaft erwarb. Dies ist für eine Disqualifizierung nach s. 2 CDDA 86 ausreichend.

Ein weiterer Disqualifizierungsgrund ist betrügerisches Handeln im Zusammenhang mit der Unternehmensinsolvenz.[643] S. 4 CDDA 86 umfasst zum einen die Fälle des fraudulent trading im Sinne der s. 458 CA 85. Danach kann jeder, der sich gem. s. 458 CA 85 des fraudulent trading strafbar gemacht hat, disqualifiziert werden. Zum anderen erfasst s. 4 CDDA 86 jedoch auch Pflichtenverstöße des Insolvenzverwalters und des receivers. Machen sich diese eines Betruges oder eines anderen Plichtenverstoßes gegenüber der Gesellschaft („breach of duty") schuldig, können sie disqualifiziert werden.

Die Disqualifikation kann auch die Folge einer Untersuchung der Gesellschaft sein.[644] So kann eine Untersuchung durch Inspektoren ans Licht bringen, dass ein director ungeeignet („unfit") ist.[645] Dasselbe gilt, wenn im Rahmen der Befugnis des Secretary of State, Informationen und Dokumente herauszuverlangen, diese die unfitness eines director nachweisen.[646] Bei der Beurteilung der unfitness eines director müssen die Gerichte die im Schedule 1 zum CDDA 86 aufgeführten Indikatoren berücksichtigen.[647]

---

640 S. 2 CDDA 86: „Disqualification on conviction of indictable offence."

641 Griffin, Disqualification, S. 140.

642 R v. Goodman [1994] BCLC 349 (CA).

643 S. 4 CDDA 86: „Disqualification for fraud, in winding-up."

644 S. 8 CDDA 86: „Disqualification after investigation of company."

645 Ss. 431/432 CA 85.

646 S. 447 CA 85.

647 Mit Ausnahme derjenigen Punkte, welche die Insolvenz des Unternehmens voraussetzen, Part 2, Schedule 1. Diese spielen jedoch bei der Disqualifizierung nach s. 6 CDDA 86 eine Rolle.

Als Disqualifizierungsgrund kommt des Weiteren eine wiederholte, dauerhafte Verletzung von Vorschriften des Gesellschaftsrechts in Frage.[648] S. 22 Abs. 7 CDDA 86 definiert den Ausdruck „the companies legislation". Dieser beinhaltet die Companies Acts (außer dem Insider Dealing Act), Part I-VII des IA 86 sowie die Vorschriften der ss. 411, 413, 414, 416 und 417 von Part XV des IA 86. Relevant sind aber vor allem diejenigen Vorschriften des CA 85, die Pflichten auferlegen. Pflichten im Sinne des CA 85 sind vor allem die Publizitäts- und Informationspflichten.[649] S. 3 Abs. 1 CDDA 86 ermöglicht dem Gericht den Erlass einer Disqualifizierungsanordnung, wenn eine wiederholte, dauerhafte Nachlässigkeit bei der Erfüllung dieser Publizitäts- bzw. Informationspflichten nachgewiesen werden kann. Eine wiederholte, dauerhafte Nachlässigkeit („persistent default") liegt schlüssig vor, wenn gezeigt werden kann, dass der director oder der secretary einer Gesellschaft innerhalb von fünf Jahren vor Stellung des Antrags auf Disqualifizierung mindestens dreimal der Nichterfüllung seiner Pflichten für schuldig befunden wurde.[650]

S. 5 CDDA 86 ordnet zudem die Disqualifizierung während einer summary conviction an.[651] Die Umstände, welche die Disqualifizierung nach s. 5 CDDA 86 ermöglichen, sind identisch mit denen unter s. 3 CDDA 86. Der Unterschied zwischen s. 3 und 5 CDDA 86 besteht allein in der gerichtlichen Zuständigkeit. Unter s. 5 CDDA 86 liegt die gerichtliche Zuständigkeit ausschließlich bei dem Gericht, welches die summary conviction erlassen hat.

Schließlich kann ein director auch dann disqualifiziert werden, wenn ein Gericht eine Anordnung im Sinne der ss. 213/214 IA 86 erlassen hat.[652] Dabei bezieht sich s. 10 CDDA 86 nur auf die zivilrechtliche Seite des fraudulent trading, die strafrechtliche Sanktion nach s. 458 CA 85 fällt unter s. 4 CDDA 86. Die Disqualifizierung durch das Gericht nach s. 10 CDDA 86 bedarf keines vorherigen Antrags.[653]

e) Der besondere Disqualifizierungsgrund der s. 6 CDDA 86

Die Disqualifizierung wegen unfitness ist das Herzstück des CDDA 86.[654] S. 6 CDDA hat in der Praxis eine überragende Bedeutung.[655] Gleichzeitig bringt s. 6 CDDA 86 aber

---

648 „Disqualification for persistent breaches of companies legislation."

649 Z.B. s. 244 CA 85 („delivery of annual accounts"), s. 245B („preparation of revised accounts"), s. 713 CA 85 („delivery or notice to the registrar of a document or other specified matter"), s. 363 CA 85 („duty to file annual return").

650 S. 3 Abs. 2 CDDA 86.

651 S. 5 CDDA 86: „Disqualification on summary conviction." Eine summary conviction ist ein vereinfachtes gerichtliches Verfahren.

652 S. 10 CDDA 86: „Participation in wrongful trading."

653 Vgl. s. 10 CDDA 86: „...whether or not an application for such an order is made by any person, the court may, if it thinks fit, also make a disqualification order against the person to whom the declaration relates."

654 S. 6 CDDA 86: „Duty of court to disqualify unfit directors of insolvent companies."

auch die meisten praktischen und rechtlichen Probleme mit sich. In deren Folge ist daher auch eine Flut von Fallrecht zu s. 6 CDDA 86 ergangen. S. 6 (1) CDDA 86[656] läßt sich tatbestandlich in zwei elementare Voraussetzungen aufgliedern: Zum einen muss die Person, die disqualifiziert werden soll, director einer Gesellschaft gewesen sein, die in Insolvenz gefallen ist (während diese Person director war oder danach).[657] Zum anderen muss ihn sein Verhalten als director dieser insolventen Gesellschaft (entweder allein genommen oder zusammen mit seinem Verhalten als director irgendeiner anderen Gesellschaft) als ungeeignet ausweisen, erneut eine Gesellschaft zu leiten.[658]

aa) Die Stellung als director in der Gesellschaft

Parallel zu der Geschäftsleiterhaftung nach ss. 213/213 IA 86 erfasst s. 6 CDDA 86 nicht nur den wirksam bestellten Unternehmensleiter (sog. „de jure director"). In den Anwendungsbereich des CDDA 86 fällt auch der faktische director („de facto director")[659] und der sog. „shadow director".[660] Der CDDA 86 stellt das in s. 22 (4) CDDA 86 klar, indem ausdrücklich festgestellt wird: „(4) „director" includes any person occupying the position of director, by whatever name called, and in sections 6-9 includes a shadow director."[661] S. 22 (5) CDDA 86 liefert sodann eine Legaldefinition des Begriffs „shadow director": „(5) „shadow directors", in relation to a company, means a person in accordance with whose directions or instructions the directors of the company are accustomed to act (but so that a person is not deemed a shadow director by reason only that the directors act on advice given by him in a professional capacity)."

655 Bereits 1999/00 basierten von 1744 Disqualifizierungsanträgen 1540 auf s. 6 CDDA 86, DTI: Companies in 1999/00, S. 37. Jährlich fallen ungefähr 1500 Disqualifizierungen unter s. 6 CDDA 86, vgl. DTI: Companies in 2002/2003, S. 49.

656 Vgl. s. 6 CDDA 86: „ (1)The court shall make a disqualification order against a person in any case where, on an application under this section, it is satisfied – that he is or has been a director of a company which has at any time become insolvent (whether while he was a director or subsequently), and that this conduct as a director of that company (either taken alone or taken together with his conduct as a director of any other company or companies) makes him unfit to be concerned in the management of a company."

657 S. 6 Abs. 1a CDDA 86.

658 S. 6 Abs. 1b CDDA 86.

659 Vgl. z.B. Re Lo Line Electric Motors Ltd. [1995] 1 BCLC 503. Der Begriff „de facto director" ist weder im IA 86 bzw. dem CDDA 86 noch in irgendeinem anderen Gesetz erwähnt. Die Bezeichnung „de facto director" wurde jedoch schon im vorletzten Jahrhundert von Sir Jessel MR in der Entscheidung Re Canadian Land Reclaiming and Colonizing Co (1880) 14 Ch D 660, 664-665 benutzt. Sie ist daher zumindest durch das common law anerkannt. Ausführlich zum „de facto director" Mithani, III 21-24; Griffin, Disqualification, S. 153-158; Griffin, Characteristics, 2-4.

660 Vgl. s. 22 (5) CDDA 86. Der Begriff „shadow director" findet sich erstmals in s. 63 des Companies Act 1980. Derzeit findet sich der Begriff, außer in s. 22 (5) CDDA 86, auch in s. 741 CA 85, s. 251 IA 86 und s. 207 des FSA 86. Die Definition des shadow director ist jedoch weitaus älter als der Begriff selbst. So findet sich die Definition als Zusatz zur Begriffsbestimmung des Wortes „director" bereits im Companies (Particulars as to Directors) Act 1917.

661 Diese Definition entspricht exakt dem Begriff „director" des Companies Act 1985, vgl. s. 741 CA 85.

Die gesetzliche Definition stellt jedoch nur den Ausgangspunkt dar. Was genau unter einem „shadow director" bzw. „de facto director" zu verstehen ist, erschließt sich nur aus dem umfangreichen hierzu ergangenen Fallrecht.[662].

Die Abgrenzung zwischen einem de facto director und einem shadow director ist im Einzelnen schwierig zu ziehen. Es ist daher nicht erstaunlich, dass die genaue Linienziehung in der englischen Literatur und Rechtsprechung wenig Aufmerksamkeit gefunden hat.[663] In den wenigen Entscheidungen, die sich ausführlich mit der Unterscheidung auseinandersetzten, wurde dennoch festgestellt, dass die Stellungen als de facto director bzw. als shadow director sich wechselseitig ausschliessen.[664]

Ein de facto director ist ein director, der nicht wirksam zum Unternehmensleiter bestellt worden ist, der aber faktisch und nach außen hin erkennbar als director auftritt. Nach *Griffin*[665] soll er unter s. 22 (4) CDDA 86 und damit unter den Begriff director fallen. Im Gegensatz hierzu ist die Tätigkeit des shadow director nach außen hin nicht erkennbar. Wie der Name schon zum Ausdruck bringt, handelt der shadow director in der Regel im Verborgenen. Er übt jedoch aufgrund seiner Stellung einen maßgeblichen Einfluss aus, der es rechtfertigt, ihn wie einen director zu behandeln. Die shadow directorship ist gekennzeichnet durch einen internen,[666] jedoch beherrschenden Einfluss, wohingegen der Einfluss des de facto directors nach außen hin erkennbar, jedoch nicht notwendig beherrschend sein muss. Die Grenzen verschwimmen jedoch. Tritt ein shadow director in seiner Tätigkeit ans Tageslicht, kann er durchaus die Stellung eines de facto director einnehmen.[667] Obgleich eine präzise Differenzierung zwischen einem de facto director und einem shadow director damit äußerst schwer ist und in der englischen

---

662 Wobei vorab festgestellt werden muss, dass auch das Fallrecht keine eindeutige Präzisierung der Begriffe liefert. Vgl. Griffin, Disqualification, S. 153: „The definition of a company director is therefore couched in very general terms." Angesichts der folgenschweren Konsequenzen, die sich aus der Stellung als director im Anwendungsbereich des CDDA 86 ergeben (langjähriges Berufsverbot u.a.), ist das ein kritikwürdiger Zustand.

663 Vgl. beispielhaft die Entscheidung in Re Tasiban (No. 3) [1993] BCLC 297, in der sich das Gericht nicht die Mühe machte, im Rahmen der Tatsachenanalyse sauber zwischen einem de facto director und einem shadow director zu trennen. Stattdessen war das Gericht damit zufrieden, in seinem Schlusswort festzustellen, dass die Person im Fall entweder als de facto director oder als shadow director gehandelt habe. Griffin, Disqualification, S. 158, nennt diesen Zustand überraschend, „somewhat surprisingly".

664 Millet J in Re Hydrodan (Corby) Ltd. [1994] BCC 161, 163; „The terms do not overlap. They are alternatives, and in most and perhaps all cases are mutually exclusive.". Zustimmend: Walker J in Re Kaytech International plc [1999] BCC 390, 391, 402.

665 Griffin, Disqualification, S. 154. Vgl. hierzu Re Lo-Line Electric Motors Ltd. [1988] Ch 477, 489; bzw. Re Richborough Furniture [1996] 1 BCLC 507, 523.

666 Vgl. aber Walker J in Re Kaytech International plc [1999] BCC 390, 393, der anmerkt, dass der Einfluss auf das Management im Falle einer shadow directorship sowohl offen als auch im Verborgenen erfolgen könne. Die Ansicht von Walker J ist jedoch abzulehnen, da sie die Unterscheidung zwischen einem de facto director und einem shadow director praktisch unmöglich machen würde.

667 Vgl. hierzu aber wiederum Walker J in Re Kaytech International plc [1999] BCC 390, 393 und Morrit LJ in Secretary of State for Trade and Industry v. Deverell [2000] ER 365, 366: "It was not necessary for the shadow director to lurk in the shadows, although he might frequently do so."

Rechtsprechung und Literatur auch selten stringent erfolgt, soll im Folgenden dennoch anhand des Fallrechts versucht werden, Gemeinsamkeiten und Unterschiede aufzuzeigen. Zunächst soll auf die Gemeinsamkeiten eingegangen werden.

Die größten Schwierigkeiten bereiten diejenigen Sachverhalte, in denen eine Person im Rahmen ihrer beruflichen Funktion („professional capacity") in das interne oder externe Management einer Gesellschaft involviert war. Betroffen davon sind vor allem Wirtschaftsprüfer, Unternehmensberater und Banken. Die Legaldefinition für die shadow directorship in s. 22 (5) CDDA 86 würde an sich nahe legen, dass diese Personen prima facie für eine shadow directorship nicht in Betracht kommen, da Wirtschaftsprüfer, Unternehmensberater und Banken meistens in ihrer beruflichen Funktion tätig werden. Ähnliches muss auch für die de facto directorship angenommen werden. Dennoch ist der Fall nicht so einfach. Das Problem lässt sich grundsätzlich auf die Frage zuspitzen, welcher Grad an faktischer Kontrolle bzw. Engagement im Management einer Gesellschaft erlaubt ist, ohne dass die betreffende Person als director der Gesellschaft angesehen wird und damit der Gefahr einer drastischen Sanktion nach dem CDDA 86 ausgesetzt ist. Die englischen Gerichte haben bisher keine präzisen Leitlinien entwickelt. Fest steht aber, dass die Gerichte immer wieder bereit waren, von einer (shadow oder de facto) directorship auszugehen, obwohl die fragliche Person rein formell in ihrer beruflichen Funktion für das Unternehmen tätig wurde.[668] In England kann es daher eine gefährliche Gratwanderung darstellen, als Unternehmensberater, Wirtschaftsprüfer oder Bank mit einem Unternehmen in intensiven geschäftlichen Kontakt zu treten.

(I) Der faktische Unternehmensleiter

Einen Hinweis auf das erlaubte Maß an Engagement liefern die Urteile in *Re Richborough Furniture*[669] und *Re Hydrodam (Corby) Ltd.*[670] Im Folgenden soll das Urteil kurz dargestellt werden. M war in seiner Funktion als Unternehmensberater für Richborough Furniture tätig. Gleichzeitig hielt die Unternehmensberatungsfirma, in der M Partner war, ein Drittel der ausgegebenen Anteile an Richborough Furniture. Zu der Zeit, als Richborough Furniture in Insolvenz fiel, hatte die Gesellschaft zwei formell ernannte directors, Z und S. Z, der weniger aktiv in die Geschäftsführung involviert war als S, war ebenfalls Partner der Unternehmensberatungsfirma. M erfüllte nach der Ansicht von S die Rolle eines financial directors von Richborough Furniture. Tatsächlich war M, angeblich in seiner Funktion als Unternehmensberater, vom board of directors ermächtigt worden, die finanziellen Angelegenheiten der Gesellschaft zu regeln. M hatte auch wiederholt Geschäftsbriefe der Gesellschaft mit dem Zusatz „company's business development director" unterschrieben. Als ein „undischarged bankrupt" wäre es dem M versagt gewesen, in der Rolle eines director aufzutreten. Es

668 Vgl. Mithani, III 8.
669 Re Richborough Furniture [1996] 2 BCLC 180.
670 Re Hydrodam (Corby) Ltd. [1994] 2 BCLC 180, 183.

stand daher zur Debatte, ob M als de facto director von Richborough Furniture tätig wurde.

Lloyd QC verneinte dies. In seinem Urteil entwickelte er den sogenannten „equal footing test". De facto directorship könne seiner Ansicht nach nur angenommen werden, wenn folgende Umstände vorlägen: „...clear evidence that he had been either the sole person directing the affairs of the company (or acting with others all equally lacking in a valid appointment...) or, if there were others who were true directors, that he was acting on an *equal footing* with the others in directing the affairs of the company."[671] Im Fall *Re Richborough Furniture* konnte nach Meinung von *Lloyd QC* nicht mit hinreichender Sicherheit festgestellt werden, ob M in der Kapazität eines director oder in der eines Unternehmensberaters tätig wurde. Im Zweifel müsse auch im CDDA 86 gegenüber der fraglichen Person der in dubio pro reo-Grundsatz („benefit of the doubt") Anwendung finden.[672] In Kontrast zum sog. „equal footing"-Test steht die Definition eines de facto director durch *Millet J* in *Re Hydrodam (Corby) Ltd.*[673] Nach *Millet J* bestimmt sich die de facto directorship danach, ob die Person als director der Gesellschaft ausgewiesen („held out") wurde (sog. „holding out test"). Hierzu muss die fragliche Person Funktionen wahrgenommen haben, die derjenigen eines director entsprechen und nicht ohne weiteres von Personen unterhalb der Unternehmensleitungsebene („board level") wahrgenommen werden können.[674]

Die beiden Definitionen unterscheiden sich dadurch, dass der „equal footing"-Test in *Re Richborough Furniture* restriktiver ist als der Test in *Re Hydrodam (Corby) Ltd.*.[675] In *Re Richborough Furniture* reichte es nicht aus, dass die Person Handlungen vorgenommen hatte, die denjenigen eines directors entsprachen. *Re Richborough Furniture* verlangt, dass der angebliche de facto director mit dem oder den anderen formell ernannten directors faktisch auf einer Stufe stehen muss („equal footing").

Die Definition in *Re Richborough Furniture*, obgleich in zwei Folgeentscheidungen bestätigt,[676] hat Kritik herausgefordert.[677] Es wurde bemängelt, dass die Definition von den falschen Prämissen ausgehe. *Re Richborough Furniture* setze voraus, dass alle directors denselben Einfluss auf die Geschäfte der Gesellschaft hätten bzw. dass alle

---

671 Re Richborough Furniture [1996] 1 BCLC 507, 524.

672 Re Richborough Furniture [1996] 1 BCLC 507, 524, 526.

673 Im Fall ging es um die Definition des de facto director im Rahmen von s. 214 IA 86.

674 Vgl. Re Hydrodam (Corby) Ltd. [1994] 2 BCLC 180, 183: „A de facto director is a person who assumes to act as a director. He is held out as a director by the company, and claims and purports to be a director, although never actually or validly appointed as such. To establish that a person was a de facto director of a company it is necessary to plead and prove that he undertook functions in relation to the company which could properly be discharged only by a director. It is not sufficient to show that he was concerned in the management of the company's affairs or undertook tasks in relation to its business which can properly be performed by a manager below board level."

675 Griffin, Disqualification, S. 156.

676 Vgl. Secretary of State v. Laing [1996] 2 BCLC 324 und Secretary of State v. Hickling [1996] BCC 678.

677 Griffin, Disqualification, S. 157.

directors im gleichen Maße am Geschäftsleben der Gesellschaft teilhätten. Dass diese Prämisse grundlegend verfehlt sei, zeige schon die besondere Stellung der non-executive directors innerhalb der Corporate Governance eines Unternehmens. Diese nähmen per se im geringeren Maße als executive directors am Geschäft der Gesellschaft teil; dennoch sei es unbestritten, dass sie aufgrund ihrer Handlungen ebenfalls disqualifiziert werden könnten.[678] Die Definition eines de facto directors sollte daher nicht davon abhängen, ob er mehr oder weniger am Geschäftsleben der Gesellschaft teilhat. Eine Stellung als de facto director kann nicht allein schon deswegen prima facie ausgeschlossen werden, weil die von der Person vorgenommenen Handlungen nicht dasselbe Gewicht oder denselben Umfang („equal footing") haben wie die Geschäftshandlungen der anderen, offiziellen directors.

In neueren Entscheidungen[679] wurde der in *Re Richborough Furniture* entwickelte „equal footing"-Test daher verfeinert und schließlich eine Brücke zu der Definition in *Re Hydrodam (Corby) Ltd.* geschlagen. Entscheidend ist nach *Cook J in Secretary of State for Trade and Industry v. Elms* nicht, dass die Person im selben Maße Einfluss ausübte wie die anderen directors, sprich „equality of power" hatte. Der „equal footing"-Test soll nach *Judge Cook* verstanden werden als eine: „...equality of ability to participate in the notional board room".[680] Die fragliche Person soll daher lediglich: „...a foot in the boardroom" haben.[681] Sie soll die Möglichkeit haben, mit den anderen directors (de jure oder de facto) gemeinsam Entscheidungen zu treffen, welche die Zukunft des Unternehmens betreffen.[682] *Jacob J* schloß sich der Interpretation des „equal footing"-Tests durch *Judge Cook* in *Secretary of State for Trade and Industry v. Elms* zwar an. Er fügte aber gleichzeitig hinzu, dass es nicht den einen, verbindlichen Test[683] zur Feststellung einer de facto directorship gebe. Seinem Verständnis nach müssen alle relevanten Faktoren des Einzelfalles in Betracht gezogen werden. Einer der relevanten Faktoren sei nach *Jacob J*, ob die fragliche Person von der Gesellschaft als director ausgewiesen wurde („was held out by the company as a director").[684] Damit schlägt *Jacob J*

---

678 Vgl. zum Beispiel Re Continental Assurance Co of London plc [1997] BCLC 48.

679 Siehe Secretary of State for Trade and Industry v. Elms (16. January 1997, unreported); Secretary of State v. Tjolle [1998] BCLC 333; Re Kaytech International plc [1999] BCC 390.

680 Jacob J in Secretary of State v. Tjolle, s.o., 333, 343, Judge Cook zitierend: "At the forefront of the test I think I have to go on to consider by way of further analysis what Lloyd J meant by "on an equal footing" [...] It is not I think in any way a question of equality of power but equality of ability to participate in the notional board room. Is he somebody who is simply advising and, as it were, withdrawing having advised, or somebody who joins the other directors, de facto or de jure, in decisions which affect the future of the company?"

681 Siehe Mithani, III 2.

682 Griffin, Characteristics, S. 3.

683 Zustimmend Walker LJ in Re Kaytech International plc [1999] BCC 390 (CA).

684 Vgl. Jacob J in Secretary of State for Trade and Industry v. Tjolle [1998] BCLC 333, 343-344: "For myself I think it may be difficult to postulate any decisive test. I think what is involved is very much a question of degree. The court takes into account all relevant factors. Those factors include at least whether or not there was a holding out by the company of the individual as a director, whether the individual used the title, whether the individual had proper information (e.g. manage-

eine Brücke zu dem von *Millet J* in *Re Hydrodam (Corby) Ltd.*[685] vorgeschlagenen Test. Eine bestimmte Person wird danach von der Gesellschaft als director ausgewiesen, wenn ihre Funktion innerhalb der Gesellschaft in der Regel nicht von einer Person unterhalb des board level ausgeführt wird. „Holding out by the company as a director“ verlangt nicht, dass die fragliche Person ausdrücklich von der Gesellschaft als director bezeichnet wurde. Die Ausweisung als director kann auch konkludent erfolgt sein. Zum Beispiel dadurch, dass die Gesellschaft sich stillschweigend mit der Ausübung einer Managementfunktion durch die fragliche Person einverstanden erklärt hat.[686]

(II) Der „shadow director“

Ein Hinweis darauf, was unter einem shadow director zu verstehen ist, findet sich in der Entscheidung *Secretary of State for Trade and Industry v. Deverell and another.*[687] Die Entscheidung in *Deverell* erwuchs aus dem finanziellen Kollaps der Euro Express Ltd., die im März 1993 mit 4.6 Millionen Pfund noch ausstehender Verpflichtungen in die freiwillige Liquidation („voluntary liquidation“) ging. Die s. 6 CDDA 86-Verfahren gegen die drei formell ernannten (de jure) directors waren erfolgreich. Ein Vorgehen gegen D und H wurde jedoch in erster Instanz mit der Begründung zurückgewiesen, dass weder D noch H shadow directors der Gesellschaft gewesen seien. Brisant war, dass das Verhalten von D und H an sich eine Disqualifizierung gerechtfertigt hätte. Beide hatten in Ausübung ihrer Tätigkeit für das Unternehmen sich Unregelmäßigkeiten zu Schulden kommen lassen, die sie als ungeeignet („unfit“) i.S.d. Art. 6 CDDA 86 auswiesen. Entscheidend war, ob sie auch die Stellung von „directors“ i.S.v. Art. 6 CDDA 86 innehatten. *Deverell* war der erste Fall vor dem Court of Appeal, indem die Definition der shadow directorship von zentraler Bedeutung für den Ausgang des Falles war. *Morritt LJ* nahm die Gelegenheit war, in seinem Urteil die früheren Fälle eingehend zu würdigen, in denen die Definition des shadow director eine Rolle gespielt hatte.[688] Als Ergebnis seiner Auseinandersetzung mit diesen Urteilen lassen sich folgende Leitlinien zur Bestimmung der shadow director Eigenschaft festhalten:

Die Legaldefinition in s. 22 (5) CDDA 86 sollte trotz der quasi-pönalen Natur des CDDA 86 nicht restriktiv ausgelegt werden. Ziel jeder Definition des Begriffs „shadow

---

ment accounts) on which to base decisions, and whether the individual has to make major decisions and so on. Taking all these factors into account, one asks "was this individual part of the corporate governing structure?", answering it as a kind of jury question."

685 Re Hydrodam (Corby) Ltd., s.o. Vgl. hierzu auch Griffin, Disqualification, S. 158.

686 Vgl. Re Moorgate Metals Ltd. [1995] 1 BCLC 503.

687 Secretary of State for Trade and Industry v. Deverell and another [2000] All ER 365 (CA); vgl. hierzu Butterworths Disqualification Newsletter Nr. 8, July 2000, 8-9; Griffin, Newsletter, 2-4.

688 Vgl. Secretary of State for Trade and Industry v. Deverell and another, s.o., 365, 373; Re Lo Line Electric Motors Ltd. [1988] Ch 477; Re Unisoft Group Ltd. (No. 3) [1994] 1 BCLC 609; Re Hydrodam (Corby) Ltd. [1994] 2 BCLC 180; Australian Securities Commission v. AS Nominees Ltd. (1995) 133 ALR 1; Secretary of State for Trade and Industry v. Laing [1996] 2 BCLC 324; Re Kaytech International plc, Secretary of State for Trade and Industry v. Kaczer [1999] 2 BCLC 351.

director“ in s. 22 (5) CDDA 86 ist es, diejenigen herauszufinden, die einen tatsächlichen beherrschenden Einfluss auf das Management der Gesellschaft ausüben. Dieser beherrschende Einfluss muss sich nicht zwangsläufig auf alle Geschäftsbereiche der Gesellschaft erstrecken. Es ist nicht notwendig, dass die directors gegenüber dem angeblichen shadow director eine „dienende“ („subservient“) Rolle einnehmen[689] oder dass die directors ihren Ermessensspielraum den Weisungen und Instruktionen des angeblichen shadow director völlig unterordnen. Es reicht aus, dass das board of directors gewöhnlich den Weisungen und Instruktionen des angeblichen shadow director folgt („is accustomed to act“). Ein nicht in Ausübung einer beruflichen Tätigkeit erfolgter Ratschlag („non-professional advice“) kann ebenfalls unter die Definition der s. 22 (5) CDDA 86 fallen. Schließlich ist es nicht erforderlich, dass ein shadow director ausschließlich im Verborgenen tätig wird. Im Ergebnis befand *Morrit LJ*, dass sowohl D als auch H shadow directors der Euro Express Ltd. waren.

Die Entscheidung von *Morritt LJ* in *Deverell* hat die Definition des shadow director beträchtlich erweitert.[690] Der herrschende Einfluss des shadow director muss sich in Zukunft nicht mehr auf alle Geschäftsbereiche erstrecken. Es ist mit einer shadow directorship nicht unvereinbar, dass den formell ernannten de jure directors ein gewisses Maß an Ermessensspielraum verbleibt. Zudem hat *Morritt LJ* den in einer nicht professionellen Funktion erteilten Rat den in s. 22 (5) CDDA 86 erwähnten Handlungsformen der Weisung („direction“) und der Instruktion („instruction“) gleichgesetzt.[691] Gleichzeitig ist es *Morritt LJ* aber nicht gelungen, endgültige Klarheit über die Reichweite von s. 22 (5) CDDA 86 zu schaffen. Durch den Hinweis, dass shadow directors nicht im Verborgenen handeln müssen, hat er die Grenzen zum de facto director weiter verwischt.[692] Für bestimmte Berufsgruppen, die mit dem Schicksal eines Unternehmens eng verbunden sind, wie Wirtschaftsprüfer, Unternehmensberater und Banker, wird auch in Zukunft, trotz der gesetzlichen Ausnahme in s. 22 (5) CDDA 86 („advice given in a professional capacity“), ein nicht unbedeutendes Restrisiko bleiben.[693]

---

689 Vgl. auch die metaphorischen Umschreibungen dieser Beziehung durch Harman J in Re Unisoft Group Ltd. (No. 3) [1994] 1 BCLC 609, 620: „cat's paw“, „puppet“, „dancer to the tune of the shadow director“.

690 Griffin, Newsletter, 2, 4 spricht von einem weitem Netz, in dem Personen jetzt gefangen und als shadow director bezeichnet werden könnten.

691 Siehe Griffin, Newsletter, 2, 4, der diese Erweiterung kritisiert.

692 Vgl. hierzu die Kritik von Griffin, Newsletter, 2, 4 bzw. derselbe (2003) 6 InsLaw. 127, 131: „In reality, post-Deverell, the ability to distinguish between the identity of a shadow director and a de facto director is, in practical terms, marred by such a similarity in characteristics, that the distinction will generally be irrelevant."

693 Vgl. Re a Company [1989] BCLC 13, in der die shadow director-Eigenschaft einer Bank im Rahmen des IA 86 zur Debatte stand. Vgl. auch Loose/Griffiths/Impey, Director, S. 184: „There is now a risk at trading with any troubled company, therefore, since it cannot be pretended that the judges have thrown much light on the outer limits of the shadow status.“

bb) Die Insolvenz der Gesellschaft

Die Definition der „Insolvenz“ im Rahmen der s. 6 (2) CDDA 86 ist sehr weit gefasst.[694] Eine Gesellschaft gilt zum einen als insolvent, wenn sie nicht in der Lage ist, ihre Schulden und Verbindlichkeiten sowie die Kosten der Abwicklung zu begleichen, zum anderen aber auch dann, wenn ein spezielles Sanierungsverfahren („administration“) eingeleitet wurde oder wenn ein Insolvenzverwalter („administrative receiver“) bestellt wurde.

cc) Verhalten in Bezug auf andere Gesellschaften

S. 6 (1) CDDA sieht vor, dass ein Gericht gegenüber dem director einer insolventen Gesellschaft eine Disqualifizierungsanordnung erlassen soll, wenn: „...his conduct as a director of that company (either taken alone or taken together with his conduct as a director of any other company or companies) makes him unfit to be concerned in the management of a company.“[695] Der in Klammern gefasste Halbsatz macht klar, dass bei der Beurteilung der unfitness eines director auch sein Verhalten in Bezug auf eine andere Gesellschaft oder andere Gesellschaften eine Rolle spielen kann. Das Verhalten in Bezug auf andere Gesellschaften kann dabei jedoch nur pejorative und intensivierende Wirkung haben. Das heißt, dass ein ordnungsgemäßes Verhalten in Bezug auf andere Gesellschaften irrelevant für die Feststellung der unfitness eines director ist.[696] Gleichzeitig kann ein vorwerfbares Verhalten bzgl. einer anderen Gesellschaft aber auch nicht die unfitness des director begründen, wenn sein Verhalten bzgl. der insolventen „lead company“ in Ordnung war (lediglich intensivierende, nicht initiierende Wirkung).[697]

Zunächst wurde angenommen, dass das Verhalten eines director in Bezug auf andere Gesellschaften nur dann relevant sein könne, wenn dieses Verhalten demjenigen, das dem director bzgl. der „lead company“ vorgeworfen wurde, identisch oder zumindest ähnlich sei.[698] So kommentierte *Chadwick J* den Halbsatz „conduct in relation to

694 S. 6 (2) CDDA 86: „(a) the company goes into liquidation at a time when its assets are insufficient for the payment of its debts and other liabilities and the expenses of the winding-up, (b) an administrative receiver of the company is appointed...“

695 S. 6 (1)(b) CDDA 86.

696 Re Bath Glass Ltd. [1988] BCLC 329, 331/332; vgl auch Re Pamstock Ltd. [1994] BCLC 716; Re Westmid Packaging Ltd. [1998] 2 All ER 124, 132B. Ein ordnungsgemäßes Verhalten kann unter Umständen jedoch eine Rolle bei der Bestimmung der Disqualifizierungsdauer spielen bzw., ob bzgl. des director eine Ausnahmegenehmigung oder Freistellung gem. s. 1, 17 CDDA 86 in Betracht kommt. Vgl. hierzu auch Mithani, III 175-176 bzw. Hoey, S. 2.

697 Re Country Farms Inns Ltd.- Secretary of State v. Ivens [1997] BCC 396, 397-398; Griffin, Disqualification, S. 150; Mithani, III 155; Hoey, S. 2.

698 Vgl. Re Goodwin Warren Control Systems plc [1993] BCLC 80; bzw. Re Diamond Computer Systems Ltd. [1997] 1 BCLC 174.

other companies“ wie folgt: „There must be in my view some nexus between the conduct in relation to the other company [...] In my view, where the position is that conduct in relation to other companies is quite independent of the conduct in relation to the insolvent company, it is not to be taken into account for the purposes of the decision which the court has to make under section 6 (1)(b) CDDA 86.“[699] Nach der Entscheidung des Court of Appeal in *Re County Farms Inns Ltd. - Secretary of State v. Ivens*[700] lässt sich das Erfordernis eines gleichen oder ähnlichen vorwerfbaren Verhaltens jedoch nicht mehr aufrechterhalten. *Morrit J* schloss sich hierin dem erstinstanzlichen Urteil[701] von *Judge Weeks OC* an, dass: „...there is no requirement to be inferred from the wording of section 6 (1)(b) that the conduct has to be the same or similar in the other companies to that alleged in the lead company...“[702]

Eine Verbindung zwischen der „lead company“ und der anderen Gesellschaft besteht somit, wenn die fragliche Person director in beiden Gesellschaften war und das bzgl. der anderen Gesellschaft vorwerfbare Verhalten unfitness im gesetzlichen Sinne[703] begründet.[704] Eine Ähnlichkeit zwischen dem Fehlverhalten bzgl. der „lead company“ und dem Fehlverhalten bzgl. der anderen Gesellschaft wird dagegen nicht verlangt. Ferner erfordert. 6 (1)(b) CDDA 86 nicht die Insolvenz der anderen Gesellschaften. Im Gegensatz zu der von *Griffin* vertretenen Ansicht[705] kann zudem auch das Verhalten eines director bzgl. einer ausländischen Gesellschaft bei Beurteilung der unfitness eine Rolle spielen. *Griffin* hat das unter Verweis auf s. 22 (2)(b) CDDA 86 bestritten. S. 22 (2)(b) CDDA 86 stellt fest, dass „another company“ eine Gesellschaft sein muss, die im Rahmen von Part V des IA 86 abgewickelt werden kann.[706] Ausländische Gesellschaften können jedoch unter bestimmten Voraussetzungen[707] als „unregistered companies“ im Rahmen von ss. 220/221 des Part V IA 86 abgewickelt werden. S. 22 (2)(b) CDDA 86 ist daher kein Hindernis, das Verhalten des director bzgl. anderer, ausländischer Gesellschaften bei der Beurteilung der unfitness in die Würdigung miteinzubeziehen. Mit anderen Worten müssen sich englische directors auch ein Fehlverhalten bzgl. ausländischer Gesellschaften vorwerfen lassen.

---

699 Chadwick J in Re Goodwin Warren Control Systems plc [1993] BCLC 80, 92.

700 Re Country Farm Inns Ltd.-Secretary of State v. Ivens [1997] BCC 801 (AC).

701 Re Country Farms Inns Ltd. v. Secretary of State v. Ivens [1997] BCC 396.

702 Re Country Farms Inns Ltd. -Secretary of State v. Ivens [1997] BCC 396, 399.

703 Vgl. s. 9 CDDA 86, Schedule 1 und das hierzu ergangene case law.

704 Vgl. Morritt LJ in Re Country Farms Inns Ltd.-Secretary of State v. Ivens [1997] BCC 801, 809: „It will be apparent from what I have said that I do not accept the need for any nexus or connection beyond those which I have referred, namely that the respondent should have been a director of the company and the conduct relied upon should tend to demonstrate unfitness in the statutory sense.“

705 Griffin, Disqualification, S. 152.

706 Vgl. s. 22 CDDA 86: „(2) The expression „company“ [...] includes any company which may be wound up under Part V of the Insolvency Act.“

707 Erforderlich ist vor allem eine „sufficient connection“ mit England. Zur Bestimmung dieses Begriffs und der Abwicklung ausländischer Gesellschaften in England siehe ausführlich Teil 3 der Arbeit.

dd) Unfitness

Das Konzept der „unfitness“ lässt sich anhand einer Passage aus dem Urteil von *Browne-Wilkinson V-C* in *Re Lo Line Electric Motors Ltd. & Ors*[708] erfassen:[709] Demnach erfordert ein prima facie-Fall von unfitness immer einen gewissen Mangel an der im Handelsverkehr üblichen Rechtschaffenheit („lack of commercial probity“). Das heißt aber nicht, dass unfitness generell voraussetzt, dass der director unehrlich gehandelt hat. Wie *Browne-Wilkinson V-C* zum Ausdruck bringt, kann auch eine auffallende Nachlässigkeit oder völlige Inkompetenz die unfitness des director begründen.[710] Nicht ausreichen soll jedoch eine im geschäftlichen Handel getroffene Fehleinschätzung („commercial misjudgement“).[711] Dennoch lässt sich aber feststellen, dass es keinen verbindlichen Test gibt, um eine geschäftliche Fehleinschätzung von fahrlässigem Verhalten abzugrenzen. Das Tatbestandsmerkmal der unfitness wird durch eine umfassende Würdigung der faktischen Umstände im Einzelfall ermittelt. *Dillon LJ* beschrieb das Problem der Feststellung des Tatbestandsmerkmals unfitness deshalb unverblümt als eine „Juryfrage“[712]. Wichtig ist, dass das Gericht bei der Ermittlung der unfitness lediglich auf das vergangene Fehlverhalten Bezug nimmt. Für die Feststellung der unfitness ist es nicht von Belang, ob der director nunmehr in jeder Hinsicht sorgfältig und rechtschaffend seine Pflichten erfüllt.[713] Wie es *Vinelott J* treffend ausdrückte, ist der Richter verpflichtet einen „Tunnelblick“ aufzusetzen, selbst wenn das Fehlverhalten sich vor einigen Jahren ereignet hätte und das Gericht nunmehr zu seiner Zufriedenheit festellen würde, dass der Betreffende seitdem seine Fähigkeit unter Beweis gestellt hat, verant-

---

708 Re Lo-Line Electric Motors Ltd. & Ors [1988] BCLC 698, 703: "The primary purpose of the section is not to punish the individual but to protect the public against the future conduct of companies by persons whose past records as directors of insolvent companies have shown them to be a danger to creditors and others. Therefore the power is not fundamentally penal. But if the power to disqualify is exercised, disqualification does involve a substantial interference with the freedom of the individual. It follows that the rights of the individual must be fully protected. Ordinary commercial misjudgement is in itself not sufficient to justify disqualification. In the normal case, the conduct complained of must display a lack of commercial probity although I have no doubt that in an extreme case of gross negligence or total incompetence disqualification could be appropriate."

709 Dieses Urteil erging noch zu der Vorgängernorm von s. 6 CDDA 86, nämlich s. 300 CA 85.

710 Zustimmend Re Sevenoaks Stationers (Retail) Ltd. [1990] Ch 164; ein aufsehenerregender Fall von grober Nachlässigkeit bzw. Inkompetenz war Re Barings plc, Secretary of State v. Baker [unreported 25. February 2000], auszugsweise veröffentlicht bei Snaith, S. 2-5, in dem die senior officers ihrem Angestellten Nick Leeson freie Hand ließen und dadurch ihre Informations- und Überwachungspflichten grob vernachlässigten.

711 Re ECM (Europe) Electronics Ltd. [1992] BCLC 814; Boyle/Birds, S. 481.

712 Re Sevenoaks Stationers (Retail) Ltd. [1990] Ch 164, 176: "...used to be pejoratively described in the Chancery Division as a jury question".

713 Vgl. Secretary of State v. Gray [1995] 1 BCLC 276; a.A. noch Lindsay J in Re Polly Peck International plc [1994] 1 BCLC 574, 583 unter Hinweis darauf, dass s. 6 CDDA 86 in der Gegenwart gefasst sei („makes him unfit“) und der Richter daher überzeugt sein muss, dass die fragliche Person auch in der Zukunft „unfit“ sei.

wortungsvoll zu handeln.[714] Dass das Gericht bei der Frage der Feststellung der unfitness lediglich auf das vergangene Fehlverhalten des director eingeht und nicht auf dessen „potential to reform“, wird mit der veränderten Struktur von s. 6 CDDA 86 begründet. Im Gegensatz zu der Vorgängernorm, s. 300 CA 85, ist die Disqualifizierung nun verpflichtend („mandatory“). Das Gericht hat daher keinen Ermessensspielraum mehr, die zukünftige Reformfähigkeit des director zu berücksichtigen.[715] Nach *Griffin* hat diese restriktive Interpretation den Vorteil, dass die Inkonsistenz der Urteile verringert wird.[716] Darüber hinaus wird die abschreckende Wirkung der Disqualifizierungsvorschriften erhöht. Die zukünftige Reformfähigkeit eines directors kann dagegen bei der Milderung („mitigation“) berücksichtigt werden. Sie sollte daher erst bei der Festsetzung der Länge der Disqualifizierung sowie bei der Frage, ob eine Ausnahmegenehmigung („leave to act“) erlassen werden kann, erörtert werden.[717]

Wie *Lindsay J* in *Re Polly Peck International plc (No. 2)*[718] feststellte, ist das Konzept der unfitness ein etwas nebulöses Konzept.[719] Dennoch gibt es eine Reihe von Anhaltspunkten, die den Richtern eine Entscheidungshilfe bei der Feststellung der unfitness geben können. Zum einen gibt es gesetzliche Hinweise. Um zu beurteilen, ob ein director unfit ist, muss das Gericht gem. s. 9 (1)(a/b) CDDA 86 die unter den Parts I und II von Schedule I zum CDDA 86 aufgeführten Punkte berücksichtigen. Das sind u.a. das Ausmaß seiner Schuld an der Insolvenz der Gesellschaft, die Verletzung von Treue- und anderen Sorgfaltspflichten gegenüber der Gesellschaft, das Ausmaß seiner Verantwortung dafür, dass die Gesellschaft ihren bereits bezahlten Verpflichtungen nicht nachkommen konnte sowie der Anteil seiner Schuld daran, dass die Gesellschaft den gesetzlichen Registrierungs- und Informationspflichten des CA 85 nicht nachgekommen ist. Zum anderen sind auch Fallgruppen, die nicht im Gesetz genannt wurden, von nicht zu unterschätzender Bedeutung, z.B. das Verhalten bzgl. anderer Gesellschaften, ein verspäteter Rücktritt,[720] eine mangelhafte Zusammenarbeit mit dem staatlichen oder

---

714 Re Pamstock Ltd. [1994] 1 BCLC 716, 737: "to have a tunnel vision [...] even though the misconduct may have occured some years ago and even though the court may be satisfied that the respondent has since shown himself capable of behaving responsibly." Siehe auch Re Country Farm Inns Ltd. [1997] BCC 801; Re Westmid Packing Services Ltd. [1998] 2 ALL ER 124; und Re Landhurst Leasing plc [1999] 1 BCLC 286, 344-345.

715 Im Rahmen der Vorgängernorm, s. 300 CA 85, war es noch anerkannt, dass ein Gericht, trotz Feststellung der unfitness aufgrund vergangenen Fehlverhaltens, die Möglichkeit hatte, aufgrund seines freien Ermessens von der Disqualifizierung abzusehen, wenn es positive Hinweise gab, dass der fragliche director nunmehr erfolgreich ins Management einer anderen Gesellschaft involviert war. Vgl. z.B. Churchill Hotel (Plymouth) Ltd. [1988] BCLC 341.

716 Griffin, Disqualification, S. 161.

717 Vgl. Re Sevenoaks Stationers (Retail) Ltd. [1991] Ch 164, 177; Re Grayan Building Services Ltd. [1995] Ch 241, 254; Re Dawes & Henderson (Agencies) Ltd. (in liquidation) [1997] 1 BCLC 329, 340; Re Westmid Packings Services Ltd. [1998] 2 All ER 124, 133-134.

718 Re Polly Peck International plc (No. 2) [1993] BCC 890.

719 Re Polly Peck International plc (No. 2) [1993] BCC 890, 897: "...a somewhat nebulous concept."

720 Vgl. Re CS Holidays Ltd. [1997] BCC 172; Re Peppermint Park Ltd. [1998] BCC 23.

privaten Konkursverwalter.[721] Die Definition des Konzepts der unfitness bleibt trotzdem höchst unklar und vage.[722] Es gibt keine präzisen gesetzlichen Vorgaben zur Bestimmung des Begriffs. Die Rechtsprechung ist nicht in der Lage, das Konzept der unfitness zu definieren. *Dillon LJ* gibt daher offen zu, dass die Bestimmung der unfitness eine Frage der Umstände des Einzelfalles und somit eine Tatsachenfrage ist.[723] Angesichts der drakonischen, strafrechtsähnlichen Folgen,[724] die eine Disqualifikation für den Betroffenen haben kann, ist diese Rechtsunsicherheit kritikwürdig. Insbesondere für ausländische Unternehmer und deren Gesellschaften besteht die Gefahr, dass sie das unübersichtliche Fallrecht nicht ausreichend überschauen und korrekt würdigen. Eine gesetzliche Präzisierung des unüberschaubaren richterlichen Fallrechts durch die Festlegung von Regelbeispielen oder Fallgruppen wäre daher dringend geboten.

ee) Die Länge der Disqualifizierung im Rahmen der s. 6 CDDA 86

Wird die unfitness des director einer insolventen Gesellschaft bejaht, so beträgt die gesetzlich vorgeschriebene Mindestdisqualifizierungsdauer zwei Jahre. Eine Disqualifizierung kann jedoch auch für bis zu 15 Jahre erfolgen.[725] Die Festsetzung der Dauer der Disqualifizierung steht grundsätzlich im freien Ermessen der Gerichte. Um der Gefahr von inkonsistenten Urteilen zu begegnen, hat das Gericht in *Re Sevenoaks (Retail) Ltd.* [726] Leitlinien aufgestellt, wie die einzelnen Disqualifizierungsfälle einzuordnen sind. Eine Disqualifizierung von zehn und mehr Jahren sollte demnach den ernsthaftesten Fällen vorbehalten bleiben, nämlich solchen, in denen ein director entgegen einer früheren Disqualifizierung gehandelt und seine besondere Gefährlichkeit für die Allgemeinheit unter Beweis gestellt hat. In einer mittleren Gruppe (6-10 Jahre) sollen all die Fälle liegen, die zwar schwerwiegend waren, aber nicht eine Aufnahme in die erste Gruppe verdienen. Die geringste Sanktion (2-5 Jahre) sollte den Fällen vorbehalten sein, in denen kein ernsthaftes Fehlverhalten vorlag. Diese Unterteilung ist zugegebenermaßen sehr allgemein gefasst und in der Praxis daher wenig hilfreich, um der Ge-

721 Hoey, S. 5.

722 „Vague“ – siehe Drake [1989] JBL 474, 479; „a concept of indeterminate meaning“ – vgl. Fitzpatrick (1992) 152 N.L.J. 596 ff.

723 Re Sevenoaks (Retail) Ltd. [1991] Ch 164: "Whether in any particular case that misconduct, or the various matters of misconduct, proved to the satisfaction of the court, will justify a finding of unfitness will depend on all the circumstances of the case."; für Schottland bestätigt in Secretary of State for Trade and Industry v. Queen 1998 SLT 735.

724 Drake [1989] JBL 474 geht sogar so weit, die Sanktion der Disqualifkation nach dem CDDA 86 drakonischer als eine Geld- oder Gefängnisstrafe zu bezeichnen.

725 S. 6 (4) CDDA 86.

726 Re Sevenoaks (Retail) Ltd. [1991] Ch 164, 174.

fahr inkonsistenter Urteile zu begegnen.[727] Dennoch muss festgehalten werden, dass Untergerichte in der Praxis häufig auf diese Dreiteilung Bezug nehmen.[728]

ff) Zuständiges Gericht im Rahmen der Disqualifizierung nach s. 6 CDDA 86

Zuständiges Gericht im Falle der Disqualifizierung nach s. 6 CDDA 86 ist das Gericht, das die Gesellschaft abgewickelt hat oder das Gericht, das die Sanierungsanordnung erlassen hat. In allen anderen Fällen der Disqualifizierung nach s. 6 CDDA 86 ist der High Court und in Schottland der Court of Session zuständig.[729]

f) Mildernde Faktoren

Bei der Festsetzung der Länge einer Disqualifizierung sowie bei der Gewährung einer Ausnahmegenehmigung nach s. 17 CDDA 86 („leave to act") kann das Gericht mildernde Faktoren („mitigating factors") berücksichtigen.[730] Als mitigating factors kommen insbesondere, das Verhalten des director im Rahmen des Disqualifizierungsverfahrens, das Alter, der Gesundheitszustand des director,[731] der persönliche Vermögensverlust des director bei Zusammenbruch des Unternehmens, das Vertrauen des director auf professionellen Rat (z.B. eines Unternehmensberaters, Wirtschaftsprüfers, Anwalts) sowie das erfolgreiche Management eines anderen Unternehmens durch den director in Betracht.

g) Das undertaking-Verfahren

Durch den Insolvency Act 2000 wurde am 2. April 2001 eine neue section 1A in den CDDA 86 eingeführt. Diese neue Gesetzesvorschrift ermöglicht es den betroffenen directors, auf Verwaltungsebene freiwillige Verpflichtungen („undertakings") mit den Beamten der Disqualification Unit[732] zu vereinbaren, um so ein Gerichtsverfahren zu vermeiden und das Verfahren zu beschleunigen. Ziel der Reform ist es, die Gerichte zu entlasten und den Unternehmen bzw. der Öffentlichkeit durch die Vermeidung langwieriger, schwieriger Gerichtsverfahren[733] mehr Rechtssicherheit zu bieten.[734] Wie eine

---

727 Vgl. die Kritik von Griffin, Disqualification, S. 182.
728 Siehe die Statistik bei Mithani, III 687-724.
729 S. 6 (3) CDDA 86.
730 Re Sevenoaks (Retail) Ltd. [1991] Ch 164, 177.
731 Vgl. Secretary of State for Trade and Industry v. Mitchell [2001] SLT 658; Mc Kenzie-Sken, Newsletter, S. 1-6.
732 Die dabei im Namen des Secretary of State handeln.
733 Vgl. nur das Verfahren infolge des Zusammenbruchs der Barings Bank.

Statistik gezeigt hatte, werden nur 10% der Disqualifizierungen von den directors angefochten. Eine bedeutende Anzahl von directors wäre bereit, auf Verwaltungsebene freiwillig Verpflichtungen einzugehen, um dadurch ein Gerichtsverfahren zu vermeiden.[735] Die Einführung des undertaking-Verfahrens durch s. 1A CDDA 86 ist eine Reaktion auf diese Entwicklung.

h) Register der disqualifizierten directors[736] und „Disqualification Hotline"

Der Secretary of State führt ein Register aller Personen, die disqualifiziert wurden. Das Register ermöglicht es Geschäftspartnern einer private limited company, sich umfassend über mögliche Disqualifizierungen zu informieren. Gegen Entrichtung einer geringen Gebühr kann das Register grundsätzlich von jedermann eingesehen werden. Das Register ist auch im Internet abrufbar.[737] Es enthält neben dem Namen des Disqualifizierten auch weitere Details, wie die Postadresse des director.

Erwähnenswert ist die sogenannte Disqualification Hotline. Unter einer bestimmten Telefonnummer kann man den Verstoß eines director gegen den CDDA 86 anzeigen. Laut einer Statistik[738] gab es bereits in den ersten drei Jahren nach Einführung der Disqualification Hotline im Jahre 1998 über 2300 Anrufe. Von den Anrufen haben ein Drittel zu Untersuchungen geführt. Hierbei kam es in zwölf Fällen zu einer strafrechtlichen Verurteilung. In mehr als 100 Fällen steht eine Gerichtsverhandlung noch aus.

i) Bewertung des CDDA 86[739]

Ein ehemaliger Minister der englischen Regierung verkündete einmal in martialischen Worten: „Let there be no doubt – war has been declared on the cowboy director."[740] Ein wesentlicher Bestandteil des Waffenarsenals in diesem Krieg gegen die cowboy directors waren und sind der CDDA 86 und die Vorschriften über das wrongful trading. Der CDDA 86 und die wrongful trading-Vorschrift sind die herausragenden Instrumente eines Gesamtpakets zum Gläubigerschutz, das die Regierung Thatcher der

---

734 Vgl. den Kommentar des Secretary of Trade and Industry Stephen Byers bei Einführung des Gesetzes, veröffentlicht in Butterworths Disqualification Newsletter Nr. 8, July 2000, S. 7: „At present there can be lengthly delays while the courts disqualify someone from being a director. This Bill will introduce a fasttrack system where, if the director agrees disqualification can be done administratively rather than through the courts."

735 Vgl. Parry, Disqualification Newsletter No. 8, July 2000, 7-8.

736 S. 18 CDDA 86: „Register of disqualification orders" und The Companies (Disqualification Orders) Regulation 1985, SI 1985 No. 829.

737 Siehe http://www.companieshouse.gov.uk/ddir/ (Stand April 2005).

738 Parry, Disqualification Newsletter No. 11, July 2001, S. 6.

739 Ong (1998) 19 Co.Law. 7-10.

740 Griffiths, The Times vom 6. Juni 1997, S. 38.

Öffentlichkeit zu Beginn der achtziger Jahre des letzten Jahrhunderts präsentierte. Die englische Wirtschaft befand sich in den späten siebziger und frühen achtziger Jahren des letzten Jahrhunderts in einer Rezession, die zu einer großen Zahl von Unternehmenszusammenbrüchen führte. Die Defizite des englischen Gläubigerschutzrechts, die sich in den Begriffen „rogue trading", „fly-by-night-operators" und „Phoenix Companies" illustrierten, drangen in einem nie gekannten Maße in das öffentliche Bewusstsein ein. Die damalige konservative Regierung unter der Premierministerin Maggie Thatcher, deren wirtschaftspolitische Grundkonzeption sich in dem Slogan fassen ließ: „The free play of market forces", sah sich entgegen ihrer wirtschaftspolitischen Philosophie gezwungen, regulativ einzuschreiten. Sie befürchtete, dass das Vertrauen der Bevölkerung in ihre neoliberalistische Wirtschaftspolitik durch die wachsende Anzahl von Wirtschaftsskandalen schwinden könnte.[741] Zudem stand im Jahre 1983 eine Unterhauswahl an. Auf der anderen Seite war sich die Regierung Thatcher bewusst, dass die Einführung rigider Gläubigerschutzvorschriften, insbesondere auf Seiten der politisch einflussreichen Lobbygruppen wie der Confederation of British Industry und dem Institute of Directors, auf heftigen Widerstand stoßen würde.

Der CDDA 86 und die wrongful trading-Vorschrift sind das Ergebnis dieser widerstreitenden Einflüsse.[742] Beide sehen zwar prima facie drakonische Vorschriften zur Bekämpfung der oben erwähnten wirtschaftsschädigenden Entwicklungen vor, sind aber in ihrer praktischen Wirksamkeit aufgrund bestimmter kompromissbedingter Geburtsfehler eingeschränkt. Es drängt sich der Eindruck auf, dass die englische Regierung mit diesem Kompromiss ihr Ziel erreichte. Die Einführung des CDDA 86 und der wrongful trading-Vorschrift polierten äußerlich das Erscheinungsbild des englischen Gläubigerschutzes auf und stärkten dadurch das Vertrauen der Bevölkerung in die neoliberalistische Wirtschaftpolitik der Thatcher-Regierung, ohne dass sich die directors der englischen Wirtschaft durch die neuen Vorschriften zu sehr in ihrer unternehmerischen Freiheit beeinträchtigt fühlen durften.[743] *Sir Kenneth Cork*, der den Vorsitz der Reformkommission[744] innehatte, brachte es rückblickend auf den Punkt, als er einmal bemerkte: „While the changes the Government made might not have won votes, a lot of votes might have been lost if nothing had been done."[745] Einen gewissen Wendepunkt in dieser Entwicklung stellt die Übernahme der Regierungsverantwortung durch

741 Vgl. Fletcher [1989] JBL 365, 372-373.

742 So wurden aufgrund der Arbeit der Lobbyisten ein Teil der Vorschläge des Cork Committee zur Reform des Insolvenzrechts nur in einer „entschärften" Form übernommen. So hatte sich das Cork Committee für eine erweiterte Antragsbefugnis stark gemacht (vgl. The Cork Report, para. 1818). Neben dem Secretary of State und dem official receiver sollten so auch der Insolvenzverwalter und sogar Gläubiger (mit Genehmigung des Gerichts) antragsberechtigt sein.

743 Diesen Zwiespalt im System des CDDA 86 sieht Ong (1998) 19 Co.Law. 7, 10 heute noch angelegt, wenn er sich angesichts der laxen Implementierung der Disqualifizierungsvorschriften durch die verantwortlichen Stellen zu Recht fragt: „Is the disqualification regime there to protect the public, or is it to reassure the public?"

744 Insolvency Law & Practise, Cmd. 8558 („The Cork Report"), London 1982.

745 Vgl. Cheffins, S. 551 unter Verweis auf Halliday/Carruthers (1992) (unveröffentlicht), S. 38.

die Labour Partei im Jahre 1997 dar. Auf der Agenda der neuen Regierung stand auch eine bessere finanzielle Ausstattung des Insolvency Service. Infolgedessen hat sich die Zahl der Disqualifizierungen aufgrund eines CDDA 86-Verfahrens trotz sinkender Insolvenzzahlen beträchtlich erhöht.[746] Dennoch bleiben aus der Sicht der Gläubiger erhebliche Schwachpunkte des Systems, welche die Wirksamkeit des CDDA 86-Verfahrens beeinträchtigen. Diese sollen im Folgenden dargestellt werden.

aa) Eine inkonsistente Berichterstattung

Die Effektivität des Disqualifizierungssystems hängt wesentlich davon ab, dass die Disqualification Unit des Insolvency Service von dem Fehlverhalten der directors Kenntnis erlangt. Der official receiver in einer gerichtlichen Zwangsabwicklung und die insolvency practitioners in einer freiwilligen Abwicklung tragen die Verantwortung dafür, dass ungeeignete directors disqualifiziert werden. Sie sind verpflichtet, die Gründe für die Insolvenz einer Gesellschaft zu untersuchen und gegebenenfalls, wenn hinreichende Anhaltspunkte vorliegen, der Disqualification Unit des Insolvency Service über das Verhalten von directors Bericht zu erstatten. Die praktische Wirksamkeit dieser „Berichterstattungsmaschinerie" ist von fundamentaler Bedeutung für die Effektivität des Disqualifizierungsverfahrens. Das System der Berichterstattung leidet jedoch unter immanenten Schwächen. Der official receiver und im verstärkten Maß die auf privater Basis arbeitenden insolvency practitioners neigen dazu, dem Verhalten der directors die Unbedenklichkeit zu attestieren, um sich dadurch zusätzliche Mühen und Kosten zu ersparen.[747] Die Disqualification Unit des Insolvency Service hat daher versucht, die Allgemeinheit bei der Informationsbeschaffung miteinzubinden. Diesem Anliegen diente die Einrichtung der sogenannten Disqualifizierungs-Hotline. Die Allgemeinheit wird durch die Disqualifizierungs-Hotline aufgerufen, schwarze Schafe unter den directors der Disqualification Unit anzuzeigen. Es ist jedoch zweifelhaft, ob sich dadurch die Qualität der Informationsbeschaffung und damit des gesamten Disqualifizierungsverfahrens hat steigern lassen. Es besteht die berechtigte Gefahr, dass die Hotline missbraucht wird, um Mitbewerber grundlos zu denunzieren. Die ohnehin schon

---

746 Vgl. National Audit Office: Company Director Disqualification – A Follow Up Report, vom 21. Mai 1999, zu finden unter der ehemaligen Homepage des National Audit Office http://www.nao.org.uk (Stand: April 2005). Gab es demnach im Jahre 1992/93 noch 399 Disqualifizierungen aufgrund eines s. 6 CDDA 86-Verfahrens, so hat sich diese Zahl im Jahre 1997/98, mit Übernahme der Labour Regierung, um das Dreifache auf 1267 erhöht. Auch die Zahl der eingeleiteten s. 6 CDDA 86 Disqualifizierungsverfahren hat sich demnach von weniger als 600 im Jahre 1992/1993 auf über 1400 im Jahre 1997/1998 gesteigert.

747 Vgl. Hicks (1999) 15 Insolvency Law & Practise, 113. Zum Teil gibt es auch noch immer schwarze Schafe in den Reihen der insolvency practitioners, die sog. „directors' friends", die bewusst von einer Berichterstattung absehen.

knappen Resourcen der Disqualification Unit werden dadurch einer zusätzlichen, unnötigen Belastung ausgesetzt.

Problematisch an der mangelnden Berichterstattungspraxis ist zudem, dass es keine präzisen Vorgaben gibt, wann die Disqualification Unit benachrichtigt werden soll. Die Definition des Begriffs „unfitness" ist schwierig und nicht hinreichend durch das z.T. unübersichtliche Fallrecht präzisiert. Die official receiver und die insolvency practitioners sind aufgefordert, über das Fehlverhalten der directors Bericht zu erstatten, ohne dass präzise Vorgaben oder Richtlinien des Insolvency Service vorliegen würden. Folge dieser unzureichenden Berichterstattungspraxis ist eine mangelhafte Konsistenz der Disqualifizierungspraxis. *Hicks* fragt sich daher zu Recht, ob die Disqualifizierung von directors nicht einer Lotterie gleichkomme.[748] Berücksichtigt man die drastischen Auswirkungen, die eine Disqualifizierung für die betroffenen directors[749] und natürlich ihre Unternehmen haben kann,[750] ist dieser Zustand der Rechtsunsicherheit bedenklich.

bb) Die überlange Dauer der Disqualifizierungsverfahren

Die Dauer der Disqualifizierungsverfahren ist nicht erst seit der „Barings-Saga"[751] ein Problem.[752] Im Jahre 1999 betrug die durchschnittliche Dauer von der Insolvenz eines Unternehmens bis zur Disqualifizierung eines director nach s. 6 CDDA 86 ca. drei Jahre. Die durchschnittliche Dauer, ein CDDA 86-Verfahren vorzubereiten und vor Gericht zu bringen, betrug 20,5 Monate, während ein CDDA 86-Verfahren vor Gericht durchschnittlich 14,5 Monate in Anspruch nahm.[753] Für den Betroffenen hat diese unangemessen lange Dauer eines CDDA 86-Verfahrens erhebliche Auswirkungen, da er während der ungewissen Schwebezeit des Verfahrens in der Führung des Unternehmens schwerwiegend beeinträchtigt ist. Die Kostenfrage eines langen CDDA 86-Verfahrens ist ebenfalls ein Punkt, der nicht außer Acht gelassen werden darf. Aus diesem Grunde war auch schon mehrfach die Vereinbarkeit des CDDA 86-Verfahrens mit der Europäischen Menschenrechtskonvention Gegenstand gerichtlicher Auseinandersetzungen.[754] Hierbei stellt sich insbesondere die Frage der Vereinbarkeit des CA 86-

---

748 Vgl. Hicks (1999) 15 Insolvency Law & Practise, 73.

749 So kann, wie oben dargestellt, eine Disqualifizierung nach s. 6 CDDA 86 ein Berufsverbot bis zu 15 Jahren mit sich bringen.

750 Insbesondere natürlich für directors ausländischer Unternehmen, die im Bewusstsein ihrer heimischen Gläubigerschutzvorschriften nicht mit dermaßen drastischen Auswirkungen ihrer geschäftlichen Tätigkeit in England rechnen.

751 Vgl. Re Barings plc (in administration) [1998] 1 BCLC 16.

752 Vgl. die Bedenken des Public Accounts Committee (PAC), 15. Report 1993/1994, Rn. 41, http://www.parliament.uk/commons/selcom/pachhome.htm (Stand: April 2005).

753 Nach einer anderen Rechnung kann die durchschnittliche Zeitdauer von der Insolvenz eines Unternehmens bis zum Abschluss eines CDDA 86-Verfahrens sogar bis zu sechs Jahre dauern, vgl. Ong (1998) 19 Co.Law. 7, 8.

754 Vgl. hierzu näher im vierten Teil der Arbeit.

Verfahrens mit Art. 6 I EMRK. Unter dem Gesichtspunkt des Rechts auf eine Entscheidung innerhalb einer angemessenen Frist bestehen daher Bedenken gegen das CDDA 86-Verfahren.[755] Mit der Einführung des undertaking-Verfahrens durch den Insolvency Act 2000[756] soll den rechtlichen Bedenken angesichts der z.T. überlangen Verfahrensdauer entgegengewirkt und das CDDA 86-Verfahren beschleunigt werden. Im Rahmen des undertaking-Verfahrens können die betroffenen directors und die Beamten der Disqualification Unit ohne Hinzuziehung der Gerichte die Disqualifizierung eines director durch Selbstverpflichtungen („undertakings“) regeln.[757]

Ob die Einführung des undertaking-Verfahrens jedoch geeignet ist, ein faires Verfahren zu garantieren, ist fraglich. Insbesondere die directors kleiner Unternehmen (sog. „close companies“) werden oft gezwungen sein, ein von der Disqualification Unit vorgeschlagenes undertaking anzunehmen, da es das kleinere Übel gegenüber einer langwierigen und kostspieligen Rechtsverfolgung vor Gericht darstellt. Die Disqualification Unit kann diese Situation, sprich die Drohung eines langen Gerichtsverfahrens, ausnutzen, um die Zustimmung der directors kleiner Unternehmen in undertaking-Verfahren zu erzwingen. Die Disqualification Unit ist in undertaking-Verfahren zudem nicht mehr verpflichtet, den directors vor Gericht ein Fehlverhalten akribisch nachzuweisen. Das undertaking-Verfahren kann daher zu einer erheblichen Rechtsschutzverkürzung auf Seiten der betroffenen directors führen. Das undertaking-Verfahren wird daher zu Recht als „potentially unfair and oppressive“[758] bezeichnet. Es ist somit nicht geeignet, die europarechtlichen Bedenken gegen die unangemessen lange Verfahrensdauer eines CDDA 86-Verfahrens zu zerstreuen. In eine andere Richtung geht daher ein Lösungsvorschlag von *Hicks*. Er regt die Einrichtung eines spezialisierten Director Disqualification Tribunal an, dessen informelle Verfahrensregeln und Fachkenntnis die Vorbereitung und Anhörung der Fälle beschleunigen und die Kosten dadurch senken könnten.[759] Auch directors kleiner Unternehmen wäre damit ein fairer Zugang vor Gericht eröffnet. Der Gesetzgeber hat sich jedoch bislang nicht für diesen Weg entschieden. Das mit dem CDDA 86-Verfahren verbundene Problem einer oftmals überlangen Prozessdauer konnte damit bisher nicht zufriedenstellend gelöst werden.

755 Vgl. hierzu die Entscheidung EDC v. UK [1998] BCC 370.

756 Der Insolvency Act 2000 fügt eine neue s. 1A und s. 8A in den CDDA 86 ein bzw. ergänzt s. 7 u. s. 8 CDDA 86 dementsprechend.

757 S. 1A bzw. s. 7 o. s. 8 CDDA 86 in der durch den Insolvency Act 2000 ergänzten Form.

758 Hicks, (1999) 15 Insolvency Law & Practise, 112, 113.

759 Hicks: Disqualification of Directors: No Hiding Place for the Unfit?, ACCA (Hrsg.): Research Report No. 59, S. 86-88. Der Titel dieser, von der Association of Chartered Accountants finanziell gesponserten wissenschaftlichen Untersuchung spielt auf eine Rede von John Taylor, Minister for Corporate and Consumer Affairs, vom 22. August 1996 an, in der dieser verkündete: „There will be no hiding place for those who abrogate or neglect their responsibilities. It is not possible to slip through the net.“

In den kontinentalen Rechtssystemen ist der Schutz gesellschaftlicher Gläubiger weitgehend durch zwingendes Privatrecht geregelt.[760] Das kontinentale gesellschaftliche Gläubigerschutzrecht ist vor allem im materiellen Gesellschaftsrecht verortet. Dem gegenüber wird in England der Schutz gesellschaftlicher Gläubiger unterschiedlichen Rechtsgebieten zugeordnet. So finden sich Gläubigerschutzvorschriften im Gesellschaftsrecht[761], im Insolvenzrecht[762] sowie im allgemeinen Staatsaufsichtsrecht.[763] In der deutschen Literatur wird überwiegend betont, dass das englische gesellschaftliche Gläubigerschutzrecht einen „verwaltungsrechtlichen" Charakter habe.[764] Die Auffassung wird jedoch nicht von allen geteilt.[765] Die Kritik ist berechtigt, soweit sie die Bedeutung des im CA 85 geregelten[766] staatlichen Aufsichtsrecht betrifft. Vor allem für private limited companies spielen die staatlichen Aufsichtsregelungen keine überragende Rolle.[767] Die staatlichen Aufsichtsvorschriften dienen in erster Linie nicht dem Gläubigerschutz, sondern vor allem dem gesellschaftlichen Minderheitenschutz.[768] Die Kritik an der Bedeutung der Staatsaufsicht für den Gläubigerschutz schießt aber über ihr Ziel hinaus, wenn sie die öffentlich-rechtliche Natur des englischen Gläubigerschutzrechtes in Abrede stellen will. Die öffentlich-rechtliche, aufsichtsrechtliche Ausgestaltung des englischen Rechts[769] wird zum Beispiel durch die Funktion des gerichtlich bestellten Zwangsverwalters („offical receiver") deutlich. Der official receiver wird vom Gericht bei jeder Zwangsabwicklung bestellt und hat gem. s. 132 IA 86 die Gründe für den Unternehmenszusammenbruch zu untersuchen und gegebenenfalls hierüber Bericht zu erstatten. Zur Erfüllung seiner Pflicht kann er gem. s. 133 IA 86 bei Gericht einen Antrag

760 Vgl. Ebenroth/Eyles, DB 1989, 413, 416.

761 Z.B. Part XXIII des CA 85 (ss. 691 ff. CA 85).

762 Z.B. ss. 213/214 IA 86.

763 Part XIV, ss. 431–453 CA 85 bzw. die Vorschriften des CDDA 86. Zu Recht weist Davies, AG 1998, 346, 352, darauf hin, dass ein isolierter Vergleich des englischen mit einem anderen Gesellschaftsrecht folglich einen irreführenden Eindruck („misleading impression") hervorrufen würde.

764 Staudinger/Großfeld, Rn. 31, 156; MünchKomm/Kindler, IntGesR, Rn. 270.

765 Halbhuber (2000) 38 CMLR 1385, 1403-1405: "...the myth of the administrative nature of English company law..."

766 Ss. 431-453 CA 85.

767 Halbhuber, s.o., S. 1404, unter Verweis auf Gower/Davies, S. 704, Fn. 85. Wobei auch hier zu differenzieren ist zwischen den „large scale investigations" gem. s. 432 CA 85 und der Ermächtigung, gem. s. 447 CA 85, Dokumente und andere Unterlagen heraus zu verlangen. Die „large scale investigations" haben keine große Bedeutung, während die Untersuchung nach s. 447 CA 85 eine gewisse Rolle spielt. Laut Statistik des DTI, http://www.dti.gov.uk/cld/public.htm, gab es im Referenzjahr 2000/2001 183 Investigationen, von denen sich 177 (97%) auf s. 447 CA 85 stützten. Es muss dabei beachtet werden, dass seit 1996/97 die Statistik auf der Anzahl der Fälle und nicht mehr auf der Anzahl untersuchter Gesellschaften basiert. Ein Fall kann auch die Investigation mehrerer Gesellschaften einschließen.

768 Behrens, GmbH, S. 879.

769 Das schottische Recht kennt, zumindest für das Gesellschaftsrecht, keinen official receiver. Für natürliche Personen hat der accountant in bankruptcy dagegen im Wesentlichen eine vergleichbare Stellung, vgl. Mithani, IX 13.

auf eine öffentliche Untersuchung des Verhaltens bestimmter an der Unternehmensführung beteiligter Personen stellen. Der Untersuchung des official receiver schließt sich in vielen Fällen eine Disqualifizierung von Unternehmensleitern nach den Vorschriften des CDDA 86 an. Die Vorschriften des CDDA 86 sind sehr wirksam.[770] Ihre Rechtsnatur wird von den englischen Gerichten als „quasi-penal"[771] charakterisiert. Die CDDA 86-Vorschriften erfüllen damit eine öffentlich-rechtliche Funktion.[772]

Die Vorschriften des CDDA 86 (bzw. der s. 214 IA 86) werden in der englischen Rechtsliteratur als wirkungsäquivalentes Pendant zu den kontinentalen Mindestkapitalisierungsvorschriften betrachtet.[773] Die Charakterisierung des englischen Gläubigerschutzes als „aufsichtsrechtlich" oder „öffentlich-rechtlich" ist daher gerechtfertigt.

Ein weiterer Charakterzug des englischen Gesellschaftsrechts hängt eng mit dieser öffentlich-rechtlichen Natur zusammen. Die meisten englischen Gläubigerschutzregeln sind im Insolvenzrecht verortet[774] und haben einen (quasi-) pönalisierenden Charakter. Die Vorschriften kontinentaleuropäischer Systeme greifen dagegen vorwiegend ex-ante[775] und haben einen präventiven Charakter. Gesellschaftsgründer in England müssen keine hohen Hürden überwinden, um in den Genuss der beschränkten Haftung zu kommen. Über der relativ einfachen Gründung von Kapitalgesellschaften hängt aber immer das Damoklesschwert eines strengen insolvenzrechtlichen Gläubigerschutzes. Die Untersuchung hat deutlich gemacht, dass ohne eine ausreichende Berücksichtigung der Gläubigerinteressen auch in England das Privileg eingeschränkter Haftung nicht erhältlich ist.[776] Während jedoch in Deutschland der Preis[777] bisher von Anfang an durch die Kapitalisierungsvorschriften festgeschrieben wird, bekommt man in England „die Rechnung vom Wirt" erst am Ende der Existenz der Gesellschaft (in der Liquidation) präsentiert. Der englische Ansatz ist flexibler, da die Gläubigerinteressen von Fall zu Fall auf der Basis unbestimmter Rechtsbegriffe[778] geschützt werden. Die Flexibilität

---

770 Jährlich fallen ca. 1500 Disqualifizierungen unter s. 6 CDDA 86, vgl. DTI, Companies in 2002/2003, S. 49.

771 Z.B. Re Lo-Line Electric Motors Ltd. [1988] Ch 477, 486; Re Jaymar Management Ltd. [1990] BCC 303, 307. Der Secretary of State hat zudem die i.R.d. s. 8 CDDA 86 die Möglichkeit, einen Antrag auf Disqualifizierung zu stellen, wenn es das öffentliche Interesse („public interest") gebietet, vgl. hierzu Lidbetter, Company Investigations and Public Law, S. 210-213.

772 Für die funktionelle Zuordnung des CDDA 86-Verfahrens zum öffentlichen Recht sprechen sich ebenfalls Levedag/Ebert, GmbHR 2003, 1337, 1342 bzw. Lanzius, ZGR 2004, 296, 299 aus.

773 Davies AG 1998, 346, 351; Prentice, Incorporation Theory, S. 2; Hirt, ECFR 2004, 71, 115.

774 Vgl. die eng mit dem Insolvenzrecht verbundenen Regeln des CDDA 86 und des wrongful trading.

775 Z.B. die Regeln über die Mindestkapitalisierung.

776 Dieses Ergebnis ist nicht überraschend. In der Rechtsvergleichung kommt man beim Vergleich zweier Länder oft zu dem Schluss, dass dasselbe Resultat über verschiedene Rechtsinstrumente in unterschiedlichen Rechtsgebieten erreicht wird. Ein isolierter Vergleich einzelner Rechtsgebiete führt dagegen oftmals zu Fehleinschätzungen (wie z.B. der „Liberalität" des englischen Gesellschaftsrechts).

777 Für eine GmbH derzeit noch 25.000 Euro. Zur Reform des GmbHG siehe Fn. 28.

778 „No reasonable prospect", „ought to have concluded" bzgl. s. 214 IA 86.

wird aber auf Kosten der Rechtssicherheit erkauft.[779] Der Gläubigerschutz durch Mindestkapitalisierungsvorschriften besitzt gegenüber dem System der Geschäftsführerhaftung den Vorteil einer größeren Rechtssicherheit, da a priori ein Mindeststandard als Seriösitätsschwelle gesetzt wird.[780] Der Nachteil der Mindestkapitalisierungsvorschriften liegt dagegen in ihrer Unflexibilität und mangelnden praktischen Wirksamkeit.[781] Es wird vor der Versteinerung eines Interessenschutzes gewarnt, der sich weit von seinen funktionalen Ursprüngen entfernt habe.[782] Ohne hier eines der beiden Strukturmodelle zu favorisieren, steht jedenfalls fest, dass die Charakterisierung des englischen Gläubigerschutzmodells als „liberaler" nicht überzeugen kann. Das englische System ist nicht regelungsärmer als ein ex-ante ansetzendes, auf Kapitalschutzvorschriften basierendes Modell. Das englische System ist nur in dem Sinne „liberaler", als dass es dem Unternehmer die Freiheit (oder die Last) überlässt, selbst zu entscheiden, ob er bereit ist, das unternehmerische Risiko einzugehen. Das englische Modell appelliert letztendlich - auf Kosten der Rechtssicherheit - an die Eigenverantwortung der Unternehmer. Um die drastischen Folgen des englischen Gläubigerschutzrechts zu vermeiden, sollten gut beratene Unternehmensführer bei ihren eigenverantwortlichen Gestaltungsentscheidungen schon vor dem Eintritt einer finanziellen Krise der Gesellschaft die Interessen der Gläubiger nicht völlig aus den Augen verlieren.

779 Siehe hierzu Freedman (2000) 63 MLR 317, 342; Wiesner, ZIP 2003, 977, 980; Bachner (2004) 5 EBOR 293, 309.

780 Zudem ist die Durchsetzung der Mindestkapitalisierungsregelungen einfacher. Die Kosten der Rechtsverfolgung sind damit geringer, vgl. Davies, AG 1998, 346, 353.

781 Siehe Davies, AG 1998, 346, 353 („unsophisticated"). Die High Level Group of Company Law Experts hat in ihrem Abschlussbericht (abrufbar unter http://europa.eu.int), S. 87, ebenfalls erhebliche Zweifel an der Geeignetheit des Mindestkapitalisierungskonzepts geäußert.

782 So Merkt, ZGR 2004, 305. Siehe auch Hopt, FS Wiedemann, S. 1013, 1019.

Dritter Teil: Die Anwendbarkeit des englischen Gläubigerschutzrechts auf ausländische Gesellschaften

Die Anwendbarkeit der englischen Gläubigerschutzinstrumente auf zuziehende ausländische Gesellschaften hängt im Wesentlichen davon ab, ob englische Gerichte die Kompetenz zur Abwicklung ausländischer Gesellschaften haben. Zunächst sollen daher die Prinzipien des Internationalen Gesellschaftsinsolvenzrechts Englands dargestellt werden, bevor im Einzelnen die Anwendbarkeit der englischen Gläubigerschutzinstrumente auf zuziehende ausländische Gesellschaften analysiert wird.

§ 1: Das Internationale Gesellschaftsinsolvenzrecht Englands

Bei der Liquidation ausländischer Gesellschaften sind mehrere Differenzierungen zu treffen. Zum einen muss zwischen der Liquidation solventer und der Liquidation insolventer Gesellschaften unterschieden werden. Zum anderen muss bei der Anwendung englischer Insolvenzvorschriften auf ausländische Gesellschaften beachtet werden, dass der europäische Gesetzgeber seit Inkrafttreten des Amsterdamer Vertrags am 1. Mai 1999 das Internationale Zivilverfahrens- und Insolvenzrecht grundlegend umgestaltet hat. So wurde u.a. am 29. Mai 2000, mit Wirkung zum 31. Mai 2002, sowohl die europäische Verordnung über Insolvenzverfahren (EuInsVO)[783] als auch am 22. Dezember 2000, mit Wirkung zum 1. März 2002, die europäische Verordnung über die gerichtliche Zuständigkeit und die Anerkennung und Vollstreckung von Entscheidungen in Zivil- und Handelssachen (GVO)[784] verabschiedet.

783 Verordnung (EG) Nr. 1346/2000 des Rates vom 29. Mai 2000 (Abl. EG Nr. 160, S. 1). Entspricht: Jayme/Hausmann, Nr. 260. Die Verordnung entfaltet keine Bindungswirkung gegenüber Dänemark, da Dänemark gem. den Artt. 1, 2 des Protokolls über die Position Dänemarks, das dem Vertrag über die Europäische Union und dem Vertrag zur Gründung der Europäischen Gemeinschaft beigefügt ist, erklärt hat, dass es sich nicht an der Annahme der Verordnung beteiligt. Eine Einführung in die neue EuInsVO gibt Schack, S. 433-460.

784 Verordnung (EG) Nr. 44/2001 des Rates vom 22. Dezember 2000 (Abl. EG Nr. 12, S. 1).

A. Die Liquidation solventer EU-Gesellschaften[785]

Bis zum Inkrafttreten der GVO legte das Brüsseler EWG-Übereinkommen über die gerichtliche Zuständigkeit und die Vollstreckung gerichtlicher Entscheidungen in Zivil- und Handelssachen (EuGVÜ)[786] fest, dass für Klagen betreffend die Auflösung der Gesellschaft diejenigen Gerichte des Mitgliedstaates die ausschließliche Zuständigkeit haben, in dem die Gesellschaft ihren Sitz hat.[787] Hätte man Art. 16 Abs. 2 EuGVÜ so stehen lassen, hätte es keiner europäischen Verordnung über das Insolvenzverfahren mehr bedurft. Denn auf den ersten Blick scheint Art. 16 Abs. 2 EuGVÜ umfassend die internationale gerichtliche Zuständigkeit für Insolvenzverfahren zu regeln. Das ist jedoch nicht zutreffend. Das Brüsseler Übereinkommen wurde in England durch den Civil Jurisdiction and Judgement Act 1982 (CJJA 82)[788] umgesetzt. Der CJJA 82 bestimmte ausdrücklich, dass das Übereinkommen keine Regelung traf über: "bankruptcy, proceedings relating to the winding up of insolvent companies or other legal persons, judicial arrangements, compositions and analogous proceedings".[789] Eine nahezu identische Regelung traf Art. 1 Abs. 2 Nr. 2 EuGVÜ. Demnach fand das Übereinkommen keine Anwendung auf „Konkurse, Vergleiche und ähnliche Verfahren". Das Brüsseler EWG-Übereinkommen konnte daher nur bei der Liquidation solventer Gesellschaften herangezogen werden. Doch auch dies galt nicht uneingeschränkt. Eine weitere Qualifizierung fand sich für die Liquidation solventer Gesellschaften, die im Vereinigten Königreich registriert wurden. Aufgrund s. 43 (2), (3), (7)(a), s. 17 (1) und Schedule 5 des CJJA 82 waren auch diese in England von der Anwendbarkeit des EuGVÜ ausgenommen. Zusammenfassend kann daher festgestellt werden, dass die Brüsseler Konvention für das englische Recht lediglich eine abschließende Regelung für die Liquidation *solventer* Gesellschaften traf, deren Satzungssitz sich in den Augen englischer Gerichte weder außerhalb der EU noch in England befand.[790]

Art. 22 Nr. 2 Satz 1 GVO und Art. 1 Abs. 2b GVO entsprechen den Regelungen in Art. 16 Nr. 2 und Art. 1 Abs. 2 Nr. 2 EuGVÜ. Art. 22 Nr. 2 Satz 1 GVO und Art. 1

785 Die Liquidation solventer Gesellschaften, die ihren Sitz außerhalb der EU haben, bestimmt sich nach den allgemeinen Vorschriften, die für die Liquidation insolventer ausländischer Gesellschaften in England gelten. Es finden die Regeln des IA 86 und die allgemeinen richterrechtlichen common law-Regeln Anwendung, vgl. auch Art. 4 Abs. 2 GVO. Das GVO bietet Gesellschaften mit Sitz außerhalb der Vertragsstaaten keinen Schutz vor exorbitanten Gerichtsständen nationaler Rechte, vgl. Art. 3 Abs. 2 GVO.

786 Brüsseler EWG-Übereinkommen über die gerichtliche Zuständigkeit und die Vollstreckung gerichtlicher Entscheidungen in Zivil- und Handelssachen vom 27. September 1968, abgedruckt bei Jayme/Hausmann, Nr. 150. Vgl. auch das Luganer Parallelabkommen: Luganer Abkommen über die gerichtliche Zuständigkeit und die Vollstreckung gerichtlicher Entscheidungen in Zivil- und Handelssachen vom 16. September 1988, abgedruckt bei Jayme/Hausmann, Nr. 160.

787 Art. 16 Abs. 2 EuGVÜ. Für die Bestimmung des Sitzes war gem. Art. 53 EuGVÜ das nationale Recht zuständig. Für das englische Recht s. 43(6) u. (7) CJJA 82.

788 In der durch den Civil Jurisdiction and Judgements Act 1991 ergänzten Form.

789 Civil Jurisdiction and Judgements Act 1982, Sch. 1, Art. 1 (2).

790 Vgl. Art. 53 EuGVÜ.

Abs. 2b GVO bestimmen, dass bei Klagen gegen eine solvente Gesellschaft das Gericht des Sitzes die ausschließliche Zuständigkeit hat. Für die Bestimmung des Sitzes einer solventen Gesellschaft wendet das Gericht gem. Art. 22 Nr. 2 Satz 2 GVO sein eigenes Kollisionsrecht an.[791]

B. Die Liquidation insolventer EU-Gesellschaften

Bei der Liquidation insolventer Gesellschaften muss zwischen der Rechtslage nach Inkrafttreten der Europäischen Verordnung über Insolvenzverfahren und der „alten Rechtslage" vor Inkrafttreten der europäischen Verordnung über das Insolvenzverfahen differenziert werden.

1. *Die „alte Rechtslage"*

Das alte englische Insolvenzkollisionsrecht hat neben der neuen Europäischen Insolvenzverordnung weiterhin seine Daseinsberechtigung. So findet das EuInsVO keine Anwendung auf Drittstaaten.[792] Für diese gelten uneingeschränkt die alten Regeln. Die Vorschriften des IA 86 bzw. des common law geben zudem darüber Auskunft, welches Gericht innerstaatlich für die Abwicklung und Auflösung einer Gesellschaft zuständig ist. Bis zu einer Klärung der Reichweite des Begriffs der „Niederlassung" im Sinne des EuInsVO bleibt es weiter offen, ob die Gerichte des Vereinigten Königreichs die extensive Gerichtszuständigkeit des alten Rechts im Rahmen eines Partikularverfahrens ausüben dürfen. Schließlich ist weiter ungeklärt, ob die EuInsVO eine abschließende kollisionsrechtliche Regelung trifft und deswegen auch Anwendung auf insolvenzrechtliche Haftungsinstitute der Mitgliedsstaaten findet. Für das englische Recht ist das vor allem für die wrongful trading-Haftung von Bedeutung.[793] Die Frage der abschließenden Regelung der EuInsVO wird bei der europarechtlichen Vereinbarkeit der Anwendbarkeit der wrongful trading-Haftung auf zuziehende ausländische Gesellschaften diskutiert werden.[794]

---

791 Beachte, dass das GVO den für die Bestimmung des allgemeinen Gerichtsstands beachtlichen Sitz („Wohnsitz") einer Gesellschaft nunmehr gem. Art. 60 I GVO autonom bestimmt.

792 Erwägungsgrund 14.

793 Siehe hierzu z.B. Habersack/Verse, ZHR 2004, 174, 207. Im deutschen Recht wird die Frage konsequenterweise (vor allem) bei der Anwendbarkeit der Insolvenzverschleppungshaftung auf zuziehende ausländische Gesellschaften diskutiert, vgl. z.B. Ulmer, NJW 2004, 1201, 1207; Spindler/Berner, RIW 2004, 7, 12.

794 Siehe hierzu im vierten Teil der Arbeit.

Das Recht am Ort der Inkorporation bestimmt grundsätzlich, ob und wie eine ausländische Gesellschaft abgewickelt und aufgelöst wird.[795] Für das englische Recht ist das jedoch nur der Ausgangspunkt. Die englischen Gerichte haben Mittel und Wege gefunden, von diesem Grundsatz abzuweichen.[796] Der IA 86 ermöglicht unter bestimmten Voraussetzungen die Abwicklung und Auflösung ausländischer Gesellschaften. Ausländische Gesellschaften fallen dabei unter den Begriff der „unregistered companies". S. 221 IA 86 nennt fünf Gründe, unter denen eine unregistered company zwangsabgewickelt[797] werden kann: erstens, wenn eine Gesellschaft aufgelöst wurde,[798] zweitens, wenn eine Gesellschaft aufgehört hat, Geschäfte zu betreiben,[799] drittens, wenn eine Gesellschaft nur zum Zweck der Abwicklung Geschäfte betreibt,[800] viertens, wenn eine Gesellschaft nicht mehr in der Lage ist, ihre Schulden zu begleichen[801] und fünftens, schließlich, wenn das Gericht der Ansicht ist, dass es recht und billig („just and equitable") ist, die Gesellschaft abzuwickeln.[802]

Ließe man s. 221 IA 86 so uneingeschränkt stehen, wäre es den englischen Gerichten theoretisch möglich, jede ausländische Gesellschaft als unregistered company abzuwickeln.[803] Denn insbesondere s. 221 (5) IA 86 verlangt seinem Wortlaut nach keine faktische Verbindung der Gesellschaft mit der englischen Jurisdiktion, um die internationale Zuständigkeit der englischen Gerichte zu begründen. Diese Zuständigkeit wäre jedoch „exorbitant"[804] und aus comitas (engl. „comity")-Gesichtspunkten völkerrechtlich nicht vertretbar.[805] Die englischen Gerichte haben daher in der Vergangenheit Mittel und Wege gefunden, um die primär uferlose Jurisdiktion einzugrenzen und die auf eine prinzipielle Basis zu stellen.[806] So ist die Abwicklungsjurisdiktion englischer Gerichte

795 Vgl. Lazard Brothers v. Midland Bank [1933] AC 289; Dicey & Morris, S. 1107; Dawson [2005] JBL 28, 29.

796 Siehe Dawson [2005] JBL 28, 30: "...English law will almost disregard the law of incorporation when there are practical reasons for so acting."

797 Die Option einer freiwilligen Abwicklung und Auflösung („voluntary winding-up") steht einer unregistered company und damit einer ausländischen Gesellschaft hingegen nicht offen, vgl. s. 221 Abs. 4 IA 86.

798 S. 221 (5a) IA 86.

799 S. 221 (5a) IA 86.

800 S. 221 (5a) IA 86.

801 S. 221 (5b) IA 86.

802 S. 221 (5c) IA 86.

803 Dawson [2005] JBL 28, 32: "In theory, taking s. 221 in isolation, the English courts have the power to wind up any foreign company that fulfils the criteria laid down in s. 221 (5)."

804 Vgl. Smart, Cross Border Insolvency, S. 98: „This would indeed be an exorbitant jurisdiction."; vgl. auch Nicholls V-C in Re Paramount Airways Ltd. (No. 2) [1992] BCC 416, 425: „...Parliament has conferred on the English court a jurisdiction of unlimited territorial application."

805 Das wurde schon früh von den englischen Gerichten so erkannt. Vgl. Evershed MR in Banque des Marchands de Moscou (Kouptschesky) v. Kindersley [1951] Ch. 112, 125-126: „As a matter of general principle, our courts would not assume, and Parliament should not be taken to have intended to confer, jurisdiction over matters which naturally and properly lie within the competence of the courts of other countries."

806 Vgl. hierzu auch Gibson J in Re a Company (No. 00359 of 1987) [1988] Ch 210, 221 („Okeanos"): "However, it is plain from the authorities binding on me that the question of jurisdiction is

auf tatbestandlicher Ebene an drei Voraussetzungen gebunden, eine hinreichende Verbindung („sufficient connection"), einen reellen Vorteil für die Gläubiger („reasonable benefit for the creditors") sowie Beteiligte, die der englischen Gerichtsbarkeit unterliegen („persons over whom the court can exercise a jurisdiction").[807] Die von *Knox J* in *Re Real Estate Development Co* entwickelten Voraussetzungen für die territoriale Anwendbarkeit des englischen Insolvenzrechts auf ausländische Gesellschaften wurden in jüngsten Entscheidungen bestätigt.[808] Die ersten beiden Voraussetzungen („sufficient connection" bzw. „reasonable benefit for the creditors") gelten leicht modifiziert auch, wenn der Secretary of State einen Antrag einreicht, eine ausländische Gesellschaft im öffentlichen Interesse abzuwickeln.[809] Im Gegensatz zu einem durch Gläubiger in Gang gesetzten Abwicklungsverfahren muss der Secretary of State dabei darlegen, dass die Öffentlichkeit (anstelle der Gläubiger) von der Abwicklung der Gesellschaft profitieren würde. Die Abwicklung muss im öffentlichen Interesse liegen. Im Ergebnis wird das Gericht einem Antrag des Secretary of State nur dann folgen, wenn sowohl eine sufficient connection der Gesellschaft mit der englischen Jurisdiktion besteht als auch das öffentliche Interesse durch die Abwicklung gefördert wird.

Den englischen Gerichten wird ferner auch im Internationalen Insolvenzrecht ein allgemeiner Ermessensspielraum im Sinne der forum non conveniens-Theorie[810] eingeräumt.[811] Schottische Gerichte sind zwar an die genannten tatbestandlichen Einschrän-

---

not determined simply by reference to the statutory provisions and there are what Megarry J in Re Compania Merabello San Nicholas SA. [1973] Ch 75, 86 called the inherent requirements of jurisdiction to make a winding-up order in respect of a foreign company which have to be satisfied in addition to the statutory conditions."

807 Knox J in Re Real Estate Development Co [1991] BCLC 210, 217: "(1) There must be sufficient connection with England and Wales which may, but does not necessarily have to, consist of assets within the jurisdiction; (2) there must be a reasonable possibility of a winding-up order is made of benefit to those applying for the winding-up order; (3) one or more persons interested in the distribution of assets of the company must be persons over whom the court can exercise a jurisdiction."; Grierson, S. 617, nennt die einschränkenden Voraussetzungen die "inherent requirements of jurisdiction".

808 Stocznia Gdanska SA v. Latreefers Inc [2000] CPLR 65, Banco National de Cuba v. Cosmos Trading Corp [2000] BCLC 813.

809 S. 124 A IA 86.

810 Die Frage, welches Gericht international zuständig ist, und das Problem, welches Recht das Gericht materiell dann auf den Fall anwenden soll, werden in der englischen Rechtsprechung traditionell vermischt. Die forum non conveniens-Doktrin wurde so z.T. benutzt, um dem „forum shopping" in Internationalen Deliktsfällen zu begegnen, vgl. Biggs (1998) 47 I.C.L.Q. 877, 879-880. Bei Akzeptanz und verbreiteter Anwendung der Renvoi-Doktrin hätte es eines solchen Zuständigkeitskorrektivs nicht bedurft.

811 Dass dieser gerichtliche Ermessensspielraum seit Einführung des IA 86 auch eine gesetzliche Grundlage hat, wurde durch Sir Richard Scott jüngst in Banco National de Cuba v. Cosmos Trading Corp [2000] BCC 910, 913 dargelegt: "Section 221 (1) of the Insolvency Act provides that: „...unregistered companies may be wound up under this Act." I emphasise the word „may". Whether the power should be exercised in respect of a foreign company is a matter of discretion depending on the facts of the case. It is clear on common ground that the court should not exercise its jurisdiction in respect of a foreign company where there is no connection whatever between the foreign company and this jurisdiction."

kungen der Abwicklungsjurisdiktion offiziell nicht gebunden,[812] in der Praxis finden sie aber bei der Ermessensausübung schottischer Richter Anwendung.[813] Die Unterschiede sind daher eher technischer Natur.[814] Die Entscheidung eines englischen Gerichts, eine ausländische Gesellschaft abzuwickeln, erstreckt sich in der Regel auf alle Vermögensgegenstände der Gesellschaft.[815] Es ist gleichgültig, ob sich diese innerhalb der Jurisdiktion befinden oder nicht. Es gilt das Universalitätsprinzip.[816]

a) Die tatbestandlichen Voraussetzungen der Abwicklung ausländischer Gesellschaften

Englische Gerichte verlangen als Voraussetzung ihrer Abwicklungskompetenz zunächst eine hinreichende, tatsächliche Verbindung („sufficient connection") zwischen der ausländischen Gesellschaft und der englischen Jurisdiktion.[817] Welche faktischen Voraussetzungen vorliegen müssen, um eine ausreichende Verbindung anzunehmen, war und ist umstritten. Eine Zweigniederlassung in England wurde als ausreichend erachtet, um die Zuständigkeit englischer Gerichte zu begründen.[818] Eine Zweigniederlassung ist zwar eine hinreichende, aber nicht zwingende Voraussetzung für das Vorhandensein einer sufficient connection mit England. Dies stellte die Entscheidung in *Tovarishestvo Manufactur Liudvig-Rabenek*[819] klar. *Cohen J* urteilte, dass eine Gesellschaft keine Zweigniederlassung in England haben müsse, um den englischen Gerichten die Möglichkeit der Liquidation einer Gesellschaft zu eröffnen. Ausreichend sei, dass die Gesellschaft eine Geschäftsniederlassung („place of business") hätte. Als Geschäftsniederlassung wiederum anerkannte er sowohl ein nur vorübergehendes Büro als auch ein Hotelzimmer, von dem aus die directors Geschäfte betrieben.[820] Damit war klar, dass bei Vorliegen einer Geschäftsniederlassung den englischen Gerichten auch die Abwicklungsjurisdiktion zufiel. Ob die Zuständigkeit englischer Gerichte dagegen notwendigerweise eine solche Geschäftsniederlassung erforderte, blieb lange Zeit offen.

---

812 Vgl. Inland Revenue v. Highland Engineering Ltd. 1975 SLT 203. Die gesetzlichen Voraussetzungen des Part V IA 86 sind daher grundsätzlich die einzigen relevanten Kriterien, um die Abwicklungsjurisdiktion schottischer Gerichte zu ermitteln.

813 Mc Kenzie, Insolvency, S. 399, Mithani, IX 142.

814 Während ein englischer Richter die Zuständigkeit bei Fehlen einer sufficient connection schon auf Tatbestandsebene ablehnen wird, kommt ein schottischer Richter im Rahmen seiner Ermessensentscheidung zu diesem Ergebnis.

815 Eine Ausnahme gilt, wie oben angesprochen, für das ancillary winding-up.

816 Re Bank of Credit and Commerce International SA (No. 2) [1992] BCLC 570, 577.

817 Dicey & Morris, S. 1117; Tolley, Insolvency Law, C90/20.

818 Re Matheson Bros Ltd. (1884) 27 Ch D 225.

819 Tovarishestvo Manufactur Liudvig-Rabenek [1944] Ch 404.

820 Tovarishestvo Manufactur Liudvig-Rabenek [1944] Ch 404.

Diese Frage wurde erst im Jahre 1951 geklärt. In der Entscheidung *Banque des Marchands de Moscou v. Kindersley*[821] befand *Sir Evershed MR*, dass eine Geschäftsniederlassung in England keine zwingende Voraussetzung sei.[822] Nach *Sir Evershed* waren zwei Voraussetzungen erforderlich, das Vorhandensein von Vermögensgegenständen („presence of assets“) in England sowie Personen, die an der ordnungsgemäßen Verteilung dieser Vermögensgegenstände interessiert oder mit ihr befasst sind („persons concerned or interested in the proper distribution of those assets“).[823] Eine sufficient connection erforderte damit vor allem die Präsenz von Vermögensgegenständen innerhalb Englands.[824] Die Entscheidung in *Marchands de Moscou* wurde in weiteren Urteilen bestätigt und firmierte unter der Bezeichnung „asset-test“.[825] Diese Folgeentscheidungen konkretisierten dabei, welcher Natur ein „asset“ sein müsse, um die Zuständigkeit englischer Gerichte zu eröffnen. Eine weitgehende Liberalisierung[826] des „asset-test“ brachte dann die Entscheidung in *Re Compania Merabello San Nicholas SA*.[827] *Megarry J* fasste darin das geltende Recht wie folgt zusammen:[828] Es ist weder erforderlich, dass die Gesellschaft jemals in England eine Geschäftsniederlassung („place of business“) hatte, noch muss festgestellt werden, dass sie in England Geschäfte betrieben hat. Eine ordnungsgemäße Verbindung mit der englischen Gerichtsbarkeit muss dadurch hergestellt werden, dass hinreichender Beweis erbracht wird, dass die Gesellschaft über Vermögensgegenstände innerhalb der englischen Jurisdiktion verfügt. Ferner muss nachgewiesen werden, dass Personen vorhanden sind, die ein Interesse an der ordnungsgemäßen Verteilung der Vermögensgegestände haben. Die Natur der Vermögensgegenstände innerhalb der Jurisdiktion ist nicht erheblich. Insbesondere müssen es

821 Banque des Marchands des Moscou v. Kinderley [1951] Ch 112 (CA).

822 Banque des Marchands des Moscou v. Kinderley, s.o., 112, 127.

823 Banque des Marchands des Moscou v. Kinderley, s.o., 112, 126.

824 Die Entscheidung von Sir Evershed ist nachvollziehbar. Nur wenn realisierbare Vermögensgegenstände der Gesellschaft in der Jurisdiktion vorhanden sind, besteht für die Gläubiger ein Interesse an der Abwicklung.

825 Vgl. Re Azoff-Don Commercial Bank [1954] Ch 315; Re Compania Merabello San Nicholas SA. [1973] Ch 75; Re Allobrogia SS Corpn [1978] 3 All ER 423; Re Real Estate Development Co. [1991] Ch 210; Dicey & Morris, S. 1120.

826 Fletcher, Insolvency, S. 136.

827 Re Compania Merabello San Nicholas SA [1973] Ch 75.

828 Re Compania Merabello San Nicholas SA [1973] Ch 75, 91-92: “(1) There is no need to establish that the company ever had a place of business here. (2) There is no need to establish that the company ever carried on business here, unless perhaps the petition is based upon the company carrying on or having carried on business. (3) A proper connection with the jurisdiction must be established by sufficient evidence to show (a) that the company has some assets or assets within the jurisdiction, and (b) that there are one or more persons concerned in the proper distribution of the assets over whom the distribution is exercisable. (4) It suffices if the assets of the company within the jurisdiction are of any nature; they need not be “commercial” assets, or assets which indicate that the company formerly carried on business here. (5) The assets need not be assets which will be distributable to creditors by the liquidators in the winding-up: it suffices if by the making of the winding-up order they will be of a benefit to a creditor or creditors in some other way. (6) If it is shown that there is no reasonable possibility of benefit accruing to creditors from making the winding-up order, the jurisdiction is excluded.”

keine dem kaufmännischen Verkehr entstammenden Vermögensgegenstände sein oder Vermögensgegenstände, die anzeigen, dass die Gesellschaft hier einmal Geschäfte betrieben hat. Es ist ausreichend, wenn die Vermögensgegenstände im Zeitpunkt des Abwicklungsbeschlusses für die Gläubiger in irgendeiner Form einen Vorteil versprechen.

Die Jurisdiktion ist ausgeschlossen, wenn gezeigt werden kann, dass den Gläubigern kein vernünftiger Vorteil aus dem Abwicklungbeschluss erwächst. *Re Compania Merabello San Nicholas SA* machte damit deutlich, dass die Natur des Vermögensgegenstandes der Gesellschaft nicht von Belang war. Insbesondere war nicht erforderlich, dass es sich beim Vermögensgegenstand um ein „commercial asset" handelte.[829] Der Vermögensgegenstand musste nicht dem Geschäftsbetrieb in England entstammen. Ein Klagerecht („right of action") wurde ebenfalls als Vermögensgegenstand angesehen, vorausgesetzt die Klage hatte hinreichende Aussicht auf Erfolg („reasonable possibility of success").[830] Die Werthaltigkeit des Vermögensgegenstandes in England war nicht ausschlaggebend. So war in *Re Wallace Smith & Co Ltd.*[831] ein kleiner Geldbetrag auf dem Konto einer Londoner Bank, der im Vergleich zu den anderen Vermögensgegenständen der Gesellschaft im Ausland marginal war, grundsätzlich ausreichend, die Jurisdiktion der englischen Gerichte zu begründen. Maßgeblicher Zeitpunkt zur Beantwortung der Frage, ob ein Vermögensgegenstand in der Jurisdiktion vorhanden ist, war der Moment der Einreichung der „winding-up petition".[832]

Die Konturen des asset-Tests verschwammen jedoch in der Folgezeit immer mehr. Die Abwicklungsjurisdiktion englischer Gerichte bzgl. ausländischer Gesellschaften wurde als „abenteuerlich"[833] kritisiert. Insbesondere die Entscheidung *Re Eloc Electro Optieck and Communicatie B.V.*[834] ließ erhebliche Zweifel an der stringenten Anwendung des asset-Tests aufkommen. Der Sachverhalt stellt sich wie folgt dar. Eine niederländische Gesellschaft verfügte über keine Geschäftsniederlassung („place of business") in England. Die beiden Kläger waren stattdessen bei ihr angestellt, um ihre Geschäfte in England und Wales zu betreiben. Die beiden Kläger wurden in der Folgezeit von der Gesellschaft ungerechtfertigterweise gekündigt („unfair dismissal"). Die Gesellschaft war daraufhin nicht in der Lage, den Klägern das noch ausstehende Gehalt und eine Abfindung zu bezahlen. Die niederländische Gesellschaft verfügte über keine Vermögensgegenstände in England und hatte ihren Geschäftsbetrieb eingestellt. Es war

829 Re Compania Merabello San Nicholas S.A. [1973] Ch 75, 88.

830 Re Allobrogia Steamship Corporation [1978] 3 All ER 423; in Re Compania Merabello San Nicholas SA, s.o., war der einzige Vermögensgegenstand ein Anspruch unter dem Third Parties (Right against Insurers) Act 1930 (20 & 21 Geo. 5, c. 25), der im Falle der Liquidation automatisch dem Kläger zugefallen wäre. Vgl. hierzu auch Gibson J in Re a Company [1988] Ch 210, 223.

831 Re Wallace Smith & Co Ltd. [1992] BCLC 970.

832 Re Kailis Groote Eylandt Fisheries Pty Ltd. (1977) 2 ACLR 574; Re Real Estate Development Co [1991] BCLC 210, 217.

833 So Fletcher, Insolvency, S. 137.

834 Re Eloc Electro Optieck and Communicatie B.V. [1982] Ch 43.

nicht zu erwarten, dass die Gesellschaft in der Zukunft fähig sein würde, die Lohnforderungen den Klägern gegenüber zu begleichen. Die Kläger versuchten daher, einen Teil ihres noch ausstehenden Gehalts aus einem vom Secretary of State hierfür speziell eingerichteten Arbeitslosenfond („redundancy fund")[835] zu erlangen. Zwingende Voraussetzung eines solchen Anspruches war jedoch, dass gegenüber der Gesellschaft ein Abwicklungsverfahren eingeleitet worden war.[836] Die Kläger beantragten daher (noch unter s. 399 CA 48) die Abwicklung der Gesellschaft.[837]

Nourse J, der das Urteil sprach, stimmte der Abwicklung zu, obwohl die niederländische Gesellschaft über keine Vermögensgegenstände innerhalb der englischen Jurisdiktion verfügte. Er erklärte, dass das asset-Erfordernis von *Re Compania Merabello San Nicholas* nur in normalen Fällen („normal cases")[838] Geltung beanspruchen könne. Der erforderliche Vermögensgegenstand müsste nicht notwendigerweise im Eigentum der Gesellschaft stehen. Die Eigentumsfrage sei nicht von entscheidender Bedeutung.[839] Obgleich die Entscheidung von *Nourse J* Zweifel am Weiterbestand des asset-Tests erregte, fand sie durchaus noch Rückhalt im Urteil *Re Compania Merabello San Nicholas*. *Megarry J* hatte darin erklärt, dass: „(4) It suffices if the assets of the company within the jurisdiction are of any nature..." (5) The assets need not be assets which will be distributable to creditors by the liquidator in the winding up: it suffices if by the making of the winding up order they will be of benefit to a creditor or creditors in some way."[840] Die Entscheidung in *Eloc* bekräftigte daher nur, dass der Vermögensgegenstand der Gesellschaft nicht notwendigerweise im Eigentum der Gesellschaft liegen müsse bzw. ein Vermögensgegenstand sein müsse, der vom Insolvenzverwalter im Rahmen der Zwangsabwicklung unter den Gläubigern verteilt werden konnte. Die englischen Gerichte waren damit auch dann zur Liquidation einer Gesellschaft befugt, wenn der Vermögensgegenstand den Gläubigern lediglich als mittelbarer Vorteil aus Drittmitteln, wie einem „redundancy fund", zukam.[841]

Dennoch blieb der asset-Test weiter in der Kritik. So wurde berechtigterweise die Frage aufgeworfen, ob der Vermögensgegenstand in *Eloc* und *Compania Merabello*

---

835 Vgl. s. 122 Employment Protection (Consolidation) Act 1978.

836 S. 127 (c) Employment Protection (Consolidation) Act 1978.

837 Begründet wurde die Abwicklung mit der Generalklausel, dass es „just und equitable" wäre, die Gesellschaft abzuwickeln. Vgl. zu demselben Abwicklungsgrund s. 221 (5)(c) IA 86.

838 Nourse J in Re Eloc Electro Optieck [1982] Ch 43, 46, 48.

839 Nourse J in Re Eloc Electro Optieck, s.o., 43, 48.

840 Vgl. Megarry J in Re Compania Merabello San Nicholas SA, s.o., 91.

841 Eloc und die Entscheidung in Re Compania Merabello San Nicholas SA lassen aber meiner Ansicht nach Bedenken am „asset-test" aufkommen. Es liegt ein Zirkelschluss vor. Der asset-Test begründet die Abwicklungsjurisdiktion wie folgt: „Ich habe die Abwicklungsjurisdiktion, wenn eine sufficient connection besteht. Die sufficient connection ist gegeben, wenn die Gesellschaft assets innerhalb der Jurisdiktion hat. Ein asset ist auch ein Anspruch, der erst durch die Abwicklungsjurisdiktion entsteht. Ergo habe ich eine sufficient connection und die Abwicklungsjurisdiktion." Diese Argumentation ist nicht stringent. Die Frage: „Habe ich die Abwicklungsjurisdiktion?" wäre, folgt man dieser Argumentation, schon eingangs beantwortet. Das Erfordernis eines assets wäre dann überflüssig!

auch schon im maßgeblichen Zeitpunkt[842] der Einreichung des Liquidationsantrags existierte. Man konnte durchaus der Ansicht sein, dass der Vermögensgegenstand in *Compania Merabello* und *Eloc* erst die Frucht eines potenziellen Liquidationsantrags darstellte.[843] Die endgültige Abkehr von den Beschränkungen des asset-Tests brachte die Entscheidung *Okeanos*[844]. Der Sachverhalt stellt sich wie folgt dar: Das Geschäft einer liberianischen Gesellschaft („Okeanos") wurde in England von einer assoziierten Gesellschaft[845] mit Büros in London geführt. Im Jahre 1984 nahm Okeanos beim Kläger, einer englischen Bank („International Westminster Bank Plc"), ein Darlehen in Höhe von 13.5 Millionen Pfund auf, um sich einen Frachter zu bauen. Als Okeanos im Jahre 1987 gegenüber der Bank in Zahlungsrückstand kam, erwirkte die Bank ein Zahlungsurteil gegen Okeanos. Okeanos hatte jedoch in England keine nennenswerten Vermögensgegenstände.[846] Die Bank wollte die directors persönlich wegen wrongful bzw. fraudulent trading in die Pflicht nehmen und beantragte daher die Abwicklung der Gesellschaft. *Gibson J* gab dem Antrag auf Liquidation statt.[847] Er gab zu verstehen, dass er die Präsenz von Vermögensgegenständen innerhalb der englischen Jurisdiktion nicht als essentielle Vorbedingung erachte. Einzig entscheidend sei, dass die Gesellschaft eine ausreichende Verbindung *(„sufficient connection")* zur Jurisdiktion habe. Diese ausreichende Verbindung könne auch durch andere faktische Umstände als die Präsenz von Vermögen innerhalb der Jurisdiktion begründet werden. Im konkreten Fall sah *Gibson J* die ausreichende Verbindung zum einen in dem Umstand, dass die Darlehensvereinbarung zwischen der Bank und Okeanos englischem Recht unterlag, zum anderen aber auch darin, dass die Darlehensvereinbarung in England ausgehandelt und ausgeführt wurde. Zudem hätte Okeanos nachweislich in England Geschäfte betrieben und alle directors und officers der Gesellschaft hätten in England gewohnt. Schließlich wäre das einzige bekannte Bankkonto der Gesellschaft in London gewesen.[848]

Die Entscheidung in *Okeanos* wandelte den asset-Test in einen allgemeinen sufficient connection-Test um. Die Belegenheit von Vermögensgegenständen wurde nicht mehr als conditio sine qua non für die Abwicklungsjurisdiktion englischer Gerichte ver-

---

842 Re Kailis Groote Eylandt Fisheries Pty. Ltd. (1977) 2 ACLR 574; Re Real Estate Development Co. [1991] BCLC 210, 217.

843 So auch Gibson in Re a Company [1988] Ch 210, 224 (Okeanos); kommentiert von Dine [1988] JBL 77, 78-79.

844 Re a Company [1988] Ch 210 (Okeanos).

845 „A company of shipping agents", Re a Company, a.a.O., S. 210. Die shipping agents waren zugleich auch directors von Okeanos.

846 Der einzige Vermögensgegenstand von Okeanos, das Schiff, befand sich in einem halb abgewrackten Zustand („semi laid up") in Indonesien, Re a Company, s.o., 210, 217.

847 Vgl. Re a Company, a.a.O., 210, 225-226: "In the circumstances, I am prepared consistently with the Eloc case [1982] Ch. 43 to hold that the presence of assets in this country is not an essential condition for the court to have jurisdiction in relation to the winding-up of a foreign company. In my judgement, provided a sufficient connection with the jurisdiction is shown, and there is a reasonable possibility of benefit for the creditors from the winding-up, the court has jurisdiction to wind up the foreign company."

848 Re a Company [1988] Ch 210, 226.

standen. Vermögensgegenstände stellten nur noch einen von vielen alternativen faktischen Bezugspunkten dar, welche die Verbindung zur englischen Jurisdiktion begründen konnten.[849] Der sufficient connection-Test ist daher die Generalisierung des Prinzips. Die Entscheidungen, welche die Präsenz von Vermögensgegenständen innerhalb der Jurisdiktion verlangen, waren hierzu lediglich Beispielfälle.[850] Die oben genannten Umstände: Zweigniederlassung („branch"), Geschäftsniederlassung („place of business"), Vermögensgegenstände („assets") müssen folglich nicht kumulativ vorliegen. Es reicht einer dieser Umstände, wenn der Richter aufgrund der Faktenlage zu dem Schluss kommt, dass eine sufficient connection zur englischen Jurisdiktion besteht. Der sufficient connection-Test hat zu einer erheblichen Flexibilisierung[851] der Anwendung englischer Abwicklungsgerichtsbarkeit geführt. Diese Flexibilisierung hat jedoch den Preis einer erheblichen Rechtsunsicherheit.[852] Die Bestimmung der „sufficient connection" in *Okeanos* wurde dennoch im Folgenden durch die Entscheidung *Real Estate Development* bestätigt.[853]

Die zweite tatbestandliche Voraussetzung für die Abwicklungsjurisdiktion englischer Gerichte ist eine vernünftige Aussicht auf einen Vorteil für die Gläubiger („reasonable possibility of benefit to creditors"). Diese Voraussetzung einer vernünftigen Vorteilsaussicht für die Gläubiger findet sich sowohl in *Compania Merabello San Nicholas SA*: „(6) If it is shown that there is no reasonable possibility of benefit accruing to creditors from making the winding up order, the jurisdiction is excluded."[854] als auch in *Re Real Estate Development Co*: „(2) there must be a reasonable possibility of a winding-up order is made of benefit to those applying for the winding up order ..."[855] Die Ratio hinter der Voraussetzung „reasonable possibility of benefit to creditors" scheint sich leicht zu erschließen.[856] Die Antragssteller haben nur dann ein Rechtschutzinteresse an der Liquidation einer Gesellschaft, wenn sie durch die Abwicklung einen (zumindest möglichen) Vorteil erlangen können.

Problematisch ist aber die englische Anwendungspraxis dieser Voraussetzung. Nach Ansicht der englischen Gerichte ist die zweite Voraussetzung erfüllt, wenn die Gläubiger aufgrund der Liquidation mögliche Haftungsdurchgriffsansprüche gegen die

849 Die Abkehr vom asset-Erfordernis wurde erst jüngst wieder ausdrücklich durch den Court of Appeal bestätigt. Vgl. Morritt in Re Latreefers Inc Stocznia Gdanska SA v. Latreefers Inc [2001] BCC 174, 189.

850 So Dicey & Morris, s.o., S. 1121.

851 So Fletcher, Insolvency, S. 138.

852 Z.T. wird der "sufficient connection-test" daher als zu vage („too vague") kritisiert, vgl. Smart, Cross Border Insolvency, S. 104-105.

853 Re Real Estate Development Co [1991] BCLC 210, 217: "(1) There must be a sufficient connection with England and Wales which may, but does not necessarily have to, consist of assets within the jurisdiction."

854 Re Compania Merabello San Nicholas SA, s.o., 75, 92.

855 Re Real Estate Development, a.a.O., 210, 217.

856 Vgl. Dicey & Morris, S. 1121: „The second requirement of a reasonable possibility of benefit accruing to creditors expresses a common sense principle."

directors aus den ss. 213/214 IA 86 geltend machen können.[857] Diese Praxis englischer Gerichte kommt einem Zirkelschluss nahe.[858] Englische Gerichte nehmen die eigene Abwicklungsjurisdiktion an, wenn ein Gläubiger einen möglichen Anspruch hat, der sich erst als Folge der Abwicklungsjurisdiktionsgewalt englischer Gerichte ergibt. Dies ist nicht logisch stringent.

Die weite Ausdehnung der Jurisdiktionsgewalt lässt sich nur durch das Vorhandensein weiterer einschränkender Voraussetzungen rechtfertigen. Zu nennen sind hierbei das oben dargestellte Erfordernis einer sufficient connection und der im Folgenden darzustellende Ermessensspielraum des Gerichts (die forum non conveniens-Doktrin). Das Zusammenspiel dieser Einschränkungen erlaubt es, die Auswirkungen des obigen Zirkelschlusses zu mildern, hinterlässt aber im Ergebnis eine gewisse Rechtsunsicherheit.

In *Real Estate Development Co*[859] erweiterte *Knox J* den Test aus Okeanos um eine dritte Stufe. Eine oder mehrere Personen, die an der Verteilung der Vermögensgegenstände der Gesellschaft interessiert waren, mussten demnach Personen sein, die der englischen Gerichtsbarkeit unterlagen. Die dritte tatbestandliche Voraussetzung der Abwicklungsjurisdiktion englischer Gerichte enthält eine personale Komponente. Sie verlangt, dass die Antragsteller der Jurisdiktionsgewalt des englischen Forums unterworfen sind. Die praktische Bedeutung dieser dritten tatbestandlichen Voraussetzung ist unklar. Zum Teil wird ihr jeder eigenständige Inhalt abgesprochen. Danach ist die dritte tatbestandliche Voraussetzung lediglich eine besondere Ausprägung des „sufficient connection"-Tests.[860] Der Drei-Stufen-Test von *Re Real Estate Development* sei nicht stringenter als der „sufficient connection"-Test in *Okeanos*.[861] Die Erweiterung des „suf-

857 Vgl. Lloyd J in Stocznia Gdanska SA v. Latreefers Inc [2001] BCC 174; 180, 181: "Mr Pascoe submitted that such a claim [ein Anspruch aus fraudulent/wrongful trading bzw. ein misfeasance claim] does not, in law, satisfy this second requirement for jurisdiction. I disagree. Both in principle and as a matter of precedent, it seems to me to suffice."; vgl. auch Gibson J in Re a Company (Okeanos), s.o., 210, 225: "The benefit in the present case would consist of the contribution to the assets of the company to make up for the losses caused by the wrongful or fraudulent trading of the company."

858 Vgl. folgende Argumentationskette englischer Gerichte: Wenn englische Gerichte die Jurisdiktion haben, ausländische Gesellschaften abzuwickeln, dann haben englische Gläubiger auch möglicherweise einen Anspruch aus ss. 213/214 IA 86, da die Anwendbarkeit der englischen Abwicklungsregeln der englischen gerichtlichen Zuständigkeit folgt. Voraussetzung der Jurisdiktion englischer Gerichte ist u.a., dass Gläubiger vorhanden sind, die einen möglichen Vorteil („possible benefit") aus der Abwicklung haben. Nach den Entscheidungen in Latreefers und Okeanos kann ein solcher möglicher Vorteil auch in Ansprüchen aus ss. 212/213/214 IA 86 liegen. Folglich haben englische Gerichte auch die Abwicklungsjurisdiktion. Diese Argumentationskette ist ein Zirkelschluss, denn die Ansprüche aus ss. 212/213/214 IA 86 sind gerade erst die Folge der Feststellung englischer Abwicklungsjurisdiktion. Es ist daher nicht logisch stringent, das Vorhandensein der englischen Abwicklungsjurisdiktion mit möglichen Ansprüchen aus ss. 213/214 IA 86 zu begründen. Folgt man dieser verfehlten Schlussfolgerung, so hätten englische Gerichte zwangsläufig immer die Abwicklungsjurisdiktion.

859 Re Real Estate Development Co [1991] BCLC 210.

860 Tolley, Insolvency Law, C90/24.

861 Tolley, Insolvency Law, C 90/23.

ficient connection"-Tests um eine dritte Stufe sei nur die Antwort der Gerichte auf die wachsende Zahl kreativer Versuche gewesen, in den Genuss des englischen Liquidationsrechts zu kommen.[862]

Dagegen spricht jedoch die ständige Gerichtspraxis. Schon *Evershed MR* hat 1950 in *Banque des Marchands de Moscou* festgestellt, dass Personen vorhanden sein müssen, die der Jurisdiktionsgewalt des Forums unterworfen sind oder sich zumindest der Jurisdiktion des Forums unterwerfen: „There must be assets here [...] and persons subject, or at least submitting, to the jurisdiction..."[863] Der *Real Estate Development*-Test verlangt daher ebenfalls eine „sufficient connection" zwischen den Gläubigern und dem Forum. Wie diese Verbindung zwischen den antragsstellenden Gläubigern und dem Forum jedoch im Einzelnen auszusehen hat, bleibt unklar. Es gibt daher Stimmen, die fordern, dass die dritte Voraussetzung *des Re Real Estate Development*-Tests in Zukunft ersatzlos wegfallen soll.[864] Jeder solle einen Antrag auf Liquidation einer Gesellschaft stellen können. Dass ein antragstellender Gläubiger keine Beziehung zur englischen Jurisdiktion habe, solle erst bei der Frage relevant werden, ob es nicht ein geeigneteres Forum („forum conveniens") gebe.[865]

Wirft man einen Blick auf das neuere Fallrecht, so lässt sich daraus nicht zwingend ableiten, ob die Gläubiger der englischen Jurisdiktion unterworfen sein müssen oder nicht.[866] In *Atlantic & General Investment Trust Ltd. v. Richbell* wird nicht ausdrücklich verlangt, dass die Nutznießer einer Gesellschaftsabwicklung der englischen Jurisdiktion unterworfen sein müssen. *Re Real Estate Development* wird von *Judge Weeks QB* nicht einmal erwähnt.[867] Dennoch weist *Judge Weeks QB* bei der Prüfung der zweiten Voraussetzung („reasonable possibility of benefit") darauf hin, dass der Gläubiger („AGIT") im konkreten Fall eine englische Gesellschaft sei. Der dritten Voraussetzung von *Re Real Estate Development* wird damit zumindest inzident genüge getan, obgleich sich *Judge Week QB* nicht ausdrücklich auf *Re Real Estate Development* bezieht.

In einer anderen jüngeren Entscheidung, *Re Latreefers*,[868] charakterisiert *Lloyd J* den Drei-Stufen-Test in *Re Real Estate Development* dagegen ausdrücklich als eine Zu-

---

862 Tolley, Insolvency Law, C 90/24.

863 Banque de Marchands de Moscou (Koupetschesky) v. Kindersley, a.a.O., 112, 125.

864 Smart, Cross Border Insolvency, S. 107.

865 Smart, Cross Border Insolvency, S. 107.

866 Vgl. Stocznia Gdanska SA v. Latreefers Inc [1999]1 BCLC 271; Re Latreefers Inc Stocznia Gdanska SA v. Latreefers [2001] BCC 174, 189 (CA); Atlantic & General Investment Trust Ltd. v. Richbell Information Services Inc [2000] BCC 111.

867 Vgl. Judge Weeks OC in Atlantic & General Investment Trust Ltd. v. Richbell Information Services Inc, s.o., 111, 115: „So the first test is whether there is a sufficiently close connection between RIS and this country to make it appropriate to consider whether to make the order. The other two conditions apparent from the judgement are that there must be persons within the jurisdiction who would benefit from the making of the winding-up order and that there should be no more appropriate jurisdiction for the winding-up of the company."

868 Re Latreefers Inc, Stocznia Gdanska SA v. Latreefers [1999] 1 BCLC 271, [2001] BCC 174.

sammenfassung der Prinzipien, die in früheren Entscheidungen, zu denen er auch *Okeanos* zählt, entwickelt wurden.[869] *Lloyd J* prüft daher auch folgerichtig die dritte personale Komponente aus *Re Real Estate Development*, ob die Gläubiger der abzuwickelnden Gesellschaft der Jurisdiktion englischer Gerichte unterworfen sind.[870] Dennoch bezeichnet auch *Lloyd J* die dritte Voraussetzung: „...in some ways puzzling, not as regards the principle, but in practise."[871] Die Unklarheit ergibt sich nach *Lloyd J* daraus, dass antragsstellende Gläubiger sich durch den Akt der Antragstellung immer in gewissem Sinne freiwillig der englischen Jurisdiktion unterwerfen. Um der dritten Voraussetzung eine gewisse Bedeutung zu geben, dürfe die Antragsstellung aber gerade nicht ausreichen. Nach *Lloyd J* fällt es zudem schwer, den Kläger allein deswegen aus der personalen Reichweite der englischen Jurisdiktion herausfallen zu lassen, weil er Ausländer und nicht in England wohnhaft sei.[872] Im konkreten von *Lloyd J* zu entscheidenden Fall lagen genau diese Umstände vor. Der Kläger war Ausländer und hatte in England keine geschäftliche Präsenz. *Lloyd J* sah die dritte Voraussetzung dennoch erfüllt. Als Begründung verwies er darauf, dass der Kläger zunächst vor einem englischen Gericht ein Zahlungsurteil gegen die Gesellschaft erstritten hatte und er hierin der englischen Gerichtsbarkeit unterworfen war. Den vorliegenden Abwicklungsprozess sah *Lloyd J* dann lediglich als ein unselbständiges Folgeverfahren dieses Zahlungsprozesses an.[873]

Die besondere Bedeutung der dritten Voraussetzung des *Re Real Estate Development*-Tests, „persons interested in the distribution of assets subject to the court's jurisdiction", ist schwer zu ergründen. Ihre Funktion wird ohne weiteres durch die beiden ersten Voraussetzungen erfüllt. Die besseren Argumente sprechen dafür, auf die dritte Voraussetzung zu verzichten.

b) Der Ermessensspielraum des englischen Gerichts

Die zweite Hürde, die englische Gerichte neben den oben dargestellten tatbestandlichen Voraussetzungen errichtet haben, um ihre internationale Zuständigkeit einzugrenzen, ist die „forum non conveniens doctrine". Die forum non conveniens-Doktrin sagt aus, dass ein englisches Gericht seine Zuständigkeit verneinen wird, falls es ein anderes Gericht für geeigneter hält.[874] Die forum non conveniens-Doktrin ist heute an-

869 Lloyd J in Re Latreefers Inc, s.o., 175, 179; zustimmend Sir Richard Scott V-C in Banking Nacional de Cuba v. Cosmos Trading Corp [2000] BCC 910, 914 (AC).

870 Re Latreefers Inc, s.o., BCC 174, 182, 1 BCLC 271, 280.

871 Re Latreefers Inc, s.o., BCC 174, 182., 1 BCLC 271, 280.

872 Re Latreefers Inc, s.o., BCC 174, 182, 1 BCLC 271, 280.

873 Re Latreefers Inc, s.o., BCC 174, 182, 1 BCLC 271, 280.

874 Vgl. z.B. Lord Goff in Spiliada Maritime Corpn v. Cansulex Ltd. [1987] AC 460, 476: „...the basic principle is that a stay will only be granted on the grounds of forum non conveniens where the court is satisfied that there is some other available forum, having competent jurisdiction, which is the appropriate forum for the trial of the action, i.e. in which the case may be tried more suitably

erkanntermaßen Bestandteil des englischen internationalen Zuständigkeitsrechts.[875] In Deutschland konnte sich die forum non conveniens-Doktrin dagegen nicht durchsetzen.[876] Ebenfalls fremd ist die forum non conveniens-Doktrin dem EuGVÜ/GVO.[877] In dessen Anwendungsbereich wird die forum non conveniens-Doktrin daher als Bestandteil der nationalen Rechtsordnung Englands verdrängt. Eine umfassende, detaillierte Darstellung der forum non conveniens-Doktrin würde den Rahmen dieser Arbeit sprengen. [878] Es sollen daher nur die wesentlichen Leitlinien der Struktur der richterlichen Entscheidungsfindung im englischen Insolvenzrecht dargestellt werden.

Im Internationalen Insolvenzrecht sagt die forum non conveniens-Doktrin aus, dass ein englisches Gericht seine Zuständigkeit, ein ausländisches Unternehmen abzuwickeln, ablehnen wird, falls ein Verfahren in einem anderen, geeigneteren Land bereits eröffnet wurde oder zur Eröffnung ansteht.[879] Die Frage, wann ein englisches Gericht sich international als unzuständig erklärt, ist in der Regel eine Tatsachenentscheidung. Es lassen sich keine festgeschriebenen juristischen Grundsätze erkennen. Eine solche Präzisierung ist von den englischen Gerichten auch nicht erwünscht. Die forum non conveniens-Doktrin ist für die englischen Gerichte ein flexibles Instrument, die spezifischen Fakten jedes Einzelfalles gesondert zu würdigen. Um einen gewissen Überblick über die Anwendung der forum non conveniens-Doktrin im englischen Insolvenzrecht zu gewinnen, bleibt daher nur eine Betrachtung einiger wichtiger Fälle, in denen die englischen Gerichte sich als unzuständig betrachtet haben. Eine Darstellung dieser Fälle erlaubt eine gewisse Wahrscheinlichkeitsprognose, wann ein englischer Richter sich für zuständig erklären wird und wann nicht.

In *Banco Nacional de Cuba v. Cosmos Trading Corp*[880] erachtete es der Court of Appeal als nicht wünschenswert, eine winding-up order zu erlassen, wenn die betreffende Gesellschaft in England keine Vermögensgegenstände habe und die Gesellschaft in ihrem Gründungsstaat und anderswo noch weiter Geschäfte betreibe. Die Abwick-

for the interests of all parties and the ends of justice." Nach Kropholler, S. 619, besagt die forum non conveniens-Doktrin: „...dass ein an sich international zuständiges Gericht seine Zuständigkeit ablehnen kann, wenn der Fall so enge Beziehungen zu einem anderen Land aufweist, dass er besser dort entschieden werden sollte."

875 Die wegweisende Entscheidung hierfür war Spiliada s.o.; Zum derzeitigen Entwicklungsstand der „forum non conveniens"-Lehre in England siehe Blobel/Späth, RIW 2001, 598-604.

876 Eine Zusammenfassung der Argumente, die gegen die Anwendung der forum non conveniens-Doktrin im deutschen Recht sprechen, findet sich bei Kropholler, S. 620-621. Siehe auch Wahl, S. 111, der die forum non conveniens-Doktrin zwar als „Wertentscheidung zugunsten der Rechtsunsicherheit" bezeichnet, sich aber gleichzeitig eine Auflockerung der starren Zuständigkeitsregeln im deutschen Recht vorstellen kann. Hiergegen jedoch Geimer, Rn. 1075-1080.

877 Siehe Geimer, Rn. 1094 b bzw. Blobel/Späth, RIW 2001, 598, 603. Umfassend zum Verhältnis der forum non conveniens-Lehre zum EuGVÜ siehe Erwand.

878 Vgl. zu einer detaillierten Auseinandersetzung mit der forum non conveniens-Doktrin im englischen Zuständigkeitsrecht Ingenhoven, S. 91-120.

879 Re Wallace Smith & Co Ltd. [1992] BCLC 970; Smart, (1989) JBL 126, 128.

880 Banco Nacional de Cuba v. Cosmos Trading Corp [2000] BCLC 813, 821.

lung einer solchen Gesellschaft solle nur in außergewöhnlichen Fällen erfolgen. Die Berufung wurde daher im Fall abgewiesen.

In *Re Wallace Smith & Co Ltd.*[881] wurde von einer englischen Gesellschaft, die sich bereits in Abwicklung in England befand, eine winding up-petition gegen eine Gesellschaft aus Ontario eingereicht. Beide Gesellschaften gehörten derselben Unternehmensgruppe an, und die Gesellschaft aus Ontario besaß Vermögensgegenstände innerhalb der englischen Jurisdiktion.[882] Zudem hatte die Gesellschaft in der Person des Antragstellers zumindest einen Gläubiger in England, zu dessen Gunsten eine Abwicklung erfolgen konnte. Die Abwicklungszuständigkeit der englischen Gerichte war daher nach allen oben genannten tatbestandlichen Voraussetzungen grundsätzlich zu bejahen. Der Abwicklungsantrag basierte auf einer angeblich unbezahlten Schuld, deren Existenz aber nicht zur Zufriedenheit des Gerichts nachgewiesen werden konnte. Das Gericht machte aber darüber hinaus klar, dass es den Antrag auch aus einem anderen Grund abgelehnt hätte. Nach Ansicht des Gerichts wäre nämlich Ontario eindeutig das geeignetere Forum gewesen. Wobei das Gericht gleichzeitig deutlich zum Ausdruck brachte, dass die Existenz eines geeigneteren Forums die Möglichkeit der Abwicklung in England nicht grundsätzlich ausschließe. Zur Begründung führte das Gericht aus, dass es Fälle gebe, wie *Re Commercial Bank of South Australia*[883], in denen das Gericht in England eine ergänzende Abwicklung („ancillary winding up“) zugelassen hatte, obwohl England offensichtlich nicht das forum conveniens war.[884]

Gleichwohl sei die Frage der Bestimmung des forum conveniens wichtig für die Ermessensentscheidung des Gerichts, ob es seine Jurisdiktion ausüben wolle.[885] Das Urteil in *Re Wallace Smith & Co Ltd.* macht noch einmal deutlich, dass das Gericht bereit ist, die Frage des forum conveniens bei seiner Ermessensentscheidung zu berücksichtigen, unabhängig davon, ob eine sufficient connection der Gesellschaft mit der englischen Jurisdiktion vorliegt und mögliche Gläubiger als Nutznießer einer Abwicklung vorhanden sind. Die Bemerkung des Gerichts, dass ein ausländisches forum conveniens nicht zwangsläufig die englische Jurisdiktion ausschließe, ist primär als Hinweis auf die Möglichkeit einer ergänzenden Abwicklung („ancillary winding up“[886]) zu verstehen.

---

881 Re Wallace Smith & Co Ltd. [1992] BCLC 970.

882 Ein Bankkonto in Höhe von 25.000 Pfund in London.

883 Re Commercial Bank of South Australia (1866) 33 Ch. D. 174.

884 Re Wallace Smith & Co Ltd. [1992] BCLC 970, 1007: "...because there are cases, such as Re Commercial Bank of Australia (1866) 33 Ch D 174, in which the court will make a winding-up order in England which is ancillary to a winding-up order made in the jurisdiction in which the company is incorporated; and clearly in such a case it could not be said that England was the more appropriate jurisdiction in which to make a winding-up order."

885 Re Wallace Smith & Co Ltd. [1992] BCLC 970, 1007.

886 Vgl. Williams J in Re English, Scottish and Australian Chartered Bank [1893] Ch 385, 394: "One knows that where there is a liquidation of one concern the general principle is ascertain what is the domicile of the corporation of the company in liquidation, let the court of the domicile act as the principle court to govern the liquidation, and let the other courts act as ancillary, as far as they can, to the principal liquidation." bzw. Re Commercial Bank of South Australia (1886) Ch D 174, 178;

Eine ancillary winding-up ist in ihrer Reichweite auf die in der englischen Jurisdiktion belegenen Vermögensgegenstände des Unternehmens beschränkt. Sie kommt in Betracht, wenn im forum conveniens bereits ein Abwicklungsverfahren eröffnet wurde oder unmittelbar bevorsteht. Ihrem Zweck nach soll sie den ausländischen Insolvenzverwalter in seiner Tätigkeit unterstützen.[887]

Dass eine ancillary winding up aber nicht zwangsläufig erfolgen muss, wenn die anderen tatbestandlichen, jurisdiktionellen Voraussetzungen einer Abwicklung in England vorliegen, zeigt die Entscheidung in *New Hampshire Insurance Co v. Rush and Tompkins Group plc*[888]. Hierin beantragte der Antragsteller die Abwicklung zweier niederländischer Unternehmen, die Teil einer größeren Unternehmensgruppe, der Rush & Tomkins Gruppe, waren. Die englischen Unternehmen der Gruppe befanden sich in der Zwangsabwicklung vor einem englischen Gericht. Die niederländischen Unternehmen dagegen waren der Zwangsabwicklung vor einem niederländischen Gericht unterworfen. Im niederländischen Verfahren war ein Herr De Ruuk war als Insolvenzverwalter im Abwicklungsverfahrens bestellt worden. Die Antragssteller waren nicht im niederländischen Verfahren tätig geworden, so dass Herr De Ruuk geltend machte, dass die parallele Eröffnung des Abwicklungsverfahren bzgl. der niederländischen Unternehmen vor einem englischen Gericht zu Konfusion und einer Verdoppelung der Kosten und der Dauer des Verfahrens führen würde. Die parallele Eröffnung eines Abwicklungsverfahrens in England gehe zu Lasten der Gläubiger, da das Vermögen der Gesellschaft dementsprechend reduziert würde. Die Angeklagten machten demgegenüber geltend, dass Herr de Ruuk ihre Angelegenheit nicht ausreichend untersucht habe und nur ein englischer Insolvenzverwalter eine ordentliche Untersuchung ihrer Ansprüche durchführen könne. Die Richter gaben Herrn De Ruuk im spezifischen Fall Recht und verwiesen den Antragssteller darauf, seine Bedenken gegenüber Herrn De Ruuk vor dem betreffenden niederländischen Gericht geltend zu machen. Die zugegebenermaßen chauvinistische Argumentation des Antragsstellers, dass nur ein englischer Insolvenzverwalter in der Lage sei, die Ansprüche der Antragsteller ordentlich zu untersuchen, wiesen sie zurück.[889] Die englischen Gerichte können daher ihre Jurisdiktion (für eine ancillary winding up) ablehnen, wenn ein Verfahren schon im forum conveniens initiiert wurde und

---

zur ancillary winding-up; siehe auch Smart, Cross Border Insolvency, S. 359-390 bzw. Smart (1990) 39 I.C.L.Q. 827-855; Vgl. auch s. 225 IA 86, der a fortiori eine Abwicklung in England ausdrücklich zulässt, selbst wenn die ausländische Gesellschaft nach ihrem Gründungsrecht schon aufgelöst wurde oder sonst nicht mehr existent ist.

887 Siehe Vaughan Williams in Re Federal Bank of Australia Ltd. (1893) 62 LJ Ch 561, 563.

888 New Hampshire Insurance Co v. Rush and Tompkins [1998] 2 BCLC 471. So auch Smart, Cross Border Insolvency, S. 370.

889 Vgl. Millet LJ in New Hampshire Insurance Co v. Rush & Tomkins Group plc [1998] 2 BCLC 471 "It would be something of an impertinence for the English court to take the view that if a trustee in bankruptcy appointed by the Dutch court is not performing his task properly, the proper remedy is for the English court to appoint its own officer to see that he does. If Mr De Ruuk's conduct gives rise to any cause for concern then it is to the Dutch court that those concerns ought, in my opinion, to be addressed."

nichts dafür spricht, dass das Verfahren in England der Masse der Gläubiger in irgendeiner Form nützen bzw. den ausländischen Insolvenzverwalter in seiner Tätigkeit unterstützen könnte.

Auf der anderen Seite muss aber festgestellt werden, dass die bereits initiierte Abwicklung einer ausländischen Gesellschaft in ihrem Inkorporationsstaat nicht zwangsläufig dazu führt, dass die englischen Gerichte nur noch eine ancillary winding-up in England durchführen dürfen.[890] Die Abwicklung einer Gesellschaft in ihrem Heimatstaat hat nicht automatisch zur Folge, dass der Heimatstaat als forum conveniens gegenüber England anzusehen ist und England (wenn überhaupt) damit nur noch forum eines ancillary winding-up sein darf. Die bereits begonnene Abwicklung einer Gesellschaft im Heimatstaat ist kein zwingendes Kriterium zur Bestimmung des forum conveniens. Die englische Jurisdiktion kann immer noch geeigneter sein, wenn eine Gesellschaft eine nähere Verbindung zu England hat (z.B., weil die meisten Gläubiger und/oder Anteilseigner der Gesellschaft in England ansässig sind). Dass die bereits begonnene Abwicklung einer Gesellschaft im Ausland die Gerichte dieses Staates nicht zwangsläufig zum forum conveniens machen, ergibt sich auch im Wege eines a maiore ad minus-Arguments direkt aus dem Gesetz. S. 225 IA 86 erlaubt die Abwicklung einer ausländischen Gesellschaft, die im Ausland bereits aufgelöst wurde oder sonst nicht mehr existent ist. Erst recht muss den englischen Gerichten daher die Abwicklung einer Gesellschaft möglich sein, die sich erst im Stadium der Abwicklung befindet und damit, metaphorisch gesprochen, noch „lebt“(wenn auch oftmals todkrank).

2. *Die „neue Rechtslage“ - nach Inkrafttreten der Europäischen Verordnung über Insolvenzverfahren*

Zunächst soll auf die Entstehungsgeschichte der Europäischen Insolvenzverordnung eingegangen werden. Nur in diesem Kontext lässt sich die Bedeutung der neuen Gesetzgebung hinreichend erfassen.

a) Entstehungsgeschichte der europäischen Insolvenzverordnung

Mit Erlass der Verordnung Nr. 1346/2000 über die Insolvenzverfahren am 29.5.2000 konnten jahrzehntelange Bemühungen[891] um die Schaffung eines einheitlichen Europäischen Insolvenzkollisionsrechts erfolgreich zum Abschluss gebracht werden. Die Verordnung übernimmt fast wortgleich den Text des Europäischen Insolvenzübereín-

890 Vgl. Smart, Cross Border Insolvency, S. 370-371.

891 Vgl. hierzu Fritz/Bär, DZWIR 2001, 221, 222 bzw. Wimmer, ZInsO 2001, 97 ff.; Huber, ZZP 2001, 133.

kommens,[892] das im November 1995 von den Justizministern verabschiedet wurde.[893] Das Europäische Insolvenzübereinkommen scheiterte damals auf der Zielgeraden. Obwohl bereits 14 EG-Mitgliedstaaten unterzeichnet hatten, lehnte es das Vereinigte Königreich letztlich überraschend ab, das Übereinkommen zu unterzeichnen. Angeblicher Grund hierfür war der schwelende „beef-war". Die englische Regierung war darüber verärgert, dass die anderen Mitgliedstaaten nicht bereit waren, das Importverbot bzgl. englischen Rindfleisches aufzuheben. In inoffiziellen Stellungnahmen der englischen Seite wurde jedoch vor allem der ungelöste Gibraltar-Konflikt als Begründung des Scheiterns vorgebracht.

Die Wende brachte der „Säulenwechsel von Amsterdam".[894] Der Amsterdamer Vertrag hat einen neuen Titel IV in den EG Vertrag eingefügt.[895] Der Bereich der justiziellen Zusammenarbeit in Zivilsachen erscheint dabei als neuer Art. 65 EGV. Die bisherige Koordinierung der Prozessrechte nach Art. 293 EGV wurde durch eine echte Gemeinschaftspolitik im Internationalen Privat- und Verfahrensrecht ersetzt. Art. 65 lit. b EGV fordert darin „die Förderung der Vereinbarkeit der in den Mitgliedstaaten geltenden Kollisionsnormen". Durch die „Vergemeinschaftung" der justiziellen Zusammenarbeit bzw. des Kollisionsrechts stehen nun die rechtlichen Handlungsinstrumente des EG-Vertrags, Richtlinien und Verordnungen, dem europäischen Gesetzgeber zur Verfügung. Es ist nicht mehr nötig, den mühsamen Weg über völkerrechtliche Vereinbarungen auf Grundlage von Art. 293 EGV zu gehen.[896]

Die Verordnung über das Insolvenzverfahren ist das erste Produkt der neuen Kompetenznorm. Die Insolvenzverordnung beruht auf einer deutsch-finnischen Initiative. Der deutsch-finnische Vorstoß in einen Bereich, der bis dahin exklusiv der Kommission vorbehalten war, kam überraschend schnell. Es ist daher nicht erstaunlich, dass die Kommission der deutsch-finnischen Initiative zunächst kritisch gegenüberstand und sogar versucht hatte, das Vorhaben durch das Versprechen eines neuen, eigenen Kommissionsvorschlags zu Fall zu bringen.[897]

Da die justizielle Zusammenarbeit zusammen mit den politisch sensitiven Visums-, Einwanderungs- und Asylpolitiken vergemeinschaftet wurde, haben sowohl das Vereinigte Königreich und Irland als auch Dänemark gem. Art. 69 EGV Vorbehalte zu

892 Zu den Abweichungen siehe Wimmer, ZInsO 2001, 22 ff.

893 Vgl. hierzu Balz, ZIP 1996, 948 ff.

894 Vgl. hierzu Jayme/Kohler, IPRax 1997, 385 ff.

895 Art. 61-69 EGV („Visa, Asyl, Einwanderung und andere Politiken betreffend den freien Personenverkehr"); vgl. hierzu Heß, NJW 2000, 23 ff. bzw. Pfeiffer, NJW 1999, 3674 ff.

896 Vgl. z.B. das Brüsseler EWG-Übereinkommen über die gerichtliche Zuständigkeit und die Vollstreckung gerichtlicher Entscheidungen in Zivil- und Handelssachen (EüGVÜ), BGBl. 1972 II, S. 774, i.d.F. des 4. Beitrittsübereinkommens vom 29.11.1996 BGBl. 1998 II, S. 1412 bzw. das Römische EWG-Übereinkommen über das auf vertragliche Schuldverhältnisse anzuwendende Recht, BGBl. II 1986, S. 810 i.d.F. des 3. Beitrittsübereinkommens vom 29. November 1996 BGBl. 1999 II, S. 7.

897 Wimmer, ZInsO 2001, 97.

dieser Integrationsstufe erklärt.[898] Die systematische Stellung des Art. 65 EGV im Titel IV ist daher ein Hemmnis für die Fortentwicklung der justiziellen Zusammenarbeit im Allgemeinen bzw. der Förderung der Vereinbarkeit der mitgliedschaftlichen Kollisionsrechte im Speziellen.[899] Art. 1 Protokoll (Nr. 4)[900] stellt klar, dass sich das Vereinigte Königreich und Irland grundsätzlich nicht an der Annahme von Maßnahmen durch den Rat beteiligen, die entsprechend den Bestimmungen des EGV-Titels „Freier Personenverkehr, Asylrecht und Einwanderung" erlassen werden.[901] Konsequenz dieser Nichtbeteiligung ist, dass die nach dem neuen Titel IV EGV erlassenen Maßnahmen, ebenso wie alle entsprechenden Entscheidungen des EuGH, für diese Staaten weder bindend bzw. anwendbar noch in sonstiger Weise berechtigend oder verpflichtend sind.[902] Das Vereinigte Königreich und/oder Irland können jedoch nach Art. 3 des Protokolls (Nr. 4)[903] zum Amsterdamer Vertrag innerhalb einer bestimmten Frist[904] dem Präsidenten des Rats schriftlich mitteilen, dass sie sich an einzelnen Politiken des IV. Teils des EGV beteiligen wollen (sog. Beteiligungsoption).[905] Beteiligt sich das Vereinigte Königreich oder Irland an einer Maßnahme nach Titel IV EGV, so ist diese Maßnahme in den „Inselstaaten" im vollem Umfange bindend. Es ist daher sehr zu begrüßen, dass sowohl das Vereinigte Königreich[906] als auch Irland mitteilten, dass sie sich an der Annahme und Anwendung der Europäischen Insolvenzverordnung beteiligen wollen.[907]

---

898 Vgl. zur „stay in/opt out"-Sonderregelung des Art. 69 EGV Hailbronner/Thiery, EuR 1998, 583, 597.

899 Die systematische Verortung der justiziellen Zusammenarbeit im Titel VI wird daher scharf kritisiert. Vgl. Schwarze/Wiedmann, S. 875/876; Basedow, EuZW 1997, 609; Besse, ZEuP 1999, 116, 122. Denn sowohl die „Inselstaaten" als auch Dänemark wären grundsätzlich zu einer engeren justiziellen Zusammenarbeit bereit gewesen. Auch die Einschränkung der Gerichtsbarkeit in Art. 68 EGV wird asylpolitisch begründet, vgl. Schwarze/Wiedmann, S. 875 und wirkt sich als Hemmnis für eine engere justizielle Zusammenarbeit aus.

900 Protokoll (Nr. 4) über die Position des Vereinigten Königreichs und Irlands.

901 Irland hat sich jedoch die Option ausbedungen, aufgrund Art. 8 des Protokolls (Nr. 4) mit einer einfachen Mitteilung an den Rat, jederzeit von dem Protokoll zurücktreten zu können. Hintergrund dieser Regelung ist nach Hailbronner/Thiery, s.o., S. 600: „...dass Irland nur mit Rücksicht auf das Vereinigte Königreich und im Hinblick auf die Aufrechterhaltung der mit dem Vereinigten Königreich seit vielen Jahren bestehenden besonderen Reiseregelungen („Common Travel Area") von der vollständigen Teilnahme am Titel IV EGV abgesehen hat."

902 Art. 2 Protokoll (Nr. 4) über die Position des Vereinigten Königreichs und Irlands.

903 Protokoll (Nr. 4) über die Position des Vereinigten Königreichs und Irlands.

904 Drei Monate nach der Vorlage eines auf der Grundlage des neuen Titels IV gemachten Vorschlags.

905 Siehe Meyring, EuR 1999, 309, 311 ff.; Heß, NJW 2000, 23, 28; Hailbronner/Thiery, s.o., S. 598.

906 Vgl. aber die Ausnahmeregelung des Art. 44 Abs. 3 EuInsVO. Die Verordnung gilt demnach nicht im Vereinigten Königreich England und Nordirland, „...soweit es in Konkurssachen mit den Verpflichtungen aus Vereinbarungen, die im Rahmen des Commonwealth geschlossen wurden und die zum Zeitpunkt des Inkrafttretens dieser Verordnung wirksam sind, unvereinbar ist."

907 Vgl. Erwägungsgrund 32.

b) Die wesentlichen Regelungen der Verordnung

Das neue Insolvenzverfahren findet als Verordnung unmittelbare Anwendung in den beteiligten Mitgliedstaaten.[908] Die Verordnung bestimmt in grenzüberschreitenden Insolvenzfällen den internationalen Gerichtsstand, die Anerkennung mitgliedstaatlicher Insolvenzverfahren sowie das anwendbare Recht. Ausgenommen vom Geltungsbereich der Verordnung sind Insolvenzverfahren über das Vermögen von Versicherungsunternehmen, Kreditinstituten und Wertpapierfirmen, die Gelder oder Wertpapiere Dritter halten, sowie von Organismen für die gemeinsamen Anlagen.[909] Diese Unternehmen sollten von dieser Verordnung nicht erfasst werden, da für sie besondere Vorschriften[910] gelten und die nationalen Aufsichtsbehörden teilweise sehr weitgehende Eingriffsbefugnisse haben.[911] Auf die Schaffung eines einheitlichen materiellen europäischen Insolvenzrechts wurde wegen der großen materiellen Unterschiede[912] der einzelstaatlichen Insolvenzgesetze verzichtet. Diesen Unterschieden wurde zum einen dadurch Rechnung getragen, dass bzgl. bestimmter Rechte eine Sonderanknüpfung möglich ist[913], zum anderen auch dadurch, dass die in einem Mitgliedstaat befindlichen Vermögensgegenstände unter bestimmten Voraussetzungen einem räumlich beschränkten, innerstaatlichen sekundären Insolvenzverfahren unterworfen werden können.

aa) Das Hauptverfahren

Gem. Art. 3 Absatz 1 EuInsVO ist das Gericht, in dessen Gebiet der Schuldner den Mittelpunkt seiner hauptsächlichen Interessen hat, für die Eröffnung des Hauptinsol-

---

908 Vgl. Art. 249 EGV. So auch klarstellend Art. 47 Abs. 2 EuInsVO.

909 Vgl. Art. 1 Abs. 2 EuInsVO, bzw. Erwägungsgrund 9.

910 Vgl. Gemeinsamer Standpunkt des Rates v. 10.10.2000 zu der Richtlinie über die Sanierung und Liquidation von Versicherungsunternehmen (Dok. 8975/3/00 REV 3) bzw. Gemeinsamer Standpunkt des Rates v. 7.7.2000 zu der Richtlinie über die Sanierung und Liquidation von Kreditinstituten (Dok. 7571/00).

911 Siehe hierzu unter Erwägungsgrund Nr. 9.

912 Vgl. die sehr unterschiedlich ausgeprägten Sicherungsrechte oder die unterschiedlichen Regelungen der Vorrechte einzelner Gläubiger.

913 So soll für dingliche Rechte gem. Art. 5 der EuInsVO das Recht des Belegenheitsorts gelten. Begründet wird dies in der Präambel unter Erwägungsgrund 25 mit der überragenden Bedeutung von dinglichen Rechten für die Gewährung von Krediten. Der Inhaber von dinglichen Rechten kann daher sein Recht auf Ab- bzw. Aussonderung im Insolvenzfall weiterhin geltend machen. Sonderanknüpfungen sollten darüber hinaus für das Recht zur Aufrechnung, Art. 6 EuInsVO und für bestimmte Zahlungssysteme (Glattstellungsverträge und Nettingvereinbarungen) und Finanzmärkte, Art. 9 EuInsVO, gelten. Für diese soll allein das Recht maßgebend sein, das auf das betreffende System bzw. den betreffenden Markt anwendbar ist. Schließlich gilt gem. Art. 10 EuInsVO, zum Schutz der Arbeitnehmer und der Arbeitsverhältnisse, das Recht des Mitgliedstaates, das auf den Arbeitsvertrag anzuwenden ist.

venzverfahrens international zuständig.[914] Bei Gesellschaften und juristischen Personen wird bis zum Beweis des Gegenteils vermutet, dass der Mittelpunkt ihrer hauptsächlichen Interessen der Ort des satzungsmäßigen Sitzes ist.[915] Die mitgliedstaatlichen Gerichte haben demnach die Möglichkeit, die Vermutung der Satzungssitzanknüpfung zu entkräften und den Mittelpunkt der hauptsächlichen Interessen anderweitig, z.B. am Verwaltungssitz der Gesellschaft, zu bestimmen.[916] Es ist daher nicht erstaunlich, dass in jüngster Zeit die Definition des Begriffs des Mittelpunkt der hauptsächlichen Interessen zu Kompetenzkonflikten zwischen mitgliedstaatlichen Insolvenzgerichten geführt hat.[917] Ursache hierfür ist, dass die Insolvenzgerichte der Mitgliedstaaten den Begriff des Mittelpunkts der hauptsächlichen Interessen unterschiedlich ausgelegt haben und sie somit beide ihre internationale Zuständigkeit zur Eröffnung eines Hauptinsolvenzverfahrens mit universeller Wirkung bejahten. Die EuInsVO sieht vor, dass bei einem Kompetenzkonflikt der Gerichte zweier Mitgliedstaaten eine Lösung grundsätzlich nach dem Prinzip des gegenseitigen Vertrauens zu finden ist.[918] Im Übrigen gilt das Prioritätsprinzip.[919] Die Entscheidung des zuerst eröffnenden Gerichts soll in den anderen Mitgliedstaaten anerkannt werden. Die anderen Mitgliedstaaten sollen die Entscheidung des zuerst eröffnenden Gerichts keiner weiteren Überprüfung unterziehen.[920] Soweit die Verordnung nichts anderes bestimmt,[921] gilt für das Insolvenzverfahren und all seine Wirkungen das Insolvenzrecht des Mitgliedstaats, in dem das Verfahren eröffnet wird (lex concursus).[922]

---

914 Die innerstaatliche Zuständigkeit eines nach der Verordnung international zuständigen Mitgliedstaats muss hingegen nach dem Recht des Mitgliedstaats selbst bestimmt werden, Erwägungsgrund 15. Sind z.B. die Gerichte des Vereinigten Königreichs nach der Verordnung international berufen, so beurteilt sich die nationale Zuständigkeit nach englischem Recht. Es ist daher weiterhin notwendig, den IA 86 bzw. das common law zu bemühen, um herauszufinden, welches Gericht national zuständig ist (örtliche Zuständigkeit).

915 Art. 3 Abs. 1 Satz 2 EuInsVO.

916 Siehe Erwägungsgrund Nr. 13: „Als Mittelpunkt der hauptsächlichen Interessen sollte der Ort gelten, an dem der Schuldner gewöhnlich der Verwaltung seiner Interessen nachgeht und damit für Dritte feststellbar ist."

917 Vgl. z.B. die Entscheidung des High Court of Leeds v. 16.05.2003 bzw. des AG Düsseldorf, ZIP 2003, 1362. Siehe hierzu Herchen, ZInsO 2004, 61; derselbe, ZInsO 2004, 825; Weller, IPRax 2004, 412; Oberhammer, ZInsO 2004, 761, 767 ff.

918 Siehe Erwägungsgrund 22.

919 Die EuInsVO schreibt das Prioritätsprinzip zwar nicht ausdrücklich vor. Es ergibt sich aber implizit aus Art. 3 Abs. 3 EuInsVO bzw. Erwägungsgrund 22. Siehe hierzu ausführlich Herchen, ZInsO 2004, 61, 63-64.

920 Art. 16 EuInsVO bzw. Erwägungsgrund 22.

921 Art. 8, 9, 10, 11, 14 und 15 der EuInsVO enthalten bestimmte Sonderanknüpfungen. So wird z.B. bzgl. der Begründung, Gültigkeit und Reichweite von dinglichen Rechten aus Vertrauensschutzgründen an die lex rei sitae angeknüpft.

922 Art. 4 EuInsVO; Erwägungsgrund 23.

bb) Die Partikularverfahren

Die Gerichte eines Mitgliedstaats, dessen Gebiet nicht den Mittelpunkt der hauptsächlichen Interessen des Schuldners beherbergt, sind zur Eröffnung eines Insolvenzverfahrens befugt, soweit der Schuldner eine Niederlassung in ihrem Gebiet hat.[923] „Niederlassung" wird in Art. 2 (h) der Verordnung definiert als „jeder Tätigkeitsort, an dem der Schuldner einer wirtschaftlichen Aktivität von nicht vorübergehender Art nachgeht, die den Einsatz von Personal und Vermögenswerten voraussetzt." Die Reichweite dieser Definition ist noch nicht abschließend geklärt.[924] Einige Feststellungen lassen sich jedoch schon jetzt treffen. Die Mitgliedstaaten haben bewusst nicht dem Europarecht vertraute Rechtsbegriffe wie die „Agentur" oder die „Zweigniederlassung" verwendet.[925] Der Begriff der „Niederlassung" eröffnet so Raum für eine großzügigere Interpretation als z.B. die Definition der „Zweigniederlassung" in Art. 5 Nr. 5 EuGVÜ. Nach dem Willen einzelner Mitgliedstaaten soll auch schon die Belegenheit einzelner Vermögensgegenstände („assets") für die Annahme einer Niederlassung ausreichen.[926] Es wird sich weisen, inwieweit der EuGH bereit ist, dieser Interpretation zu folgen. Insbesondere für das englische Gläubigerschutzrecht wird die Auslegung des Begriffs der „Niederlassung" jedoch von entscheidender Bedeutung sein.[927] Die Wirkungen des Partikularverfahrens sind schließlich auf das im Gebiet des Mitgliedstaates befindliche Vermögen des Schuldners *territorial* beschränkt.[928]

(I) Das unabhängige Partikularverfahren

Ein unabhängiges Partikularverfahren im Sinne des Art. 3 Abs. 2 EuInsVO kann nur eröffnet werden, falls die Eröffnung eines Hauptverfahrens nach den Vorschriften des Staates, in dem der Schuldner seine hauptsächlichen Interessen hat, nicht möglich ist oder wenn die Eröffnung des unabhängigen Partikularverfahrens von einem Gläubiger beantragt wird, der seinen Wohnsitz, gewöhnlichen Aufenthalt oder Sitz in dem Mitgliedstaat hat, in dem sich die betreffende Niederlassung befindet, oder dessen Forderung auf einer sich aus dem Betrieb dieser Niederlassung ergebenden Verbindlichkeit beruht.[929] Für das unabhängige Partikularverfahren gilt das Recht des das Verfahren eröffnenden Mitgliedstaates, somit nationales, partikulares Recht.[930]

---

923 Art. 3 Abs. 2 EuInsVO. Die Ausgestaltung des Sekundärverfahrens ist in Art. 27 ff. EuInsVO geregelt.

924 Burbidge (2002) 27 Eur.L.Rev. 589, 602.

925 Virgos/Schmitt, S. 37, 59.

926 Siehe Virgos/Schmitt, S. 58; vgl. zu der Problematik auch Fritz/Bär, a.a.O., S. 231 sowie Hanisch, S. 202, 208 ff.

927 Burbidge (2002) 27 Eur.L.Rev. 589, 602.

928 Art. 3 Abs. 2 der EuInsVO.

929 Art. 3 Abs. 4a/b EuInsVO.

930 Virgos/Schmitt, S. 43.

(II) Das sekundäre Partikularverfahren

Ist ein Hauptinsolvenzverfahren nach Art. 3 Abs. 1 EuInsVO bereits eröffnet worden, so ist jedes zu einem späteren Zeitpunkt nach Art. 3 Absatz 2 eröffnete Verfahren ein sekundäres Partikularverfahren oder kurz Sekundärverfahren.[931] Bei diesem Verfahren muss es sich nach Art. 3 Abs. 3 Satz 2 EuInsVO zwingend um ein Liquidationsverfahren im Sinne der Definition des Art. 2 (c) Anhang B handeln. Für das Gesellschaftsinsolvenzrecht des Vereinigten Königreichs umfasst der Begriff des „Liquidationsverfahrens" im Sinne der Verordnung alle Arten der winding-up- Verfahren.[932] Ausdrücklich ausgenommen ist jedoch die administration gem. Part II des IA 86. Demzufolge kann nach Eröffnung eines Hauptinsolvenzverfahrens in einem Mitgliedstaat außerhalb des Vereinigten Königreichs in England keine administration mehr durchgeführt werden, da das gegen Art. 3 Abs. 3 Satz 2 EuInsVO verstoßen würde.[933] Gem. Art. 28 EuInsVO finden auf das Sekundärverfahren die Rechtsvorschriften des Mitgliedstaats Anwendung, in dessen Gebiet das Sekundärverfahren eröffnet worden ist. Wird nach Eröffnung eines unabhängigen Partikularverfahrens ein Hauptverfahren eröffnet, dann wandelt sich gem. Art. 36 EuInsVO das unabhängige Partikularverfahren in ein Sekundärverfahren um. Es gelten dann die Regelungen der Artt. 31-35 EuInsVO, soweit das nach dem Stand des Verfahrens noch möglich ist. War Gegenstand des unabhängigen Partikularverfahrens ein Reorganisationsverfahren im Sinne einer administration, so kann dieses Verfahren auf Antrag des Insolvenzverwalters des Hauptverfahrens beim zuständigen Gericht in ein Liquidationsverfahren gem. Art. 2 (c) Anhang B umgewandelt werden. Voraussetzung ist aber, dass der Insolvenzverwalter des Hauptverfahrens ein entsprechendes Interesse an der Umwandlung nachweisen kann.

c) Umfang und Reichweite der Verordnung

Jeder Gläubiger, der seinen Wohnsitz, gewöhnlichen Aufenthalt oder Sitz in der Gemeinschaft hat, besitzt das Recht, Forderungen in jedem in der Gemeinschaft anhängigen Insolvenzverfahren über das Vermögen des Schuldners anzumelden. Ausdrücklich soll dies auch für Steuerbehörden und Sozialversicherungsträger gelten.[934] Diese Praxis entspricht einer Abkehr vom traditionellen englischen Rechtsgrundsatz, dass englische

931 Art. 3 Abs. 3 der EuInsVO.
932 Vgl. Anhang B der EuInsVO.
933 Die Undurchführbarkeit der administration ist einleuchtend, da nicht gleichzeitig die Abwicklung und Reorganisation derselben Gesellschaft betrieben werden kann. Als unabhängiges Partikularverfahren kann eine administration dagegen durchgeführt werden, vgl. Virgos/Schmitt, S. 43 ff.
934 Erwägungsgrund 21.

Gerichte ausländische Steuerschulden nicht durchsetzen (revenue rule),[935] da sie nach englischem Recht als nicht durchsetzbar galten.[936]

3. *Bewertung des Internationalen Gesellschaftsinsolvenzrechts Englands*

Das Inkrafttreten der EuInsVO hat eine große Auswirkung auf das englische gesellschaftsrechtliche Gläubigerschutzrecht, da das englische gesellschaftsrechtliche Gläubigerschutzrecht die Fähigkeit englischer Gerichte voraussetzt, die betreffende Gesellschaft abzuwickeln. Es ist daher nicht erstaunlich, dass die englischen Gerichte bisher nach der „alten Rechtslage“ (vor Inkrafttreten der EuInsVO) ausländischen Gesellschaften gegenüber eine extensive, teilweise exorbitante (und nicht immer logisch stringente) Rechtsprechungszuständigkeit annahmen. Inwieweit sich diese Rechtsprechung nach Inkrafttreten der EuInsVO aufrechterhalten lässt, wird im vierten Teil der Arbeit erörtert werden. Im Folgenden soll nun zunächst die Anwendbarkeit der einzelnen Gläubigerschutzinstrumente auf zuziehende ausländische EU-Gesellschaften untersucht werden.

§ 2: Anwendbarkeit des Company Directors Disqualification Act 1986 auf ausländische Gesellschaften

S. 22 Abs. 2 CDDA 86 gibt über die Anwendbarkeit des CDDA 86 auf overseas companies Auskunft. Maßstab der Anwendbarkeit ist danach wiederum, ob eine ausländische Gesellschaft unter den company-Begriff des CDDA 86 fällt. Hinsichtlich s. 11 CDDA 86 („undischarged bankrupts“) umfasst der company-Begriff ausdrücklich auch alle unregistered companies und „any company outside Great Britain, which has an established place of business in Great Britain“.[937] Voraussetzung der Anwendbarkeit der s. 11 CDDA 86 auf ausländische Gesellschaften ist daher nur, dass sie eine Geschäftsniederlassung („established place of business“) in England haben.

Die übrigen Vorschriften des CDDA 86, insbesondere s. 6 CDDA 86, sind gem. s. 22 Abs. 2b CDDA 86 auf alle Gesellschaften anwendbar, die unter dem 5. Abschnitt (Part V) des IA 86 abgewickelt werden können.[938] Die Grundsätze der Abwicklung ausländischer Gesellschaften wurden bereits ausführlich dargestellt.[939] Soweit nichts ande-

935 Vgl. Government of India v. Taylor [1955] AC 491, 509; vgl. auch Smart, Cross Border Insolvency, S. 197 ff.

936 Der Begriff des „foreign revenue law“ war weit gefasst. Darunter wurden neben Ansprüchen aus Einkommens- und Körperschaftssteuer alle außervertraglichen Zahlungen an den Staat verstanden, also auch Ansprüche der Sozialversicherungsträger.

937 S. 22 Abs. 2a CDDA 86.

938 S. 22 Abs. 2b CDDA 86: „...any company which may be wound up under Part V of the Insolvency Act“.

939 Vgl. unter § 2.

res bestimmt ist, finden gem. s. 221 (1) IA 86 grundsätzlich alle Vorschriften des IA 86 und alle anderen Abwicklungsvorschriften des CA 85 auf unregistered companies Anwendung. Unregistered companies wiederum sind alle companies, die in England nicht unter den „Joint Stock Companies Acts" (sprich dem CA 85 und seinen Vorgängern) registriert wurden.[940] Daher fallen auch ausländische Gesellschaften unter den Begriff „unregistered companies". Der 5. Abschnitt des Insolvency Act ist daher auf ausländische Gesellschaften anwendbar.

Die territoriale Erstreckung des CDDA 86 auf ausländische Sachverhalte wurde von den Gerichten in der Entscheidung *Re Seagull Manufacturing Co Ltd. (No. 2)* bestätigt.[941] Der Sachverhalt des Falles stellt sich wie folgt dar. Der official receiver stellte einen Antrag auf Disqualifikation des S als director nach s. 6 CDDA 86. S hatte sich beharrlich geweigert, mit dem official receiver zusammenzuarbeiten. Insbesondere hatte sich S im Rahmen einer zwangsweisen Abwicklung seiner Gesellschaft nicht bereit erklärt, dem official receiver die zur Untersuchung der Gesellschaft erforderlichen Dokumente auszuhändigen.[942] S suchte die Disqualifikation dadurch abzuwenden, dass er die territoriale Kompetenz des Gerichts in Frage stellte, denn S hatte während der ganzen relevanten Zeit seinen tatsächlichen und rechtlichen Wohnsitz[943] in Alderney.[944] Von dort aus hat er auch seine Firmengeschäfte geführt. Das Gericht entschied, dass eine Disqualifizierungsanordnung unabhängig vom gegenwärtigen tatsächlichen und rechtlichen Wohnsitz gemacht werden könne. Das Verhalten, das einen director als ungeeignet („unfit") im Sinne der s. 6 CDDA 86 ausweise, müsse nicht innerhalb der Jurisdiktion von England oder Wales erfolgt sein. Der CDDA 86 s. 6 enthalte keine ausdrückliche territoriale Begrenzung. Es sei aber davon auszugehen, dass das Parlament s. 6 CDDA 86 nicht allein auf Engländer, sondern auch auf Ausländer angewandt wissen wollte.[945]

Im englischen Recht gilt der Grundsatz, dass die englische Gesetzgebung primär territorial begrenzt ist.[946] Das Gericht in *Re Seagull Manufacturing (No. 2)* brachte jedoch zum Ausdruck, dass die englischen Gerichte nicht bereit sind, die Reichweite und Auswirkungen des CDDA 86 territorial einzugrenzen. Der company-Begriff in s. 6 CDDA 86 umfasst jede Gesellschaft, egal, wo inkorporiert, die im Rahmen des IA 86

---

940 S. 220 IA 86.

941 Re Seagull Manufacturing Co. Ltd. (No. 2) [1994] Ch 91.

942 Der official receiver war gem. ss. 132/133 IA befugt, die Geschäftsgebaren einer Gesellschaft, die in England zwangsabgewickelt wurde, zu untersuchen.

943 Residence und domicile.

944 Alderney ist eine der Kanalinseln, deren Jurisdiktion von der englischen weitgehend unabhängig ist.

945 Im Fall war der betreffende director englischer Staatsangehöriger. Das Gericht hätte daher die Möglichkeit gehabt, seine Begründung auf die englische Staatsangehörigkeit stützen und dadurch Komplikationen aus dem Weg gehen zu können. Dadurch, dass das Gericht auf die englische Staatsangehörigkeit des director nicht einging, wollte es bewußt einen Präzedenzfall setzen und klarmachen, dass der CDDA 86 keinerlei territoriale Begrenzung enthält.

946 Vgl. Ex parte Blain in Re Sawers (1879) 12 Ch D 522.

abgewickelt werden kann.[947] Die englischen Gerichte haben bei der Anwendung von s. 6 CDDA 86 jedoch einen Ermessensspielraum. S. 6 soll nur dann extraterritoriale Wirkung entfalten, wenn ein „good arguable case" vorliegt. Ein „good arguable case" erfordert wiederum, dass die Voraussetzungen der s. 6 erfüllt sind.[948]

Falls ein Vorgehen nach s. 6 CDDA 86 Erfolg verspricht, somit ein „good arguable case" vorliegt, können englische Gerichte ohne territoriale Beschränkungen gegen ausländische directors oder directors ausländischer Gesellschaften vorgehen. Dieses weite Verständnis der territorialen Reichweite des CDDA 86 blieb nicht ohne Kritik. Es wurde vorgebracht, dass die weitgehend uneingeschränkte Ausübung der Jurisdiktionsgewalt gegenüber anderen Staaten als exzessiv erscheinen könnte.[949] Es sei daher mehr als fragwürdig, ob andere Staaten einer solchen Ausdehnung der englischen Jurisdiktion vorbehaltlos zustimmen würden. Dagegen könnten allgemeine Prinzipien des Völkerrechts sprechen.[950] Diese Kritik ist grundsätzlich gerechtfertigt. Staatliches Sanktionsrecht, wie die Disqualifizierung von directors, ist nach allgemeinen völkerrechtlichen Prinzipien in der Regel durch die Prinzipien der Territorialität oder Nationalität eingegrenzt. Ein Staat hat daher in der Regel nur die Verwaltungsjurisdiktion über seine eigenen Staatsbürger oder ausländische Bürger, die sich innerhalb seines Territoriums befinden oder sich seiner Jurisdiktionsgewalt freiwillig unterworfen haben. Das völkerrechtliche Prinzip der Comitas spricht dafür, dass die Eingriffskompetenz eines Staates bzgl. ausländischer Bürger in der Regel an den eigenen territorialen Grenzen endet. Es ist daher fraglich, ob die zuständigen ausländischen Organe bereit sein werden, englische Behörden bei einem Disqualifizierungsverfahren zu unterstützen. Ohne eine solche notwendige Zusammenarbeit der ausländischen Behörden wird die weite Jurisdiktionsgewalt englischer Gerichte jedoch oftmals nur ein „brutum fulmen" bleiben, wie *Nolan* zu Recht anmerkt.

Die uferlose Weite der territorialen Anwendbarkeit des CDDA 86 führt zu einer großen Rechtsunsicherheit seitens ausländischer Unternehmen. So stellt sich zum Beispiel die Frage, ob die Disqualifizierung eines director in England sich inhaltlich auch auf die Managementtätigkeit desselben director bei anderen, ausländischen Gesellschaften erstreckt, die nicht oder nicht mehr in England geschäftlich tätig sind oder waren. Anders ausgedrückt: Steht es einem director frei, trotz seiner Disqualifizierung in England weiter in der Geschäftsleitung ausländischer (Tochter-) Gesellschaften mitzuwirken? Dieses Problem wurde bisher nur in *Re Westminster Property Management Ltd.*

947 Re Seagull (No. 2), s.o., 91.
948 Arden J in Re Seagull (No. 2), a.a.O., 91, 105.
949 So Nolan (1994) 15 Co.Law. 278; ähnlich Quest (1994) 9 JIBL 108, 109: „...the court adopts a very wide jurisdiction."
950 Vgl. Nolan (1994) 15 Co.Law. 278, 280; zu den Prinzipien der extraterritorialen Rechtsanwendung im Völkerrecht vgl. Ziegenhain.

(No. 2) Official Receiver v. Stern & Anor (No. 2)[951] angesprochen. Der Sachverhalt soll hier kurz wiedergegeben werden. Ein disqualifizierter director, *Mr. Stern,*[952] stellte einen Freistellungsantrag („leave to act")[953]. Ungeachtet seiner Disqualifizierung beabsichtigte S, weiter in der Geschäftsführung verschiedener Gesellschaften mitzuwirken. Einige dieser Gesellschaften waren nicht in England registriert und damit nach den Regeln des Internationalen Gesellschaftsrechts Englands ausländische Gesellschaften. Drei der ausländischen Gesellschaften wiederum hatten keine Verbindung mit England und Wales, außer dass S in England seinen Wohnsitz hatte und er von dort aus seine Managemententscheidungen den drei Gesellschaften übermittelte.

Lloyd J urteilte, dass er nicht entscheiden könne, ob der CDDA 86 (und damit die Freistellungsregelung der s. 17 CDDA 86) auf die ausländischen Gesellschaften Anwendung finde. Die Beweislage sei nicht ausreichend. Zudem stehe der Beginn der Disqualifizierungsperiode des S unmittelbar bevor, so dass in der verbleibenden Zeit nicht mit hinreichender Sicherheit entschieden werden könne, ob der CDDA 86 inhaltlich auch auf die ausländischen Gesellschaften Anwendung finde. *Lloyd J* lehnte es daher ab, über den Freistellungsantrag des S zu befinden.

Abgesehen von dem Zustand der Rechtsunsicherheit, den das Urteil für S persönlich mit sich bringt, ist zu bedauern, dass *Lloyd J* sich in seiner Entscheidung um eine Lösung der jurisdiktionellen Probleme gedrückt hat, obwohl rein materiell ein „good arguable case" im Sinne von *Re Seagull (No. 2)* vorlag.[954] Es ist daher nicht abschließend geklärt, ob englische Gerichte ohne weiteres bereit sind, die CDDA 86- Regeln gegenüber unabhängigen ausländischen Gesellschaften durchzusetzen. Die Tendenz ist jedoch deutlich sichtbar. Die Aussagen von *Lloyd J* lassen erkennen, dass die englischen Gerichte einer solchen Erstreckung des CDDA 86 positiv gegenüberstehen. So wurde die Anwendbarkeit des CDDA 86 nicht ausdrücklich ausgeschlossen. Zudem brachte *Lloyd J* zum Ausdruck, dass die Öffentlichkeit, zu deren Schutz der CDDA 86 dienen soll, nicht auf die Öffentlichkeit in England und Wales beschränkt sei. Die inhaltliche Reichweite der Disqualifizierungsanordnung sei durch das Gesetz so bestimmt, dass grundsätzlich auch ausländische Gesellschaften in den Anwendungsbereich fallen würden.[955] Es sei daher klar, dass sich das Schutzelement des CDDA 86

---

951 Re Westminster Property Management Ltd. (No. 2) Official Receiver v. Stern & Anor (No. 2) [2001] BCC 305.

952 Fortan S.

953 Vgl. s. 17 CDDA 86: „Application for leave under an order."

954 So hatte Lloyd J zu verstehen gegeben, dass das Gericht aus materieller Sicht dem Freistellungsantrag des S aller Wahrscheinlichkeit nach nicht stattgegeben hätte, Re Westminster Property Management Ltd. (No. 2) Official Receiver v. Stern & Anor, s.o., 305.

955 Vgl. die Ausführungen oben. S. 22 CDDA 86 verweist so auf ss. 220/221 IA 86, die wiederum ihrem bloßen Wortlaut nach keine territoriale Beschränkung kennen, außer der milden Einschränkung „...unregistered companies may be wound up...". Quest (1994) 9 JIBL geht sogar noch weiter: „An application [Antrag auf Disqualifizierung – der Verfasser] could, in theory, be made to disqualify a foreign director of a company incorporated overseas and trading entirely overseas even though the conduct of its directors produced no effect at all in the United Kingdom."

auch auf ausländische Gruppen von tatsächlichen und potenziellen Gläubigern erstrecke.

Aufgrund dieser Ausführungen von *Lloyd J* ist damit zu rechnen, dass die englischen Gerichte nicht bereit sind, die territoriale Reichweite des CDDA 86 inhaltlich einzuschränken. Die Managementtätigkeit eines disqualifizierten director in einer ausländischen, unabhängigen Gesellschaft birgt damit, soweit die Gesellschaft mit der englischen Rechtsordnung in Kontakt gerät, unabsehbare Risiken für den Geschäftsleiter.[956] Inwieweit sich diese Praxis im vollen Umfang mit dem europäischen Recht vereinbaren lässt, ist fragwürdig und wird Gegenstand der Erörterung im vierten Teil der Arbeit sein.

§ 3: Die Anwendbarkeit der erweiterten Geschäftsleiterhaftung auf ausländische Gesellschaften

A. Ss. 213/214 IA 86[957]

Primäre Voraussetzung einer Anwendbarkeit der ss. 213/214 IA 86 auf directors ausländischer Gesellschaften ist wiederum, dass den englischen Gerichten die Abwicklungskompetenz zufällt.[958] Wurde die Jurisdiktionsgewalt englischer Gerichte festgestellt, so ergibt sich die Anwendbarkeit der ss. 213/214 IA 86 im Abwicklungsverfahren grundsätzlich aus dem Gesetz.[959] So sind alle Vorschriften, die bei der Abwicklung einer unter dem CA 85[960] registrierten englischen Gesellschaft zur Anwendung kommen, auch auf unregistered companies und damit ausländische Gesellschaften anwendbar. Zu den anwendbaren Vorschriften gehören somit auch die ss. 213/214 IA 86.

Die Entscheidung des Court of Appeal in *Stocznia Gdanska*[961] hat die Anwendbarkeit der ss. 213/214 IA 86 auf ausländische Gesellschaften gerichtlich bestätigt.[962]

956 Disqualifizierung bis zu 15 Jahre, Strafbarkeit gem. s. 13 CDDA 86, persönliche Verantwortlichkeit gem. s. 15 CDDA 86, die sich auf alle Angestellten erstrecken kann, die bewusst den Anweisungen des disqualifizierten director Folge leisten.

957 Gem. s. 117 (1) IA 86 finden die ss. 213/214 IA 86 auch auf alle englischen Gesellschaften Anwendung, die ihr ganzes operatives Geschäft im Ausland ausüben.

958 Zur Reichweite der Abwicklungskompetenz englischer Gerichte s.o.

959 Ss. 221 Abs. 1, 220, 229 IA 86. Die Verfahrenseröffnung steht jedoch gem. Rule 12.12 der Insolvency Rules 1986 unter dem Vorbehalt der Genehmigung des Gerichts. Die Regeln, wie ein Gericht sein Ermessen auszuüben hat, wurden in Re Paramount Airways Ltd. (in administration) [1993] Ch 223 (CA) festgelegt. Das Gericht muss zu seiner Zufriedenheit festgestellt haben, dass ein „real issue" zwischen den Parteien besteht und dass es einen guten Grund („good reason") dafür gibt, dass die Sache vor einem einheimischen Gericht verhandelt wird. Vgl. hierzu auch Doyle, S. 156.

960 Bzw. deren Vorgängern (z.B. der CA 48, etc.).

961 Re Latreefers Inc Stocznia Gdanska SA v. Latreefers Inc [2001] BCC 174, 189 (AC).

Das Urteil *Re Howard Holdings Inc* spricht sich ebenfalls für die Anwendbarkeit der ss. 213/214 IA 86 auf directors ausländischer Gesellschaften aus.[963] Gleichzeitig wurde die Anwendbarkeit der ss. 213/214 IA 86 hierin aber bestimmten Einschränkungen unterworfen. Eine panamanesische Gesellschaft hatte drei directors, die alle in Monaco wohnhaft waren. Im Jahre 1989 kaufte die Gesellschaft ein Schiff im Wert von 20 Millionen US-Dollar. 12 Millionen US-Dollar dieser Summe wurden durch ein Darlehen finanziert. 1992 erging ein Liquidationsbeschluss bzgl. der Gesellschaft. Im Jahre 1997 wurde ein Antrag des Insolvenzverwalters, aus s. 214 IA 86 gegen die directors vorzugehen, vom Gericht genehmigt. Der Insolvenzverwalter begründete sein Vorgehen damit, dass die directors den Kauf des Schiffes zu einem Zeitpunkt getätigt hatten, als sie wussten oder hätten wissen müssen, dass die Gesellschaft keine Mittel mehr hatte, ihre Verpflichtungen zu erfüllen. Sie hätten daher erkennen können, dass die Gesellschaft keine vernünftige Aussicht mehr hatte, der Zahlungsunfähigkeit zu entgehen. Die directors der Gesellschaft beantragten, dass die Genehmigung zum Vorgehen gegen sie aus s. 214 IA 86 aufgehoben werden sollte.

Der Aufhebungsantrag der directors wurde vom Gericht abgewiesen. Nach *Chadwick J* müssen grundsätzlich zwei Voraussetzungen erfüllt sein, damit ein englisches Gericht in einem Insolvenzverfahren ein Vorgehen gem. s. 214 IA 86 gegenüber einer Person im Ausland genehmigen würde.[964] Zum einen muss der Insolvenzverwalter (als Antragsteller) beweisen, dass ein „real issue" zwischen ihm und den betroffenen directors vorliege. Das heißt, er muss nachweisen, dass der Antrag auf ein Vorgehen nach s. 214 IA 86 Aussicht auf Erfolg habe.[965] Zum anderen müsse England das geeignete Forum für den Anspruch darstellen.[966] Im konkreten Fall bejahte *Chadwick J* beide Voraussetzungen.

Die Rechtsprechung macht deutlich, dass englische Gerichte, vorausgesetzt es liegt ein wirksamer Liquidationsbeschluss vor, ohne weiteres bereit sind, ihre strenge Geschäftsführerhaftung aus den ss. 213/214 IA 86 auf ausländische Gesellschaften und deren directors zu erstrecken. Die Kritik, dass ausländische directors damit englischen Vorstellungen kaufmännischer Rechtschaffenheit („commercial probity") unterworfen werden, und dass directors einer ausländischen Gesellschaft in der Regel nicht damit

962 Re Latreefers Inc Stocznia Gdanska SA v. Latreefers Inc [2001] BCC 174, 189, 198 (AC): „Nevertheless we see nothing in the terms of ss. 221 Abs. 1, 229, 213, 214 to warrant the exclusion of the powers of the court under the latter two sections being exercisable in respect of a foreign company if an order for its winding-up has been made in this jurisdiction."; vgl. auch Gibson J in Okeanos [1988] Ch 210, 227.

963 Re Howard Holdings [1998] BCC 549, 552.

964 Chadwick J folgt in seinem Urteil der Entscheidung in Re Paramount Airways Ltd. (in administration) [1993] Ch 223 (CA). In Re Paramount beantragten die administrators einer Gesellschaft die Rückzahlung einer Summe, die einer der directors einer Bank in Jersey überwiesen hatte. Gesetzliche Grundlage hierfür war s. 238 IA 86 („transaction at an undervalue").

965 Die Voraussetzung des „real issue" entspricht der Bedingung des „good arguable case" im Rahmen eines Vorgehens nach s. 6 CDDA 86, vgl. Re Seagull (No. 2), s.o.

966 Dies entspricht der allgemeinen forum non conveniens-Lehre.

rechnen, persönlich im Insolvenzfalle in die Haftung genommen zu werden, wird von englischen Gerichten zurückgewiesen.[967]

B. Ss. 216/217 IA 86

Die Frage, ob die ss. 216/217 IA 86 auch auf ausländische Gesellschaften anwendbar sind, bestimmt sich gem. 216 Abs. 8 IA 86 und 217 Abs. 6 IA 86 danach, ob die betreffende Gesellschaft im Rahmen des fünften Teils (Part V) des IA 86 abgewickelt werden kann. Die Voraussetzungen, unter denen eine ausländische Gesellschaft als unregistered company im Rahmen des fünften Teils abgewickelt werden kann, wurden oben ausführlich dargestellt. Sind diese Abwicklungsvoraussetzungen erfüllt, finden damit auch die ss. 216/217 IA 86 auf ausländische Gesellschaften Anwendung. Die Verfahrenseröffnung steht jedoch unter dem Vorbehalt der Genehmigung des Gerichts,[968] so dass damit zu rechnen ist, dass dieselben Kriterien wie bei den ss. 213/214 IA 86 („real issue“) einschränkend zur Anwendung kommen. Das Gericht würde einem Vorgehen aus ss. 216/217 IA 86 demnach nur dann zustimmen, wenn eine hinreichende Aussicht auf Erfolg besteht.

§ 4: Strafbarkeit für fraudulent trading nach s. 458 CA 85

S. 458 CA 85 ordnet die Strafbarkeit an, wenn das Geschäft einer Gesellschaft zu einem betrügerischen Zweck weiterbetrieben wird. S. 458 CA 85 setzt im Gegensatz zu s. 213 IA 86 keine Insolvenz der Gesellschaft voraus. S. 458 CA 85 ist bisher nicht auf ausländische Gesellschaften, sondern nur auf companies im Sinne des CA 85[969] anwendbar. Die *Company Law Review Steering Group* hat in ihrem Final Report[970] vorgeschlagen, dass die Strafbarkeit nach s. 458 CA auch auf ausländische Gesellschaften ausgedehnt werden solle. Voraussetzung sei aber, dass die Gesellschaften in England Handel betreiben oder betrieben haben.[971]

---

967 Vgl. Chadwick J in Re Howard Holdings [1998] BCC 549, 555: „For my part, I find it difficult to envisage any developed system of corporate law which does not impose some obligation on those charged with the responsibility off the management of a company's affair to pay regard to the question whether or not it is, from time to time, solvent and, if insolvent, to consider what should be done about it.“

968 Vgl. Rule 12.12 der Insolvency Rules 1986.

969 Vgl. die Definition in s. 735 CA 85: „company means a company formed and registered under this Act, or an existing company.“

970 Final Report, Volume I, Kapitel 15, Rz. 15.8.

971 Diese spezifische Reform ist gegen pseudo-foreign-companies gerichtet. Vgl. Final Report, Volume I, Kapitel 15, Rz. 15.8: „...extending section 458 to apply to companies incorporated overseas and trading in Great Britain would remove an incentive for fraudsters to register companies abroad to avoid criminal sanctions.“

§ 5: Erstreckung der richterrechtlichen Grundsätze der Durchgriffshaftung auf ausländische Gesellschaften

Im Internationalen Gesellschaftsrecht Englands könnte die richterliche Durchbrechung des in *Salomon* festgeschriebenen Trennungsprinzips einen zweiten Frühling erleben. Um dem „pseudo-foreign-corporations“[972]-Problem der „mißbräuchlichen“ Umgehung englischer Vorschriften durch die Sitzverlegung von Gesellschaften, Einhalt zu gebieten, wurde vorgeschlagen, auf die Fälle die Grundsätze der „fraud exception“ analog anzuwenden.[973] Eine englische Präzedenzentscheidung hierzu fehlt aber bisher. Problematisch an der Anwendung des richterlichen Durchgriffsrechts auf diese Fälle wäre jedoch, dass die englischen Gerichte nicht davor zurückschrecken, sich bei der Durchbrechung des Trennungsprinzips auf nebulöse allgemeine Gerechtigkeitserwägungen zu stützen; oftmals auf Kosten der Rechtssicherheit. Die Anwendung der Regeln über die richterliche Durchgriffshaftung im Internationalen Gesellschaftsrecht Englands hätte ferner auch europarechtliche Implikationen.[974] Die Frage der betrügerischen Ausnutzung von bestehenden Rechten zur Umgehung bestehender Pflichten ist ein Themenkomplex, der gerade auf europarechtlicher Ebene große Bedeutung gewonnen hat. So hat das Problem der Gesetzesumgehung (lat. „fraus legis“ [975]) auch in der Entscheidung *Centros*[976] bzw. *Inspire Art Ltd.*[977] eine prominente Rolle gespielt. Grundsätzlich ist es Gesellschaften verwehrt, sich durch Berufung auf Grundfreiheiten bzw. Ausnutzung der im EG-Vertrag niedergelegten Rechte nationaler Verpflichtungen zu entledigen.[978] Wo aber das Recht endet und der Missbrauch beginnt, ist eine der komplexesten und schwierigsten Fragen, die sich derzeit im Europäischen Recht stellen.[979] Eine eindeutige dogmatische Einordnung des Missbrauchsbegriffs auf europäischer Ebene steht noch aus.[980] Im vierten Teil der Arbeit wird auf die Frage näher eingegangen werden.

---

972 Vgl. hierzu Latty (1955) 65 Yale LJ 137.
973 Vgl. Rajak, ZGR 1999, 111, 116-119.
974 Insbesondere würde sich die Frage der Vereinbarkeit mit Artt. 43/48 EGV stellen.
975 Vgl. hierzu ausführlich Heeder. Zu Umgehungsverboten im Recht der Kapitalaufbringung vgl. Wilhelm, ZHR 2003, 520 ff.
976 EuGH Rs. C-212/97, Slg. 1999, I-1459-Centros.
977 EuGH Rs. C-167/01-Inspire Art Ltd.
978 Siehe EuGH Rs. C-212/97, Slg. 1999, I-1459-Centros, Rn. 24.
979 Siehe vor allem Kjellgren (2000) 11 Eur.Bus.L.Rev. 179; allgemein zur Geschichte der Gesetzesumgehung Heeder, S. 39.
980 Eidenmüller, JZ 2004, 24, 26; Klinke, ZGR 2002, 163, 186; Schön, FS Wiedemann, S. 1271 ff.

§ 6: Erstreckung der Registrierungs- und Informationspflichten auf ausländische Gesellschaften

Auch im Bereich der Informations- und Registrierungspflichten für ausländische Gesellschaften hat die *Company Law Review Steering Group* im Final Report wichtige Vorschläge zur Neuordnung der gesetzlichen Regelungen gemacht. Aus diesem Grunde sollen zunächst die derzeit noch gültige alte Rechtslage und, im Anschluss daran, die Vorschläge der *Company Law Review Steering Group* im Final Report dargestellt und erörtert werden.

A. Die derzeitige Rechtslage

Der Normenkomplex, der sich mit den Registrierungspflichten ausländischer Gesellschaften beschäftigt, zerfällt in zwei sich gegenseitig ausschließende Regelungen. Zum einen ist dies die „place of business"-Regelung des CA 85. Chapter 1 Part XXIII[981] regelt die Registrierungs- und Informationspflichten von overseas companies. Overseas companies sind nach der Legaldefinition der s. 744 CA 85 alle im Ausland inkorporierten Gesellschaften mit einer Geschäftsniederlassung in England.[982] Zum anderen gibt es eine spezielle Regelung für Zweigniederlassungen. Seit der Umsetzung der Elften Gesellschaftsrechtsrichtlinie (Zweigniederlassungsrichtlinie)[983] gelten unterschiedliche Regeln für Zweigniederlassungen und andere Formen der Niederlassung. Die Registrierungs- und Informationspflichten der beiden Regelungskomplexe sind weitgehend identisch. Das Regime der Elften Richtlinie ist jedoch im Großen und Ganzen ein wenig strenger als die „place of business"-Regelung des CA 85.[984]

Das Konzept des „established place of business" umfasst grundsätzlich auch Zweigniederlassungen („branches").[985] Das „place of business"-Regime des Part XXIII Chapter 1 findet aber wegen des Vorrangs von EU–Recht vor nationalem Recht[986] nur Anwendung bzgl. Geschäftsniederlassungen, die nicht den Umfang von Zweigniederlassungen annehmen. Da der Begriff der „branch" in der 11. Richtlinie nicht definiert

981 Ss. 691-699 CA 85; vgl. hierzu Ingenhoven, S. 60 ff.

982 „...a company incorporated elsewhere than in Great Britain which, after the commencement of this Act, establishes a place of business in Great Britain..."

983 89/666 EWG vom 22. Dezember 1989, in England umgesetzt durch die „Overseas Companies and Credit and Financial Institutions (Branch Disclosure) Regulations 1992 (SI 1992/3179)".

984 Zum Beispiel verlangen beide Regelungen, dass dem Companies House die Namen und Adressen der directors und des company secretary mitgeteilt sowie die Gründungsdokumente vorgelegt werden. Die 11. Richtlinie verlangt darüber hinaus, dass Einzelheiten über die vertretungsberechtigten Personen eingereicht werden müssen.

985 Vgl. Overseas Reform, Rz. 24 : „...it is clear that the concept of established place of business encompasses branches."

986 Grundlegend zum Vorrang des Europäischen Rechts, EuGH Rs. 6/64, Slg. 1964, I-585.

wurde,[987] ist das Verhältnis der beiden Regelungen zueinander unklar. Die Mängel haben sowohl bei ausländischen Gesellschaften als auch bei den Beamten des DTI zu Unsicherheit geführt. Die *Company Law Review Steering Group* hat erkannt, dass die Unsicherheiten ein Standortnachteil im Wettbewerb der Gesellschaftsrechte sind, die ausländische Gesellschaften möglicherweise davon abhalten könnten, in England Geschäfte zu tätigen.[988] Ziel der Vorschläge der *Company Law Review Steering Group* ist es daher, die unnötige Komplexität und den Mangel an Klarheit der Registrierungs- und Informationspflichten für ausländische Gesellschaften zu beheben. Die Vorschriften über die Registrierungs- bzw. Informationspflichten ausländischer Gesellschaften sollen vereinfacht werden. Die *Company Law Review Steering Group* ist sich dabei der besonderen Bedeutung der Registrierungs- und Informationspflichten für die Transparenz der Unternehmen und den Schutz der Rechte Dritter, die mit den ausländischen Unternehmen in geschäftlichen Kontakt treten, bewusst.[989] Die Vereinfachung soll daher nicht zu einem Qualitätsverlust im Sinne einer geringeren Schutzintensität führen.

B. Die Vorschläge der Company Law Review Steering Group

Im Zentrum der Reform steht der Vorschlag, das gegenwärtige System für ausländische Gesellschaften im Rahmen des Part XXIII CA 85 durch ein einheitliches Regelungssystem zu ersetzen.[990] Das neue einheitliche System ist eine Mischung aus der „place of business"-Regelung und der „branch"-Regelung der Elften Richtlinie.[991] Der Anknüpfungspunkt ist der „place of business"-Regelung entlehnt. Alle ausländischen Gesellschaften, die in England eine Geschäftsniederlassung („place of business") begründen, unterliegen den neuen Registrierungs- und Informationspflichten. Der Inhalt dieser Registrierungs- und Informationspflichten soll sich aber in der Zukunft einheitlich an den Vorschriften der Elften Richtlinie orientieren.[992]

987 Es liegt jedoch eine Entscheidung des EuGH zu der Interpretation des Art. 5 Nr. 5 EuGVÜ vor, vgl. EuGH Rs. C-33/78-Somafer. Diese gibt einen Hinweis darauf, was unter einer Zweigniederlassung zu verstehen ist. Demnach setzt eine Zweigniederlassung einen Platz voraus, von dem aus mit einer gewissen Regelmäßigkeit und Permanenz Geschäfte betrieben werden. Darüber hinaus müssen ein Management und eine gewisse Infrastruktur vorhanden sein, und der Hauptgeschäftssitz muss im Ausland sein.

988 So hat ein Verstoß gegen die Registrierungs- und Informationspflichten die Strafbarkeit des Betroffenen zur Folge, 697 CA 85.

989 Final Report, Volume I, Kapitel 11, Rz. 11.25.

990 Final Report, Volume I, Kapitel 11, Rz. 11.26.

991 Final Report, Volume I, Kapitel 11, Rz. 11.26: „...a single regime based on the existing concept of ‚place of business' and the requirements of the Eleventh Directive."

992 Overseas Reform, Rz. 21.

Das neue Regelungssystem soll auf alle Unternehmen anwendbar sein, die eine gewisse physische Präsenz („physical presence“) in England vorzuweisen haben.[993] Als Test zur Bestimmung der „physical presence“ soll das bisherige Konzept des „established place of business“ Anwendung finden.[994] Das Vorhandensein eines „established place of business“ erforderte bisher, dass das Unternehmen einen bestimmten oder identifizierbaren Ort hat, an dem es seine Geschäfte betreibt, der nicht nur von vorübergehender Natur ist. Ferner verlangte ein „established place of business“, dass es sichtbare Anzeichen oder substanzielle Anhaltspunkte dafür gibt, dass das Unternehmen eine Verbindung zu einem speziellen Grundstück hat.[995] Bedeutend ist, dass ein „established place of business“ auch vorliegen kann, wenn die geschäftliche Tätigkeit des Unternehmens nur gelegentlich der Hauptaktivität erfolgt. Ausreichend ist, dass das Unternehmen ein Warenlager in England eröffnet.[996] Die *Company Law Review Steering Group* macht schließlich deutlich, dass sie auch weiterhin an der alten Definition des „place of business“ festhalten will. Die Frage, wie ausländische Gesellschaften rechtlich behandelt werden sollen, die mit Personen in England via Internet in geschäftlichen Kontakt treten, wird anderen Foren überlassen. Das Gesellschaftsrecht soll auch in Zukunft diese Fragen nicht regeln.[997]

§ 7: Anwendbarkeit der aufsichtsrechtlichen Regelungen des CA 85 auf ausländische Gesellschaften

Bei der Anwendbarkeit der aufsichtsrechtlichen Regelungen des CA 85 auf ausländische Gesellschaften muss differenziert werden zwischen overseas companies, ausländischen Gesellschaften, die außerhalb Englands registriert wurden und keinen place of business in England haben, und Gesellschaften, die unter dem CA 85 registriert wurden, aber in England keine Geschäfte (mehr) betreiben

---

993 Overseas Reform, Rz. 22. Die vorgeschlagene Verordnung würde folglich keine Anwendung finden, wenn ein im Ausland sitzendes Unternehmen lediglich mittels elektronischer Netzwerke, wie dem Internet, Geschäfte in England betreiben würde.

994 Overseas Reform, Rz. 23.

995 Overseas Reform, Rz. 23: „... has a specified or identifiable place at which it carries on business which has more than a fleeting character; and that there is some visible sign or physical indication that the company has a connection with particular premises.“; Re Oriel Ltd. [1985] BCLC 343.

996 Overseas Reform, Rz. 23.

997 Final Report, Volume I, Kapitel 11, Rz. 11.33. Vgl. aber die hierzu inzwischen in Kraft getretene Companies Act 1985 (Electronic Communications) Order 2000. Diese regelt u.a. die Möglichkeit, dem Companies House Unterlagen durch elektronische Übermittlung zukommen zu lassen. Siehe hierzu ausführlich Siems, RIW 2002, 202 ff.

A. Overseas companies

Die aufsichtsrechtlichen Vorschriften des CA 85 finden, abgesehen von wenigen Ausnahmen und Einschränkungen,[998] auch auf overseas companies Anwendung.[999] Nach der Legaldefinition der s. 744 CA ist eine „overseas company" jede Gesellschaft, die nicht in England inkorporiert wurde und einen „place of business" in England hat. S. 453 CA 85 verlangt, dass die außerhalb Englands registrierte Gesellschaft in England Geschäfte betreibt oder zu irgendeinem Zeitpunkt Geschäfte betrieben hat.[1000] Unter den Vorschriften, die keine Anwendung auf overseas companies finden, ist zunächst die Regelung der s. 431 CA 85 zu nennen. Die Mitglieder einer overseas company haben damit kein Antragsrecht, eine Untersuchung der Gesellschaft durch das DTI einzuleiten. Eine weitere Ausnahmevorschrift, die keine Anwendung auf overseas companies findet, ist s. 438 CA 85. Das DTI kann daher kein zivilrechtliches Verfahren im Namen der overseas company führen. Ferner ist es dem DTI auch verwehrt, ein Untersuchungsverfahren einzuleiten, um diejenigen Personen zu ermitteln, die unabhängig von der nominellen Mitgliedschaft ein wirtschaftliches Interesse an den Unternehmensanteilen der Gesellschaft haben oder das Unternehmen tatsächlich kontrollieren können.[1001] Zuletzt kann das DTI auch keine Untersuchung der Aktiengeschäfte der directors von overseas companies durchführen.[1002]

B. Ausländische Gesellschaften, die außerhalb Englands registriert wurden und keinen place of business in England haben

Eine Anwendung der aufsichtsrechtlichen Regelungen des CA 85 auf Gesellschaften, die außerhalb Englands registriert wurden, setzt voraus, dass die Gesellschaft in England Geschäfte betreibt oder zumindest in der Vergangenheit betrieben hat. Das englische Aufsichtsrecht des CA 85 steht damit im Einklang mit dem völkerrechtlichen Prinzip, dass das staatliche Verwaltungsrecht grundsätzlich territorial begrenzt ist.

998 S. 453 Abs. 1a, 1b CA 85.
999 S. 453 Abs. 1 CA 85.
1000 S. 453 CA 85: „...bodies corporate [...] which are carrying on business in Great Britain, or have at any time carried on business there,..."
1001 Ss. 442-445 CA 85.
1002 S. 446 CA 85.

C. Gesellschaften, die unter dem CA 85[1003] *registriert wurden, aber in England keine Geschäfte (mehr) betreiben*

Auf Gesellschaften, die unter dem CA 85 registriert wurden, finden alle aufsichtsrechtlichen Vorschriften des CA 85 uneingeschränkte Anwendung.[1004] Eine sog. „pseudo-foreign-company"[1005], die in England gegründet wurde, aber ihre gesamte geschäftliche Tätigkeit in Deutschland ausübt, unterliegt damit kraft Gesetzes allen aufsichtsrechtlichen Regelungen des CA 85. Rein praktisch werden die aufsichtsrechtlichen Möglichkeiten vom Secretary of State aber wohl selten wahrgenommen, da es in der Regel kein öffentliches Interesse daran gibt, Gesellschaften der Aufsicht zu unterwerfen, die in England keine Geschäftstätigkeit (mehr) entfalten.[1006] Dennoch besteht kraft Gesetzes die Möglichkeit, auch diese Gesellschaften der Staatsaufsicht zu unterwerfen. Die Ermittlungsbefugnis des Secretary of State ist demnach nicht territorial begrenzt.[1007] Die in der deutschen Literatur populäre Ansicht, dass das englische Aufsichtsrecht des CA 85 wegen seiner verwaltungsrechtlichen Natur auf solche Gesellschaften keine Anwendung fände, ist damit (rein rechtlich gesehen) nicht korrekt.[1008]

§ 8: Anwendbarkeit aufsichtsrechtlicher Regelungen des IA 86 auf ausländische Gesellschaften

Der official receiver oder in Schottland der liquidator können im Rahmen der Zwangsabwicklung einer Gesellschaft gem. ss. 132/133 IA 86 vor Gericht die öffentliche Untersuchung bestimmter Personen[1009] beantragen. Diese öffentliche Untersuchung ist insbesondere für ein Disqualifizierungsverfahren nach dem CDDA 86 von Bedeutung. Ob

1003 Oder den anderen Companies Acts.

1004 Erinnert sei daran, dass auch die Regeln des CDDA 86 und der ss. 213/214 IA 86 weitgehend uneingeschränkt auf diese Gesellschaften Anwendung finden.

1005 Siehe Fn. 28 zur fehlenden Präzision dieses Begriffs.

1006 Ähnlich Niebel, S. 161. Ganz ausgeschlossen werden kann ein öffentliches Interesse aber nicht, vgl. z.B. das Vorgehen der niederländischen Behörden im Falle Alpine Investments B.V., EuGH Rs. C-384/93, Slg. 1995, I-1141, gegen sog. „cold-calling" von den Niederlanden ins Ausland. Die Behörden begründeten das Vorgehen damit, dass sie um den integren Ruf des Finanzplatzes Holland besorgt gewesen wären. Vgl. auch die Entscheidung Re Westminster Property Management Ltd. (No. 2) Official Receiver v. Stern & Anor (No. 2) [2001] BCC 305, 358, in der Lloyd J anmerkte, dass die Öffentlichkeit, um dessen Schutzes willen das Gericht tätig sei, nicht allein die Öffentlichkeit im Vereinigten Königreich sei: „Nor do I accept that the public, with whose protection the court is concerned, is only the public in the UK,...". Allein die Gefahr, dass die ausschließlich im Ausland tätige Gesellschaft in ferner Zukunft auch Gläubiger im Vereinigten Königreich haben könne, reiche aus, um diese Haltung zu begründen und keine Ausnahme zuzulassen, so Lloyd J in Re Westminster Property Management Ltd. (No. 2) s.o., 305, 359.

1007 Das Gleiche gilt für die Anwendung des CDDA 86. Der CDDA 86 kennt (zumindest theoretisch) keine territoriale Begrenzung, s.o. die Anmerkung von Quest (1994) 9 JIBL 108, 109.

1008 Vgl. anstelle vieler: Ebenroth/Eyles, DB 1989, 413, 417; Zimmermann, FS Lutter, S. 244.

1009 Vgl. s. 133 (a)-(c) IA 86. Insbesondere directors und anderen officers der Gesellschaft.

diese Untersuchungsmöglichkeiten auch auf ausländische Gesellschaften Anwendung finden, ist fraglich. Die gesetzlichen Regelungen sind nicht eindeutig. S. 133 IA 86 spricht nur von der „company" und davon, dass „any person" untersucht werden kann. Der Begriff „company" soll gem. s. 251 IA 86 grundsätzlich in Übereinstimmung mit dem CA 85 definiert werden. Nach s. 736 CA 85 fallen unter den Begriff der „company" nur Gesellschaften, die unter dem CA 85 oder seinen Vorgängern gegründet wurden. Eine im Ausland gegründete Gesellschaft würde daher nicht unter diesen „company"-Begriff fallen. Andererseits gibt ss. 221 (1) und 229 (1) IA 86 aber zu verstehen, dass alle Vorschriften von Part IV des Insolvency Act 1986, die auf „companies" Anwendung finden, auch auf „unregistered companies" und damit auf ausländische Gesellschaften Anwendung finden sollen. Der Gesetzeskontext scheint daher trotz seiner Widersprüche eher für die Einbeziehung ausländischer Gesellschaften und deren directors unter s. 133 IA 86 zu sprechen. Entscheidend ist es daher festzustellen, was der parlamentarische Gesetzgeber mit der Regelung der s. 133 IA 86 bezweckte.[1010] Die territoriale Reichweite eines Gesetzes ist grundsätzlich eine Frage der Auslegung des vom parlamentarischen Gesetzgeber vorgegebenen Gesetzeszwecks.[1011]

Ausgangspunkt einer Beurteilung des intendierten Gesetzeszwecks ist ein Diktum von *Lord Wilberforce* in *Clark (Inspector of Taxes) v. Oceanic Contractors Inc*[1012], in der dieser einen begrenzten, territorialen Standpunkt einnahm. Demnach sollte die Gesetzgebung des Vereinigten Königreiches grundsätzlich nur auf englische Staatsangehörige oder Ausländer anwendbar sein, die dadurch, dass sie ins Vereinigte Königreich gekommen waren, sich der englischen Jurisdiktion unterworfen hatten.[1013]
Die strenge territoriale Begrenzung der Anwendbarkeit englischer Vorschriften wurde jedoch im Urteil in *Re Seagull* hinsichtlich s. 133 IA 86 zurückgewiesen.[1014] Ein Brite, der auf Alderney lebte, war director einer Gesellschaft in der Zwangsabwicklung.[1015] Auf Antrag des official receiver sollte er zu einer öffentlichen Untersuchung nach s. 133 IA 86 erscheinen. Auf Betreiben des director wurde der Antrag zunächst wegen fehlender Jurisdiktion aufgehoben, später nach einem Berufungsantrag des official receiver jedoch wieder für gültig erklärt. Der director legte hiergegen Berufung ein. Der director

1010 Vgl. Dicey & Morris, 1133: „On principle, the territorial reach of a provision of a statute depends on what Parliament intended the relevant provision to have."

1011 Vgl. Gibson J in Re Seagull Co. Ltd. [1993] Ch 345, 354: „In considering [...] the question as to who comes within the legislative grasp of the section, one must look to the policy of the legislature in enacting the section in question."

1012 Clark (Inspector of Taxes) v. Oceanic Contractors Inc [1983] 2 AC 130.

1013 Clark (Inspector of Taxes) v. Oceanic Contractors Inc [1983] 2 AC 130,145: „...the general principle is simply that, unless the contrary is expressly enacted or so plainly implied that the courts must give effect to it, United Kingdom legislation is applicable only to British subjects or to foreigners who by coming to the United Kingdom, whether for a short or long time, have made themselves subject to British jurisdiction."; siehe zur strikten Territorialitätstheorie auch Ex Parte Blain in Re Sawers (1879) 12 Ch D 522, 526/527.

1014 Re Seagull Manufacturing Co. Ltd. [1993] Ch 345.

1015 Vgl. zu weiteren Sachverhaltshinweisen die Entscheidung Re Seagull Manufacturing Co Ltd. (No. 2) [1994] Ch 91 oben.

wandte ein, dass er nicht unter die Jurisdiktion des Gerichts falle und er dem Antrag daher auch nicht Folge leisten müsse. In Frage stand daher, ob eine öffentliche Untersuchung auch auf Personen erstreckt werden kann, die während der gesamten relevanten Zeit ihr faktisches und rechtliches Domizil außerhalb der englischen Jurisdiktion hatten.

Die Berufung wurde von *Gibson J* zurückgewiesen. S. 133 IA 86 habe keine territoriale Begrenzung.[1016] Der director in *Re Seagull* sei daher, ungeachtet seines Wohnsitzes auf einer der Kanalinseln, dazu verpflichtet, der Anordnung Folge zu leisten und zu einer öffentlichen Untersuchung gem. s. 133 IA 86 zu erscheinen. Englische Gerichte könnten deshalb auf Antrag des official receiver gem. ss. 132/133 IA 86 die öffentliche Untersuchung der Geschäfte des director einer englischen Gesellschaft, die sich in Zwangsabwicklung befindet, anordnen. Dies gelte unabhängig davon, ob der director die englische Nationalität oder seinen Wohnsitz in England hat.[1017] Ss. 132/133 IA 86 kann daher auch bzgl. eines director einer ausländischen Gesellschaft angewendet werden, die in England zwangsabgewickelt wird.[1018] Ob der verpflichtete director oder officer der Gesellschaft jedoch tatsächlich zu der öffentlichen Untersuchung erscheinen wird, ist fraglich, da sich die Person außerhalb der englischen Jurisdiktion befindet und die ausländischen Behörden nicht zwangsläufig mit den englischen kooperieren werden.[1019] Das englische Gericht kann jedoch, falls die entsprechende Person sich in England aufhalten sollte, diese an der Ausreise hindern oder eine Ausreise nur gegen Sicherheitsleistung zulassen.[1020]

§ 9: Zusammenfassung

Das englische Gläubigerschutzrecht will im vollen Umfange auf ausländische Gesellschaften angewendet werden. Es kennt grundsätzlich keine territoriale Beschränkung des Anwendungsbereichs. Einschränkende Voraussetzungen sind bewusst als allgemeine Rechtsbegriffe[1021] ausgestaltet und garantieren damit neben einer großen Flexibilität die Möglichkeit englischer Gerichte, je nach Opportunität die Jurisdiktion an sich zu ziehen. Die Darstellung hat deutlich gemacht, dass die behauptete Liberalität des englischen Internationalen Gesellschaftsrechts ein Mythos ist. Der Mythos gründet darauf, dass das englische Internationale Gesellschaftsrecht in der Vergangenheit oft isoliert betrachtet wurde. Eine realistische Beurteilung des Internationalen Gesellschaftsrechts Englands ist jedoch nur möglich, wenn man das Internationale Gesell-

1016 Bestätigt wurde die uneingeschränkte territoriale Reichweite der s. 133 IA 86 durch Arden QC in Re Seagull Manufacturing Co Ltd. (in Liquidation) (No. 2) [1994] Ch 91, 100.

1017 Vgl. Seagull Manufacturing Co. Ltd. [1992] Ch 128; Re Busytoday Ltd. [1992] 1 WLR 683.

1018 Vgl. Dicey & Morris, S. 1134; Re Busytoday Ltd., s.o., 1 WLR 683.

1019 Ein Verstoß gegen die Vorschrift der s. 133 IA 86 ist jedoch als „contempt of court" strafbar.

1020 Smart, Cross Border Insolvency, S. 21. Vgl. Re Bank of Credit and Commerce International SA. (No .7): Morris v. Al-Mirabi [1994] 1 BCLC 455.

1021 Z.B. „sufficient connection", „reasonable possibility of benefit", „real issue", "good arguable case.

schaftsinsolvenzrecht Englands und die Informations- bzw. aufsichtsrechtlichen Vorschriften des CA 85 und des IA 86 in die Betrachtung miteinbezieht. Das Internationale Gesellschaftsrechtsrecht Englands bestätigt damit einen allgemeingültigen Grundsatz jeder Rechtsvergleichung, dass zwei Rechtsgebiete nicht isoliert miteinander verglichen werden dürfen. Eine Analyse des Internationalen Gesellschaftsrechts Englands in seinem Gesamtrechtskontext macht schnell deutlich, dass die englische Rechtsordnung in der Behandlung ausländischer Gesellschaften nicht liberaler ist als andere Rechtsordnungen. Die in gesellschaftsrechtsfremden Rechtsgebieten beheimateten Gläubigerschutzinstrumente des englischen Rechts können in ihrer Wirkung äußerst drastisch sein.[1022] Dadurch, dass das englische Gläubigerschutzrecht entweder in gesellschaftsfremden Rechtsgebieten beheimatet ist oder als zwingendes Recht („mandatory rules“) ausgestaltet ist, sehen sich ausländische Gesellschaften, die in England Geschäfte betreiben, einem „Normenmix“[1023] gegenüber. Denn zum einen gilt (vor allem für das Innenrecht) das Recht des Gründungsstaates, und zum anderen findet für bestimmte Bereiche (vor allem des Außenrechts) englisches Recht Anwendung. In der Rechtsliteratur wurde bereits kurz nach der Entscheidung des EuGH in *Centros* angedeutet, dass das englische Recht europarechtlich bedenklich sein könnte.[1024] Der Frage der europarechtlichen Vereinbarkeit der Anwendung der englischen Gläubigerschutzregeln auf ausländische EU-Gesellschaften soll im nun folgenden Abschnitt der Arbeit nachgegangen werden.

1022 Siehe z.B. gem. s. 6(4) CDDA 86 die Möglichkeit der Disqualifizierung eines director bis zu 15 Jahre.

1023 Staudinger/Großfeld, Rn. 56, S. 13; ähnlich Scholz/Westermann, S. 130 bzw. MünchKommBGB/Kindler, IntGesR , Rn. 275.

1024 Vgl. Ebke 48 Am.J.Comp.L. 623, 644-646 (2000); Prentice, Incorporation, S.16.

Vierter Teil: Europarechtskonformität der Anwendung der Gläubigerschutzregeln des englischen Rechts auf ausländische EU-Gesellschaften

In den ersten drei Teilen der Arbeit wurde dargestellt, dass sich England ein „liberales" Gesellschaftsgründungs- und Kollisionsrecht leisten kann, weil die Rechte Dritter durch Regelungen in Rechtsgebieten außerhalb des Gesellschaftsrechts geschützt werden. Eine wichtige Rolle hierbei spielen vor allem das Insolvenzrecht und die Regelungen des CDDA 86. Das englische Gläubigerschutzsystem und dessen Anwendbarkeit auf ausländische Gesellschaften wurde ausführlich dargestellt. Es wurde dargelegt, dass die Regelungen des englischen Gläubigerschutzes von den englischen Gerichten in z.T. exorbitanter Weise auf ausländische Gesellschaften angewendet werden. Gegenstand des nun folgenden vierten Teils der Arbeit ist die Untersuchung der Vereinbarkeit des englischen Gläubigerschutzsystems mit dem Europarecht. Bei der Frage der Vereinbarkeit der englischen Gläubigerschutzregelungen mit dem Europarecht ergeben sich vor allem zwei Problemschwerpunkte: Zum einen die Vereinbarkeit mit der neuen Europäischen Insolvenzverordnung, und zum anderen die Vereinbarkeit der englischen Gläubigerschutzregelungen mit den im EG-Vertrag niedergelegten Grundfreiheiten.

§ 1: Auswirkungen der neuen Europäischen Insolvenzverordnung auf das englische Gläubigerschutzrecht

Sowohl die Unternehmensleiterhaftung der wrongful trading-Regelung als auch die Disqualifizierung eines director nach dem CDDA 86 setzen zwingend die Abwicklungskompetenz englischer Gerichte voraus.[1025] Das Inkrafttreten der europäischen Insolvenzverordnung hat weitreichende Konsequenzen für die Anwendbarkeit dieser Vorschriften auf Gesellschaften aus anderen Mitgliedstaaten der europäischen Gemeinschaft. Die Gerichte des Vereinigten Königreichs sind gem. Art. 3 Abs. 1 Satz 1 EuInsVO grundsätzlich nur noch dann berufen, wenn sich der Mittelpunkt der hauptsächlichen Interessen des Schuldners im Vereinigten Königreich befunden hat. Gegenüber ausländischen Gesellschaften, deren Mittelpunkt der hauptsächlichen Interessen sich nicht in England befand, sind die Vorschriften des CDDA 86 und der ss. 213/214 IA 86 dagegen primär nicht mehr anwendbar. Durch das Inkrafttreten der EuInsVO

1025 Dies zeigt die parallele Konzeption beider Schutzmechanismen. Siehe hierzu auch s. 25 CDDA 86 und Arden J in Re Seagull Manufacturing Co Ltd. (No. 2) [1994] Ch 91, 98: „...as Mr. Davies points out, that Act [Insolvency Act 1986] and the Company Directors Disqualification Act 1986 should be treated as part of a single statutory scheme..."

erfährt das englische Gesellschaftsgläubigerschutzrecht demnach prima facie eine territoriale Einschränkung des Anwendungsbereichs seiner wirkungsvollsten Gläubigerschutzmechanismen. Es ist daher nicht erstaunlich, dass englische Gerichte bestrebt sind, die Bestimmung des Art. 3 Abs. 1 S. 1 EuInsVO extensiv auszulegen.[1026]
Zwar besteht die Möglichkeit, dass englische Gerichte gem. Art. 3 Abs. 3 EuInsVO ein sekundäres Insolvenzverfahren und unter bestimmten Bedingungen gem. Art. 3 Abs. 4 EuInsVO ein unabhängiges Partikularverfahren einleiten. Beide stehen aber unter dem Vorbehalt, dass die betreffende ausländische Gesellschaft gem. Art. 3 Abs. 2 EuInsVO eine Niederlassung im Vereinigten Königreich besitzt. Die territorial extensive Anwendbarkeit der englischen Gläubigerschutzregeln hängt daher entscheidend davon ab, was unter einer „Niederlassung" im Sinne der EuInsVO zu verstehen ist.

Die Europäische Insolvenzverordnung definiert den Begriff der Niederlassung allgemein als: „...jeden Tätigkeitsort, an dem der Schuldner einer wirtschaftlichen Aktivität von nicht vorübergehender Art nachgeht, die den Einsatz von Personal und Vermögenswerten voraussetzt."[1027] Eine nähere Bestimmung des Begriffs der Niederlassung durch den EuGH ist noch nicht erfolgt. Es ist aber fraglich, ob der EuGH den englischen Gerichten in ihrer großzügigen Interpretation der eigenen Abwicklungsjurisdiktion folgen wird. So geben *Virgos/Schmitt* in ihrem Erläuterungsbericht zum Übereinkommen an, dass mehrere Vertragsstaaten den Wunsch geäußert hätten, dass es möglich sein sollte, Partikularverfahren auch allein aufgrund des Vorhandenseins von Vermögenswerten (die für eine bestimmte wirtschaftliche Tätigkeit eingesetzt werden) zu eröffnen. Im Interesse einer Einigung über das Übereinkommen hätten diese Staaten jedoch letztlich eingelenkt und sich bereit erklärt, auf das Vorhandensein von Vermögenswerten als Kriterium für die internationale Zuständigkeit zu verzichten. Nach dem Übereinkommen sei die Eröffnung von Partikularverfahren allein aufgrund des Vorhandenseins von Vermögenswerten daher nicht möglich.[1028] Es spricht vieles dafür, dass diese Interpretation des Übereinkommens auch für die jetzt vorliegende Verordnung Gültigkeit beansprucht. Das Vorhandensein von Vermögen (z.B. eines bestehenden Bankkontos) kann daher nicht einer Niederlassung gleichgesetzt werden. Dagegen spricht schon der Begriff „Niederlassung". Auch birgt die Anerkennung eines „Vermögensgerichtsstandes" die Gefahr einer exorbitanten Zuständigkeitsanmaßung. Zudem ist das Vermögen als Zuständigkeitsgrund schwer eingrenzbar und legislativ fassbar.[1029] Ein reiner „Vermögensgerichtsstand" ist daher abzulehnen.

Dieses Ergebnis birgt Konfliktpotenzial für das englische Recht. Das englische Recht kannte bisher zumindest alternativ eine solche Zuständigkeit aufgrund Vermö-

1026 High Court of Justice Chancery Division Companies Court, Urteil v. 7.2.2003, ZIP 2003, 813; High Court of Justice Leeds, ZIP 2003, 1362; vgl. hierzu Weller, IPRax 2004, 412, 413.
1027 Art. 2h EuInsVO.
1028 Virgos/Schmitt, S. 58.
1029 So Hanisch, S. 208.

gensbelegenheit.[1030] So ist die Belegenheit von Vermögensgegenständen nach dem bisherigen Internationalen Gesellschaftsinsolvenzrecht geeignet, die ausreichende Verbindung („sufficient connection") einer ausländischen Gesellschaft mit der englischen Jurisdiktion und damit die Abwicklungskompetenz englischer Gerichte zu begründen. Ein solcher reiner „Vermögensgerichtsstand",[1031] d.h. die bloße Präsenz von Vermögensgegenständen („assets") innerhalb der englischen Jurisdiktion als Zuständigkeitsbegründung kann aber nach dem Inkraftreten der EuInsVO nicht mehr genügen.[1032] Das englische Internationale Gesellschaftsinsolvenzrecht muss diese Entwicklung berücksichtigen und hieraus die notwendigen Konsequenzen ziehen. So werden einige prominente Fälle in Zukunft keine Präzedenzwirkung mehr entfalten.

A. Problematische Fälle

In *Eloc* hatte die Gesellschaft durch Vertreter in England Handel betrieben. Die Gesellschaft hatte jedoch niemals einen „place of business" und damit niemals eine Geschäftsniederlassung in England.[1033] Englische Gerichte sind daher nach Inkrafttreten der neuen europäischen Insolvenzverordnung nicht mehr berufen, Gesellschaften in einem „*Eloc*-Sachverhalt" abzuwickeln. Ein ähnliches Schicksal ist dem Fall *Re Allobrogia Steamship Corporation*[1034] beschieden. Die betreffende ausländische Gesellschaft, die weder eine Geschäftsniederlassung in England noch jemals Geschäfte in England betrieben hatte, wurde abgewickelt, um den Gläubigern der Gesellschaft die Geltendmachung eines Versicherungsanspruches [1035] zu ermöglichen. [1036] Der Fall *Banque des Marchands de Moscou (Koupetschesky) v. Kindersley*[1037] lässt sich ebenfalls nicht mit der neuen europäischen Insolvenzverordnung vereinbaren. Die Jurisdiktion des englischen Gerichts in *Banque des Marchands de Moscou* wurde mit der Präsenz von Vermögensgegenständen innerhalb der englischen Jurisdiktion begründet. Das steht grundsätzlich im Einklang mit der oft zitierten Formel, dass eine Gesellschaft in England abgewickelt werden kann, wenn sie: „...has assets in England, *or*[1038] if a sufficient connection with England and Wales can be shown."[1039]

1030 Siehe hierzu die Darstellung oben bzw. Hanisch, S. 209.

1031 Hanisch, S. 208.

1032 Smart, Cross Border Insolvency, S. 137.

1033 In Re Eloc Electro-Optieck and Communicatie B.V. [1982] Ch 43, 45.

1034 Re Allobrogia Steamship Corporation [1978] All ER 423.

1035 Gem. s. 1 Third Parties (Rights against Insurers) Act 1930.

1036 Dasselbe gilt für Re Compania Merabello San Nicholas SA [1973] Ch 75, dem ein ähnlicher Sachverhalt zugrunde lag.

1037 Banque des Marchands de Moscou (Koupetschesky) v. Kindersley [1951] Ch 112.

1038 Hervorhebung durch den Verfasser.

1039 Vgl. Re Mid East Trading Ltd. [1997] 3 All ER 481, 490; vgl. auch Walter, Halsbury's Laws, 7(3), Rn. 2909.

Dieses Verständnis widerspricht jedoch der europäischen Insolvenzverordnung. Eine Gesellschaft aus einem europäischen Mitgliedstaat, die ihren Geschäftsmittelpunkt außerhalb Englands hat, kann danach nur noch im Rahmen eines Sekundärverfahrens oder eines unabhängigen Partikularverfahrens in England abgewickelt werden. Voraussetzung hierfür ist aber, dass die Gesellschaft über eine Niederlassung in England verfügt. Eine solche Niederlassung kann aber nicht schon dann angenommen werden, wenn die Gesellschaft über Vermögensgegenstände innerhalb der englischen Jurisdiktion verfügt.[1040] Die in *Banque des Marchands de Moscou* entwickelte Lehre, dass die Präsenz von Vermögensgegenständen (zumindest alternativ) ausreichend ist, die Jurisdiktion englischer Gerichte zur Abwicklung europäischer Gerichte zu begründen, widerspricht demnach der europäischen Insolvenzverordnung und kann daher nicht mehr aufrechterhalten werden.[1041]

Schwieriger gestaltet sich der Fall in *Okeanos*. Der Sachverhalt soll hier noch einmal ins Gedächtnis zurückgerufen werden. In *Okeanos*[1042] besaß die abzuwickelnde ausländische Gesellschaft nur vernachlässigbare Vermögensgegenstände in England. Das Gericht befand dennoch, dass es die Kompetenz habe, die Gesellschaft abzuwickeln. Ausreichend wäre demnach zum einen eine sufficient connection mit England und zum anderen, dass die Abwicklung den Gläubigern der Gesellschaft einen Vorteil bringen würde. Der Vorteil bestand in einem möglichen persönlichen Haftungsanspruch gegen die directors wegen fraudulent/wrongful trading. Die sufficient connection sah das Gericht zum einen darin begründet, dass der Darlehensvertrag in England ausgehandelt und ausgeführt wurde, und zum anderen, dass die directors der Gesellschaft in England wohnten und die einzig bekannten Bankkonten der Gesellschaft sich in London befanden.[1043] Da die Gesellschaft nicht in England gegründet wurde, käme aus Sicht der neuen europäischen Insolvenzverordnung grundsätzlich nur ein sekundäres Insolvenz- oder ein unabhängiges Partikularverfahren in Betracht. Beide setzen voraus, dass die fragliche Gesellschaft in England eine Niederlassung hatte. Eine „Niederlassung" erfordert nach der Definition des Art. 2h EuInsVO eine gewisse Dauerhaftigkeit der Geschäftstätigkeit.[1044] Die von *Gibson J* als Begründung der sufficient connection angegebenen Anknüpfungsmerkmale können nicht alle einer „dauerhaften Geschäftstätigkeit" gleichgesetzt werden. Die bestehenden Bankkonten der director[1045] bzw. das Aushandeln

1040 Siehe auch Fletcher (2000) 13 Insolvency Intelligence 57, 59 bzw. Burbidge (2002) 27 Eu.L.Rev. 589, 602.

1041 Ähnlich Smart, Cross Border Insolvency, S. 137: „In summary, the most significant change that would result (in terms of jurisdiction over companies) should the Convention become law is that the presence of assets would no longer be sufficient to found winding-up jurisdiction in cases where a company has its centre of main interests in a contracting State other than the United Kingdom."

1042 International Westminster Bank plc v. Okeanos Maritime Corp [1988] Ch 210; vgl. hierzu auch Gully, S. 255.

1043 International Westminster Bank plc v. Okeanos Maritime Corp, s.o., 210, 226.

1044 Virgos/Schmitt, S. 59.

1045 So ausdrücklich Virgos/Schmitt, S. 58.

einer Darlehensvereinbarung sind demnach nach Inkrafttreten der EuInsVO nicht mehr geeignet, die Abwicklungsjurisdiktion zu begründen. Einzig die Tatsache, dass die directors der Gesellschaft in England wohnhaft waren und von London aus Geschäfte abwickelten, ist ausreichend, die Annahme einer „Niederlassung“ in England zu begründen.[1046] Fest steht, dass englische Gerichte in Zukunft mehr Mühe darauf verwenden müssen, in einem *Okeanos* vergleichbaren Sachverhalt die „dauerhafte Geschäftstätigkeit“ einer Gesellschaft in England darzulegen.

B. Fazit

Das Inkrafttreten der EuInsVO hat eine erhebliche Auswirkung auf die Abwicklungsjurisdiktion englischer Gerichte und damit auf die Anwendbarkeit wichtiger englischer Gläubigerschutzinstrumente. Die Analyse des Fallrechts hat deutlich gemacht, dass wegweisende Präzedenzfälle nach Inkrafttreten der Europäischen Insolvenzverordnung nicht mehr oder nicht mehr in demselben Umfang aufrechterhalten werden können. Wesentliche Bestandteile des englischen Gläubigerschutzrechts, das auf der Kompetenz englischer Gerichte zur Abwicklung ausländischer Gesellschaften beruht, bedürfen daher einer kritischen Überprüfung und gegebenenfalls einer Anpassung. Der derzeitige Zustand des Internationalen Insolvenzrechts Englands ist undurchsichtig und unlogisch.[1047] Der EuGH wird sich in Zukunft noch häufiger mit der Frage beschäftigen, inwieweit die Abwicklungspraxis englischer Gerichte mit der EuInsVO vereinbar ist.[1048]

1046 Smart, Cross Boder Insolvency, S. 105, schreibt daher auch zu Recht: „It would be inconceivable that the English court would have held in favour of jurisdiction in Re a Company [entspricht Okeanos- der Verfasser] if the company's ship agents had been based in Paris or Athens instead of London.“

1047 Vgl. schon damals die Kritik von Moss (1993) 15 Comp. YB Int'l Bus. 3, 17: „No attempt appears to have been made to think through in a logical way and provide for insolvency regimes pertaining to foreign corporations. This has left English law in a discreditable state of uncertainty in relation to insolvency regimes applying to foreign corporations. It can only be hoped that further reforming legislation will clarify matters.“

1048 Da die EuInsVO nur für Insolvenzverfahren gilt, die nach dem 31.5.2002 eröffnet wurden, ist die Anzahl der Vorabentscheidungen bisher gering geblieben, vgl. hierzu Oberhammer, ZinsO 2004, 761. Zur Bestimmung des Mittelpunkts der hauptsächlichen Interessen bei internationaler Insolvenz vgl. aber nun die Vorlagefrage des Supreme Court of Ireland vom 27.7.2004, ZIP 2004, 1969-1974.

§ 2: Die Vereinbarkeit der englischen Gläubigerschutzregeln mit den Grundfreiheiten des EG-Vertrags

Die Grundfreiheiten zielen im Wesentlichen darauf ab, die Marktintegration zu verwirklichen. Die Marktintegration soll wirtschaftlich zu einer Effizienzerhöhung durch eine Realisierung der economies of scale und einer Stimulierung des Wettbewerbs innerhalb des gemeinsamen Marktes führen. Die Arbeit wird sich im Folgenden auf die Vereinbarkeit bestimmter englischer Regelungen zum Gläubigerschutz mit der europäischen Niederlassungsfreiheit (Artt. 43 und 48) konzentrieren.

A. Die Abgrenzung der Niederlassungs- von der Dienstleistungsfreiheit bzw. Kapitalverkehrsfreiheit

Der EuGH grenzt die Niederlassungsfreiheit von der Dienstleistungsfreiheit mittels der Kriterien der Kontinuität und Permanenz ab. Eine „Niederlassung" setzt folglich nach *Gebhard*[1049] die Möglichkeit voraus, „...in stabiler und kontinuierlicher Weise am Wirtschaftsleben eines anderen Mitgliedstaats als seines Herkunftsstaats teilzunehmen und daraus Nutzen zu ziehen, wodurch die wirtschaftliche und soziale Verflechtung innerhalb der Gemeinschaft im Bereich der selbständigen Tätigkeit gefördert wird."[1050] Die beiden Grundfreiheiten sind bei der Reichweite des Begriffs der Beschränkungen weitgehend einheitlich auszulegen.[1051] Was im Bereich der Niederlassungsfreiheit gilt, ist so im Allgemeinen gleichermaßen im Bereich der Dienstleistungsfreiheit von Bedeutung. Das ist wünschenswert, da die Grenzlinie zwischen beiden Grundfreiheiten oft schwierig zu ziehen ist.

Niederlassungs- und Kapitalverkehrsfreiheit sind ebenfalls keine Antagonismen. Sie ergänzen einander. Ihr Anwendungsbereich ist oft sogar kumulativ eröffnet. Denn meist muss ausländisches Kapital eingesetzt werden, um Niederlassungen zu ermöglichen.[1052] Die Abgrenzung zwischen beiden Freiheiten ist dementsprechend schwierig. Der EuGH hat bisher keine exakten Abgrenzungskriterien entwickelt. Meistens beschränkt er sich darauf, den ihm als Vorabentscheidungsverfahren vorgelegten Sachverhalt anhand einer der beiden Vorschriften zu prüfen und die Frage der Verletzung der

---

1049 EuGH, Rs. C-55/94, Slg. 1995, I-4165–Gebhard.
1050 Gebhard, s.o., Rn. 25.
1051 Tiedje/Troberg in von der Groeben/Schwarze, Art. 43 EGV, Rn. 67. In der Europarechtsterminologie spricht man von der „Konvergenz der Grundfreiheiten", vgl. hierzu Bröhmer in Calliess/Ruffert, EGV, Art. 43 EGV, Rn. 30 m.w.N.
1052 Tiedje/Troberg in von der Groeben/Schwarze, Art. 43 EGV, Rn. 18, 26.

anderen Freiheit ausdrücklich offen zu lassen.[1053] Da der EuGH bei der Auslegung der beiden Grundfreiheiten bestrebt ist, einheitliche Maßstäbe aufzustellen,[1054] ist eine exakte Abgrenzung praktisch entbehrlich.

B. Die Wirkung und Reichweite der europarechtlichen Niederlassungsfreiheit

Die Artt. 43 und 48 EGV bedürfen keiner weiteren Umsetzung, sie haben direkte Wirkung. Für das Gebiet der Niederlassungsfreiheit wurde die unmittelbare Wirkung zuerst in der Entscheidung *Reyners*[1055] festgestellt. Art. 48 EGV stellt im Bereich der Niederlassungsfreiheit juristische Personen natürlichen Personen gleich. Voraussetzung der Gleichstellung ist aber, dass die Gesellschaften „...ihren satzungsmäßigen Sitz, ihre Hauptverwaltung oder ihre Hauptniederlassung innerhalb der Gemeinschaft haben,...". „Gesellschaften" im Sinne von Art. 48 Abs. 2 EGV sind „...die Gesellschaften des bürgerlichen Rechts und des Handelsrechts einschließlich der Genossenschaften und die sonstigen juristischen Personen des öffentlichen und privaten Rechts mit Ausnahme derjenigen, die einen privaten Erwerbszweck verfolgen." Die Gesellschaft muss demnach einem gewerblichen Zweck dienen.[1056] Der letzte Halbsatz des Art. 48 EGV macht deutlich, dass die EG, trotz ihrer erweiterten Zielrichtung seit der Einführung des Maastrichter Vertrages, in erster Linie eine wirtschaftliche Gemeinschaft bleibt. Um in den Genuss der Niederlassungsfreiheit zu kommen, hat der europäische Gesetzgeber in Art. 48 I EGV den Satzungssitz, die Hauptverwaltung bzw. die Hauptniederlassung alternativ als Anknüpfungspunkte gleichwertig nebeneinander gestellt. Die in Art. 48 I EGV genannten Anknüpfungskriterien stehen alternativ nebeneinander und sollen in erster Linie die Gemeinschaftszugehörigkeit einer Gesellschaft bestimmen.[1057] Entgegen einigen vereinzelten Stimmen[1058] hat sich der europäische Gesetzgeber in Art. 48 EGV nicht für eine der beiden herrschenden Kollisionstheorien zur Bestimmung des Gesellschaftsstatuts ausgesprochen. Art. 48 I EGV ist keine „internationalgesellschaftliche Anerkennungsnorm"[1059] bzw. europarechtliche Kollisionsnorm.[1060] Sie bestimmt lediglich den personalen Anwendungsbereich der europarechtlichen Niederlassungsfreiheit.[1061]

1053 Tiedje/Troberg in von der Groeben/Schwarze, Art. 43 EGV, Rn. 21; EuGH Rs. C-251/98, Slg. 2000, I-2787-Baars, Rn. 42.

1054 Tiedje/Troberg in von der Groeben/Schwarze, Art. 43 EG, Rn. 21.

1055 EuGH Rs. C-2/74, Slg. 1974, I-631.

1056 Hier zeigt sich die Parallelität zu der Arbeitnehmerfreizügigkeit, Art. 39 EVG. Der Begriff des „Arbeitnehmers" im Sinne des Art. 39 EGV verlangt ebenso eine „entgeltliche" Tätigkeit.

1057 Forsthoff, EuR 2000, 167, 175.

1058 Siehe hierzu z.B. die Nachweise bei Edwards, S. 340.

1059 Behrens, IPRax 1999, 323, 331.

1060 So z.B. Randelzhofer/Forsthoff, in Grabitz/Hilf, KommEU, Art. 48, Rz. 2, 26.

1061 Im Bereich der Dienstleistungsfreiheit verweist Art. 55 EGV u.a. auf Art. 48 EGV. Somit gilt auch hier grundsätzlich der Gleichlauf zwischen natürlichen und juristischen Personen.

1. *Diskriminierungsfreiheit oder allgemeines Beschränkungsverbot*

Nach traditionellem Verständnis enthielt Art. 43 EGV lediglich ein Diskriminierungsverbot. Für diese Auffassung spricht insbesondere der Wortlaut von Art. 43 Abs. 2 EGV. Danach umfasst die Niederlassungsfreiheit: „... die Aufnahme und Ausübung selbständiger Erwerbstätigkeiten sowie die Gründung und Leitung von Unternehmen, insbesondere von Unternehmen im Sinne des Art. 48 Absatz 2, *nach den Bestimmungen des Aufnahmestaates für seine eigenen Angehörigen.*[1062]" Art. 43 EGV ist in erster Linie eine Konkretisierung des allgemeinen Diskriminierungsverbots aus Art. 12 EGV. Ein Mitgliedstaat ist somit primär angehalten, ausländische Unternehmen nicht schlechter als inländische Unternehmen zu stellen („ Inländergleichbehandlung"). Lange heftig umstritten war, ob Art. 43 EGV darüber hinaus auch ein allgemeines Beschränkungsverbot enthält.[1063] Als Argument gegen die Erweiterung des sachlichen Schutzbereichs von Art. 43 EGV wurde vorgebracht, dass der Wortlaut von Art. 43 EGV, im Gegensatz zum Wortlaut anderer Grundfreiheiten,[1064] lediglich die Inländergleichbehandlung verlange. Ferner wurde geltend gemacht, dass einem allgemeinen Beschränkungsverbot die mangelnde Bestimmtheit entgegenstehe.[1065]

Die Ansicht fand Unterstützung in der Rechtsprechung des EuGH. In dem Urteil *Kommission ./. Belgien*[1066] stand eine belgische Regelung auf dem Prüfstand, welche die Kostenerstattung der staatlichen Krankenkassen an Laboratorien, die Leistungen der klinischen Biologie erbrachten, von bestimmten Voraussetzungen abhängig machte. Diese Voraussetzungen waren ihrem Inhalt nach nicht direkt diskriminierend, da sie unterschiedslos sowohl für eigene als auch für fremde Staatsangehörige angewandt wurden. Dennoch sah die Kommission in den belgischen Vorschriften eine nicht gerechtfertigte Behinderung, da sie von Ausländern praktisch verlangten, dass diese eine primäre Niederlassung in Belgien betrieben.[1067] Der EuGH lehnte im Ergebnis eine Verletzung des Art. 43 Abs. 2 EGV ab.[1068] Nach Ansicht des EuGH umfasst die Niederlassungsfreiheit nach Art. 43 Absatz 2 EGV die Aufnahme und Ausübung selbständiger Erwerbstätigkeit nach den Bestimmungen des Aufnahmestaates für seine eigenen Angehörigen. Aus der Vorschrift und ihrem Kontext folge daher, dass es jedem Mitgliedstaat, vorbehaltlich dieser Gleichbehandlung, mangels einschlägiger Gemeinschaftsbe-

1062 Hervorhebung durch den Verfasser.

1063 Hierfür schon Mitte der achtziger Jahre des vergangenen Jahrhunderts Ebke, ZGR 1987, 245, 256–259.

1064 Artt. 28, 49 EGV.

1065 Vgl. Grabitz, FS Ibsen, S. 661 ff.; Groß, S. 135 ff.; Ebenroth/Eyles, DB 1988 Beil. 2/88, 15 bzw. DB 1989 413 sowie Eyles, S. 65 bzw. S. 71- 77, der den Abbau nichtdiskriminierender Beschränkungen bei der grenzüberschreitenden Niederlassung weniger als ein Problem des primären Gemeinschaftsrechts denn als eine Aufgabe einer Rechtsangleichung nach Artt. 54 und 57 EWGV (nun Artt. 44 und 47 EGV) ansah.

1066 EuGH Rs. C- 221/85, Slg. 1987, I-719- Kommission ./. Belgien.

1067 Siehe Schlussanträge des Generalanwalts Lenz in Kommission ./. Belgien, s.o., Rn. 19.

1068 Kommission ./. Belgien, s.o., Rn. 12.

stimmungen freistehe, die Tätigkeit von Laboratorien, die Leistungen der klinischen Biologie erbringen, in seinem eigenen Hoheitsgebiet zu regeln.[1069] Nach der damaligen Ansicht gewährte die Niederlassungsfreiheit damit, als besondere Ausprägung des allgemeinen Diskriminierungsverbots nach Art. 12 EGV, lediglich das Recht auf Inländergleichbehandlung.[1070] Die überkommene Auffassung spiegelt sich auch in den Worten von *Generalanwalt Jacobs* in der Entscheidung *Säger* wider. *Generalanwalt Jacobs* brachte darin zum Ausdruck, dass es nicht unangemessen erscheine, von einer Person, die sich in einem Mitgliedstaat niederlassen wolle, generell zu verlangen, dass sie sich in jeder Hinsicht an das Recht dieses Staates halte.[1071]

Die herrschende Auffassung über den Schutzgehalt hat sich jedoch mit der Zeit grundlegend verändert. Es entwickelte sich das Verständnis, dass die Schaffung eines gemeinsamen Binnenmarktes mehr erfordere als den bloßen Abbau diskriminierender Schranken und Regelungen. Zu Recht stellte sich die Frage, warum ein Hindernis für den gemeinsamen Handel zwischen den Mitgliedstaaten allein deshalb nicht mehr existent sein sollte, weil ein identisches Hindernis auch den einheimischen Handel beeinträchtigte. Insbesondere nach der Verabschiedung des Maastrichter Vertrages machte eine solche Argumentation keinen Sinn mehr. Das Verständnis des sachlichen Schutzbereichs der Niederlassungsfreiheit schlug daher eine Richtung ein, die wegweisende Entscheidungen im Bereich der Waren-[1072] und Dienstleistungsverkehrsfreiheit[1073] vorgegeben hatten. Im Rahmen der Warenverkehrsfreiheit war es schon lange anerkannt, dass auch unterschiedslos angewandte mitgliedschaftliche Regelungen („indistinctly applicable rules") die durch Art. 28 EGV garantierte Freiheit verletzen konnten bzw. dass sich Art. 28 EGV nicht in einem reinen Diskriminierungsverbot erschöpfte.[1074] In zwei grundlegenden Entscheidungen[1075] übernahm der EuGH dieses Verständnis auch für die Niederlassungsfreiheit. Der EuGH machte damit deutlich, dass auch unterschiedslos angewandte Vorschriften in den Schutzbereich des Art. 43 EGV fallen können.[1076] Für den Bereich des Europäischen Gesellschaftsrechts wurde diese Lesart des Schutzgehalts von Art. 43 EGV in dem Urteil *Centros*[1077] bzw. *Inspire Art Ltd.*[1078] bestätigt. Die Literatur vertritt nunmehr fast ausnahmslos den Standpunkt, dass der sachliche

1069 Kommission ./. Belgien, s.o., Rn. 9.

1070 Siehe auch die Entscheidung in Fearon: EuGH Rs. C – 182/83, Slg. 1984, I–3677, in welcher der EuGH diese Lesart der sachlichen Reichweite von Art. 43 EGV bestätigte. Vgl. zu weiteren Aspekten der Entscheidung auch Eyles, S. 343 – 344.

1071 Schlussantrag des Generalanwalts Jacobs in: EuGH Rs. C – 76/90, Slg. 1991, I – 4221, Rn. 23.

1072 Z.B. EuGH Rs. C-8/74, Slg. 1974, I-837-Dassonville.

1073 Z.B. EuGH Rs. C-76/90, Slg. 1991, I-4221-Säger.

1074 Angedeutet in EuGH Rs. C-8/74, Slg. 1974, I-837-Dassonville; endgültig bestätigt in EuGH Rs. C – 120/78, Slg. 1979, I–649–Cassis.

1075 EuGH Rs. C-19/92, Slg. 1993, I-1663-Kraus bzw. die Entscheidung des EuGH in Gebhard, s.o.

1076 Kraus, s.o.; Gebhardt, s.o. Siehe dazu Everling, GS Knobbe-Keuk, S. 607 ff.; Klinke, ZGR 1996, 567, 573 ff.; Jarass, RIW 1993, 1 ff.; Jarass, EuR 1995, 202 ff.; Roth, GS Knobbe-Keuk, S. 729 ff.; Lonbay (1996) 33 CMLR 1073, 1087.

1077 EuGH Rs. C-212/97, Slg. 1999, I-1459-Centros, Rn. 34.

1078 EuGH Rs. C-167/01-Inspire Art, Rn. 133.

Schutzbereich von Art. 43 EGV über ein Gebot der bloßen Inländergleichbehandlung hinausgeht.[1079] Es ist daher auch im Bereich der Niederlassungsfreiheit ein stetiger Trend zu beobachten, dass sich in der Post-Maastricht-Ära der Schwerpunkt von der negativen Beseitigung von protektionistischen staatlichen Regelungen hin zu der positiven Schaffung eines einheitlichen Binnenmarkts durch Beseitigung von unterschiedslos angewandten nationalen Marktzugangsregelungen verschoben hat.

2. *Teleologische Reduktion des Schutzbereichs der Niederlassungsfreiheit*

Das weite Verständnis des sachlichen Schutzbereichs der Niederlassungsfreiheit ist nicht unproblematisch. So könnte möglicherweise jede beschränkende mitgliedstaatliche Norm, die das Niederlassungsrecht potenziell beeinträchtigen kann bzw. „weniger attraktiv"[1080] machen könnte, der Rechtfertigung bedürfen. Auf der Grundlage dieses Verständnisses würden so zum Beispiel staatliche Bauordungsvorschriften, die weder direkt noch indirekt den Markt regulieren wollen, die Niederlassungsfreiheit von Gesellschaften grundsätzlich beeinträchtigen und bedürften damit der Rechtfertigung. Der gemeinschaftsrechtliche Rechtfertigungsdruck würde sich erheblich vergrößern.[1081] Die Gerichte würden möglicherweise in einem exzessiven Umfang beansprucht. Im Bereich der Warenverkehrsfreiheit ist der EuGH der Gefahr einer uferlosen Erweiterung des Schutzgehalts[1082] in der Entscheidung *Keck*[1083] entgegengetreten. Es stellt sich daher die Frage, ob auch im Bereich der Niederlassungsfreiheit ein solches Korrektiv nötig ist.[1084] Teilweise wird das abgelehnt.[1085] Dafür spricht, dass ein weites Verständnis des Schutzgehalts der europarechtlichen Niederlassungsfreiheit einen positiven Druck auf den Prozess der Rechtsangleichung ausüben kann. Andere wiederum befürworten eine Einschränkung analog der *Keck*-Rechtsprechung.[1086] Als Argument verweisen sie auf die weitgehend parallele Interpretation der Grundfreiheiten („Konvergenz der Grundfreihei-

---

1079 Siehe z.B. Schwarze/Schlag, S. 688; Everling, GS Knobbe-Keuk, 607, 612.

1080 EuGH Rs. C-55/94, Slg. 1995, I-4165-Gebhard, Rz. 37; EuGH Rs. C-212/97, Slg. 1999, I-1459-Centros, Rn. 34; EuGH Rs. C-167/01-Inspire Art Ltd.

1081 So Duys, S. 99, unter Berufung auf Mülbert, ZHR 1995, 2, 31 ff.

1082 Vgl. Dassonville u. Cassis, s.o.

1083 Vgl. EuGH Rs. C-267 und 268/91, Slg. 1993, I-6097-Keck. Die sog. „sunday trading-saga", EuGH Rs. C-145/88, Slg. 1989, I-765-Torfaen bzw. EuGH Rs. C- 169/91, Slg. 1992, I-6635-Stoke on Trent, in der es um die englischen sonntäglichen Ladenöffnungszeiten ging, ist ein abschreckendes Beispiel dafür, welchen negativen Einfluss die uferlose Erweiterung des inhaltlichen Schutzbereichs der Grundfreiheiten haben kann. Siehe zu den durch die Entscheidung in Keck im Bereich der Warenverkehrsfreiheit ausgelösten Folgeproblemen Weatherill, (1996) 33 CMLR 885-906.

1084 Vgl. hierzu ausführlich Duys, S. 98–122.

1085 Vgl. z.B. Scheuer in Lenz/Borchardt, Art. 43 EGV, Rn. 10.

1086 Z.B. Mülbert, ZHR 1995, 2, 31-33; Schwarz, S. 92-93, m.w.N.; Schanze/Jüttner, AG 2003, 661, 668, der eine Unterscheidung zwischen „Eingriffen in die Subjekteigenschaft" und „Vorschriften des lokalen allgemeinen Verkehrsrechts" trifft. Letztere sollen dabei in der Regel vom Anwendungsbereich der Niederlassungsfreiheit ausgenommen sein, soweit sie nicht eine wesentliche Behinderung des Marktzugangs darstellen.

ten").[1087] Zum Teil wird auch der Gedanke der Subsidiarität als Begründung für eine Einschränkung des Schutzbereichs der Niederlassungsfreiheit herangezogen.[1088]

In dieselbe Richtung zielt der Vorwurf, dass das Verständnis der Reichweite der Niederlassungsfreiheit nach *Gebhard* als ein Instrument allgemeiner Deregulierung missverstanden wird.[1089] Teilweise wird daher eine Differenzierung zwischen Marktzugangsregelungen und Ausübungsregeln vertreten.[1090] Artt. 43 und 48 EGV enthalten demnach weiterhin ein allgemeines Beschränkungsverbot für mitgliedstaatliche Regelungen, die den Marktzugang betreffen.[1091] Regeln, welche die Ausübung des Gewerbes durch die auf dem Gebiet eines anderen Mitgliedstaats niedergelassene Gesellschaft betreffen, sollen dagegen lediglich am allgemeinen Diskriminierungsverbot gemessen werden. Insbesondere die mit den zwingenden, aber nicht diskriminierenden Vorschriften des nationalen Gesellschaftsrechts verbundenen Behinderungen sollen somit in die letztere Kategorie fallen und analog den Verkaufsmodalitäten der *Keck*-Rechtsprechung behandelt werden. Eine an den Grundsätzen der Verhältnismäßigkeit ausgerichtete Kontrolle dieser Regeln soll unterbleiben.[1092] Art. 43 EGV enthalte daher nicht *alternativ* ein Diskriminierungs- oder ein Beschränkungsverbot, sondern *kumulativ* ein Diskriminierungs- und ein Beschränkungsverbot.[1093] Der Ansicht ist entgegenzuhalten, dass Art. 43 EGV vom Wortlaut her keinen Anlass zu einer Differenzierung zwischen Ausübungs- und Betriebsregeln gibt.[1094] Die Ansicht, dass Artt. 43 und 48 EGV keinen Spielraum für eine Differenzierung des sachlichen Schutzbereiches nach Ausübungs- bzw. Betriebsregelungen lassen, ist zudem zuletzt in der Entscheidung des EuGH in Sachen *Inspire Art Ltd.*[1095] indirekt bestätigt worden.[1096]

Im Bereich der Dienstleistungsfreiheit hat sich der EuGH zudem bisher wiederholt geweigert, die Prinzipien aus *Keck* auch auf den Schutzbereich des Art. 49 EGV zu übertragen.[1097] In der Entscheidung *de Agostini,*[1098] in welcher der EuGH die Vereinbar-

---

1087 Siehe Eberhartinger, EWS 1997, 43, 48; 49. Vgl. hierzu ebenfalls Behrens, EuR 1992, 145.

1088 Duys, S. 109–112; Schön, ZGR 1995, 1, 19 ff.; Jickeli, JZ 1995, 57 ff.; Hopt, ZIP 1996, 98 ff.

1089 Everling, GS Knobbe-Keuk, S. 607, 618 ff. bzw. Roth, GS Knobbe-Keuk, S. 729, 739; zur Relevanz des Subsidiaritätsprinzips für die Auslegung der Binnenmarktkonzeption im Unternehmensrecht vgl. auch Ebke, RabelsZ 62 (1998) 195, 223 ff.

1090 Habersack, S. 27. Ähnlich auch Eberhartinger, EWS 1997, 43, 49 bzw. Roth, RabelsZ 54 (1990), 63, 82; ders., RabelsZ 55 (1991) 623, 648; ders., Gedächtnisschrift Knobbe-Keuk, S. 729 ff., der zwischen der Gründungs- bzw. der Ausübungsalternative unterscheiden will. In dieselbe Richtung zielt auch Everling, Gedächtnisschrift Knobbe-Keuk, 607, 621. Vgl. auch den Schlussantrag des Generalanwalts Gulmann in der Entscheidung, EuGH Rs. C-275/92, Slg. 1994, I-1039-Schindler, Rz. 56 ff.

1091 Habersack, S. 27.

1092 Habersack, S 27.

1093 Ähnlich Roth, GS Knobbe-Keuk, S. 729, 741.

1094 Siehe Art. 43 Abs. 2: „...umfasst die Niederlassungsfreiheit die Aufnahme und Ausübung selbständiger Erwerbstätigkeiten sowie die Gründung und Leitung von Unternehmen..."

1095 EuGH Rs. C-167/01-Inspire Art Ltd.

1096 EuGH Rs. C-167/01-Inspire Art Ltd., Rn. 104.

1097 Vgl. Hatzopoulos (2000) 37 CML Rev. 43, 68, m.w.N. bzw. Schwarze/Schlag, S. 693. Die Entscheidung im Fall Casa Uno, EuGH Rs. C-418/93 u.a., Slg. 1996, I–2975, Rn. 32 gibt danach kei-

keit bestimmter schwedischer Regelungen zur Fernsehwerbung mit der Warenverkehrs- und Dienstleistungsfreiheit überprüfte, wendete der EuGH ausdrücklich zwei verschiedene Prüfungsansätze an. Zum einen erklärte der EuGH für den Bereich der Warenverkehrsfreiheit, dass die schwedischen Vorschriften lediglich Verkaufsmodalitäten beträfen und mangels Diskriminierung aus dem Anwendungsbereich des Art. 30 EGV herausfielen. Zum anderen erklärte der EuGH aber gleichzeitig, dass dieselben Vorschriften als eine Einschränkung der Dienstleistungsfreiheit angesehen werden konnten und durch ein überwiegendes Allgemeininteresse oder aufgrund Art. 46 EGV gerechtfertigt sein müssten. Die Entscheidung erging zwar im Bereich der Dienstleistungsfreiheit, eine automatische Übertragung verbietet sich daher, dennoch lassen sich hieraus berechtigterweise Rückschlüsse auf die mangelnde Bereitschaft des EuGH ziehen, die Prinzipien aus *Keck* auf die Niederlassungsfreiheit zu übertragen. Denn wenn der EuGH schon im Bereich der Dienstleistungsfreiheit, die von ihrer Struktur her der Warenverkehrsfreiheit näher steht als die Niederlassungsfreiheit,[1099] eine Differenzierung und Einschränkung des Schutzgehalts analog der *Keck*-Rechtsprechung ablehnt, dann gilt das erst recht für die Niederlassungsfreiheit.

Der EuGH scheint es somit (noch) nicht für erforderlich zu halten, die Prinzipien aus *Keck* auf das Recht der Personenverkehrsfreiheit zu übertragen.[1100] Die Einführung einer differenzierten Prüfung für Vorschriften, welche die Ausübung der Niederlassungsfreiheit betreffen, und Vorschriften, die den Zugang an sich betreffen, ist daher zum gegenwärtigen Zeitpunkt unangebracht.[1101] Die Post-*Keck*-Rechtsprechung[1102] lehrt zudem, dass die Etablierung von formal(-istisch)-en Differenzierungsmerkmalen[1103] nicht zwangsläufig zur näheren Klärung der Reichweite einer Grundfreiheit beigetragen

---

nen hinreichenden Aufschluss. Der EuGH hatte hierin beiläufig geäußert, dass eine einschränkende Wirkung der italienischen Ladenöffnungszeiten auf die Niederlassungsfreiheit ausländischer Unternehmen zu ungewiss und zu mittelbar sei, als dass die in ihr aufgestellte Verpflichtung als geeignet angesehen werden könne, diese Freiheit zu behindern.

1098 EuGH Rs. C-34-36/95, Slg. 1997, I-3843.

1099 Dienstleistungen und Waren lassen sich eher vergleichen. Im Bereich der Dienstleistungsfreiheit war bereits einige Jahre früher als im Bereich der Niederlassungsfreiheit anerkannt, dass auch allgemeine Beschränkungsverbote in den Schutzgehalt fallen, vgl. die Entscheidung des EuGH Rs. C- 76/90, Slg. 1991, I-4221-Säger.

1100 Scheuer in Lenz/Borchardt, Art. 43 EGV, Rn. 10; Tiedje/Troberg in von Groeben/Schwarze, Art. 43 EGV, Rn. 103.

1101 Mit dem Vorwurf mangelnder Bestimmtheit wendet sich z.B. Kruse, Sitzverlegung, S. 111, gegen diese Differenzierung.

1102 Siehe z.B. EuGH Rs. C-292/92, Slg. 1993, I-6787-Hünermund; EuGH Rs. C-412/93, Slg. 1995, I-179-Sociéte d'Importation Eduard Leclerc-Siplec; EuGH Rs. C-470/93, Slg. 1995, I-1923-Mars GmbH; EuGH Rs. C-368/95, I-3689-Vereinigte Familiapress; EuGH Rs. C-77/97, I-431-Österreichische Unilever GmbH; EuGH Rs. C-34-36/95, Slg. 1997, I-3843-De Agostini; EuGH Rs. C-405/98, Slg. 2001, I-1795-Gourmet; EuGH Rs. C-322/01-DocMorris, EWS 2004, 72: Vgl. hierzu z.B. Kaczorowska (2004) 10 ELJ 479, 480-490; Craig/de Burca, 648-658; Koenig/Meurer/Engelmann, EWS 2004, 65

1103 Verkaufsmodalitäten – Produktmerkmale.

muss.[1104] *Weatherill* macht noch auf einen weiteren, inter-institutionellen Punkt aufmerksam, der gegen eine Beschränkung des Schutzbereiches der Niederlassungsfreiheit spricht.[1105] Seit 1987 gilt gem. Art. 95 EGV im Bereich der Warenverkehrsfreiheit das qualifizierte Mehrheitsverfahren nach Art. 251 EGV. Die Freizügigkeit des Personenverkehrs ist hiervon jedoch gem. Art. 95 Abs. 2 EGV ausdrücklich ausgenommen. Hierin könnte einer der Gründe liegen, warum der EuGH im Bereich der Personenverkehrsfreiheit die Trümpfe nicht aus der Hand geben will bzw. er hier energischer die Integration betreibt und eine Einschränkung seiner Überprüfungsmöglichkeiten analog *Keck* vorerst ablehnt.[1106] Es scheint, dass sich der EuGH in einem Bereich, in dem die positive gesetzliche Integration nicht in demselben Maße gewährleistet ist, eine erweiterte Möglichkeit der negativen Integration (durch Fallrecht) offen halten will. Der EuGH scheint seine Rolle im Bereich der Niederlassungsfreiheit weiterhin als Motor der Integration gegenüber widerstrebenden oder zögerlichen Mitgliedstaaten zu sehen.[1107] Durch die Einführung eines de minimis-Grundsatzes analog der *Keck*-Rechtsprechung wäre nichts gewonnen, da die Reichweite des sachlichen Anwendungsbereichs der Niederlassungsfreiheit methodisch sauber im Rahmen des Vier-Faktoren-Tests beantwortet werden kann.[1108] Die schwierige Abwägung, ob eine nationale Maßnahme eine unerhebliche Beeinträchtigung der Niederlassungsfreiheit darstellt, lässt sich besser im Wege einer Verhältnismäßigkeitsprüfung klären.[1109]

Die Rechtfertigung unterschiedslos angewandter mitgliedstaatlicher Vorschriften, welche die Niederlassungsfreiheit beschränken, bestimmt sich daher einheitlich nach dem in der Entscheidung in *Gebhard*[1110] entwickelten und in *Centros*[1111] bzw. *Inspire Art Ltd.*[1112] bestätigten Vier-Faktoren-Test. Unterschiedslos angewandte nationale Anforderungen an die Aufnahme und Ausübung einer selbständigen Erwerbstätigkeit sind den Mitgliedstaaten damit grundsätzlich erlaubt. Allerdings müssen diese Regelungen, sofern es sich um nationale Maßnahmen handelt, welche die Ausübung der durch den Vertrag garantierten Freiheiten behindern oder weniger attraktiv machen können,[1113] vier

1104 Vgl. Hatzopoulos (2000) 37 CML Rev. 43, 82; Weatherill (1996) 33 CML Rev 885, 894: "...a whiff of perilous formalism." Kieninger, ZGR 1999, 724, 744.

1105 Weatherill (1996) 33 CML Rev 885, 906.

1106 Weitere Beispiele dieses interinstitutionellen Zusammenspiels zwischen Rat und Gericht finden sich bei Craig/de Burca, S. 17.

1107 Ähnlich Merkt, RIW 2004, 1, 4.

1108 Vgl. Berner/Spindler, RIW 2004, 7, 8, 9 bzw. Kaczorowska (2004) 10 ELJ 479, 493, die im Bereich der Warenverkehrsfreiheit ebenfalls eine Abkehr von Keck und eine Rückbesinnung auf die Dassonville-Formel zu erkennen vermag und im Verhältnismäßigkeitstest das Instrument zur Beurteilung der Vereinbarkeit einer nationalen Maßnahme mit der Niederlassungsfreiheit erblickt.

1109 Ähnlich Kaczorowska (2004) 10 ELJ 479, 493, für den Bereich der Warenverkehrsfreiheit.

1110 EuGH Rs. C-55/94, Slg. 1995, I-4165-Gebhard. Im Anschluss an diese Entscheidung firmiert der Vier-Faktoren-Test ebenfalls unter dem Titel „Gebhard-Formel".

1111 EuGH Rs. C-212/97-Centros, Rn. 34.

1112 EuGH Rs. C-C-167/01-Inspire Art Ltd., Rn. 133.

1113 Ein ähnlicher Wortlaut findet sich im Bereich der Warenverkehrsfreiheit in der Entscheidung Dassonville, EuGH Rs. 8/74, Slg. 1974, I-837, Rn. 5.

Erfordernisse erfüllen: Sie müssen in einer nichtdiskriminierenden Weise angewandt werden, sie müssen aus zwingenden Gründen des Allgemeininteresses gerechtfertigt sein, sie müssen geeignet sein, die Verwirklichung des mit ihnen verfolgten Zieles zu gewährleisten und sie dürfen nicht über das hinausgehen, was zur Erreichung des Zieles erforderlich ist.[1114]

3. *Die Abgrenzung zwischen primärer Niederlassungsfreiheit und sekundärer Niederlassungsfreiheit*

Die Niederlassungsfreiheit wird gemeinhin in die Kategorien der primären und der sekundären Niederlassungsfreiheit unterteilt. Diese Unterscheidung wird zwar nicht explizit vom EGV gezogen und vom EuGH nicht ausdrücklich bestätigt, sie ergibt sich jedoch zumindest konkludent aus der Struktur des Art. 43 EGV, der in zwei Absätze aufgegliedert ist.[1115] Die primäre Niederlassungsfreiheit beinhaltet grundsätzlich das Recht, sowohl den Satzungssitz als auch den Schwerpunkt der unternehmerischen Tätigkeit, die Hauptniederlassung, in einen anderen Mitgliedstaat zu verlegen.[1116]

Die sekundäre Niederlassungsfreiheit gewährt gem. Art. 43 Abs. 1 S. 2 EGV das Recht, Agenturen, Zweigniederlassungen oder Tochtergesellschaften in anderen Mitgliedstaaten zu gründen. Art. 43 Abs. 2 EGV gibt zudem die Freiheit, mittels dieser Ausübungsformen eine freie Erwerbstätigkeit auszuüben. Keine der drei Ausübungsformen der sekundären Niederlassungsfreiheit wurde bisher vom EuGH definiert. Fest steht jedoch, dass die sekundäre Niederlassungsfreiheit europarechtsautonom ausgelegt werden muss und die Mitgliedstaaten nicht befugt sind, ihre eigenen nationalen Wertungen anzustellen.[1117] Einen Hinweis, wie der Begriff der Zweigniederlassung europa-

---

1114 Gebhard, s.o., Rn. 37; Centros, s.o., Rn. 34; Inspire Art Ltd., s.o., Rn. 133. Damit unterliegen alle Grundfreiheiten nunmehr einer im Wesentlichen parallelen Auslegung, vgl. EuGH Rs. C-415/93, Slg. 1995, I-4921-Bosman, Rn. 96, für den Bereich der Arbeitnehmerfreizügigkeit bzw. EuGH Rs. C-384/93, Slg. 1995, I-1141-Alpine Investments, für den Bereich der Niederlassungsfreiheit.

1115 Die Unterteilung in eine primäre und sekundäre Niederlassungsfreiheit wurde jedoch vom EuGH z.B. in der Entscheidung EuGH Rs. C-311/97, Slg. (1999), I-2651, Rn. 23-Elliniko, bestätigt.

1116 Im Bereich der primären Niederlassungsfreiheit wurde früher eine sensible Schnittstelle zum nationalen Kollisionsrecht angenommen. Edwards nahm daher an, dass die Anerkennung von Gesellschaften vielleicht streng genommen eher eine Frage des Kollisionsrechts als des europäischen Niederlassungsrechts sei, vgl. Edwards, S. 334: „...recognition is perhaps strictly speaking more a question of conflict of laws than of establishment...“; vgl. ebenfalls den Hinweis von Kindler, NJW 1999, 1993, 1997 auf die im europarechtlichen Schrifttum gebrauchte Formel „Internationales Gesellschaftsrecht geht vor Niederlassungsfreiheit“ bzw. Klinke, ZGR 1993, 1, 7 sowie Gross, EuZW 1994, 395, 397, die von der „Niederlassungsresistenz“ der nationalen Kollisionsrechte sprachen, zustimmend Walden, S. 356. Das Verständnis vom uneingeschränkten Vorrang des nationalen Kollisionsrechts im Bereich der primären Niederlassungsfreiheit kann aber nach der Entscheidung des EuGH in Überseering, EuGH Rs. C-208/00 nicht mehr aufrechterhalten werden.

1117 Eine solche unerlaubte mitgliedstaatliche Interpretation des Begriffs der sekundären Niederlassungsfreiheit wurde z.B. im Fall Centros von der dänischen Behörde angestellt. Diese qualifizierte die Zweigniederlassung als tatsächlichen Verwaltungssitz der Gesellschaft, vgl. Centros, s.o., Rn. 17.

autonom definiert werden könnte, gab bisher lediglich die Entscheidung in *Somafer*,[1118] die jedoch im Zusammenhang mit Art. 5 Abs. 5 der Brüsseler Konvention erging. *Generalanwalt La Pergola* hat jedoch in seinen Schlussanträgen in *Centros* die Relevanz dieser Entscheidung für die Interpretation von Art. 48 EGV vehement zurückgewiesen.[1119] Die Unterscheidung zwischen primärer und sekundärer Niederlassungsfreiheit ist für den EuGH nicht von entscheidender Bedeutung. Teilweise wird daher von einem Generaltatbestand der Niederlassungsfreiheit gesprochen.[1120]

4. *Rechtsetzungsakte zur Verwirklichung der Niederlassungsfreiheit*

Der EuGH betont in *Daily Mail*, dass seine beschränkende Auslegung nur „den gegenwärtigen Stand des Gemeinschaftsrechts" betreffe.[1121] Der EuGH hat die Mitgliedstaaten aufgerufen, dem in Art. 293 3. Spiegelstrich EGV enthaltenen Auftrag nachzukommen und durch eine Vereinheitlichung der nationalen Kollisionsrechte die Grundlage für eine freie Ausübung der Niederlassungsfreiheit zu schaffen. Gerade im Bereich der Satzungssitzverlegung sind die bisherigen Anstrengungen, dem Harmonisierungsauftrag gerecht zu werden, weitgehend fehlgeschlagen. So ist ein Übereinkommen über die gegenseitige Anerkennung von Gesellschaften und juristischen Personen v. 29.2.1968[1122] mangels Ratifizierung durch die Niederlande bisher nicht in Kraft getreten. Mit dem Inkrafttreten dieses Übereinkommens ist inzwischen auch nicht mehr zu rechnen.[1123] Erfolgversprechender im Sinne einer Rechtsangleichung waren und sind daher Vorschläge, die sich auf die Richtlinienkompetenz gem. Art. 44 Abs. 2 lit. g EGV stützen, da dabei den Mitgliedstaaten ein gewisser Umsetzungsspielraum eingeräumt wird, um nationalen Besonderheiten Rechnung zu tragen.[1124]

Für die Sitzverlegung der kleinen Kapitalgesellschaft[1125] innerhalb der EU war insbesondere der Vorschlag einer 14. Richtlinie von Bedeutung.[1126] Die 14. Richtlinie

---

1118 EuGH Rs. C- 33/78, Slg. 1978, I-2183-Somafer.

1119 Schlussanträge des Generalanwalts La Pergola in Centros, s.o., Rn. 19.

1120 Eidenmüller/Rehm, ZGR 2004, 159-188.

1121 Daily Mail, s.o., Rn. 19. Großfeld brachte daher treffend zum Ausdruck, dass die Sitztheorie innerhalb der EU nur eine „Theorie auf Zeit" sei, vgl. Staudinger/Großfeld, Rn. 124.

1122 Vgl. BGBl 1972 II 370 sowie das deutsche Zustimmungsgesetz v. 18.5.1972, BGBl II 369.

1123 Siehe Staudinger/Großfeld, Rn. 137-138, m.w.N. zum Übereinkommen.

1124 Einen Überblick über die EU-Richtlinien bietet Habersack, S. 24/25. Zum materiellen Inhalt der Richtlinien siehe Schwarz, S. 167-560 bzw. aus englischer Sicht Edwards, S. 15-228.

1125 Da sich die Arbeit auf den Zuzug der kleinen Kapitalgesellschaft konzentriert, unterbleibt im Folgenden eine Würdigung der Verordnung über die Europäischen Aktiengesellschaft („Societas Europaea", kurz: „SE"), Verordnung (EG) Nr. 2157/2001 des Rates vom 8. Oktober 2001 (Abl. L 294/1); vgl. hierzu Ebke, EWS 2002, 1; Pluskat, EuZW 2001, 524-528; Schwarz, ZIP 2001, 1847-1867; Lutter, BB 2002, 1-7; Hopt, EuZW 2002, 1; Jahn/Herfs-Röttgen, DB 2001, 631; Hommelhoff, AG 2001, 279; Monti, WM 1997, 607; zum deutschen Einführungsgesetz vgl. Ihrig/Wagner, BB 2004, 174; zu steuerrechtlichen Problemen Schulz/Geismar, DStR 2001, 1078, 1082; Klapdor, EuZW 2001, 677.

soll es Gesellschaften ermöglichen, ihren satzungsmäßigen oder tatsächlichen Sitz identitätswahrend in einen anderen Mitgliedstaat zu verlegen. Die Sitzverlegung hätte damit weder die Auflösung der Gesellschaft noch die Gründung einer neuen juristischen Person zur Folge. Mit Eintragung des neuen Sitzes im Gesellschaftsregister würde mithin aber ein Wechsel des anwendbaren Gesellschaftsstatuts herbeigeführt.[1127] Voraussetzungen einer Sitzverlegung sind gem. Art. 4 ein Verlegungsplan und gem. Art. 5 ein Verlegungsbericht. Eine Verabschiedung der Sitzverlegungsrichtlinie in Europa ist wegen des ungelösten Problems der Arbeitnehmerbeteiligung ungewiss. Infolge der Entscheidung des EuGH in *Überseering*[1128] ist der Vorschlag einer Sitzverlegungs-Richtlinie zudem, zumindest bzgl. der Verwaltungssitzverlegung von EU-Gesellschaften, weitgehend überflüssig geworden.[1129] Lediglich bzgl. der identitätswahrenden Verlegung des Satzungssitzes[1130] könnte die 14. Richtlinie noch eine gewisse Bedeutung haben.[1131] Der Fall der identitätswahrenden Sitzverlegung wurde durch *Überseering* nicht geregelt. Die Entscheidung des EuGH in Sachen *Überseering B.V.* behandelt lediglich den Fall einer Verlegung des tatsächlichen Verwaltungssitzes.[1132] Der EG-Vertrag schweigt sich zur Frage der Satzungssitzverlegung ebenfalls aus. Er spricht in Art. 43 EGV nur vom Recht, Agenturen, Zweigniederlassungen oder Tochtergesellschaften zu gründen. Die Verlegung des Satzungsitzes wird ausdrücklich nicht im Zusammenhang mit der Niederlassungsfreiheit erwähnt.[1133] Der EuGH hat vielmehr in *Daily Mail* darauf hingewiesen, dass Gesellschaften nur als Schöpfungen ihrer Gründungsrechtsordnung bestehen.[1134] Die Niederlassungsfreiheit nach Artt. 43 und 48 EGV gebietet daher nicht, dass EU-Mitgliedstaaten ihren Gesellschaften die identitätswahrende Satzungssitzverlegung ins EU-Ausland ermöglichen müssen.[1135] Folgerichtig hält es die EU-Kommission beim derzeitigen Entwicklungsstand des Gemeinschaftsrechts und insbesondere infolge der jüngeren Rechtsprechung des EuGH für zweckmäßig, die Probleme, die sich bei der Verlegung des tatsächlichen Verwaltungsitzes und bei der Verlegung des Satzungssitzes stellen, in getrennten Rechtsakten zu behandeln, und sich in der jetzigen Phase auf eine Regelung der Verlegung des Satzungssitzes zu beschränken.[1136] Ein diesbezüglicher

1126 Siehe ZIP 1997, 1721 ff.; vgl. hierzu Staudinger/Großfeld, Rn. 658-661; Ebke, JZ 1999, 656, 660; Hoffmann, ZHR 2000, 43 ff.; Drury, (1999) 24 EL Rev. 354, 362-372 bzw. die Beiträge von Di Marco/Neye/K.Schmidt/Priester/Heinze/Hügel/Rajak/Wymersch/Timmermann, ZGR 1999, 3-156.

1127 Vgl. Artt. 3 und 10 der Richtlinie.

1128 EuGH Rs. C-208/00, Slg. 2002, I-9919-Überseering B.V.

1129 Zu Recht Ebke, JZ 2003, 927, 933; Drygala, ZEuP 2004, 337, 349, 364-365.

1130 Vgl. hierzu auch den nicht zur Entscheidung angenommenen Vorlagebeschluss EuGH Rs. C-86/00, AG Heidelberg, RIW 2000, 557.

1131 Zimmer, FAZ v. 3. April 2003, S. 14 bzw. Eidenmüller, JZ 2004, 24, 32. Art. 3 der Richtlinie verpflichtet die Mitgliedstaaten, eine identitätswahrende Sitzverlegung zu ermöglichen. Allerdings ist ein Wechsel des Gesellschaftsstatuts erforderlich.

1132 Überseering B.V., Rn. 94.

1133 Vgl. Triebel, BB 2003, 2409, 2414.

1134 Daily Mail, s.o., Rn. 19. Hieran erinnert der EuGH in Überseering, s.o., Rn. 67.

1135 Triebel, BB 2003, 2409, 2415.

1136 Becker, GmbHR 2004, R 145.

Richtlinienvorschlag, der das von der EU-Kommission vorgelegte Konsultationspapier[1137] auswertet und mitberücksichtigt, wird in naher Zukunft erwartet.[1138]

Bereits auf den Weg gebracht wurde eine Richtlinie für grenzüberschreitende Fusionen. Der Ministerrat hat am 25. November 2004 eine Einigung über eine internationale Fusionsrichtlinie[1139] erzielt, die eine grenzüberschreitende Verschmelzung von Kapitalgesellschaften aus verschiedenen Mitgliedstaaten ermöglichen soll (10. Richtlinie).[1140] Der vorliegende Kompromiss, der sämtliche Kapitalgesellschaften erfasst, sieht in Abweichung zu Art. 14 des Kommissionsvorschlags eine deutlich schwächere Arbeitnehmerbeteiligung als bei der Europäischen Aktiengesellschaft vor. Die Arbeitnehmerbeteiligung ist nur dann zwingend nach dem Recht zu gestalten, das den Arbeitnehmern die weitestgehenden Mitspracherechte zugesteht („Auffangregelung"), soweit mehr als ein Drittel der Arbeitnehmer des fusionierten Unternehmens vorher für die Gesellschaft mit der weitergehenden Mitbestimmungsregel gearbeitet hat. Unterhalb dieser Schwelle kann die Arbeitnehmerbeteiligung sogar vollends aufgehoben werden. Ferner können die EU-Mitgliedstaaten unabhängig davon den Einfluss der Belegschaft durch ein Gesetz auf ein Drittel der Sitze in der Führung des Unternehmens beschränken.[1141] Es ist zu erwarten, dass die Europäische Aktiengesellschaft durch das Inkrafttreten der 10. Richtlinie weiter an Attraktiviät verliert, da eine Fusion im Zweifel der Gründung einer Europäischen Aktiengesellschaft vorzuziehen ist.

Die Analyse hat gezeigt, dass der Gesetzgeber bei der Angleichung der gesellschaftsrechtlichen Vorschriften im Bereich der identitätswahrenden Sitzverlegung von Gesellschaften innerhalb der EU keine bedeutenden Fortschritte erzielt hat.[1142] Die Verabschiedung der 14. Richtlinie ist vor allem wegen der ungelösten Frage der Regelung der Arbeitnehmermitbestimmung ungewiss, und die jüngst verabschiedete Verordnung über das Statut einer Europäischen Gesellschaft (SE)[1143] leidet an Geburtsfehlern, die zumindest hinsichtlich der identitätswahrenden Sitzverlegung einen nennenswerten Erfolg nicht erhoffen lassen. Der gesetzgeberische „Quasi-Stillstand" gilt jedoch nicht für die Rechtsprechung. Hier haben insbesondere die Entscheidungen *Centros*[1144], *Überseering*[1145] bzw. *Inspire Art Ltd.*[1146] für Furore gesorgt.

1137 Siehe http://europa.eu.int/yourvoice/consultations/index_de.htm.

1138 Becker, GmbHR 2004, R 145, 147.

1139 Vgl. hierzu http://europa.eu.int/rapid/pressReleasesAction.do; FAZ v. 27.11.2004, S. 14 bzw. Wiesner, DB 2005, 91-94.

1140 Zum Vorschlag der Kommission vom 18.11.2003, KOM (2003) 703 endgültig siehe Müller, ZIP 2004, 1790; Eidenmüller, JZ 2004, 24, 32-33.

1141 FAZ v. 27.11.2004, S. 14.

1142 So auch Generalanwalt Colomer in seinen Schlussanträgen vom 4. Dezember 2001 in der Rechtssache C-208/00 – Überseering B.V., Rn. 29, vgl. zu den Schlussanträgen des Generalanwalts Colomer auch: FAZ v. 12.12.2001, S. 25.

1143 Siehe Verordnung (EG) Nr. 2157/2001 des Rates vom 8. Oktober 2001 (Abl. L 294, 1).

1144 EuGH Rs. C-212/97, Slg. 1999, I-1459-Centros.

1145 EuGH Rs. C-208/00, Slg. 2002, I-9919-Überseering.

1146 EuGH Rs. C- 167/01 Inspire Art Ltd.

5. *Die Rechtsprechung des EuGH zur Niederlassungsfreiheit*

Der EuGH hat in den letzten Jahren seine Zurückhaltung, im Bereich des Internationalen Gesellschaftsrechts zu intervenieren, aufgegeben. Durch eine Reihe bahnbrechender Entscheidungen hat er die Beziehung des Internationalen Gesellschaftsrechts zum Europarecht maßgeblich geprägt. Zum Verhältnis des Internationalen Gesellschaftsrechts zur Niederlassungsfreiheit des EGV nahm der EuGH zunächst in der Entscheidung *Daily Mail*[1147] Stellung.

a) *Die* Daily Mail-*Entscheidung*

Gegenstand der *Daily Mail*-Entscheidung war die grenzüberschreitende Verlegung der Geschäftsleitung einer Kapitalgesellschaft („Daily Mail and General Trust plc") von England in die Niederlande. Daily Mail war eine englische Investmentholdinggesellschaft, die beabsichtigte, einen umfangreichen Teil ihres Investmentvermögens zu veräußern, um mit dem so erzielten Verkaufserlös den Rückerwerb eigener Gesellschaftsanteile zu finanzieren. Um einer Besteuerung des Veräußerungsgewinns und der realisierten stillen Reserven zu entgehen, beabsichtigte die Gesellschaft, ihre Geschäftsleitung in die Niederlande zu verlegen und dort die Vermögenswerte zu verkaufen. Die englischen Finanzbehörden machten eine solche Sitzverlegung jedoch von ihrer Zustimmung abhängig. Gegen dieses Zustimmungserfordernis wandte sich Daily Mail.

Der Europäische Gerichtshof befand, dass beim damaligen Stand des Gemeinschaftsrechts eine Gesellschaft nationalen Rechts kein Recht darauf habe, ihre Geschäftsleitung und damit ihren Hauptverwaltungssitz unter Bewahrung ihrer Eigenschaft als Gesellschaft des Mitgliedstaats ihrer Gründung in einen anderen Mitgliedstaat zu verlegen. Der Gerichtshof erinnerte daran, dass eine aufgrund einer nationalen Rechtsordnung gegründete Gesellschaft jenseits der nationalen Rechtsordnung, die ihre Gründung und ihre Existenz regelt, keine Realität hat.[1148] Die Freizügigkeit zur freien Verlegung des Hauptverwaltungssitzes gehört damit nach Ansicht der Richter in *Daily Mail* noch nicht uneingeschränkt zum europäischen Standard.[1149] Wörtlich führte der EuGH aus: „Im Gegensatz zu natürlichen Personen werden Gesellschaften aufgrund einer Rechtsordnung, beim gegenwärtigen Stand des Gemeinschaftsrechts aufgrund einer nationalen Rechtsordnung, gegründet. Jenseits der jeweiligen nationalen Rechtsord-

1147 EuGH Rs. 81/87, Slg. 1988, I-5483-Daily Mail; kritisch hierzu: Behrens, IPRax 1989, 357 ff.; Frommel, Intertax 1988, 409, 412 ff.; Sandrock, RIW 1989, 505, 511; Sandrock/Austmann, RIW 1989, 249 ff.; Roth, RabelsZ 1991, 623, 647-648; im Ergebnis Daily Mail zustimmend: Ebenroth/Eyles, DB 1989, 363, 372, 413 ff.; Großfeld/Luttermann, JZ 1989, 386-387; siehe auch Ebke/Gockel (1990) 24 Int'l. Law 239.

1148 Daily Mail, s.o., Rn. 19.

1149 Nobel, S. 38.

nung, die ihre Gründung und ihre Existenz regelt, haben sie keine Realität.[1150] Der EWG-Vertrag trägt diesen Unterschieden im nationalen Recht Rechnung. Bei der Definition der Gesellschaften, denen die Niederlassungsfreiheit zugute kommt, in Art. 58 [heute: Art. 48 – Einfügung durch den Verfasser] EWG-Vertrag werden der satzungsmäßige Sitz, die Hauptverwaltung und die Hauptniederlassung einer Gesellschaft als Anknüpfung gleich geachtet. In Art. 220 [heute: Art. 293] EWG-Vertrag ist, soweit erforderlich, der Abschluss von Übereinkommen unter den Mitgliedstaaten vorgesehen, um unter anderem die Beibehaltung der Rechtspersönlichkeit bei Verlegung des Sitzes von einem Mitgliedstaat in einen anderen sicherzustellen. Bis heute ist ein derartiges Übereinkommen nicht in Kraft getreten.[1151] Somit gewähren die Artt. 52 und 58 [heute: Artt. 43 und 48] EWG-Vertrag den Gesellschaften nationalen Rechts keine Freiheit, den Sitz ihrer Geschäftsleitung unter Bewahrung ihrer Eigenschaft als Gesellschaften des Mitgliedstaats ihrer Gründung in einen anderen Mitgliedstaat zu verlegen."[1152]

Obgleich das Urteil primär zu steuerrechtlichen Wegzugsschranken erging, ist es internationalprivatrechtlich beachtlich.[1153] Die Reichweite der *Daily Mail*-Entscheidung darf jedoch nicht überspannt werden. *Daily Mail* traf keine Regelung über die Anerkennung ausländischer Gesellschaften durch den Zuzugsstaat und damit das Zuzugsrecht.[1154] Art. 293 EGV lässt sich – wie wir heute wissen - auch kein allgemeiner Rechtsetzungsvorbehalt entnehmen.[1155] Der Europäische Gerichtshof hat sich in *Daily Mail* darauf beschränkt, festzustellen, dass der Wegzugsstaat die Möglichkeit hat: „... einer nach seiner Rechtsordnung gegründeten Gesellschaft Beschränkungen hinsichtlich der Verlegung ihres tatsächlichen Verwaltungssitzes aus seinem Hoheitsgebiet aufzuerlegen, damit sie die ihr nach dem Recht dieses Staates zuerkannte Rechtspersönlichkeit beibehalten kann."[1156] Für die Regelung des Gläubigerschutzes beim Zuzug ausländischer Gesellschaften ist das Urteil des EuGH in Sachen *Daily Mail* demnach von untergeordneter Bedeutung.

b) Das Centros*-Urteil des EuGH*

Der Sachverhalt des *Centros*-Urteils stellt sich wie folgt dar: Die Eheleute Bryde hatten in England eine private limited company gegründet. Die unter dem Namen Centros firmierte Gesellschaft hatte zu keiner Zeit irgendeine Geschäftstätigkeit am Ort ihres Satzungssitzes (England) entfaltet. Stattdessen beantragte die Gesellschaft die Eintragung

1150 Daily Mail, s.o., Rn. 19.
1151 Daily Mail, s.o., Rn. 21.
1152 Daily Mail, s.o., Rn. 24.
1153 Staudinger/Großfeld, Rn. 121-123.
1154 EuGH Rs. C-208/00, Slg. 2002, I-9919-Überseering, Rn. 66 bzw. Rn. 71.
1155 EuGH Rs. C-208/00, Slg. 2002, I-9919-Überseering, Rn. 54.
1156 EuGH Rs. C-208/00, Slg. 2002, I-9919-Überseering, Rn. 70. So bereits Halbhuber (2001) 38 CMLR 1385, 1390-1395.

einer Zweigniederlassung in Dänemark. Es war die erklärte Absicht des Ehepaares Bryde, ausschließlich mittels dieser Zweigniederlassung in Dänemark geschäftlich tätig zu werden. Die für die Registrierung der Zweigniederlassung zuständige Stelle in Dänemark (Zentralverwaltung) verweigerte jedoch die Eintragung. Die Zentralverwaltung begründete die Verweigerung der Eintragung damit, dass die Gesellschaft unter Umgehung nationaler Vorschriften, vor allem über eine Mindestkapitalisierung, beabsichtige, in Wirklichkeit in Dänemark nicht eine Zweigniederlassung, sondern einen Hauptsitz zu errichten.[1157] Die von Centros hiergegen gerichtete Klage blieb in erster Instanz erfolglos.[1158] Das in zweiter Instanz zuständige Højesteret setzte das Verfahren aus und legte dem EuGH die Frage vor, ob die Verweigerung der Eintragung mit den Artt. 43 und 48 EGV vereinbar sei.[1159]

Der EuGH verneinte das.[1160] Die Weigerung der dänischen Behörden, eine in Großbritannien ordnungsgemäß gegründete private limited company als dänische Zweigniederlassung einzutragen, ist mit der europäischen Niederlassungsfreiheit nicht zu vereinbaren. Das gilt unabhängig davon, dass die Gesellschaft in ihrem Gründungsstaat keine Geschäftstätigkeit entfaltete bzw. dass die Auslandsgründung der Umgehung dänischer Mindestkapitalisierungsvorschriften diente.[1161] Nach *Centros* stellte sich die Frage, inwieweit nationale Schutzvorschriften noch legitimerweise dem Zuzug einer ausländischen EU-Gesellschaft und ihren Gesellschaftern bzw. Geschäftsführern entgegengehalten werden können. Wie bereits damals richtig angemerkt wurde, denkt der

1157 EuGH Rs. C-212/97, Slg. 1999, I-1459-Centros, Rn. 7.

1158 EuGH Rs. C-212/97, Slg. 1999, I-1459-Centros, Rn. 8.

1159 EuGH Rs. C-212/97, Slg. 1999, I-1459-Centros, Rn. 13.

1160 EuGH Rs. C-212/97, Slg. 1999, I-1459, 1497-1498-Centros: „Ein Mitgliedstaat, der die Eintragung der Zweigniederlassung einer Gesellschaft verweigert, die in einem anderen Mitgliedstaat, in dem sie ihren Sitz hat, rechtmäßig errichtet worden ist, aber keine Geschäftstätigkeit entfaltet, verstößt gegen die Art. 52 und 58 EG-Vertrag, wenn die Zweigniederlassung es der Gesellschaft ermöglichen soll, ihre gesamte Geschäftstätigkeit in dem Staat auszuüben, in dem diese Zweigniederlassung errichtet wird, ohne dort eine Gesellschaft zu errichten und damit das dortige Recht über die Errichtung von Gesellschaften zu umgehen, das höhere Anforderungen an die Einzahlung des Mindestgesellschaftskapitals stellt. Diese Auslegung schließt jedoch nicht aus, dass die Behörden des betreffenden Mitgliedstaats alle geeigneten Maßnahmen treffen können, um Betrügereien zu verhindern oder zu verfolgen. Das gilt sowohl – gegebenenfalls im Zusammenwirken mit dem Mitgliedstaat, in dem sie errichtet wurde – gegenüber der Gesellschaft selbst als auch gegenüber den Gesellschaftern, wenn diese sich mittels der Errichtung der Gesellschaft ihren Verpflichtungen gegenüber inländischen privaten oder öffentlichen Gläubigern entziehen möchten."

1161 Die Reichweite der Aussage war umstritten, vgl. z.B. Ebke, JZ 1999, 656, 658; Ebke, Bundesgerichtshof, S. 818; Zimmer, ZHR 2000 23, 33, 36 f.; Stellungnahme der Europäischen Kommission in der Rs. C-208/00, Slg. 2002, I-9919-Überseering B.V., S. 17 (lediglich sekundäre Niederlassungsfreiheit) bzw. z.B. Leible, NZG 1999, 298, 302; Freitag, EuZW 1999, 267, 268, Micheler (2000) 21 Co.Law. 179, 181; Schlussanträge des Generalanwalts Colomer in der Rs. C-208/00, Slg. 2002, I-9919-Überseering B.V., Rn. 36 (oder/auch primäre Niederlassungsfreiheit). Die Aussage des EuGH war diesbezüglich nicht eindeutig. Richtig ist, dass der EuGH in Centros in erster Linie den Fall einer Eintragungsverweigerung einer Zweigstelle beantwortet hat. Der europarechtliche Begriff der Zweigstelle umfasst dabei auch den Fall, dass die Gesellschaft in ihrem Gründungsland keine Geschäftstätigkeit entfaltet. Darüber hinaus hatte der EuGH dann erst in Überseering B.V. hinreichend deutlich gemacht, dass die Rechts- und Parteifähigkeit einer ausländischen Gesellschaft stets anzuerkennen ist.

EuGH nicht in gründungs- oder sitztheoretischen Mustern.[1162] Der EuGH hat in *Centros* kein Bekenntnis zur Gründungstheorie abgelegt. Dem EuGH geht es vielmehr um die Frage, inwieweit nationale Vorschriften auch in Form von Kollisionsnormen im konkreten Einzelfall europarechtlich eine Behinderung der Freizügigkeit darstellen. Folgerichtig hat der EuGH in *Centros* lediglich festgestellt, dass der faktischen Sitzverlegung einer Auslandsgesellschaft und ihrer Registrierung als Zweigniederlassung im Inland keine rechtlichen Hindernisse in den Weg gelegt werden dürfen.[1163] Der EuGH ist weiter auf das Problem eingegangen, welche Maßnahmen ein Mitgliedstaat legitimerweise ergreifen kann, um zu verhindern, dass bestimmte nationale Schutzvorschriften unter Hinweis auf die vom EG-Vertrag gebotenen Möglichkeiten umgangen werden. Entscheidend ist dabei, wo der Missbrauch beginnt und das Recht aufhört.[1164] Fest steht nach *Centros*, dass es keine unzulässige Umgehung, sondern ein von der Niederlassungsfreiheit garantiertes Recht darstellt, eine Gesellschaft nach dem Recht eines anderen Mitgliedstaats zu errichten, dessen gesellschaftsrechtliche Vorschriften eine größere Freiheit erlauben, um dann in anderen Mitgliedstaaten Zweigniederlassungen dieser Gesellschaft zu gründen.[1165] Es liegt keine missbräuchliche Berufung auf Gemeinschaftsrecht vor, wenn die gesamte Geschäftstätigkeit am Ort der Zweigniederlassung ausgeübt werden soll.[1166] Ausreichend ist eine formale Verbindung, die durch die rechtswirksame Gründung im Inkorporationsstaat hergestellt werden kann. Eine wirtschaftliche Verbindung ist hingegen nicht erforderlich.[1167] Wichtig ist, dass *Centros* die im Urteil *Kraus*[1168] genannten und in der Entscheidung *Gebhard*[1169] bekräftigten Leitlinien für die Beurteilung der Rechtmäßigkeit einer Beschränkung der Niederlassungsfreiheit auch für den Bereich der Niederlassungsfreiheit der juristischen Personen eingeführt hat. So hat der EuGH in *Centros* zwar festgestellt, dass ein Mitgliedstaat geeignete Maßnahmen treffen kann, um Betrügereien zu verhindern oder zu verfolgen;[1170] solche Maßnahmen, die eine Beschränkung der Niederlassungsfreiheit zum Ziel oder zur Folge haben können, werden sich aber in Zukunft stets an den vom EuGH festgelegten Leitlinien messen lassen müssen (Vier-Faktoren-Test).[1171]

1162 Luttermann, ZEuP 2000, 907, 912; ähnlich auch Zimmer, ZHR (2000) 23, 35 und Forsthoff, EuR 2000, 167, 170.

1163 Ulmer, NJW 2004, 1201, 1203.

1164 Vgl. Generalanwalt La Pergola in seinen Schlussanträgen in Centros, EuGH Rs. C-212/97, Slg. 1999, 1461, 1477.

1165 EuGH, Rs. C-212/97, Slg. 1999, I-1459-Centros, Rn. 27; Schlussanträge des Generalanwalts Colomer in Rs. C-208/00, Slg. 2002, I-9919-Überseering B.V., Rn. 33.

1166 Vgl. EuGH, Rs. C-212/97, Slg. 1999, I-1459-Centros, Rn. 17. So bereits EuGH, Rs. C-79/85, Slg. 1986, I-2375-Segers, Rn. 16.

1167 Looijestijn-Clearie (2000) 49 I.C.L.Q. 621, 628.

1168 EuGH Rs. C-19/92, Slg. 1993, I-1663.

1169 EuGH Rs. C-5/94, Slg. 1995, I-4165.

1170 EuGH Rs. C-212/97, Slg. 1999, I-1459-Centros, Rn. 38.

1171 In diesem Sinne auch Generalanwalt Colomer in seinen Schlussanträgen in der Rs. C-208/00, Slg. 2002, I-9919-Überseering B.V. So zuvor schon Ebke, JZ 1999, 656, 657.

c) Überseering B.V.

In seinem Urteil in der Sache *Überseering BV* beantwortete der EuGH das Vorabentscheidungsersuchen des VII. Zivilsenats des BGH vom 30.3.2000.[1172] Im Fall ging es um eine in den Niederlanden inkorporierte Kapitalgesellschaft (Überseering B.V.), deren Gesellschaftsanteile von zwei in Deutschland ansässigen Personen erworben worden waren und deren Geschäftsleitung fortan von Deutschland aus geführt worden war. Als die Gesellschaft vor deutschen Gerichten gegen ein Bauunternehmen Gewährleistungsansprüche geltend machte, wurde der Überseering B.V. der Einwand der fehlenden Rechts- und Parteifähigkeit entgegengehalten. Nach Ansicht der Instanzgerichte hatte Überseering B.V. seinen effektiven Verwaltungssitz von den Niederlanden in die Bundesrepublik Deutschland verlegt, ohne sich, wie von der damals gefestigten Rechtsprechung gefordert, neu zu gründen. Aus der Sicht der Instanzgerichte war Überseering daher weder rechts- noch parteifähig. Das OLG Düsseldorf[1173] hat die Klage von Überseering als unzulässig abgewiesen. Der VII. Zivilsenat des BGH legte dem EuGH daraufhin die Frage vor, ob die Nichtanerkennung der Rechts- und Parteifähigkeit mit der europarechtlichen Niederlassungsfreiheit der Gesellschaften (Artt. 43 und 48 EGV) vereinbar ist.[1174] Der EuGH verwarf die Auffassung des OLG Düsseldorf. Er stellte fest, dass es gegen die Artt. 43 und 48 EGV verstößt, wenn einer Gesellschaft, die nach dem Recht des Mitgliedstaats, in dessen Hoheitsgebiet sie ihren satzungsmäßigen Sitz hat, gegründet worden ist, in einem anderen Mitgliedstaat die Rechtsfähigkeit und damit die Parteifähigkeit vor seinen nationalen Gerichten für die Geltendmachung von Ansprüchen aus einem Vertrag mit einer in diesem Mitgliedstaat ansässigen Gesellschaft abgesprochen wird, weil die Gesellschaft ihren tatsächlichen Verwaltungsitz in diesen Mitgliedstaat verlegt hat.[1175] Auf die zweite Vorlagefrage hin stellte der EuGH fest, dass falls eine Gesellschaft, die nach dem Recht des Mitgliedstaats gegründet worden ist, in dessen Hoheitsgebiet sie ihren satzungsmäßigen Sitz hat, in einem anderen Mitgliedstaat von ihrer Niederlassungsfreiheit Gebrauch macht, dieser andere Mitgliedstaat nach den Artt. 43 und 48 EGV verpflichtet ist, die Rechtsfähigkeit und damit die Parteifähigkeit zu achten, die diese Gesellschaft nach dem Recht ihres Gründungsstaats besitzt.[1176]

Der EuGH hat klargestellt, dass ein Mitgliedstaat die Existenz einer nach dem Recht eines anderen EU-Mitgliedstaats wirksam gegründeten Gesellschaft unabhängig von ihrem effektiven Verwaltungssitz anzuerkennen hat. Die Weigerung, die Rechts- und Parteifähigkeit einer ausländischen Gesellschaft anzuerkennen, verstößt gegen die Artt. 43 und 48 EGV. Die Rechts- und Parteifähigkeit ist dabei vorbehaltlos anzuerkennen. Die ausländische Gesellschaft ist in der Form anzuerkennen, die sie nach ihrem

1172 BGH, RIW 2000, 555.
1173 OLG Düsseldorf JZ 2000, 203 mit Anm. Ebke.
1174 BGH, RIW 2000, 555.
1175 EuGH Rs. C-208/00, Slg. 2002, I-9919-Überseering B.V., Rn. 94.
1176 EuGH Rs. C-208/00, Slg. 2002, I-9919-Überseering B.V., Rn. 95.

Gründungsrecht hat. Insbesondere scheidet eine Umqualifizierung der ausländischen Gesellschaft aus. Die Anerkennung der Rechts- und Parteifähigkeit kann nicht dadurch gewährleistet werden, dass die ausländische Kapitalgesellschaft als Personengesellschaft (GbR bzw. OHG) anerkannt wird. Die Personengesellschaft ist ein aliud, da die Gesellschafter damit in eine andere Gesellschaftsform mit besonderen Haftungsrisiken gedrängt werden.[1177] Die Verweisung einer ausländischen Gesellschaft auf die Möglichkeit der Anerkennung als deutsche Personengesellschaft stellt sich demnach ebenfalls als eine Verletzung der Niederlassungsfreiheit dar. Der VII. Zivilsenat des BGH hat daher zu Recht die Überseering BV als rechtsfähige Gesellschaft niederländischen Rechts in Deutschland als rechts- und parteifähig anerkannt.[1178]

Die generalpräventiven Sanktionen der Sitztheorie sind damit zumindest in den Fällen des Zuzugs einer EU-Gesellschaft europarechtswidrig.[1179] Ein Statutenwechsel bei Verlegung des effektiven Verwaltungssitzes aus dem Gründungsstaat in die Bundesrepublik Deutschland ist danach mit der europarechtlichen Niederlassungsfreiheit nicht vereinbar. Die Bestimmung der Rechts- und Parteifähigkeit einer wirksam gegründeten EU-Gesellschaft bestimmt sich, soweit der Gründungsstaat einen Wegzug zulässt,[1180] fortan allein nach dem Recht des Gründungsstaates (lex societatis).[1181]

d) *Inspire Art Ltd.*

Gegenstand der Entscheidung in Sachen *Inspire Art Ltd.* war die Frage, ob die niederländischen Sondervorschriften[1182] für formal-ausländische Gesellschaften mit der Nie-

---

1177 Vgl. Leible/Hoffmann, RIW 2002, 925, 929; Zimmer, BB 2003, 1, 5; Lutter, BB 2003, 7, 9; Forsthoff, DB 2002, 2471, 2476; Eidenmüller, ZIP 2002, 2233, 2238.

1178 Vgl. BGH, BB 2003, 915, 916.

1179 Ebke, BB 2003 Heft 1, S. I („Die Erste Seite").

1180 Ebke, JZ 2003, 927, 928. Fraglich ist, ob die Folgerungen aus Überseering auch für beschränkende Wegzugsregelungen Geltung beanspruchen. Der EuGH hat in Überseering ausdrücklich nur über die europarechtliche Vereinbarkeit kollisionsrechtlicher Zuzugsregelungen entschieden, die einer Verlegung des effektiven Verwaltungssitzes von einem EU-Mitgliedstaat in einen anderen Mitgliedstaat entgegenstehen, EuGH Rs. C-208/00, Slg. 2002, I-9919-Überseering B.V., Rn. 70; indirekt bestätigt durch EuGH Rs. C-167/01-Inspire Art Ltd., Rn. 103. Wegzugsbeschränkungen sind daher vorerst auch nach Überseering zulässig, vgl. u.a. Geyrhalter/Gänßler, NZG 2003, 409, 411; Kallmeyer, DB 2002, 2521, 2522; Leible/Hoffmann, RIW 2002, 925, 932; Binz/Mayer, GmbHR 2003, 249, 255; a.A. Vgl. u.a. Behrens, IPRax 2003, 193, 205; Forsthoff, DB 2002, 2471, 2473; Großerichter, DStR 2003, 159, 164 f.; Roth, IPRax 2003, 117, 121. Im Ergebnis werden damit inländische Gesellschaften in Deutschland gegenüber anderen EU-Gesellschaften benachteiligt. Das ist jedoch nur die Konsequenz aus Überseering. Der Erlass einer Richtlinie, die den Wegzug von Gesellschaften regelt, erscheint daher aus deutscher Sicht dringend geboten.

1181 In der deutschen obergerichtlichen Rechtsprechung hat sich diese Ansicht ebenfalls durchgesetzt (vgl. u.a. OLGR Celle 2003, 127; BayOLG ZIP 2003, 398; OLG Zweibrücken BB 2003, 864).

1182 Wet op de formeel buitenlandse vennootschappen; der vollständige Titel lautet in seiner deutschen Übersetzung: Gesetz vom 17. Dezember 1997 mit Regeln für juristische Personen, die nach ausländischem Recht gegründete Kapitalgesellschaften besitzen, ihre Geschäftstätigkeit ausschließlich oder fast vollständig in den Niederlanden ausüben und keine echte Beziehung zu dem Staat haben,

derlassungsfreiheit in Einklang stehen.[1183] In den Niederlanden werden Gesellschaften, die im Ausland rechtsgültig gegründet wurden, nach der vorherrschenden Inkorporationstheorie grundsätzlich ohne weiteres anerkannt.[1184] Als Reaktion auf eine wachsende Zahl von Unternehmen, die zwar nach einem ausländischen Gesellschaftssystem errichtet wurden,[1185] ihre Geschäftstätigkeit aber fast ausschließlich in den Niederlanden ausübten (außer der Tatsache der Inkorporation also keine echte Beziehung zum Gründungsstaat hatten), erließ der niederländische Gesetzgeber eine Sonderregelung für formal-ausländische Gesellschaften. Das Gesetz trat zum 1.1.1998 in Kraft. Ziel der Sonderbestimmungen war es, der Umgehung niederländischer Gläubigerschutzbestimmungen zu begegnen. Zu diesem Zweck sollten die zwingenden niederländischen Gläubigerschutzinstrumente auf formal-ausländische Gesellschaften zur Anwendung gebracht werden. Formal-ausländische Gesellschaften im Sinne des Gesetzes waren Unternehmen, die nach ausländischem Recht gegründet worden waren, ihre Geschäftstätigkeit aber ausschließlich oder nahezu ausschließlich in den Niederlanden ausübten und zu dem Recht ihres Gründungsstaates keine wirkliche Beziehung hatten.[1186] Formal-ausländische Gesellschaften unterlagen im Wesentlichen vier Sonderpflichten: Der Vorstand dieser Gesellschaften sowie die Geschäftsführer waren verpflichtet, das Unternehmen als formal-ausländische Gesellschaft im niederländischen Handelsregister eintragen zu lassen (Registrierungspflichten),[1187] die Gesellschaft musste in all ihren Geschäftsdokumenten mit dem Zusatz „formal-ausländische Gesellschaft“ firmieren (Informationspflicht),[1188] das Nennkapital einer formal-ausländischen Gesellschaft und der hiervon eingezahlte Anteil mussten mindestens dem für entsprechende niederländische Gesellschaften erforderlichen Mindestkapital von 40.000 Gulden (€ 18.000) entsprechen (Mindestkapitalisierung),[1189] der Vorstand einer formal-ausländischen Gesellschaft sowie die Geschäftsführer vor Ort waren zur Buchführung, zur Aufstellung eines Jahresabschlusses und zu dessen Publikation nach niederländischem Recht ver-

---

nach dessen Recht sie gegründet wurden. Vgl. Warendorf/Thomas; Timmermann, ZGR 1999, 147, 148-149 bzw. Timmermann, FS Lutter, S. 183-185; Ebke, 48 Am.J.Comp.L. 623, 644-646 (2000).

1183 Zu den Hintergründen der Entscheidung Inspire Art Ltd. aus der Perspektive des niederländischen Rechts vgl. De Kluiver, ECFR 2004, 121-132 bzw. Wulf/Dejonghe (2004) 15 I.C.C.L. 29-30.

1184 Vgl Art. 2 des niederländischen Körperschaftskollisionsgesetzes („Wet conflictenrecht corporaties“); Gotzen, S. 188.

1185 Vor allem nach einer Gesellschaftsrechtsordnung, die kein Mindestkapital verlangt, wie z.B. Delaware, die Cayman Islands. Timmermann, ZGR 1999, 147, 149, erwähnt zur Illustration dieses Phänomens, dass er eine Gebäudereinigungsfirma kenne, die ausschließlich Fenster in Groningen putze, aber in der Rechtsform einer Delaware corporation organisiert sei.

1186 Timmermann, FS Lutter, S. 183.

1187 Art. 2 WFBV.

1188 Art. 3 WFBV.

1189 Art. 4 WFBV. Der Vorstand ist verpflichtet, beim Handelsregister die Erklärung eines Wirtschaftsprüfers zu hinterlegen, die bestätigt, dass diese Bedingung erfüllt wurde, vgl. hierzu Timmermann, FS Lutter, S. 184. Die Vorschrift gilt jedoch nicht für Gesellschaften, die gemäß dem Recht eines EU-Staates gegründet wurden und auf welche die Zweite Richtlinie (Kapitalschutzrichtlinie) Anwendung findet.

pflichtet (Publikationspflicht).[1190] Als Sanktion bei Nichteinhaltung dieser Pflichten sah das niederländische Gesetz die Haftung der Gesellschaft und die persönliche, gesamtschuldnerische Haftung der vor Ort tätigen Geschäftsführer für alle Schulden vor, die in der Zeit gemacht wurden, in der sie ihren Pflichten nicht nachgekommen sind.[1191]

Die Vereinbarkeit der niederländischen Sonderregelungen mit der im EG-Vertrag garantierten Niederlassungsfreiheit war von Anfang an umstritten. Zweifel an der Vereinbarkeit der niederländischen Gesetzgebung mit der Europarecht erweckten insbesondere einige Passagen aus dem *Centros* Urteil des EuGH.[1192] Demnach belegt die Tatsache, dass eine Gesellschaft in dem Mitgliedstaat, in dem sie ihren Sitz hat, keine Geschäftstätigkeit entfaltet und ihre Tätigkeit ausschließlich im Mitgliedstaat ihrer Zweigniederlassung ausübt, noch kein missbräuchliches und betrügerisches Verhalten, das es dem letzteren Mitgliedstaat erlaubt, der Gesellschaft die Berufung auf die Gemeinschaftsvorschriften über das Niederlassungsrecht zu versagen.[1193] Diese Aussage des Gerichts in *Centros* traf direkt ins Mark der niederländischen Sondergesetzgebung für formal-ausländische Gesellschaften. Denn die Niederlande begründeten die Anwendung ihrer Sondervorschriften gerade mit dem Umstand, dass die betreffenden formal-ausländischen Gesellschaften außer der Inkorporation keine Beziehung zu ihrem Gründungsstaat hätten und sie ihre gesamte oder nahezu ihre gesamte Geschäftstätigkeit in den Niederlanden ausübten. Es ist daher nicht erstaunlich, dass das Amtsgericht (Kantonrechter) Groningen bereits kurz nach Veröffentlichung der *Centros*-Entscheidung den EuGH gem. Art. 234 EGV um eine Vorabentscheidung ersuchte, ob es mit der in den Artt. 43/48 EGV verankerten Niederlassungsfreiheit vereinbar sei, eine EU-Gesellschaft dem Gesetz für formal-ausländische Gesellschaften zu unterstellen.[1194] Bedauerlicherweise wurde die Challenger Trading Company Ltd. einige Monate, nachdem das Amtsgericht Groningen dem EuGH die Frage zur Vorabentscheidung vorgelegt hatte, in ihrem Inkorporationsstaat England aus dem Register gestrichen.[1195] Da die Challenger Trading Company Ltd. daher nicht mehr als existent betrachtet werden konnte, war die dem EuGH vorgelegte Rechtsfrage nur noch hypothetischer Natur. Angesichts der Rechtsprechungspraxis des EuGH[1196] war eine Entscheidung in der Sache somit

---

1190 Art. 5 WFBV. Hiervon sind aber alle Gesellschaften entbunden, die in einem EU-Staat gegründet wurden und die ihren Jahresabschluss gem. der Vierten Richtlinie nach ihrem eigenen Recht aufstellen und veröffentlichen dürfen.

1191 Art. 4 Abs. 4 WFBV. Zudem wird ein Verstoß gegen die Informationspflicht als Wirtschaftsdelikt geahndet, vgl. Timmermann, FS Lutter, S. 184.

1192 EuGH Rs. C-212/97, Slg. 1999, I-1459-Centros.

1193 C-212/97-Centros, Rn. 29. Das Gericht beruft sich dabei affirmativ auch auf eine Urteilspassage aus der Entscheidung: EuGH Rs. C-79/85, Slg. 1986, I-2375-Segers, Rn. 16.

1194 EuGH Rs. C-410/99–Challenger Trading Company Ltd., EWS 2000, 280.

1195 Siehe s. 652 A-F CA 85.

1196 EuGH Rs. C-104/79, Slg. 1980, I-745–Foglia; EuGH Rs. C-244/80, Slg. 1981, I-3045–Foglia (No. 2); EuGH Rs. C-83/91, Slg. 1992, I-4871–Meilicke. Siehe zu diesem Problem auch Bebr, (1980) 17 CMLR; Wyatt, (1982) 7 E.L.Rev. 186.

höchst unwahrscheinlich.[1197] Folgerichtig wurde die Vorlage daher zurückgezogen und am 2.8.2000, auf Beschluss des Präsidenten des EuGH, aus dem Register des EuGH gestrichen.[1198] Die Frage der Vereinbarkeit der niederländischen Vorschriften über formal-ausländische Gesellschaften blieb jedoch nicht lange offen. Die Entscheidung in Sachen *Inspire Art Ltd.*[1199] bot dem EuGH Gelegenheit, zur Frage der europarechtlichen Zulässigkeit der niederländischen Regelungen Stellung zu nehmen. Die Inspire Art Ltd. ist eine nach englischem Recht gegründete private limited company mit Satzungssitz in England. Ihre Geschäftstätigkeit entfaltete sie mittels einer Zweigniederlassung ausschließlich in den Niederlanden. Eine Geschäftstätigkeit in England fand nicht statt und war auch nicht beabsichtigt. Die Gründung in England erfolgte nach den Ausführungen der Inspire Art Ltd. wegen der Vorteile, die die englischen Rechtsvorschriften über die Errichtung und Aufrechterhaltung von den Gesellschaften gegenüber den niederländischen Rechtsvorschriften bieten.[1200] Die Inspire Art Ltd. unterfiel damit der Definition einer formal ausländischen Gesellschaft in Art. 1 WFBV. Die Sondervorschriften des WFBV fanden daher auf Inspire Art Ltd. Anwendung. Es stellte sich die Frage, ob die Regelungen des WFBV mit dem Europarecht, insbesondere der europarechtlichen Niederlassungsfreiheit, vereinbar sind.

Der EuGH befand, dass die niederländischen Sondervorschriften für formal-ausländische Gesellschaften im Wesentlichen nicht mit dem Europarecht vereinbar sind. Unzulässig sind insbesondere Informations- und Registrierungspflichten des WFBV, die der Gesellschaft vorschreiben, unter dem Zusatz „formal-ausländische Gesellschaft" zu firmieren bzw. sich registrieren zu lassen. Der EuGH begründet das damit, dass die durch die Elfte Richtlinie[1201] herbeigeführte Harmonisierung eine abschließende Regelung bzgl. der Offenlegungspflichten von Zweigniederlassungen darstellt.[1202] Weitergehende Offenlegungspflichten des WFBV[1203] verstoßen gegen die Elfte Richtlinie.[1204] Die

1197 Siehe Ebke, 48 Am.J.Comp.L. 623, 645 (2000).

1198 Bereits damals war nicht zu erwarten, dass das Gesetz aufrechterhalten werden konnte, vgl. Timmermann, FS Lutter, S. 185. Kieninger, ZGR 1999, 724, 746. Siehe Ebke, 48 Am.J.Comp.L. 623, 645-646 (2000), der das Problem in einen breiteren Kontext stellt, nämlich der europarechtlichen Grenzen einer Anwendung des zwingenden Rechts des Forum Staates (sog. „outreach statutes") auf die Angelegenheiten des Innenrechts („internal affairs") einer Gesellschaft, die in einem anderen Mitgliedstaat gegründet wurde, jedoch keine nennenswerte Beziehung zum Gründungsstaat hat. Ebke erinnert in diesem Zusammenhang an die in den USA gemachten Erfahrungen.

1199 EuGH Rs. C-167/01-Inspire Art Ltd.

1200 Vgl. Schlussanmerkung des Generalanwalts Alber in EuGH Rs. C-167/01, Rn. 3-4.

1201 Elfte Richtlinie vom 22. Dezember 1989 (Zweigniederlassungsrichtlinie).

1202 EuGH Rs. C-167/01-Inspire Art Ltd., Rn. 70.

1203 Nicht in Artikel 2 der Elften Richtlinie aufgeführt sind die Angabe im Handelsregister, dass es sich um eine formal-ausländische Gesellschaft handelt (Art. 1 und 2 Abs. 1 WFBV), die Angabe des Datums der ersten Eintragung im ausländischen Handelsregister und der Informationen über den Alleingesellschafter im Handelsregister des Aufnahmestaats (Art. 2 Abs. 1 WFBV), die zwingende Hinterlegung einer Erklärung von Wirtschaftsprüfern, dass die Gesellschaft die Voraussetzungen bezüglich des gezeichneten und eingezahlten Mindestkapitals und des Eigenkapitals erfüllt (Art. 4 Abs. 3 WFBV) sowie die Angabe der Eigenschaft als formal- ausländische Gesellschaft auf allen

niederländischen Vorschriften über das Mindestkapital sowie die gesamtschuldnerische Haftung der Geschäftsführer sind ebenfalls unzulässig. Sie stellen einen Eingriff in die Niederlassungsfreiheit (Artt. 43 und 48 EGV) dar und lassen sich nicht aus Gründen des Allgemeininteresses rechtfertigen. Der EuGH macht unter Verweis auf seine Rechtsprechung in *Segers*[1205] und *Centros*[1206] erneut deutlich, dass es für die europarechtliche Niederlassungsfreiheit ohne Bedeutung sei, dass eine Gesellschaft in einem Mitgliedstaat nur errichtet wurde, um sich in einem zweiten Mitgliedstaat niederzulassen, in dem die Geschäftstätigkeit im Wesentlichen oder ausschließlich ausgeübt werden soll.[1207] Der EuGH verneint im konkreten Fall ferner das Vorliegen von Rechtfertigungsgründen und bestätigt erneut die Anwendbarkeit des Vier-Faktoren-Tests.[1208] Ohne in eine weitere Prüfung einzusteigen, ob die Vorschriften über das Mindestkapital als solche einen geeigneten Schutzmechanismus darstellen, stellt der EuGH fest, dass die potenziellen Gläubiger hinreichend durch Informationsvorschriften gesichert seien. Mögliche Gläubiger seien darüber unterrichtet, dass sie es mit einer englischen Gesellschaft zu tun hätten, auf die die niederländischen Vorschriften über das Mindestkapital und die Haftung der Geschäftsführer keine Anwendung fänden.[1209] Da die niederländischen Vorschriften über das Mindestkapital nicht mit der europarechtlichen Niederlassungsfreiheit vereinbar seien, gelte dasselbe zwangsläufig für Sanktionen, die an die Nichterfüllung der Kapitalaufbringungspflicht geknüpft seien. Die persönliche Haftung der Geschäftsführer in dem Fall, dass das Mindestkapital nicht erreicht wird oder während des Betriebes der Gesellschaft unter das Mindestkapital sinkt, sei daher ebenfalls unzulässig.[1210]

Hatte der EuGH in *Überseering* die Mitgliedstaaten verpflichtet, Gesellschaften, die in einem anderen EU-Mitgliedstaat wirksam gegründet wurden, anzuerkennen, hat er in *Inspire Art* festgestellt, dass die europarechtliche Niederlassungsfreiheit einer zuziehenden EU-Gesellschaft auch durch inländische Sonderanknüpfungen verletzt werden kann. Der Gläubigerschutz hat sich in erster Linie nach dem Gründungsstatut, sprich dem einheimischen Personalstatut der zuziehenden Gesellschaft zu richten. Beim Zuzug einer ausländischen EU-Gesellschaft bestimmt das Recht des Gründungsstaates damit grundsätzlich über die Kapitalaufbringung und -erhaltung sowie die Haftung der Geschäftsführer.[1211]

---

von der Gesellschaft herrührenden Schriftstücken (Art. 3 WFBV), vgl. EuGH Rs. C-167/01-Inspire Art Ltd., Rn. 65.

1204 EuGH Rs. C-167/01-Inspire Art Ltd., Rn. 71.

1205 EuGH Rs. C-79/85, Slg. 1986, I-2375-Segers, Rn. 16.

1206 EuGH Rs. C-212/97, Slg. 1999, I-1459-Centros, Rn. 17.

1207 EuGH Rs. C-167/01-Inspire Art Ltd., Rn. 95.

1208 EuGH Rs. C-167/01-Inspire Art Ltd., Rn. 133; EuGH Rs. C-212/97-Centros, Rn. 7.

1209 EuGH Rs. C-167/01-Inspire Art Ltd., Rn. 135.

1210 EuGH Rs. C-167/01-Inspire Art Ltd., Rn. 141.

1211 Vgl. BGH, BB 2005,1016; Sandrock, BB 2004, 897, 898; Behrens, IPRax 2004, 20, 25; Paefgen, ZIP 2004, 2253; Ulmer, KTS 2004, 291; a.A. ist Kindler, NZG 2003, 1086, 1089.

Der EuGH hat damit kein kollisionsrechtliches Bekenntnis für die Gründungstheorie abgelegt. Das Europarecht ist kollisionsrechtlich indifferent.[1212] Artt. 43 und 48 EGV statuieren keine europarechtliche Kollisionsnorm. Der EuGH denkt nicht in kollisions- oder sachrechtlichen Mustern.[1213] Das Gemeinschaftsrecht zielt nicht darauf ab, das zu untersuchende nationale Recht zu gestalten. Die nationale Regelung ist vielmehr allein nach dem Gemeinschaftsrecht auszulegen.[1214] Soweit die kollisionsrechtliche Anknüpfung und die Anwendung des hierdurch berufenen Sachrechts keine unverhältnismäßige Behinderung der Niederlassungsfreiheit darstellen, steht die kollisionsrechtliche Anknüpfung eines Sachverhalts den Mitgliedstaaten frei.[1215] Die vorrangige Geltung des Gründungsstatuts der zuziehenden ausländischen Gesellschaft ergibt sich vielmehr unmittelbar aus dem Europarecht.[1216] Jede zusätzliche Anwendung inländischer Gläubigerschutzvorschriften kann eine potenzielle Beschränkung des den Gesellschaften vom EG-Vertrag eingeräumten Rechts auf freie Niederlassung darstellen.[1217] Soweit kein konkreter Missbrauch oder eine betrügerische Berufung auf die Niederlassungsfreiheit im Einzelfalle nachgewiesen werden können,[1218] müssen sich alle inländischen Vorschriften, welche die Niederlassungsfreiheit einer zuziehenden ausländischen EU-Gesellschaft behindern oder weniger attraktiv machen können, am Vier-Faktoren-Test messen lassen.[1219] Bei der Anwendung des Vier-Faktoren-Tests ist zu beachten, dass der EuGH erneut[1220] deutlich gemacht hat, dass die Transparenzvorschriften der Vierten und

---

1212 Vgl. auch Tiedje/Troberg in von der Groeben/Schwarze, Art. 43 EG, Rn. 96: „Artikel 43 ist keine Grundlage für kollisionsrechtliches Denken aus der Konkurrenz zweier mitgliedstaatlicher Ordnungen, wie man dies im Internationalen Privatrecht kennt."; Eidenmüller/Rehm, ZGR 2004, 159, 166.

1213 Ähnlich Schanze/Jütner, AG 2003, 661, 665; Schanze/Jütner, AG 2003, 30, 31; Halbhuber, S. 63.

1214 Schlussanträge des Generalanwalts Colomer in EuGH Rs. C-208/00, Rn. 43, 46 bzw. Altmeppen, NJW 2004, 97, 99.

1215 Eidenmüller/Rehm, ZGR 2004, 159, 165; Heiss, ZfRV 2003, 90, 93.

1216 EuGH Rs. 167/01-Inspire Art Ltd., Rn. 133, 135. Siehe bereits EuGH Rs. C-208/00-Überseering B.V., Rn. 80: „Überseering genießt aufgrund der Art. 43 EG und 48 EG das Recht, als Gesellschaft niederländischen Rechts in Deutschland von ihrer Niederlassungsfreiheit Gebrauch zu machen." Letzlich sind diese Aussagen in Inspire Art und Überseering B.V. nur Ausdruck des durch die Entscheidung EuGH Rs. EuGH Rs. C – 120/78, Slg. 1979, I–649–Cassis, Rn. 14-15, begründeten Anerkennungsprinzips. Die Terminologie des Ergebnisses bereitet Schwierigkeiten, ist letzlich jedoch nicht entscheidend. Vgl. Schanze/Jüttner, AG 2003, 661, 665 („europarechtlich moderierte Kontrolltheorie", „die Begriffe ‚Gründungstheorie' und ‚Sitztheorie' sind national und methodisch spezifisch präformiert"); Leible, ZGR 2004, 531, 534 („europarechtliche Gründungstheorie"). Für die Beibehaltung des Begriffs „Gründungstheorie" ist hingegen Kieninger, ZEuP 2004, 685, 686; Mankowski, RIW 2004, 481, 483.

1217 EuGH Rs. C-167/01-Inspire Art Ltd., Rn. 135.

1218 EuGH Rs. C-167/01-Inspire Art Ltd., Rn. 95, 136; EuGH Rs. C-212/97-Centros, Rn. 18, 38. Spindler/Berner, RIW 2004, 7, 8 gehen zutreffend davon aus, dass es dahinstehen kann, ob der Missbrauchs- bzw. Betrugseinwand dogmatisch auf Tatbestands- oder Rechtfertigungsebene eingeordnet wird, da der EuGH in seiner Spruchpraxis in Centros bzw. Inspire Art Ltd. den Rechtsmissbrauch sowohl auf Tatbestands- als auch auf Rechtfertigungsebene prüfe.

1219 EuGH Rs. C-167/01-Inspire Art Ltd., Rn. 135. So bereits Ebke, JZ 1999, 656, 657.

1220 Vgl. bereits EuGH Rs. C-212/97, Slg. 1999, I-1459-Centros, Rn. 36. Siehe hierzu Ebke 48 Am.J.Comp.L. 623, 646-647 (2000), der die Bemerkung des Gerichts in Centros in einen größeren Zusammenhang stellt und Parallelen zu dem im Bereich der Warenverkehrsfreiheit ergangenen

Elften Richtlinie Gläubigern im Allgemeinen ausreichend Schutz gewähren können („Informationsmodell").[1221] Welcher Raum einem Zuzugsstaat darüber hinaus noch verbleibt, einheimische Gläubigerschutzvorschriften zur Anwendung zu bringen, wird im Folgenden dargestellt werden.

C. *Gläubigerschutz nach Inspire Art Ltd.*

Soweit eine Gesellschaft nach ihrem Gründungsrecht die Rechts- und Parteifähigkeit genießt, ist die Rechts- und Parteifähigkeit einer zuziehenden ausländischen EU-Gesellschaft nach *Überseering* vollumfänglich anzuerkennen. Beim Zuzug einer ausländischen EU-Gesellschaft muss ferner grundsätzlich das Gründungsrecht als Personalstatut der Gesellschaft beachtet werden.[1222] Es stellt sich im Weiteren die Frage, inwieweit es mit der europarechtlichen Niederlassungsfreiheit noch vereinbar ist, inländisches Gläubigerschutzrecht unabhängig vom Gesellschaftsstatut der zuziehenden ausländischen EU-Gesellschaft zur Geltung zu bringen.

1. *Kollisionsrechtliche Lösung*

Teilweise wird die Lösung des Problems in der insolvenz- bzw. deliktsrechtlichen Qualifikation der inländischen Schutzinstrumente gesehen.[1223] Die kollisionsrechtliche Anknüpfung als delikt- bzw. insolvenzrechtlich ist für die europarechtliche Zulässigkeitsprüfung jedoch nicht entscheidend. Der Schutz inländischer Gläubiger kann nicht einfach durch eine insolvenz- bzw. deliktsrechtliche Qualifikation der Gläubigerschutzinstrumente bewerkstelligt werden. Die europarechtliche Zulässigkeit einer Regelung

---

„German beer case" (EuGH Rs. C-178/84, Slg. 1987, I-1227) aufzeigt. Gleichzeitig bringt Ebke aber auch zum Ausdruck, dass ein solcher auf Transparenz basierender Ansatz des Gläubigerschutzes, nur dann Erfolg haben wird, wenn Sanktionsmittel bei Nichteinhaltung der Pflichten verfügbar und effektiv sind. Siehe auch Luttermann, ZEuP 2000, 907, 909, der den Hinweis des EuGH in Centros als weiteren Beleg dafür ansieht, dass kapitalmarktrechtliche Regelungen, insbesondere der Unternehmenspublizität, im europäischen Gesellschaftsrecht auf dem Vormarsch sind und das Internationale Gesellschaftsrecht als Kollisionsrecht im klassischen Sinne immer mehr verdrängen. Vgl. aber auch Roth, IPRax 2003, 117, 125, der auf das Problem der Informationskostenverteilung hinweist und an Unterschiede zur Warenverkehrsfreiheit erinnert. So bedürfe es bei Rechtsprodukten einer umfassenderen Information.

1221 EuGH Rs. C-167/01-Inspire Art Ltd., Rn. 135; zum Problem der durch das Informationsmodell entstehenden Informationskosten vgl. Roth, IPRax 2003, 117, 124 bzw. Eidenmüller/Rehm, ZGR 2004, 159, 172, 173; zu der Frage, inwieweit Transparenzvorschriften zwingende nationale Regulierungsvorschriften entbehrlich machen können, vgl. Merkt, ECFR 2004, 3-35.

1222 Vgl. z.B. EuGH Rs. C-208/00, Slg. 2002, I-9919-Überseering B.V.-Rn. 80; EuGH Rs. C-167/01-Inspire Art, Rn. 135 bzw. jetzt auch BGH, BB 2005, 1016.

1223 Vgl. u.a. Habersack/Verse, ZHR 2004, 174, 207; Müller, NZG 2003, 414, 417; Riedemann, GmbHR 2004, 345, 349; Weller, IPRax 2004, 412, 414; Zimmer, NJW 2003, 3585, 3588, 3590; Kindler, NZG 2003, 1086, 1090; Oberhammer, ZInsO 2004, 761, 770.

kann nicht von formalen Ordnungsprinzipien des innerstaatlichen Rechts abhängig gemacht werden.[1224] Ansonsten stünde der Schutzbereich der Niederlassungsfreiheit zur Disposition der Mitgliedstaaten.[1225] Der Schutzbereich der Niederlassungsfreiheit ist nicht mit dem Umfang des nach dem eigenen nationalen Recht definierten Gesellschaftsstatuts gleichzusetzen.[1226] Es gibt insoweit keinen europarechtlichen Freiraum für nationale kollsionsrechtliche Anknüpfungen. Der EuGH denkt nicht in sachrechtlichen bzw. kollisionsrechtlichen Mustern. Das Gemeinschaftsrecht hat keinen direkten Einfluss auf die Möglichkeit der Mitgliedstaaten, die entsprechenden Kollisionsregeln nach ihren Vorstellungen zu gestalten, es kann lediglich die Einhaltung der europarechtlichen Grundsätze verlangen.[1227] Die nationalen Regelungen sind nach dem Europarecht auszulegen.

Die Lösung in einer insolvenzrechtlichen Qualifikation einheimischer Gläubigerinstrumente zu sehen, wird auch nicht durch den Verweis auf den Anwendungsbereich der EuInsVO überzeugender. Selbst wenn man davon ausgeht, dass Art. 4 Abs. 2 EuInsVO nur eine beispielhafte Aufzählung des anzuwendenden Rechts enthält[1228] und insolvenzrechtliche Haftungsinstitute von der kollisionsrechtlichen Verweisung mitumfasst sind, so sagt das nichts über die Prüfungskompetenz des EuGH aus. Ansonsten könnten die Mitgliedstaaten durch die Schaffung insolvenzbezogener, niederlassungsbeschränkender Haftungsinstitute die Niederlassungsfreiheit aushebeln.[1229] Es ist nicht anzunehmen, dass der europäische Gesetzgeber durch Erlass einer kollisionsrechtlichen Verordnung gleichzeitig alle insolvenzbezogenen Haftungsinstitute des durch die EuInsVO berufenen inländischen Sachrechts abschließend der Prüfungskompetenz des EuGH entziehen wollte.[1230] Überdies ist es fraglich, ob das durch den Verweis in § 4 Abs. 1 EuInsVO berufene inländische Sachrecht insolvenzrechtliche Haftungsinstitute umfasst.[1231] Die Reichweite der durch Art. 4 Abs. 1 EuInsVO festgesetzten Maßgeblichkeit des inländischen materiellen Insolvenzrechts bestimmt der Art. 4 Abs. 2 S. 1 EuInsVO. Danach regelt die lex fori concursus, unter welchen Voraussetzungen das Insol-

1224 Siehe Schön, ZHR 2004, 268, 293; Kieninger, ZEuP 2004, 685, 696-697; Ulmer, NJW 2004, 1201, 1205; Bitter, WM 2004, 2190, 2191.

1225 Der Ratschlag von Oberhammer, ZInsO 2004, 761, 770, an die „deutschen Rechtslehrer", insolvenzbezogene Normen des Gesellschaftsrechts eher insolvenzrechtlich als gesellschaftsrechtlich zu qualifizieren, ist daher nicht hilfreich.

1226 Eidenüller/Rehm, ZGR 2004, 159, 166; Ulmer, NJW 2004, 1201, 1205.

1227 Vgl. hierzu die Schlussanträge des Generalanwalts Colomer in EuGH Rs. C-208/00, Slg. 2002, I-9919-Überseering B.V., Rn. 40. Siehe auch Kieninger, ZEuP 2004, 685, 696, wonach sich der EuGH nicht mit kollisionsrechtlichen Theorien befasse, ihm komme es auf das Ergebnis an, nicht auf die internationaleprivatrechtliche Begründung.

1228 So z.B. Oberhammer, ZInsO 2004, 761, 770; a.A. z.B. Spindler/Berger, RIW 2004, 7, 10 ff.

1229 Vgl. das anschauliche Beispiel hierzu von Bitter, WM 2004, 2190, 2192.

1230 Ähnlich Hirte/Mock, ZIP 2005, 474, 476. Der von Ulmer, NJW 2004, 1201, 1205, derselbe, KTS 2004, 291, 296, geltend gemachte „integrationsfördernde Vereinheitlichungszweck der Europäischen Insolvenzverordnung" kann einer bestehenden Prüfungskompetenz des EuGH daher nicht entgegen stehen.

1231 Hiergegen Ulmer, NJW 2004, 1201, 1207; Spindler/Berner, RIW 2004, 7, 12; a.A. Habersack/Verse, ZHR 2004, 174, 207; Oberhammer, ZInsO 2004, 761, 770.

venzverfahren eröffnet wird, wie es durchzuführen ist und wie es zu beenden ist. Art. 4 Abs. 2 S. 2 EuInsVO führt darüber hinaus einen beispielhaften Katalog jener Vorschriften an, die dem Insolvenzrecht unterfallen. Haftungsrechtliche Vorschriften enthält der Beispielkatalog des Art. 4 Abs. 2 EuInsVO gerade nicht. Geht man mit diesem Wortlautargument davon aus, dass die kollisionsrechtliche Verweisung der EuInsVO sich nicht auf insolvenzrechtliche Haftungsinstitute erstreckt,[1232] ist die kollisionsrechtliche Anknüpfung einer nationalen Maßnahme schon deswegen nicht in der Lage, die Frage der europarechtlichen Zulässigkeit der Anwendbarkeit inländischen Rechts auf zuziehende ausländische EU-Gesellschaften zu klären.

Unter dem Gesichtspunkt der Niederlassungsfreiheit ist die unterschiedliche kollisionsrechtliche Anknüpfung daher irrelevant.[1233] Jede nationale Maßnahme, welche die Ausübung der Niederlassungsfreiheit behindert oder weniger attraktiv macht, bedarf stets der Rechtfertigung durch den Missbrauchs- bzw. Betrugseinwand oder zwingende Erfordernisse des Allgemeinwohls. Das gilt ebenfalls für sog. Normen des allgemeinen Verkehrsrechts[1234], da sich das EuGH bisher noch nicht bereit erklärt hat, eine teleologische Einschränkung der Niederlassungsfreiheit analog der *Keck*-Rechtsprechung für den Bereich der Personenverkehrsfreiheit zu etablieren.[1235] Da Normen des allgemeinen Verkehrsrechts jedoch allenfalls eine marginale Auswirkung auf die Bereitschaft ausländischer Gesellschaften haben, sich in einem anderen Mitgliedstaat niederzulassen[1236] und die Behinderung der Niederlassungsfreiheit daher in der Regel nicht erheblich ist, spricht vieles für ihre europarechtliche Rechtfertigung im Rahmen der entscheidenden Verhältnismäßigkeitsprüfung des Vier-Faktoren-Tests. Der kollisionsrechtlichen Einordnung einer nationalen Maßnahme kann damit zumindest eine gewisse Indizwirkung für die europarechtliche Rechtfertigung zugebilligt werden.[1237]

1232 A.A. Oberhammer, ZInsO 2004, 761, 770, der dem Beispielkatalog des Art. 4 Abs. S. 2 EuInsVO lediglich einen demonstrativen Charakter beimisst.

1233 Kieninger, ZEuP 2004, 685, 697.

1234 Z.B. gewerberechtliche, (eindeutig) deliktische bzw. strafrechtliche Normen.

1235 Für den Bereich der Dienstleistungsfreiheit EuGH Rs. C-384/94, Slg. 1995, I-1141-Alpine Investment, Rn. 34-38, hat der EuGH eine Einschränkung des Schutzbereichs ebenfalls nicht vorgenommen. Für Normen des allgemeinen Verkehrsrechts halten Horn, NJW 2004, 893, 899; Spindler/Berner, RIW 2004, 7, 10-11 eine Rechtfertigung für entbehrlich. Schanze/Jüttner, AG 2003, 661, 667-668, sprechen sich ebenfalls für die grundsätzliche Zulässigkeit der Normen des allgemeinen Verkehrsrechts aus. Soweit die Regeln jedoch eine wesentliche Behinderung des Marktzugangs darstellen, nehmen sie eine Rückausnahme vor und verlangen eine gemeinschaftsrechtliche Rechtfertigung.

1236 Bitter, WM 2004, 2190, 2193.

1237 Ulmer, NJW 2004, 1201, 1205. Bitter, WM 2004, 2190, 2199, spricht von einer „kosmetischen Funktion". Danach ließe sich der EuGH möglicherweise durch die Verortung einer nationalen Maßnahme im Insolvenzrecht beeindrucken. Schmidt, ZHR 2004, 493, 499, erkennt eine „taktische Komponente" mit „handgreiflicher, rechtspolitischer Überzeugungskraft".

2. *Sachrechtlicher Lösungsansatz*

Ein anderer Lösungsansatz versucht trotz der grundsätzlichen Geltung des Gründungsstatuts die Anwendung inländischer Gläubigerschutzinstrumente gegenüber zuziehenden ausländischen EU-Gesellschaften zu begründen. Sachrechtlich werden dabei im Wesentlichen gesellschaftsrechtliche, insolvenzrechtliche sowie deliktsrechtliche Schutzinstrumente ins Feld geführt. Kollisionsrechtlich erfolgt die Anwendung der inländischen Gläubigerschutzinstrumente im Wege einer Sonderanknüpfung, dem Missbrauchseinwand (fraus legis) bzw. dem ordre public-Vorbehalt (Art. 6 EGBGB).[1238] Inwieweit sich die Anwendung inländischen Gläubigerschutzrechts mit der Rechtsprechung des EuGH vereinbaren lässt, ist umstritten. Teilweise wird das bejaht.[1239] Teilweise wird aber geltend gemacht, dass sich das Gläubigerschutzrecht einer zuziehenden Gesellschaft zukünftig ausschließlich nach dem ausländischen Gründungsstatut der zuziehenden Gesellschaft zu richten hat. Die Anwendung inländischer Gläubigerschutzinstrumente scheide aus, da sich eine konkrete Schutzlücke in der Regel nicht feststellen lasse.[1240]

a) Rechtfertigung durch den Betrugs- bzw. Missbrauchseinwand

Zunächst ist zu prüfen, inwieweit der vom EuGH ausdrücklich genannte Betrugs- bzw. Missbrauchseinwand die Sonderanknüpfung von inländischen Gläubigerschutzinstrumenten rechtfertigen kann. Teilweise wird es angesichts der restriktiven Spruchpraxis des EuGH in *Inspire Art Ltd.*[1241] zu Umgehungsfällen für aussichtslos gehalten, Gläubigerschutzinstrumente des Empfangsstaats unter dem Aspekt des Missbrauchs von Gemeinschaftsrecht in Stellung zu bringen.[1242] Andere wiederum sehen durchaus Möglichkeiten, das Institut des Missbrauchs von Gemeinschaftsrecht gegenüber zuziehenden EU-Gesellschaften zur Geltung zu bringen.[1243] Entscheidend für die Anwendbarkeit des Missbrauchseinwands ist, welchen Maßstab man der Beurteilung des Missbrauchs von Gemeinschaftsrecht zugrunde legt, um den Begriff des „Missbrauchs" in europarechtskonformer Weise auszulegen. Eine eindeutige dogmatische Einordnung des Miss-

---

1238 Paefgen, ZIP 2004, 2253, 2258; derselbe, WM 2003, 561, 570; Schulz, NJW 2003, 2705, 2707; Weller, IPRax 2003, 520, 522; Riegger, ZGR 2004, 510, 524. Es steht fest, dass der Maßstab für die Ausfüllung des ordre public nicht allein der deutschen Rechtsordnung entnommen werden darf. Entscheidend ist vielmehr ein europäischer Maßstab. Das durch den ordre public zur Anwendung berufene nationale Recht muss mit dem Europarecht vereinbar sein.

1239 Hierfür z.B. Ulmer, NJW 2004, 1201, 1208; Fischer, ZIP 2004, 1477, 1481; Spindler/Berner, RIW 2004, 7, 10.

1240 Siehe z.B. Behrens, IPRax 2004, 20, 25; Merkt, RIW 2004, 1, 7; Meilicke, GmbH 2003, 1271, 1273.

1241 EuGH Rs. C-167/01-Inspire Art Ltd., Rn. 139.

1242 Spindler/Berner, RIW 2004, 7, 16; Kieninger, ZEuP 2004, 685, 699.

1243 Kindler, NZG 2003, 1086, 1089/1090.

brauchsbegriffs auf europäischer Ebene steht noch aus.[1244] Strittig ist insbesondere die Frage, ob der Missbrauch gerade auf einer Inanspruchnahme der europarechtlichen Niederlassungsfreiheit beruhen und damit einen spezifisch niederlassungsrechtlichen Charakter haben muss,[1245] oder ob auch nationale Missbrauchsgrundsätze Anwendung finden können. Es wird vertreten, dass die Anwendung lokaler Normen zur Verhinderung eines betrügerischen Verhaltens keinen niederlassungsspezifischen Bezug voraussetze. Die mitgliedstaatlichen Gerichte könnten den Rechtsmissbrauch auch nach den Normen des nationalen Rechts feststellen.[1246]

Richtig ist, dass unterschieden werden muss zwischen einer missbräuchlichen Inanspruchnahme der Niederlassungsfreiheit als solcher (Umgehungssachverhalt), die nur unter sehr engen Voraussetzungen möglich ist, und einem konkreten Rechtsmissbrauch in Ausübung der Niederlassungsfreiheit.[1247] Die Anwendung nationaler Missbrauchsgrundsätze ist im Geltungsbereich des europäischen Rechts vom EuGH geduldet. Der Rechtsmissbrauch ist (auch) ein allgemeines europarechtliches Rechtsinstitut, das nach mitgliedstaatlichem Recht anerkannt ist.[1248] Der Rechtsmissbrauch nach nationalen Grundsätzen kann deswegen im Geltungsbereich des Gemeinschaftsrechts Anwendung finden. Voraussetzung ist aber immer, dass die volle Wirksamkeit und die einheitliche Anwendung des Gemeinschaftsrechts in den Mitgliedstaaten nicht erheblich beeinträchtigt wird. Der spezifische Missbrauchseinwand kann zwar dem mitgliedstaatlichen Recht entnommen werden. Das Gemeinschaftsrecht bietet dann aber in einem zweiten Schritt den Maßstab, innerhalb dessen der mitgliedstaatliche Gesetzgeber seine nationalen Missbrauchsregeln zu entfalten hat.[1249] Die Reichweite einer europarechtlich zulässigen Anwendung des mitgliedstaatlichen Missbrauchseinwands ist dabei durch eine Interpretation der inhaltlichen Tragweite der Niederlassungsfreiheit selbst zu ermitteln. Das Recht hört dort auf, wo der Missbrauch beginnt.[1250]

Entscheidend für die Zulässigkeit der Geltendmachung eines nationalen Missbrauchseinwands ist nicht die dogmatische Einordnung, sondern die rechtliche bzw. faktische Auswirkung auf die Niederlassungsfreiheit. Die europarechtliche Niederlassungsfreiheit will in erster Linie die Chance der Marktteilnahme bzw. einer wirtschaftli-

---

1244 Eidenmüller, JZ 2004, 24, 26; Klinke, ZGR 2002, 163, 186; vgl. aber Schön, FS Wiedemann, S. 1271 ff.

1245 Ulmer, NJW 2004, 1201, 1203; Kieninger, ZEuP 2004, 685, 698.

1246 Borges, ZIP 2004, 733, 742.

1247 Roth, NZG 2003, 1081, 1085.

1248 Siehe EuGH Rs. C-367/96, Slg. 1998, I-2843-Kefalas u.a., Rn. 20; Borges, ZIP 2004, 733, 742 bzw. die Schlussanträge des Generalanwalts La Pergola in C-212/97-Centros, Rn. 20.

1249 Siehe Schön, FS Wiedemann, S. 1282.

1250 Siehe die Schlussanträge des Generalanwalts La Pergola in C-212/97-Centros, Rn. 20 bzw. Kjellgren (2000) 11 Eur.Bus.L.Rev. 179, 192: „The Court's doctrine on abuse largely falls back on interpretation of the Community provisions in question themselves ... No specific principle of abuse is applied."

chen Initiative bieten.[1251] Im Widerspruch dazu stehen alle generellen, generalpräventiven mitgliedstaatlichen Maßnahmen, die den Marktzugang einer zuziehenden ausländischen Gesellschaft erheblich behindern. Die Geltendmachung des mitgliedstaatlichen Missbrauchseinwands erfordert einen spezifischen Einzelfallbezug[1252]. Das Erfordernis einer spezifischen Einzelfallregelung ist darin begründet, dass der EuGH soweit als möglich die Einwendung des missbräuchlichen Verhaltens durch die Mitgliedstaaten beschränken will. Der Missbrauchseinwand muss gegen ein konkretes missbräuchliches Verhalten gerichtet sein, ohne die Niederlassungsfreiheit nachhaltig zu behindern. Bei Einhaltung dieser Voraussetzungen besitzen die Mitgliedstaaten keinen „Freibrief, die prinzipielle Anwendung des Herkunftslandsrechts zu durchlöchern."[1253] Letztlich dient das Erfordernis einer spezifischen Einzelfallregelung dem Binnenmarktziel bzw. dem effet utile.[1254] In erster Linie ist bei der Berufung auf einen konkreten Rechtsmissbrauch daher an ein Verhalten zu denken, dem offensichtlich betrügerisches Verhalten zu Grunde liegt. Dabei ist z.B. an die bewusste Benutzung einer ausländischen Gesellschaft als Vehikel eines betrügerischen Geschäftsmodells zu denken, da nur „normale handelsrechtliche Transaktionen" den Schutz des Gemeinschaftsrechts genießen.[1255] Letztlich sind die Voraussetzungen der zulässigen Anwendung des Missbrauchseinwands denjenigen der Rechtfertigung wegen zwingender Erfordernisse des Allgemeininteresses nicht unähnlich. Im Einzelfall können daher die Kriterien des Vier-Faktoren-Tests als Anhaltspunkte für die Bestimmung einer zulässigen nationalen Maßnahme dienen.[1256]

1251 Vgl. Schlussanträge des Generalanwalts La Pergola in EuGH, Rs. C-212/97, Slg. 1999, I-1459-Centros, 1461, 1477.

1252 Siehe Zimmer, NJW 2003, 3585, 3586.

1253 Kieninger, ZEuP 2004, 685, 698.

1254 Vgl. auch Schön, FS Wiedemann, S. 1280, 1281.

1255 Siehe Schlussantrag des Generalanwalts Darmon in EuGH Rs. C-229/83, Slg. 1985, I-1-Association des Centres distributeurs Éduard Leclerc et al. v. SARL Au blé vert et al., Rn. 17 bzw. Kjellgren (2000) 11 Eur.Bus.L.Rev. 179, 183; Schön, FS Wiedemann, S. 1291.

1256 Siehe Bitter, WM 2004, 2190, 2193 bzw. die Schlussanträge des Generalanwalts La Pergola in C-212/97-Centros, Rn. 20: „In diesem Aspekt des Rechtsmissbrauchs wird eine bestimmte Verwandtschaft zwischen dem allgemeinen Grundsatz sichtbar, der mit dem Kriterium der Verhältnismäßigkeit als Grenze der Rechtsausübung zusammenhängt." Looijestijn-Clearie (2004) 5 E-BOR 389, 413 geht sogar davon aus, dass der Missbrauchseinwand keinen eigenständigen Rechtfertigungsgrund darstelle. Die Theorie zum Missbrauchseinwand stelle nur ein Element der nicht abschließenden Liste der Rechtfertigung aus zwingendem Allgemeininteresse dar: „The ECJ does not deal with abuse of freedom of establishment as a justification ground separate from the rule of reason, but as an element of this justification ground. Combating abuse of freedom of establishment is considered to constitute an overriding reason in the public interest, on equal footing with, for example, the protection of creditors."

b) Rechtfertigung durch zwingendes Allgemeininteresse

Die Rechtfertigung durch ein zwingendes Allgemeininteresse setzt nach dem Vier-Faktoren-Test voraus, dass das in nicht diskriminierender Weise angewandte Allgemeininteresse geeignet und erforderlich ist.[1257] Der Streit über die Zulässigkeit der Anwendung inländischen Rechts auf eine zuziehende ausländische EU-Gesellschaft entzündet sich vor allem an der Beurteilung des Kriteriums der Erforderlichkeit. Teilweise wird geltend gemacht, dass ein Vergleich mit dem Heimatrecht der zuziehenden EU-Gesellschaft zu erfolgen habe und dabei ein konkretes Schutzdefizit nachgewiesen werden müsse. Ein Rückgriff auf das Sitzrecht komme nur noch in Betracht, soweit das Gründungsrecht keinen ausreichenden Schutz biete („Schutzlückenproblematik"). Zur Feststellung, ob das Heimatrecht einen ausreichenden Schutz vorsehe, sei eine rechtsvergleichende Analyse anzustellen. Nur soweit kein ausreichender Gläubigerschutz im Gründungsstaat festgestellt werden könne, dürfe danach das lokale Gläubigerschutzrecht Anwendung finden.[1258] Andere wiederum erlauben, selbst bei Fehlen einer konkreten Schutzlücke, einen teilweisen Rückgriff auf nationales Recht.[1259]

Der Ansatz, der die Feststellung einer konkreten Schutzlücke fordert, führt in seiner Anwendung zu großen praktischen Schwierigkeiten und zu Rechtsunsicherheit. Es ist fraglich, ob bei derzeit 25 Mitgliedstaaten[1260] eine sorgfältige rechtsvergleichende Analyse von den Instanzgerichten durchgeführt werden kann.[1261] Das Internationale Gesellschaftsrecht ist nicht mit dem Familien- bzw. Erbrecht vergleichbar.[1262] Durch die Tätigkeit einer ausländischen Gesellschaft werden außenstehende Dritte maßgeblich betroffen (vor allem Gläubiger, aber auch Arbeitnehmer). Das Personenstandsrecht dagegen beeinflusst in erster Linie nur die unmittelbaren Rechtsträger. Das Einholen rechtsvergleichender Gutachten ist ferner mit erheblichen Kosten[1263] und einer mögli-

---

1257 EuGH Rs. C-167/01-Inspire Art Ltd., Rn. 133.

1258 Z.B. Behrens, IPRax 2004, 20, 25; Ziemons, ZIP 2003, 1913, 1917; Kieninger, ZEuP 2004, 685, 702; Bayer, BB 2004, 1, 4; Hirsch/Britain, NZG 2003, 1100, 1102; Riegger, ZGR 2004, 510, 523/524; Leible, ZGR 2004, 531, 533/534; Roth, IPRax 2003, 117, 125; Schulz, NJW 2003, 2705, 2707; Spindler/Berger, RIW 2004, 7, 13; Roth, IPRax 2003, 733, 740; Paefgen, ZIP 2004, 2253, 2257.

1259 Z.B. Ulmer, NJW 2004, 1201, 1208-1209; Borges, ZIP 2004, 733, 740-741 Bitter, WM 2004, 2190, 2192-2199 bzw. Altmeppen, NJW 2004, 97, 100, der bereits die grundsätzliche Geltung des Gründungsrechts der ausländischen Gesellschaft bestreitet.

1260 Nicht zu vergessen sind die Staaten des Europäischen Wirtschaftsraumes: Liechtenstein, Norwegen, Island, für die die Niederlassungsfreiheit entsprechend gilt.

1261 Siehe Ulmer, NJW 2004, 1201, 1202; Weller, Rechtsformwahlfreiheit, S. 119.

1262 Vgl. Paefgen, ZIP 2004, 2253, 2257; Sandrock, BB 2004, 897, 900 wonach es für inländische Rechtsanwender zum täglichen Brot gehört, sich mit ausländischen Personen, Familien, Erbrecht befassen zu müssen.

1263 Siehe zum Problem der Informationskosten W.-H. Roth, IPRax 2003, 117, 124-125 bzw. Bitter, WM 2004, 2190, 2193, der zu Recht darauf hinweist, dass es unrealistisch sei, ein Kleingläubiger könne vor einem deutschen Amtsgericht den Gesellschafter oder Geschäftsführer einer EG-Auslandsgesellschaft mit vertretbaren Informationskosten nach lettischem bzw. slowenischem Recht in Anspruch nehmen.

cherweise nachhaltigen Verzögerung des Verfahrens verbunden. Dabei ist zu bedenken, dass das Europarecht die mitgliedstaatlichen Gerichte gem. Art. 6 Abs. 1 EMRK verpflichtet, eine angemessene Verfahrensdauer einzuhalten. Das auf der „Cassis de Djion-Doktrin“ beruhende Anerkennungsprinzip und die damit verbundene Schutzlückenproblematik kann nicht eins zu eins auf die Wahrnehmung der Niederlassungsfreiheit durch zuziehende ausländische EU-Gesellschaften übertragen werden. Den Verbrauchern kann bei Waren durch Ettiketierung kostengünstig und einfach eine hinreichende Information über die Zusammensetzung des Produkts gewährleistet werden. Bei zuziehenden ausländischen Gesellschaften ist eine umfassende Information der Gläubiger über das ausländische Gesellschaftsrecht durch bloße Kennzeichnung wesentlich schwieriger.[1264]

Es sollte schließlich bedacht werden, dass bei restriktiver Anwendung des Schutzlückenprinzips der Fall eintreten kann, dass Teilbereiche des ausländischen Rechts, die für den Gläubigerschutz im Heimatland unabdingbar sind, im Zuzugsstaat u.a. aus völkerrechtlichen Gründen keine Anwendung finden können. Die zuziehende Gesellschaft unterläge dann weder ihrem eigenen Gläubigerschutzrecht noch dem des Zuzugsstaates.[1265] Letztlich können die drohenden Verfahrensverzögerungen und die damit verbundene Rechtsunsicherheit ein größeres Hindernis für die Verwirklichung des Binnenmarkts darstellen als die auf spezifische Einzelfälle beschränkte Zulässigkeit nationaler Maßnahmen. Richtig ist, dass sich der Rechtsprechung des EuGH kein umfassendes Herkunftslandsprinzip entnehmen läßt.[1266] Die Artt. 43 und 48 EGV stellen keine europarechtlichen Kollisionsnormen dar.[1267] Sie haben keinen kollisionsrechtlichen Inhalt und geben nicht die Geltung der Gründungstheorie vor.[1268]

Das Erfordernis des grundsätzlichen Vorrangs des Heimatrechts der zuziehenden ausländischen Gesellschaft ist letztlich Ausdruck der „Cassis de Djion-Doktrin“.[1269] Der

---

1264 W.-H. Roth, IPRax 2003, 117, 125.

1265 Siehe hierzu z.B. Ulmer, NJW 2004, 1201, 1202; Altmeppen, NJW 2004, 97, 99 bzw. bereits früher zur Gefahr der Schafftung eines rechtsfreien Raumes für zuziehende ausländische Gesellschaften Ebenroth/Eyles, DB 1989, 413, 416; Schön, FS Lutter, S. 685, 698; Zimmer, FS Lutter, S. 231, 244-245; Zimmer, Internationales Gesellschaftsrecht, S. 328 f.; Staudinger/Großfeld, Rn. 132; Geyrhalter/Gänßler, NZG 2003, 409, 411; Kieninger, ZGR 1999, 724, 742 f.

1266 Borges, ZIP 2004, 733, 742 unter Verweis auf EuGH Rs. C-167/01-Inspire Art Ltd., Rn. 132 ff.; Schlussanträge des Generalanwalts Colomer in EuGH Rs. C-208/00-Überseering, Rn. 43 (keine Gestaltungsfunktion der europarechtlichen Prüfung) bzw. Halbhuber, ZEuP 2003, 418, 431, der darauf verweist, dass der EuGH es in Überseering vermieden hat, unter wörtlicher Wiedergabe der Formulierung der Vorlagefrage durch den BGH von den Mitgliedstaaten zu verlangen, die Rechtsfähigkeit einer ausländischen Gesellschaft nach ihrem Gründungsrecht zu „beurteilen“ und stattdessen lediglich verlangt, die Rechtsfähigkeit einer ausländischen Gesellschaft nach ihrem Gründungsrecht zu „achten“.

1267 Ebke, RIW 2004, 740, 742; Heiss, ZfRV 2003, 90, 93; Eidenmüller/Rehm, ZGR 2004, 159, 165; Halbhuber, ZEuP 2003, 418, 428, 429.

1268 Siehe z.B. die Öffnungsklausel in EuGH Rs. C-208/00, Slg. 2002, I-9919-Überseering B.V., Rn. 92: „Es läßt sich nicht ausschließen, dass zwingende Gründe des Gemeinwohls, wie der Schutz der Interessen der Gläubiger, [...], unter bestimmten Umständen und unter Beachtung bestimmter Voraussetzungen Beschränkungen der Niederlassungsfreiheit rechtfertigen können.“ Vgl. ebenfalls Ulmer, NJW 2004, 1201, 1205; Bitter, WM 2004, 2190, 2192.

1269 EuGH Rs. C – 120/78, Slg. 1979, I–649–Cassis.

Vorrang des Heimatrechts der zuziehenden Gesellschaft ergibt sich somit aus dem europarechtlichen Anerkennungsprinzip.[1270] Danach hat jeder Mitgliedstaat, soweit nicht ein im allgemeinen Interesse liegendes Ziel auf dem Spiel steht, das den Erfordernissen des freien Warenverkehrs vorginge, die Einfuhr von Waren in sein Staatsgebiet zu dulden, die in anderen Mitgliedstaaten rechtmäßig hergestellt oder in den Verkehr gebracht wurden, selbst wenn sie nach technischen oder qualitativen Vorgaben erzeugt wurden, die von den im Einfuhrstaat geltenden abweichen.[1271] Der grundsätzliche Vorrang des Heimatrechts der zuziehenden Gesellschaft ergibt sich somit aus dem europarechtlichen Anerkennungsprinzip.[1272] Die Reichweite des Anerkennungsprinzips ist dabei durch eine teleologische Auslegung des Schutzumfangs der Niederlassungsfreiheit selbst zu finden.[1273] Das grundsätzliche Anerkennungsgebot ist durch den Geltungswillen der Niederlassungsfreiheit beschränkt.[1274]

Der EuGH betont,[1275] dass es einem Mitgliedstaat grundsätzlich verwehrt ist, seine eigenen Regeln zur Anwendung zu bringen, wenn dem Schutz- bzw. Kontrollinteresse bereits durch Regeln des Herkunftslandes entsprochen worden ist. Nationale Schutzvorschriften gelten in der Regel als gleichwertig und sollten gegenseitig anerkannt werden.[1276] Wenn dem Schutzinteresse bereits durch entsprechende Vorschriften des Heimatstaates ausreichend Rechnung getragen wurde, besteht für den Zuzugsstaat grundsätzlich kein Regelungsinteresse mehr. Der Kerngedanke der gegenseitigen Anerkennung ist dabei in erster Linie im Diskriminierungsverbot zu sehen.[1277] Sinn und Zweck des Anerkennungsprinzips ist es, dass ausländische gegenüber inländischen Marktteilnehmern keiner zusätzlichen rechtlichen oder faktischen Belastung ausgesetzt werden. Dadurch sollen der Wettbewerb im Binnenmarkt und die gegenseitige Durchdringung der Märkte gefördert werden. Im Einklang mit dem Binnenmarktziel des Anerken-

1270 Heiss, ZfRV 2003, 90, 95.

1271 EuGH Rs. C – 120/78, Slg. 1979, I–649–Cassis, Rn. 14, 15.

1272 Heiss, ZfRV 2003, 90, 95.

1273 In der englischen Europarechtsterminologie firmiert das Anerkennungsprinzip unter dem Begriff „mutual recognition". Vgl. Craig/de Burca, S. 638.

1274 Die grundsätzliche Geltung des Zuzugsrechts für die Geschäftsführerhaftung in EuGH Rs. C-167/01-Inspire Art Ltd., Rn. 135 wird so z.B. durch Rn. 141 eingeschränkt, indem der EuGH die europarechtliche Unvereinbarkeit ausdrücklich auf die Geschäftsführerhaftung als Sanktion der Nichterfüllungen der Bestimmungen des Mindestkapitals bezieht.

1275 Z.B. aus der umfangreichen Rechtsprechung: EuGH Rs. C-132/78, Slg. 1979, I-3369, 3391-Denkavit; EuGH Rs. C-55/94, Slg. 1995, I-4165 Gebhard, Rn. 49; EuGH Rs. C-205/84, Slg. 1986, I-3755, 3803-Kommission./.Deutschland.

1276 So z.B. Kieninger, ZGR 1999, 724, 742.

1277 Vgl. für den Bereich der Warenverkehrsfreiheit Kaczorowska (2004) 10 ELJ 479, 493: „...the rules of Cassis de Djion, which will ensure that domestic products and imported products are treated equally." bzw. Koenig/Meurer/Engelmann, EWS 2004, 65, 72: „Der Kern der Warenverkehrsfreiheit bleibt das Diskriminierungsverbot, auch wenn der Freiheitenschutz seit Dassonville und Cassis darüber hinausgeht."

nungsgebots[1278] reicht es daher nicht aus, auf Unterschiede in nationalen Rechtsordnungen zu verweisen und hieraus bereits die Unverhältnismäßigkeit einer nationalen Maßnahme abzuleiten.[1279]

Es kann ferner nicht genügen darzulegen, dass das Gründungsrecht der Gesellschaft weniger einschneidende Regelungen vorsieht als das Zuzugsrecht. Restriktivere nationale Regelungen sind nur dann unzulässig, soweit sie dem Zweck der Niederlassungsfreiheit zuwiderlaufen, d.h. den Wettbewerb im Binnenmarkt, die gemeinschaftsweite Durchdringung der Märkte nachweisbar und nachhaltig behindern. Kann eine solche nachhaltige Behinderung des Wettbewerbs bzw. der gemeinschaftsweiten Marktdurchdringung nicht festgestellt werden, z.B. weil die zuziehende Gesellschaft keiner doppelten Belastung ausgesetzt ist, der gleichwertige Marktzugang gewährleistet ist und weniger binnenmarktbeschränkende Maßnahmen (z.B. Informationsregeln) keinen ausreichenden Schutz vermitteln, so steht das Europarecht mangels Regelungsinteresse einer nationalen Maßnahme nicht entgegen. Die Verwirklichung des Binnenmarktes ist nicht mit der zwangsweisen Vereinheitlichung der nationalen Standards auf dem niedrigsten Nenner gleichzusetzen, weil dadurch die Funktionsfähigkeit des Marktes selbst und die Erreichung anderer wichtiger europäischer Ziele[1280] in Frage gestellt wird.[1281] Bei der Definition des Schutzbereichs der Niederlassungsfreiheit ist das Prinzip der Subsidiarität zu beachten.[1282] Das Europarecht will nicht im Sinne eines „race to bottom" nationales Recht gestalten.[1283] *Generalanwalt Colomer* hat in seinen Schlussanträgen in der Entscheidung *Überseering*[1284] deutlich gemacht, dass das Gemeinschaftsrecht nicht darauf abziele, das nationale Recht zu gestalten. Die nationale Regelung sei vielmehr nach dem Gemeinschaftsrecht auszulegen.[1285] Dem *Centros*-Urteil kann dabei der Hinweis entnommen werden, dass der Maßstab für mildere Maßnahmen ebenso dem nationalen Recht des Zuzugsstaats entnommen werden kann. Der EuGH hatte die dänischen Behörden darauf aufmerksam gemacht, dass anstelle des Mindestkapitals mildere Maßnahmen getroffen werden könnten. So könnten die öffentlichen Gläubiger

---

1278 Gem. Art. 3 Abs. 1c EGV ist es Aufgabe der Gemeinschaft, einen gemeinsamen Binnenmarkt durch die Beseitigung der Hindernisse für den freien Waren-, Personen-, Dienstleistungs- und Kapitalverkehr zwischen den Mitgliedstaaten zu schaffen.

1279 Tiedje/Troberg, Art. 43 EGV, Rn. 107; EuGH Rs. C-108/96, Slg. 2001, I-837-Mac Quen u.a., Rn. 33, 34.

1280 Z.B. der Verbraucherschutz.

1281 Vgl. Weatherill/Beaumont, S. 599: „...it remains questionable whether the removal of national barriers without accompanying positive Community regulations is sufficient to secure the realization of a true common market."

1282 Art. 5 S. 2 EGV.

1283 Damit steht z.B. im Einklang, dass der Vierte Erwägungsgrund zur EuInsVO festschreibt, dass im Interesse eines ordnungsgemäßen Funktionierens des Binnenmarktes das „forum shopping" verhindert werden muss.

1284 EuGH Rs. C-208/00.

1285 Schlussanträge des Generalanwalts Colomer in EuGH Rs. C-208/00, Rn. 43, 46.

(durch nationale Vorschriften) die Möglichkeit erhalten, sich die erforderlichen Sicherheiten einräumen zu lassen.[1286]

Fest steht demnach, dass die Gründung einer Tochtergesellschaft bzw. die Errichtung einer Zweigniederlassung nicht von bestimmten lokalen Voraussetzungen abhängig gemacht werden darf, die eine bestimmte Organisationsstruktur der zuziehenden Gesellschaften voraussetzen (spezifische Marktzugangsregelungen).[1287] Wie *Generalanwalt La Pergola* in seinen Schlussanträgen in *Centros* deutlich macht, will die Niederlassungsfreiheit die Chance der Marktteilnahme bieten. Es gehe darum, die Gelegenheit einer wirtschaftlichen Initiative zu ermöglichen.[1288] Unzulässig sind damit vor allem abstrakt-generelle, generalpräventiv wirkende nationale Regelungen[1289], da die Anpassung der zuziehenden ausländischen Gesellschaft an eine bestimmte inländische Organisationsstrukur die gleichwertige Chance des Marktzugangs für die zuziehende ausländische Gesellschaft erschweren würde.[1290] Darüber hinaus dürfen lokale Regeln in der Tätigkeitsphase nicht dazu führen, dass die ausländische EU-Gesellschaft einer zusätzlichen Belastung ausgesetzt ist („dual burden"). Die Anwendung inländischer Schutzinstrumente auf ausländische Gesellschaften ist problematisch, wenn das inländische Recht spezifische Schutzregeln einer ausländischen Gesellschaft oktroyiert und die migrationswillige ausländische Gesellschaft dadurch einer faktischen Doppelbelastung ausgesetzt ist.[1291] Bei der Anwendung rechtlich und faktisch neutraler Regelungen ist schließlich das Binnenmarktziel im Auge zu behalten. Die Durchdringung der Märkte soll so weit als möglich gefördert werden (effet-utile-Gedanke). In erster Linie ist demnach zu prüfen, ob der Gläubigerschutz nicht bereits durch Informationsvorschriften gewährleistet werden kann. Im Weiteren darf es im nationalen Recht keine mildere Maßnahme geben, welche die Erreichung des Binnenmarktzieles weniger behindert. Dabei ist zu beachten, dass eine konkrete Einzelfallregelung gegenüber abstrakt-generellen Regeln vorzuziehen ist.

Der EuGH verlangt somit nicht, dass eine Schutzlücke in jedem Falle unabdingbare Voraussetzung für die Anwendbarkeit des lokalen Zuzugsrechts sein soll.[1292] Soweit

---

1286 Vgl. EuGH Rs. C-212/97-Centros, Rn. 37; Ulmer, NJW 2004, 1201, 1208.

1287 Im Bereich der Warenverkehrsfreiheit hat der EuGH inzwischen ebenfalls die entscheidende Bedeutung des Kriteriums „Marktzugang" für die Grundfreiheiten unterstrichen, vgl. EuGH Rs. C-405/98, Slg. 2001, I-1795-Gourmet, Rn. 18 bzw. EuGH Rs. C-322/01-DocMorris, Rn. 74, vgl. hierzu Koenig/Meurer/Engelmann, EWS 2004, 65, 72; Craig/de Burca, S. 652, 658.

1288 Vgl. die Schlussanträge des Generalanwalts La Pergola in EuGH, Rs. C-212/97, Slg. 1999, I-1459, 1477-Centros.

1289 Ziemons, ZIP 2003, 1913, 1917, 1918, stimmt dem zwar zu, leitet aber gleichzeitig hieraus das Argument ab, dass die zu schützenden nationalen Gründe des Gemeinwohls nicht schützenswert sein können, wenn der Schutz nur selektiv und punktuell erfolge. Entscheidend ist aber nicht die Werthaltigkeit des nationalen Schutzinteresses, sondern die konkrete Auswirkung auf die Niederlassungsfreiheit. Dass der Gläubigerschutz vom EuGH als schützenswertes Allgemeininteresse anerkannt ist, steht fest.

1290 Für den Bereich der Warenverkehrsfreiheit vgl. EuGH Rs. C-322/01-DocMorris, Rn. 74.

1291 Craig/de Burca, S. 642, bezeichnen diesen Zustand als „dual burden".

1292 Borges, ZIP 2004, 733, 741.

eine ausländische Gesellschaft einen freien, unbehinderten Marktzugang genießt, nationale Betriebsregelungen keine zusätzliche Belastung gegenüber einheimischen Gesellschaften vorsehen („dual burden“) und die Erreichung des Binnenmarktzieles durch neutrale Regelungen nicht unverhältnismäßig erschwert wird, steht der Anwendbarkeit lokaler Regelungen nichts entgegen. Im Folgenden sollen diese allgemeinen Überlegungen bei der Prüfung der europarechtlichen Vereinbarkeit der einzelnen englischen Gläubigerschutzinstrumente fruchtbar gemacht werden.

D. Auswirkungen von Inspire Art Ltd. auf den englischen Gesellschaftsgläubigerschutz

Welche Auswirkungen hat die Entscheidung des EuGH in Sachen *Inspire Art* nun im Einzelnen für das Gläubigerschutzrecht Englands? Das niederländische und englische Internationale Gesellschaftsrecht weisen unübersehbare Berührungspunkte auf. Sowohl das englische als auch das niederländische Internationale Gesellschaftsrecht zeichnen sich primär durch eine vergleichsweise „Liberalität“ aus. Beide folgen der Gründungstheorie und anerkennen damit jede nach dem Recht eines anderen Staates wirksam gegründete und fortbestehende Gesellschaft.[1293] Zum Schutz ihrer Gläubiger unterstellen beide Länder ausländische Gesellschaften bestimmten inländischen Vorschriften. So bringt das niederländische Gesellschaftsrecht mittels seines Gesetzes über formal-ausländische Gesellschaften bestimmte materiell zwingende Vorschriften seines Gläubigerschutzes auf sog. „Scheinauslandsgesellschaften“ zur Anwendung. Das englische Gesellschaftsrecht unterstellt ausländische Gesellschaften ebenfalls unter bestimmten Voraussetzungen zwingend seinen inländischen Gläubigerschutzregeln. Es stellt sich somit die berechtigte Frage, ob den englischen Schutzvorschriften ein ähnliches Schicksal beschieden ist wie den niederländischen Sondervorschriften für formal-ausländische Gesellschaften.

1. *Vereinbarkeit der englischen Transparenzpflichten mit der europarechtlichen Niederlassungsfreiheit*

Zunächst sollen die Transparenzpflichten, insbesondere die Informations- und Registrierungspflichten des Part XXIII CA 85, auf ihre Europarechtskonformität hin geprüft werden. Auffallend ist, dass die englischen Transparenzpflichten in ihrem personalen Anwendungsbereich weiter gehen als die niederländischen Vorschriften für formal-ausländische Gesellschaften. Während die niederländischen Vorschriften, wie schon der Name des Gesetzes zum Ausdruck bringt, lediglich auf formal ausländische Gesell-

1293 Vgl. für die Niederlande Art. 2 des niederländischen Körperschaftskollisionsgesetzes; Gotzen, S. 188; MünchKomm/Kindler, IntGes., Rn. 381; Staudinger/Großfeld, Rn. 157.

schaften Anwendung finden, unterliegen in England prinzipiell alle ausländischen Gesellschaften den Regelungen der ss. 691 ff. CA 85. Als Anknüpfungspunkt wird lediglich eine Geschäftsniederlassung in England („place of business“) verlangt. Hierunter fallen selbst geschäftliche Aktivitäten, die in ihrem Ausmaß unterhalb der Errichtung einer Zweigniederlassung liegen. Die speziellen Gläubigerschutzvorschriften des Part XXIII. CA 85 setzen daher nicht voraus, dass die betreffende ausländische Gesellschaft den Hauptteil ihres Geschäftes in England tätigt. Wenn aber schon die niederländischen Vorschriften hinsichtlich ihrer Europarechtskompatibilität rechtlichen Bedenken ausgesetzt sind, dann könnte das a maiore ad minus grundsätzlich erst recht für die englischen Vorschriften der ss. 691 ff. CA 85 gelten, die schon auf einer niedrigeren Schwelle der Geschäftstätigkeit ansetzen. Es sprechen jedoch überzeugende Gründe gegen diese Annahme. Die Transparenzpflichten des Part XXIII CA 85, die ausländische Gesellschaften mit einem „place of business“ in England treffen, sind inhaltlich weitgehend identisch mit den Vorschriften der Elften Richtlinie (Zweigniederlassungsrichtlinie).[1294] Sollten die Vorschläge der *Company Law Reform Steering Group* ferner umgesetzt werden, wird das englische Gesellschaftsrecht in Zukunft die alten Regeln des „place of business“-Regimes ersatzlos abschaffen und einheitlich nur noch die Vorschriften der Zweigniederlassungsrichtlinie anwenden. Der Begriff des „place of business“ bliebe dann nur noch als einheitlicher Anknüpfungspunkt. Inhaltlich kämen dann einzig die Vorschriften der Zweigniederlassungsrichtlinie zur Anwendung. All diese Gründe belegen, dass die englischen Transparenzpflichten für ausländische Gesellschaften europarechtskonform sind.

2. *Vereinbarkeit der wrongful trading-Regelung*[1295]

Nur vereinzelt wurde bereits nach der *Centros*-Entscheidung angedeutet, dass das englische Recht möglicherweise mit der Niederlassungsfreiheit in Konflikt geraten könnte.[1296] Nach dem *Inspire Art Ltd.*-Urteil wurde das Problem der Vereinbarkeit der wrongful trading-Regelung mit der Niederlassungsfreiheit nun auch von englischen Juristen erkannt.[1297]

1294 Die Zweigniederlassungsrichtlinie ist in den abweichenden Punkten ein wenig strenger.

1295 Die Vorschrift des wrongful trading kann schon bei Inkompetenz bzw. Fahrlässigkeit des director eingreifen. Ihre Eingriffsintensität ist daher größer als die beim fraudulent trading, das ein betrügerisches Verhalten des director voraussetzt. Die Prüfung des fraudulent trading kann daher entfallen.

1296 Vgl. Ebke 48 Am.J.Comp.L. 623, 644-646 (2000).

1297 Vgl. z.B. Lowry, MittBl. DAV Internationaler Rechtsverkehr 2003, 28, 34.

a) Eingriff in die europarechtliche Niederlassungsfreiheit (Artt. 43 und 48 EGV)

Zunächst ist zu prüfen, ob die wrongful trading-Regelung überhaupt an der Niederlassungsfreiheit (Artt. 43 und 48 EGV) zu messen ist. Dem könnte entgegenstehen, dass die wrongful trading-Regelung nicht dem Gesellschaftsstatut, sondern dem Insolvenzstatut unterfällt[1298] und die EuInsVO[1299] für Gesellschaftsinsolvenzhaftungstatbestände eine abschließende, europarechtskonforme Regelung[1300] des kollisionsrechtlich anzuwendenden Rechts getroffen hat. Die kollisionsrechtliche Anknüpfung eines Sachverhalts erfolgt grundsätzlich aus der Sicht des zur Entscheidung berufenen Gerichts (Grundsatz der lex fori).[1301] Das englische Recht ordnet die wrongful trading-Haftung mehrheitlich dem Insolvenzrecht zu.[1302] Teilweise wird daher davon ausgegangen, dass die englische insolvenzrechtliche Haftung niederlassungsrechtlich unbedenklich sei.[1303] Der kollisionsrechtliche Ansatz greift jedoch zu kurz. Erst das Zusammenspiel von gesellschaftsrechtlichem Sachrecht und diesem Geltung verschaffenden Gesellschaftskollisionsrecht bestimmt die Auswirkung auf eine zuziehende ausländische Gesellschaft. Entscheidend ist nicht die inländische kollisionsrechtliche Einordnung einer beschränkenden inländischen Norm, sondern die von ihr ausgehende tatsächliche Behinderung der Grundfreiheiten.[1304] Der Schutzbereich der europarechtlichen Niederlassungsfreiheit kann nicht mit dem Umfang des nach nationalem Recht bestimmten Gesellschaftsstatuts gleichgesetzt werden.[1305] Hierfür spricht im Wesentlichen die Gefahr der Umgehung der Grundfreiheiten durch die Mitgliedstaaten. Ansonsten könnten die einzelnen Mitgliedstaaten die Reichweite der europarechtlichen Niederlassungsfreiheit mittels ihres Gesellschaftskollisionsrechts selbst bestimmen. Der EuGH denkt nicht in kollisions- oder sachrechtlichen Mustern. Die kollisionsrechtliche Anknüpfung eines Sachverhalts durch mitgliedstaatliche Gerichte ist ebenfalls anhand der Niederlassungsfreiheit zu überprüfen. Die mitgliedstaatliche dogmatische Einordnung einer Rechtsfigur ist daher im Sinne der europarechtlichen Niederlassungsfreiheit ohne Bedeutung. Dafür spricht auch der „effet-utile"-Grundsatz.[1306] Danach sind die Mitgliedstaaten verpflichtet, alle geeigneten Maßnahmen zu treffen, um die volle Wirksamkeit des Gemeinschaftsrechts zu gewähr-

1298 Lowry, MittBl. DAV Internationaler Rechtsverkehr 2003, 28, 34. Habersack/Verse, ZHR 2004, 174-207.

1299 Verordnung (EG) Nr. 1346/2000 des Rates vom 29. Mai 2000 (Abl. EG Nr. 160, S. 1).

1300 Obwohl die EuInsVO als sekundäres Gemeinschaftsrecht im Rang unter der EG-Niederlassungsfreiheit steht, ist nach Ulmer, NJW 2004, 1201, 1207 davon auszugehen, dass sich die EuInsVO: „...angesichts ihrer integrationsfördernden Zielsetzung [...] kollisionsfrei in das System der Grundfreiheiten einfügen lässt."

1301 Kropholler, S. 120.

1302 Vgl. Habersack/Verse, ZHR 2004, 174, 207; Lowry, MittBl. DAV 2003, 28, 34; Höfling, Internationales Gesellschaftsrecht, S. 234.

1303 Horn, NJW 2004, 893, 899.

1304 Spindler/Berner, RIW 2004, 7, 9; Schanze/Jüttner, AG 2003, 30, 31.

1305 Eidenmüller/Rehm, ZGR 2004, 159, 166.

1306 Siehe Art. 10 EGV.

leisten. Entscheidend ist die tatsächliche Auswirkung auf niederlassungswillige Gesellschaften.[1307] Dass die wrongful trading-Regelung aber geeignet ist, die Niederlassungsfreiheit weniger attraktiv zu machen, steht außer Frage.

Die Artt. 43 und 48 EGV scheiden auch nicht als Prüfungsmaßstab aus, weil der europäische Gesetzgeber mit der EuInsVO[1308] eine kollisionsrechtliche Regelung hinsichtlich des Internationalen Gesellschaftsinsolvenzkollisionsrechts getroffen hat. Art. 4 Abs. 1 EuInsVO regelt, dass für das Insolvenzverfahren und seine Wirkungen das Insolvenzrecht desjenigen Mitgliedstaates Anwendung findet, in dem das Verfahren eröffnet wird („lex fori concursus"). Durch Art. 4 Abs. 1 EuInsVO wird jedoch nicht abschließend die Zulässigkeit der Anwendbarkeit der wrongful trading-Regelung oder anderer Insolvenzhaftungsvorschriften des Zuzugsstaats auf zuziehende ausländische EU-Gesellschaften geklärt.[1309] Die Reichweite der durch Art. 4 Abs. 1 EuInsVO festgesetzten Maßgeblichkeit des inländischen materiellen Insolvenzrechts bestimmt Art. 4 Abs. 2 EuInsVO. Danach regelt die lex fori concursus, unter welchen Voraussetzungen das Insolvenzverfahren eröffnet wird, wie es durchzuführen ist und wie es zu beenden ist. Art. 4 Abs. 2 EuInsVO führt darüber hinaus einen Katalog jener Vorschriften an, die dem Insolvenzrecht unterfallen. Haftungsrechtliche Vorschriften, wie die wrongful trading-Regelung, sind in dem Katalog des Art. 4 Abs. 2 EuInsVO nicht aufgeführt.[1310] Selbst wenn man das Gegenteil annimmt und davon ausgehen sollte, dass Art. 4 Abs. 2 EuInsVO lediglich eine demonstrative Aufzählung des anzuwendenden Rechts enthält, so regelt die EuInsVO dennoch nicht abschließend die Prüfungskompetenz des EuGH. Ansonsten könnten die Mitgliedstaaten die Niederlassungsfreiheit durch die Schaffung insolvenzbezogener Haftungsinstitute ins Leere laufen lassen. Es ist nicht anzunehmen, dass der europäische Gesetzgeber mit der kollisionsrechtlichen Regelung der EuInsVO gleichzeitig abschließend über die niederlassungsrechtliche Zulässigkeit sachrechtlicher Haftungsinstitute befinden wollte. Im Ergebnis ist daher festzustellen, dass die EuIns-VO keine abschließende Regelung hinsichtlich der Vereinbarkeit der wrongful trading-Regelung mit der europäischen Niederlassungsfreiheit trifft.

Gegen eine Verletzung der Niederlassungsfreiheit könnte schließlich sprechen, dass die wrongful trading-Vorschrift sich nicht direkt gegen die Gesellschaft, sondern lediglich indirekt gegen die Geschäftsführer einer Gesellschaft richtet. Das ist jedoch europarechtlich unerheblich. Das Recht der Niederlassungsfreiheit kann bei juristischen Personen auch mittelbar durch Eingriffe gegenüber Angestellten verletzt werden. Der EuGH hat das sowohl in *Segers* als auch in *Inspire Art Ltd.* deutlich zum Ausdruck ge-

1307 Vgl. auch Schanze/Jüttner, AG 2003, 661, 665.

1308 Verordnung (EG) Nr. 1346/2000 des Rates vom 29. Mai 2000 über Insolvenzverfahren, Abl.EG Nr. L 160, S. 1 ff.

1309 Siehe bzgl. der Insolvenzverschleppungshaftung Ulmer, NJW 2004, 1201, 1207; a.A. Habersack/Verse, ZHR 2004, 174, 207; Oberhammer, ZInsO 2004, 761, 770.

1310 Bzgl. des deutschen Instituts der Insolvenzverschleppungshaftung ebenso Ulmer, NJW 2004, 1201, 1207; Spindler/Berner, RIW 2004, 7, 12.

bracht.[1311] Die englische insolvenzrechtliche Geschäftsführerhaftung in Form der wrongful trading-Regelung greift folglich in die europarechtliche Niederlassungsfreiheit ein. Insofern ist zu prüfen, ob die wrongful trading-Reglung europarechtlich gerechtfertigt werden kann.

b) Rechtfertigung anhand des Vier-Faktoren-Tests

Die wrongful trading-Regelung dient in erster Linie dem Gläubigerschutz. In Betracht kommt demnach eine Rechtfertigung aus zwingenden Gründen des Allgemeininteresses. Eine Rechtfertigung gem. Art. 46 EGV scheidet hingegen aus. Der EuGH hat klargestellt, dass er den Begriff der öffentlichen Sicherheit in Art. 46 EGV nur im klassischen (ausländer-)polizeirechtlichen Sinne versteht und der Gläubigerschutz damit nicht mitumfasst ist.[1312] Nach der Rechtsprechung des EuGH sind nationale Maßnahmen, die die Ausübung der durch den EG-Vertrag garantierten Grundfreiheiten behindern oder weniger attraktiv machen können, gerechtfertigt, wenn vier Voraussetzungen erfüllt sind: Sie müssen in nichtdiskriminierender Weise angewandt werden, sie müssen aus zwingenden Gründen des Allgemeininteresses gerechtfertigt sein, sie müssen zur Erreichung des verfolgten Zieles geeignet sein und sie dürfen nicht über das hinausgehen, was zur Erreichung des verfolgten Zieles erforderlich ist (Vier-Faktoren-Test).[1313]

aa) Diskriminierungsverbot

Die Feststellung, ob eine nationale Vorschrift in diskriminierender Weise die Niederlassungsfreiheit beschränkt oder nicht, ist wichtig für die Entscheidung, welche Rechtfertigungsgründe vorgebracht werden können. Offen oder verdeckt diskriminierende nationale Beschränkungen der Niederlassungsfreiheit können lediglich durch die in Art. 46 EGV explizit und abschließend aufgeführten öffentlichen Interessen[1314] gerechtfertigt sein. Die Liste der Rechtfertigungsgründe für unterschiedslos angewandte nationale Vorschriften[1315] ist dagegen nicht erschöpfend.[1316] Der Grund für diese Differenzierung ist naheliegend. Die Entwicklung, dass auch unterschiedslos angewandte nationale Regelungen einen Verstoß gegen die Grundfreiheiten darstellen können, stellte einen emp-

---

1311 EuGH Rs. C-79/85, Slg. 1986, I-2375-Segers, Rn. 15, in der dem Geschäftsführer einer in England gegründeten Gesellschaft eine Leistung aufgrund einer nationalen Krankenversicherungsregelung verweigert wurde; EuGH Rs. C-167/01-Inspire Art Ltd., in welcher der EuGH die gesamtschuldnerische Haftung der Geschäftsführer als eine Beschränkung der Gesellschaft selbst ansah.

1312 EuGH Rs. C-212/97-Centros, Rn. 34; vgl. Sandrock, BB 2003, 2588, 2589.

1313 EuGH Rs. C-212/97-Centros, Rn. 34; EuGH Rs. C-167/01-Inspire Art, Rn. 133.

1314 „Öffentliche Ordnung, Sicherheit oder Gesundheit".

1315 In der englischen Europarechtsterminologie spricht man von „indistinctly applicable rules".

1316 Siehe Craig/de Burca, S. 659/660.

findlichen Einschnitt in die nationale Souveränität der Mitgliedstaaten dar. Die gleichzeitige Anerkennung einer offenen Liste von Rechtfertigungsgründen soll den Souveränitätseingriff aus Sicht der Mitgliedstaaten mildern und damit die Akzeptanz bei den Mitgliedstaaten für die bedeutende Erweiterung der mitgliedstaatlichen Eingriffsbefugnis erhöhen.

S. 214 IA 86 sieht als Sanktion für eine Pflichtverletzung die persönliche gesamtschuldnerische Haftung der Geschäftsführer vor. Die Pflichtverletzung ist darin zu sehen, dass der director trotz erkennbar unvermeidlicher Insolvenz die Geschäfte der Gesellschaft unzulässigerweise weiterbetrieben hat. Die wrongful trading-Regelung ist unterschiedslos auf ausländische bzw. inländische Gesellschaften anwendbar. Die gesamtschuldnerische Haftung trifft sowohl ausländische als auch englische Gesellschaften, die trotz unvermeidlicher Insolvenz unzulässigerweise den Geschäftsbetrieb aufrechterhalten haben. Die wrongful trading-Regelung wird daher in nichtdiskriminierender Weise angewandt.

bb) Zwingende Gründe des Allgemeininteresses

Der Vorbehalt zwingender Gründe des Allgemeininteresses ist im Europäischen Verfassungsrecht und gerade auch im Europäischen Gesellschaftsrecht tief verwurzelt.[1317] Dass unterschiedslos angewandte nationale Regeln, die grenzüberschreitende Transaktionen behindern oder weniger attraktiv machen, durch zwingende Gründe des Allgemeininteresses gerechtfertigt sein können, wurde bereits in der Entscheidung *Cassis de Djion* vom EuGH festgestellt.[1318] Die wrongful trading- Regelung dient vor allem dem Gläubigerschutz.[1319] Die wrongful trading-Vorschrift hat sowohl eine präventiv abschreckende Funktion als auch eine ex-post wirkende Kompensationsfunktion. Zum einen sollen die Unternehmensleiter davon abgehalten werden, die Solvenz des Unternehmens unzulässigen Risiken auszusetzen („Präventivgedanke“). Zum anderen dient die Geschäftsführerhaftung der Befriedung ausstehender Gläubigeransprüche („Kompensationsgedanke“). Dass Schutzbestimmungen für Rechte Dritter ein beachtliches Allgemeininteresse im Sinne des Europarechts darstellen, ergibt sich bereits aus dem Wortlaut von Art. 44 Abs. 2 lit g) EGV. Die Mitgliedstaaten sind hierin u.a. angewiesen, soweit erforderlich, Richtlinien zur Koordinierung der Schutzbestimmungen für die Interessen der Gesellschafter sowie Dritter zu schaffen. Eine solche Harmonisierung ist bisher nicht erfolgt. Dennoch lässt die ausdrückliche Berücksichtigung der Gläubigerinteressen im EG-

1317 Vgl. Grundmann, ZGR 2001, 783, 803: Der Vorbehalt zwingender Gründe des Allgemeininteresses beziehe sich demnach vor allem auf Regeln zum Marktversagen, dessen wichtigste Erscheinungsformen heutzutage in den unausräumbaren Informationsasymmetrien, in den (negativen) Externalitäten und den Wettbewerbsbeschränkungen zu sehen seien.

1318 EuGH Rs. C-120/78, Slg. 1979, I-649, 662-664.

1319 Vgl. z.B. Rickford (2004) 15 Eur.Bus.L.Rev. Issue 4, 1, 53.

Vertrag den Rückschluss zu, dass der Gläubigerschutz gemeinschaftsweit als ein beachtliches Allgemeininteresse anerkannt ist.[1320] Der EuGH hat das in seiner Rechtsprechung bestätigt.[1321]

cc) Geeignetheit

Die Ungeeignet der wrongful trading-Regelung könnte sich aus deren Unbestimmtheit ergeben. Nach Ansicht des *Generalanwalts Alber* in *Inspire Art* stellt eine Regelung, deren Haftungsfolgen nicht abschätzbar sind, grundsätzlich keine geeignete Gläubigerschutzmaßnahme dar.[1322] Die wrongful trading-Regelung schafft für die Geschäftsführer, insbesondere ausländischer Gesellschaften, ein unübersehbares Haftungsrisiko.[1323] Insbesondere der Zeitpunkt des Haftungseintritts („moment of truth") ist in der praktischen Anwendung der wrongful trading-Vorschrift nicht hinreichend bestimmt von den englischen Gerichten herausgearbeitet worden.[1324] Der EuGH ist auf das von *Generalanwalt Alber* erhobene Argument der Unbestimmtheit der niederländischen Vorschriften in seinem Urteil in *Inspire Art Ltd.* indessen nicht eingegangen. Es ist demnach zweifelhaft, ob alleine die Unbestimmtheit einer Regelung vom EuGH als ausreichend erachtet wird, einer Vorschrift die Geeignetheit im Rahmen des Vier-Faktoren-Tests abzusprechen. Der EuGH tut sich schwer damit, einer mitgliedstaatlichen Vorschrift alleine wegen ihrer Ungeeignetheit die Europarechtskonformität abzusprechen. Der EuGH hat es z.B. in *Inspire Art* offen gelassen, ob das Mindestkapitalerfordernis geeignet ist, Gläubigerinteressen zu schützen.[1325] Teilweise wird die Geeignetheitsprüfung im Rahmen des Vier-Faktoren-Tests daher als eine bloße Plausibilitätsprüfung bezeichnet.[1326] Von größerer Bedeutung ist demnach, ob die wrongful trading-Vorschrift dem europarechtlichen Erforderlichkeitskriterium entspricht.

1320 Der Gläubigerschutz fällt aber nicht unter die Rechtfertigung nach Art. 46 EGV, vgl. Centros, C-212/97, Rn. 34, sondern stellt ein legitimes Allgemeininteresse im Sinne der „Cassis-Doktrin" dar.

1321 EuGH Rs. C-212/97-Centros, Rn. 25; EuGH Rs. C-208/00, Slg. 2002, I-9919-Überseering, Rn. 92; EuGH Rs. C-167/01-Inspire Art, Rn. 132, 140.

1322 Vgl. Schlussanträge des Generalanwalts Alber in der Entscheidung EuGH Rs. C-167/01-Inspire Art, Rn. 151.

1323 Siehe z.B. Bachner (2004) 5 EBOR 293, 309: „...flexibility is achieved at the cost of legal certainty."

1324 Vgl. Pernice, S. 247; Habersack/Verse, ZHR 2004, 175, 184; Wiesner, ZIP 2003, 977, 980.

1325 EuGH Rs. C-167/01-Inspire Art Ltd., Rn. 135.

1326 Tiedje/Troberg in von der Groeben/Schwarze, Art. 43 EG, Rn. 106. Die Geeignetheit der Verweigerung der Registereintragung einer Zweigniederlassung, die am Ort ihres Satzungssitzes keinerlei Geschäftstätigkeit ausübte, wurde in EuGH Rs. C-212/97-Centros, Rn. 35 infrage gestellt.

dd) Erforderlichkeit

Das Prinzip der Erforderlichkeit verlangt zunächst, dass von mehreren möglichen und geeigneten Maßnahmen diejenige zu wählen ist, welche die gemeinschaftlich geschützten Grundfreiheiten am wenigsten beeinträchtigt und dem Binnenmarktziel damit am besten entspricht. Mit anderen Worten ist einer nationalen Regelung die Europarechtskonformität abzusprechen, wenn es eine mildere Maßnahme gibt, die, bei gleicher Effektivität,[1327] die gemeinschaftsrechtlich geschützten Grundfreiheiten weniger belastet. Wie in *Centros* hat der EuGH in *Inspire Art* deutlich gemacht, dass er Informationsvorschriften grundsätzlich gegenüber anderen nationalen Schutzinstrumenten favorisiert.[1328] Es ist daher zunächst zu prüfen, ob der durch die wrongful trading-Regelung vermittelte Gläubigerschutz bereits durch Informationsregelungen europarechtlicher oder nationaler Art gewährleistet werden kann.

(I) Ausreichender Schutz durch Transparenzvorschriften („Informationsmodell")

Die vom EuGH im Bereich des Gläubigerschutzes favorisierten Informationsregelungen sind nicht in der Lage, eine der wrongful trading-Regelung vergleichbare Funktion zu erfüllen. Die Informationsvorschriften bzw. die wrongful trading-Regelung haben einen unterschiedlichen Regelungszweck. Die nationalen und europarechtlichen Informationsvorschriften decken sich nicht mit dem Anwendungsbereich der wrongful trading-Regelung. Während die Informationsvorschriften in erster Linie der präventiven Aufklärung dienen, hat die wrongful trading-Regelung, neben einer präventiven Abschreckungsfunktion, vor allem die Aufgabe, den Gläubigern für eine ex-post eingetretene Verletzung ihrer Interessen Ausgleich zu leisten (Kompensationsfunktion). Firmierungs- bzw. Registrierungsvorschriften können diese Kompensation nicht leisten. Sie sind daher nicht in der Lage, einen ausreichenden Schutz zu gewährleisten.

(II) Mildere europarechtsautonom auszulegende Maßnahmen

Bei der Beurteilung, ob die wrongful trading-Vorschrift dem Erforderlichkeitskriterium genügt, lohnt es sich, einen Vergleich mit den in *Inspire Art Ltd.* für unzulässig befundenen niederländischen Regeln anzustellen. Eine auffallende Differenzierung zwischen den niederländischen Regeln für formal-ausländische Gesellschaften und der englischen wrongful trading-Vorschrift liegt im zeitlichen Anknüpfungspunkt. Das niederländische Erfordernis einer Mindestkapitalisierung und die hieran anknüpfende gesamtschuldneri-

---

1327 Weiter gehen Eidenmüller/Rehm, ZGR 2004, 159, 173, die dem Aspekt der gleichen Effektivität europarechtlich keine Bedeutung beimessen. Demnach ist eine Regelung des Aufnahmestaats selbst dann nicht erforderlich, wenn die Schutzintensität der einheimischen Regelungen der zuziehenden ausländischen Gesellschaft in ihrer Wirkung hinter denjenigen des Aufnahmestaats zurückbleibt.

1328 EuGH Rs. C-212/97, Slg. 1999, I-1459-Centros, Rn. 36; EuGH Rs. C-167/01-Inspire Art Ltd., Rn. 135.

sche Haftung der Unternehmensleiter wirkt ex-ante, während die englische wrongful trading-Regelung (zumindest auf den ersten Blick) ex-post zum Tragen kommt. Während die niederländische Sanktion der gesamtschuldnerischen Geschäftsführerhaftung automatisch eintritt, falls eine formal-ausländische Gesellschaft der Pflicht zur Mindestkapitalisierung nicht nachkommt, greift die wrongful trading-Haftung erst dann ein, wenn die Gesellschaft in die Insolvenz gefallen ist und der director der Gesellschaft zuvor die Geschäfte trotz erkennbarer, unvermeidlicher Insolvenz unzulässigerweise weitergeführt hat. Die beiden Regelungen scheinen sich daher in ihrem zeitlichen Eingriffspunkt zu unterscheiden. Während die niederländischen Regeln einen direkten Einfluss auf die Errichtung der betreffenden Gesellschaft haben, scheint die englische Vorschrift lediglich die Ausübung der Geschäftstätigkeit der betreffenden Gesellschaft nach vollzogenem Gründungsakt zu betreffen.

Die abstrakt scharfen Trennungslinien verwischen jedoch bei einer konkreten Untersuchung des englischen Fallrechts. Die Entscheidung in *Re Purpoint*[1329] hat angedeutet, dass die wrongful trading-Vorschrift (zumindest theoretisch) durchaus schon auf den Zeitpunkt der Gründung zurückwirken kann.[1330] In ihrer faktischen Auswirkung verlangt die wrongful trading-Haftung damit im konkreten Einzelfall ebenfalls eine Berücksichtigung der Gläubigerinteressen zum Gründungszeitpunkt.[1331] Die Unterscheidung, welche der EuGH in Rn. 26 des *Centros*-Urteils[1332] zwischen den Vorschriften über die Errichtung von Gesellschaften und den Vorschriften über die Ausübung bestimmter beruflicher Tätigkeiten angeblich vornimmt, spricht ebenfalls nicht für eine uneingeschränkte Zulässigkeit der wrongful trading-Regelung. Die Aussagekraft dieser Differenzierung wird überschätzt[1333] und eine präzise Unterscheidung ist im konkreten Einzelfalle und angesichts der Erfahrungen mit der Post-*Keck*-Rechtsprechung im Bereich der Warenverkehrsfreiheit äußerst schwierig.[1334] Folgerichtig spricht auch der EuGH in *Inspire Art* selbst von einer beschränkenden Vorschrift: „sowohl zum Zeit-

---

1329 Re Purpoint [1991] BCLC 491, 498. Bestätigend Prentice, Incorporation Theory, S. 2: „It must be noted that section 214 of the Insolvency Act 1986 (‚wrongful trading') can operate at the point of incorporation, and this theoretically acts as a deterrent against the incorporation of economically non-viable companies". Von einer präventiven Wirkung der s. 214 IA 86 spricht auch Niebel, S. 160.

1330 Wobei Vinelott J. im konkreten Fall die Haftungsausdehnung auf den Zeitpunkt der Gründung der Gesellschaft letztlich abgelehnt hat, vgl. Re Purpoint [1991] BCLC 491, 498.

1331 Folgerichtig stellt Davies, AG 1998, 346, 352, auch fest, dass die wrongful trading- und Disqualifizierungsvorschriften: „...are obviously intended to influence controllers' behaviour before the onset of insolvency,...". Werlauff, ZIP 1999, 867, 875, erkennt die funktionale Äquivalenz zwischen Mindestkapitalisierungsvorschriften und nachträglichen Haftungsregelungen ebenfalls an. Demnach wäre das Verhältnis eines ex ante-Kapitalschutzes zur ex post-Haftung dem Prinzip kommunizierender Röhren vergleichbar.

1332 EuGH, Rs. C-212/97, Slg. 1999, I-1459-Centros, Rn. 26.

1333 Kieninger, ZGR 1999, 724, 743.

1334 Siehe hierzu z.B. de Burca, S. 650-658. Zur Relativierung der Keck-Rechtsprechung vgl. die Fallübersicht bei Spindler/Berner, RIW 2004, 7, 10, supra Fn. 35.

punkt der Gründung als auch während des Bestehens der Gesellschaft".[1335] Die Differenzierung zwischen beschränkenden Gründungsvorschriften und Vorschriften, die im Wesentlichen die Tätigkeitsphase des Unternehmens betreffen, kann demnach nicht allein entscheidend sein.

Das entscheidende Differenzierungsmerkmal liegt weniger im temporalen als im voluntativen Element der englischen Regelung und damit in der zweiten Voraussetzung des Eintritts einer Haftung wegen wrongful trading. Die Haftung für wrongful trading tritt nur ein, wenn der betreffende director trotz unvermeidlicher Insolvenz unzulässigerweise den Geschäftsbetrieb aufrechterhält.[1336] Die englische wrongful trading-Haftung knüpft nicht allein an das objektive Merkmal der Überschuldung bzw. eine unzureichende Kapitalausstattung und damit an eine bestimmte Struktur der Gesellschaft an. Vielmehr verlangt die wrongful trading-Haftung ein konkretes Fehlverhalten im Sinne einer subjektiven fahrlässigen negativen Fortführungsprognose. Ob und inwieweit die Insolvenz auf eine Unterkapitalisierung zurückzuführen war, ist nicht von Bedeutung, solange der Geschäftsführer davon ausgehen durfte, dass es der Gesellschaft gelingen werde, sich über Wasser zu halten, und sei es auch nur mittels Kredit.[1337] Die wrongful trading-Regelung legt die Evaluierung der ausreichenden Kapitalisierung in die Hände des Unternehmers und statuiert keine starre, generalpräventive gesetzliche Pflicht zur Mindestkapitalausstattung bzw. -erhaltung und eine hieran anknüpfende Geschäftsleiterhaftung, wie die vom EuGH in *Inspire Art* als unzulässig befundenen niederländischen Vorschriften über formal-ausländische Gesellschaften. Nur den Unternehmer, der pflichtwidrig die Unterkapitalisierung des Unternehmens für die beabsichtigte Geschäftstätigkeit erkannt hat oder zumindest hätte erkennen können und dennoch den Geschäftsbetrieb nicht abbricht und Sanierungsmaßnahmen oder die Liquidation der Gesellschaft einleitet, trifft der Bannstrahl des Gesetzes.

Der Unternehmer hat damit die Freiheit, das Risiko einer möglichen Sanktion einzugehen oder nicht.[1338] Durch die imperative Festsetzung des Erfordernisses eines Mindestkapitals und eine hieran anknüpfende Geschäftsführerhaftung wird ihm diese Chance vom niederländischen Gesetzgeber versagt. Die Feststellung, ob der Unternehmer die Überschuldung hätte erkennen müssen, wird im englischen Recht durch Auslegung einer Generalklausel („reasonable prospect") aufgrund einer objektiven Einzelfallprüfung getroffen.[1339] Die Wirkung der niederländischen Vorschriften für formal-ausländische

1335 EuGH Rs. C-167/01-Inspire Art Ltd., Rn. 104.

1336 So auch Schultheiß, S. 53.

1337 Drygala, ZEuP 2004, 337, 362.

1338 Die englische Variante appelliert an die unternehmerische Eigenverantwortung.

1339 Dieser Aspekt einer einzelfallorientierten Entscheidung nationaler Gerichte anhand objektiver Kriterien wird in der Entscheidung Centros, Rs. C-212/97, s.o., Rn. 25, betont. Wobei rein praktisch gesehen eingestanden werden muss, dass ein englischer Richter gegenüber den directors i.d.R. leicht voreingenommen sein wird. Angesichts der Tatsache, dass der maßgebliche Verhaltensstandard des director („no reasonable prospect") retrospektiv zu einem Zeitpunkt beurteilt wird, an dem die Insolvenz des Unternehmens bereits feststeht. Fleischer, ZGR 2004, 458, 459

Gesellschaften in *Inspire Art* tritt hingegen kraft einer generell-abstrakten, gesetzlichen Regelung automatisch ein, ohne dass eine an objektiven Voraussetzungen orientierte Einzelfallprüfung stattfindet, die den individuellen Umständen gerecht werden könnte.[1340] Die niederländischen Vorschriften bzgl. formal-ausländischer Gesellschaften gehen daher a priori von der Vermutung aus, dass formal-ausländische Gesellschaften zum Nachteil der Gläubiger tätig sein werden, wohingegen die wrongful trading-Vorschrift erst den richterlichen Einzelfallnachweis einer tatsächlichen Beeinträchtigung der Gläubigerinteressen verlangt.[1341] Die niederländische Vorschrift stellt eine generell-abstrakte Beschränkung der Niederlassungsfreiheit dar, wohingegen die wrongful trading-Regelung einen einzelfallbezogenen, individuell-konkreten, an ein spezifisches Fehlverhalten anknüpfenden Eingriff darstellt.

Wie *Generalanwalt La Pergola* in seinen Schlussanträgen in *Centros* deutlich macht, will die Niederlassungsfreiheit die Chance der Marktteilnahme bieten. Es gehe darum, die Gelegenheit zu einer wirtschaftlichen Initiative zu ermöglichen.[1342] Die Gelegenheit bzw. Chance der Marktteilnahme wird einer zuziehenden ausländischen Gesellschaft durch die wrongful trading-Regelung eröffnet. Im Falle *Inspire Art* hatten die niederländischen Vorschriften der Gesellschaft diese Chance durch die starre, pauschale gesetzliche Festsetzung einer Mindestkapitalisierung und einer hieran anknüpfenden Geschäftsführerhaftung dagegen erheblich erschwert. Die wrongful trading-Haftung stellt ferner keine zusätzliche Belastung für ausländische Gesellschaften dar („dual burden"). Die Haftung setzt den Eintritt der Insolvenz voraus und ist an die Abwicklungszuständigkeit des englischen Gerichts gebunden. Innerhalb Europas ist die Abwicklungszuständigkeit durch die EuInsO harmonisiert. Die Zuständigkeit bestimmt sich dabei nach Art. 3 Abs. 1 EuInsVO. Für den Satzungssitz als Mittelpunkt der hauptsächlichen Interessen spricht zunächst die Vermutung des Art. 3 Abs. 1 EuInsVO. Die Ver-

---

spricht in diesem Zusammenhang vom sog. „hindsight bias". Siehe auch Cheffins, S. 543, der im weiteren Sinne die generelle Qualifikation der traditionellen Richterschaft in England für die Beantwortung der wirtschaftlichen Probleme einer wrongful trading-Haftung in Frage stellt. Die mangelnde Befähigung der englischen Richter wird ebenfalls von Manning, (1984) 39 Bus.Law. 1477, 1485-1495, Goode, (1989) JBL 436, 438-9 und Walters, S. 145, 149, kritisiert. Die Verwendung von Generalklauseln („reasonable prospect") führt zudem, wie oben in den vorangehenden Abschnitten dargestellt, praktisch zu einer großen Rechtsunsicherheit.

1340 Nach Forsthoff, EuR 2000, 167, 189 f., gebietet die Centros-Entscheidung, dass Mitgliedstaaten nur noch Sanktionen für ein konkret missbräuchliches Verhalten im Einzelfall vorsehen dürfen. Siehe auch Davies, AG 1998, 346, 353: „The advantages of ex post controls [wie die wrongful trading-Vorschrift] are precisely that they set up no unjustifiable barriers to entry into business, and that the legislatively prescribed standards may be precisely tailored to the situations of particular businesses by case-by-case application of open-ended concepts such as reasonableness...". Vgl. ebenfalls Fischer, ZIP 2004, 1477, 1479, der zwischen einem abstrakt wirkenden, europarechtlich unzulässigen Gläubigerschutz und insolvenzrechtlichen, individuell-konkreten Gläubigerschutzregelungen unterscheidet.

1341 Nach Fleischer, AG 1999, 350, 361 folgen die englischen Gerichte bei der Beurteilung der Fortführungsprognose einer sog. „sunshine doctrine".

1342 Vgl. die Schlussanträge des Generalanwalts La Pergola in EuGH, Rs. C-212/97, Slg. 1999, I-1459, 1477-Centros.

mutung kann jedoch durch eine freie Beweiswürdigung des Gerichts entkräftet werden, so dass der Mittelpunkt der hauptsächlichen Interessen in der Regel mit dem tatsächlichen Verwaltungssitz zusammenfallen wird. Eine konkurrierende Zuständigkeit ist für das Hauptinsolvenzverfahren durch Art. 3 Abs. 1 i.V.m. Art. 16 Abs. 2 EuInsVO ausgeschlossen. Ein neben dem Hauptinsolvenzverfahren mögliches Sekundärinsolvenzverfahren (Art. 3 Abs. 2 i.V.m. Artt. 27-38 EuInsVO) ist auf das im dortigen Staat belegene Vermögen des Schuldners beschränkt. Die zuziehende ausländische Gesellschaft, die an ihrem Satzungssitz keinerlei Geschäftstätigkeit nachgeht, hat daher in der Regel nicht zu befürchten, dass sie zusätzlich einer entsprechenden insolvenzrechtlichen Haftungsregelung ihres Gründungsstaates ausgesetzt sein wird.

Die wrongful trading-Haftung stellt schließlich derzeit kein wesentliches Hindernis für die Verwirklichung des Binnenmarktes dar. Die Anzahl der wrongful trading-Fälle ist überschaubar. Es ist nicht zu erwarten, dass die wrongful trading-Haftung ausländische Gesellschaften in unverhältnismäßiger Weise davon abhalten wird, eine Geschäftstätigkeit in England aufzunehmen. Die Abschreckungswirkung der wrongful trading-Haftung in England ist derzeit gering.[1343] Der Marktzugang nach England wird durch die wrongful trading-Haftung nicht wesentlich behindert. Die englische wrongful trading-Regelung unterscheidet sich substanziell von den entsprechenden niederländischen Sonderregeln. Zwar stellt die wrongful trading-Regelung einen Eingriff in die europarechtliche Niederlassungsfreiheit dar, sie entspricht aber dem Vier-Faktoren-Test und ist daher aus zwingenden Gründen des Allgemeininteresses europarechtlich gerechtfertigt.[1344]

3. *Die Vereinbarkeit der Vorschriften des CDDA 86 mit der europarechtlichen Niederlassungsfreiheit*

Der CDDA 86 ist das Herzstück des englischen Gläubigerschutzes.[1345] Jährlich werden allein aufgrund s. 6 CDDA 86 ca. 1500 Disqualifizierungsverfahren eingeleitet.[1346] An-

1343 Siehe Habersack/Verse, ZHR 2004, 174, 180: „Niedrig ist nicht nur die Zahl der erfolgreichen Klagen, sondern insgesamt die Zahl einschlägiger Verfahren.".

1344 Die Niederlande verfügen im neuen Art. 5 des Körperschaftskollisionsgesetzes (Wet conflictenrecht corporaties) ebenfalls über eine der englischen wrongful trading-Vorschrift vergleichbare Norm. Art. 5 des niederländischen Körperschaftskollisionsgesetzes sieht vor, dass der Vorstand einer ausländischen juristischen Person, die in den Niederlanden körperschaftssteuerpflichtig ist und über die in den Niederlanden der Konkurs verhängt wurde, für das Defizit der Gesellschaft einstehen muss, wenn ihm ein Pflichtenverstoß nachgewiesen werden kann und der Pflichtenverstoß eine wichtige Ursache für den Konkurs darstellte, siehe Timmermann, FS Lutter, S. 184. Da auch niederländische Vorstände eine vergleichbare Haftung treffen kann (Artt. 2, 138/248 B.W.), eine Diskriminierung ausländischer Gesellschaften damit ausscheidet, bestehen gute Chancen, dass Art. 5 des Körperschaftskollisionsgesetzes, im Gegensatz zu den Vorschriften für formalausländische Gesellschaften, europarechtskonform ist; vgl. hierzu Timmermann, FS Lutter, S. 185.

1345 Bloß, S. 81-82.

1346 Vgl. DTI: Companies in 2002/2003, S. 49.

gesichts der drastischen Sanktionen des CDDA 86-Verfahrens[1347] ist es erstaunlich, dass die Vereinbarkeit des CDDA 86-Verfahrens mit der europäischen Niederlassungsfreiheit bisher nicht näher erörtert worden ist. In der folgenden Untersuchung muss unterschieden werden zwischen der Disqualifikation an sich (1. Fallvariante) und der Auswirkung des Tätigkeitsverbots auf andere ausländische Gesellschaften(2. und 3. Fallvariante).[1348]

In der zweiten Fallvariante soll die Auswirkung einer Disqualifizierung in England auf andere, unabhängige ausländische Gesellschaften untersucht werden. Die unabhängigen, ausländischen Gesellschaften existieren bereits im Zeitpunkt der Disqualifizierung des director in England. Ein in England disqualifizierter Unternehmer ist gleichzeitig Geschäftsleiter einer anderen ausländischen Gesellschaft. Die andere ausländische Gesellschaft war im Zeitpunkt der Disqualifikation rechtlich und wirtschaftlich unabhängig und ausschließlich im Ausland tätig (2. Fallvariante – „die unabhängige ausländische Gesellschaft“).

In der dritten Fallvariante schließlich gründet ein in England disqualifizierter Unternehmensleiter im Ausland eine andere, neue Kapitalgesellschaft und beabsichtigt, mittels dieser Gesellschaft in England erneut geschäftlich tätig zu werden. Das englische Recht würde dem director eine Tätigkeit versagen.[1349] Im Falle einer Zuwiderhandlung wären der director sowie alle Mitarbeiter, die trotz Kenntnis der Disqualifizierung den Anweisungen des Unternehmensleiters Folge leisten würden, persönlich für alle Verbindlichkeiten der Gesellschaft aus ihrer geschäftlichen Tätigkeit verantwortlich.[1350] Der director würde sich zudem strafbar machen[1351] (3. Fallkonstellation – „die Umgehungsvariante“).[1352]

1347 Berufsverbot bis zu 15 Jahre, Strafverfahren, persönliche Haftung (s.o.).

1348 Das englische Recht geht grundsätzlich von einer extraterritorialen Erstreckung des Tätigkeitsverbots auf ausländische Gesellschaften aus, vgl. Re Westminster Property Management Ltd. (No. 2) Official Receiver v. Stern & Anor (No. 2) [2001] BCC 305, 358: „Nor do I accept that the public, with whose protection the court is concerned, is only the public in the UK, or for that matter England and Wales. The effect of a disqualification order is defined by the Act so as to extend to foreign companies and therefore it is clear that an effective order from which no relevant exception is made will have, or is capable of having a protective effect in relation to some foreign classes of actual or potential creditors.“ Lloyd J hat in Re Westminster Property Management Ltd. (No. 2) Official Receiver v. Stern & Anor (No. 2) [2001] BCC 305, 359, zudem zum Ausdruck gebracht, dass englische Behörden selbst dann nicht von der Disqualifizierung des director einer ausländischen Gesellschaft abrücken würden, wenn die lokale Gesetzgebung des Heimatstaates der betreffenden Gesellschaft keine Disqualifizierungsregeln oder ähnliche Schutzvorschriften kennen würde.

1349 S. 1, 6 CDDA 86.

1350 S. 15 CDDA 86.

1351 S. 13 CDDA 86.

1352 Kjellgren (2000) 11 Eur.Bus.L.Rev. 179, 183 bezeichnet ähnliche Fallkonstellationen als „U-Turn-Construction“.

a) *Eingriff in die europarechtliche Niederlassungsfreiheit*

Das CDDA 86-Verfahren kann mit dem Europarecht in Konflikt geraten. Nicht allein ausländische Unternehmensführer sind von den Wirkungen des CDDA 86 betroffen. Für ausländische Unternehmen kann die Auswirkung des CDDA 86 zu einer mittelbaren Beschränkung der Niederlassungsfreiheit führen.[1353] Insbesondere bei close companies, bei denen Personenidentität zwischen Geschäftsführung und Gesellschaftern besteht, sind Konstellationen vorstellbar, in denen die Verweigerung des Marktzugangs für den director gleichbedeutend ist mit der Verweigerung des Marktzugangs für das Unternehmen.[1354] Ein Vorgehen gegen den Unternehmensführer kann das Unternehmen in seiner Niederlassungs- bzw. Dienstleistungsfreiheit beeinträchtigen. Der EuGH hat das in der Entscheidung *Segers*[1355] deutlich gemacht. Die Unterscheidung, welche der EuGH in Rn. 26 des *Centros*-Urteils[1356] zwischen den Vorschriften über die Errichtung von Gesellschaften und den Vorschriften über die Ausübung bestimmter beruflicher Tätigkeiten vornimmt, spricht nicht für die generelle europarechtliche Vereinbarkeit des Disqualifizierungssystems. Die Aussagekraft der Differenzierung wird überschätzt.[1357] Die Disqualifizierung greift in das interne Organisationsrecht der ausländischen Gesellschaft ein, da ihr das Recht abgesprochen wird, über die Geschäftsleitung zu befinden. Die Disqualifizierung stellt für eine neu zuziehende Gesellschaft eine den Marktzugang beschränkende Vorschrift dar.

Die Vorschriften des CDDA 86 sind somit ein potenzielles Hindernis für die Verwirklichung der Niederlassungsfreiheit. Die sich aus der Anwendung des CDDA 86 ergebenden Rechtsfolgen müssen daher aus zwingenden Gründen des Allgemeininteresses bzw. aufgrund eines Missbrauchs des Gemeinschaftsrechts gerechtfertigt sein. In *Re Westminster Property Management Ltd. Official Receiver v. Stern*[1358], der bislang einzigen englischen Entscheidung zur Vereinbarkeit der CDDA 86-Vorschriften mit der europarechtlichen Niederlassungsfreiheit, wurde von den Antragsstellern u.a. geltend gemacht, dass die Disqualifizierung nach dem CDDA 86 die Niederlassungsfreiheit gem.

1353 Die Beschränkung der Niederlassungsfreiheit des director selbst ergibt sich bereits direkt aus dem EGV. Vgl. Art. 43 Abs. 2 EGV: „Vorbehaltlich des Kapitels über den Kapitalverkehr umfaßt die Niederlassungsfreiheit die Aufnahme und Ausübung selbständiger Erwerbstätigkeiten sowie die Gründung und Leitung von Unternehmen [Hervorhebung durch den Verfasser], insbesondere von Gesellschaften im Sinne des Art. 48 Abs. 2...". Zu beachten ist zudem eine Verletzung der Arbeitnehmerfreizügigkeit nach Art. 39 EGV. Der EuGH hat in der Entscheidung Clean Car Autoservice, EuGH Rs. C-350/96, Slg. 1998, I-2521, festgestellt, dass sich ein Arbeitgeber, der im Mitgliedstaat seiner Niederlassung Angehörige eines anderen Mitgliedstaats als Arbeitnehmer beschäftigen will, auf Art. 48 a.F. (Art. 39 n.F.) berufen kann.

1354 Vgl. Ziemons, ZIP 2003, 1913, 1917.

1355 EuGH Rs. C-79/85, Slg. 1986, I-2375-Segers.

1356 EuGH, Rs. C-212/97, Slg. 1999, I-1459-Centros, Rn. 26.

1357 Kieninger, ZGR 1999, 724, 743.

1358 Re Westminster Property Management Ltd. Official Receiver v. Stern [2001] BCC 121.

Art. 43 EGV unzulässigerweise beschränken würde.[1359] Sir *Richard Scott V-C*, der das Urteil sprach, sah sich nicht dazu veranlasst, ein Vorlageverfahren einzuleiten,[1360] und kam ebenfalls zu dem Ergebnis, dass die Vorschriften des CDDA 86 eine Beschränkung der Niederlassungsfreiheit darstellten.

b) Rechtfertigung durch die Berufung auf einen Missbrauch des Gemeinschaftsrechts

Eine Rechtfertigung der CDDA 86-Regelungen könnte sich im konkreten Einzelfall aus einem Missbrauch des Gemeinschaftsrechts ergeben. Die Definition des Missbrauchs setzt eine inhaltliche Bestimmung der Tragweite der Niederlassungsfreiheit selbst voraus.[1361] Gewähren die Artt. 43, 48 EGV einem disqualifizierten director das Recht, durch Auslandsgründung und Nutzung der ausländischen Rechtsform ein gegen ihn verhängtes inländisches Tätigkeitsverbot außer Kraft zu setzen (dritte Fallvariante – „Umgehungsvariante“)? Das ist meiner Ansicht nach nicht der Fall. Ein Verstoß gegen die europarechtliche Niederlassungsfreiheit lässt sich durch die Verhängung des Tätigkeitsverbots nicht begründen. Das Tätigkeitsverbot sanktioniert konkretes Fehlverhalten. Es erfolgt aufgrund einer individuellen Einzelfallprüfung des Gerichts und nicht aufgrund eines abstrakt-generellen Verbots. Die beabsichtigte Umgehung des Tätigkeitsverbots durch Nutzung einer neugegründeten ausländischen Gesellschaft ist unzulässig und nicht vom Europarecht gedeckt.

Centros bzw. *Inspire Art Ltd.* stehen einem solchen Ergebnis nicht entgegen. In *Centros* hat der EuGH zwar festgestellt, dass es keine missbräuchliche Ausnutzung des Niederlassungsrechts darstellt, wenn ein Staatsangehöriger eines Mitgliedstaats, der eine Gesellschaft gründen möchte, diese in dem Mitgliedstaat errichtet, dessen gesellschaftliche Vorschriften ihm die größte Freiheit lassen.[1362] Der EuGH hat aber gleichzeitig deutlich gemacht, dass ein Mitgliedstaat geeignete Maßnahmen treffen könne, um im Einzelfall den Missbrauch des Gemeinschaftsrechts zu verhindern oder zu verfolgen.[1363] Insbesondere verweist der EuGH in *Centros* auf die Möglichkeit, gegen Gesellschafter vorzugehen, wenn diese sich mittels der Errichtung der Gesellschaft ihren Verpflichtungen gegenüber inländischen privaten oder öffentlichen Gläubigern entziehen möch-

---

1359 Re Westminster Property Management Ltd. Official Receiver v. Stern [2001] BCC 121, 123.

1360 Zur Diskussion, an welche Leitlinien sich englische Gerichte halten sollen, wenn sie zu entscheiden haben, ob sie eine Frage dem EuGH vorlegen oder nicht, Jacobs (1974 90 LQR 486, 492); Lord Denning in HP Bulmer Ltd. v. J Bollinger SA [1974] 2 WLR 202; Bingham J in Customs and Excise Commissioners v. ApS Samex (Hanil Fiber Industrial Co Ltd., third party) [1983] 1 All ER 1042; Lord Lane CJ in R v. Plymouth Justices, ex parte Rogers [1982] 3 WLR 1.

1361 Siehe die Schlussanträge des Generalanwalts La Pergola in EuGH Rs. C-212/97, Slg. 1999, I-1459, 1477. Vgl. auch Kjellgren [2000] 11 Eur.Bus.L.Rev. 179, 192: „The Court's doctrine on abuse largely falls back on interpretation of the Community provisions in question themselves.“

1362 EuGH Rs. C-212/97, Slg. 1999, I-1459-Centros, Rn. 27.

1363 EuGH Rs. C-212/97, Slg. 1999, I-1459-Centros, Rn. 38.

ten.[1364] Der Schwerpunkt in der vorliegenden Fallvariante liegt nicht in einer Umgehung von nationalen Maßnahmen, welche die Gesellschaft selbst betreffen. Der director in der vorliegenden Fallvariante will durch die Gründung einer Gesellschaft im Ausland primär Vorschriften umgehen, die ihm persönlich eine Tätigkeit in der Geschäftsleitung unmöglich machen. Durch die Versagung werden zwar indirekt auch Rechte der Gesellschaft beeinträchtigt,[1365] die Beeinträchtigung der Rechte ist aber nur sekundär und zudem eine Folge der missbräuchlichen Umgehung. Dass die Gesellschaft die indirekte Beeinträchtigung ihres Niederlassungsrechts hinnehmen muss, ergibt sich aus Schutzwürdigkeitsgesichtspunkten. Die Gesellschaft hat die betreffende Person in bewusster Kenntnis des Tätigkeitsverbots mit der Geschäftsführung betraut. Die indirekte Beeinträchtigung ihrer Niederlassungsfreiheit hat die Gesellschaft selbst herbeigeführt. Die Schutzwürdigkeit der Rechte der zu Umgehungszwecken neu gegründeten Gesellschaft ist eingeschränkt. Im Zeitpunkt der Disqualifizierung des director war die Gesellschaft noch nicht existent. Der Gesellschaft kann zugemutet werden, für die Aufnahme einer Geschäftstätigkeit in England eine andere Person als Geschäftsleiter zu bestellen.[1366] Insgesamt kann die indirekte Beeinträchtigung der Rechte der Gesellschaft und des director daher als europarechtlich zumutbar angesehen werden. Im Ergebnis ist daher in der dritten Fallvariante („Umgehungsvariante"), der bewussten Neugründung einer ausländischen Gesellschaft zur Umgehung inländischer Tätigkeitsverbote, eine Rechtfertigung wegen missbräuchlicher Umgehung der europarechtlichen Niederlassungsfreiheit anzunehmen.

c) Rechtfertigung der CDDA 86-Regelungen anhand des Vier-Faktoren-Tests

Nach den in *Gebhard*[1367] aufgestellten und in *Centros* bzw. *Inspire Art Ltd.*[1368] bekräftigten Leitlinien müssten nationale Maßnahmen, welche die Ausübung der durch den Vertrag garantierten grundlegenden Freiheiten behindern oder weniger attraktiv machen können, vier Voraussetzungen erfüllen, um eine Einschränkung der Freiheit rechtfertigen zu können: Sie müssen in nichtdiskriminierender Weise angewandt werden. Sie müssen aus zwingenden Gründen des Allgemeininteresses gerechtfertigt sein. Sie müssen geeignet sein, die Verwirklichung des mit ihnen verfolgten Zieles zu gewährleisten. Sie dürfen nicht über das hinausgehen, was zur Erreichung dieses Zieles erforderlich ist.[1369]

1364 EuGH Rs. C-212/97, Slg. 1999, I-1459-Centros, Rn. 38.
1365 Siehe die Entscheidung EuGH Rs. C-79/85, Slg. 1986, I-2375-Segers.
1366 Siehe auch Ziemons, ZIP 2003, 1913, 1917.
1367 EuGH Rs. C-55/94, Slg. 1995, I-4165, Rn. 37.
1368 EuGH Rs. C-212/97-Centros, Rn. 34; EuGH Rs. C-167/01-Inspire Art, Rn. 133.
1369 C-55/94–Gebhard, s.o., Rn. 37.

aa) Diskriminierungsverbot

Die Regeln des CDDA 86 sind nicht diskriminierend, da sie unterschiedslos sowohl auf die directors einer englischen als auch einer ausländischen Gesellschaft angewandt werden. Den director einer englischen Gesellschaft, der disqualifiziert wurde und unter Missachtung dieser Sanktion weiterhin in der Geschäftsführung einer Zweigniederlassung oder einer anderen Gesellschaft in England unternehmerisch tätig ist, würden die Sanktionen der ss. 13-15 CDDA 86 ebenfalls treffen.

bb) Zwingende Gründe des Allgemeininteresses[1370]

Ziel des CDDA 86 ist es zum einen, die Öffentlichkeit, d.h. insbesondere die privaten und öffentlichen Gläubiger, vor ungeeigneten directors zu schützen, und zum anderen, eine abschreckende Wirkung auf unfähige Unternehmensführer auszuüben.[1371] Der Gläubigerschutz ist vom EuGH als zwingendes Allgemeininteresse anerkannt.[1372] Dennoch bestehen Zweifel, ob das CDDA 86-Verfahren aus zwingenden Gründen des Allgemeininteresses gerechtfertigt sein kann. In der englischen Entscheidung *Re Westminster Property Management Ltd. Official Receiver v. Stern* hat *Scott V-C*, unter Berufung auf *Elliniki Radiophonia Tileorassi AE ./. Dimotiki Etariaria Pliroforissis*,[1373] eine Rechtfertigung aus Gründen des Allgemeininteresses ausgeschlossen, wenn die einschränkenden mitgliedstaatlichen Regelungen nicht mit der Europäischen Menschenrechtskonvention vereinbar sind. Die Europäische Menschenrechtskonvention ist ein integraler Bestandteil der allgemeinen Rechtsgrundsätze des Gemeinschaftsrechts.[1374] Ein Gesetz, das gegen diese allgemeinen Rechtsgrundsätze verstößt, kann daher niemals aus Gründen des Allgemeininteresses gerechtfertigt sein. Im Folgenden soll daher zunächst die Vereinbarkeit des CDDA 86 mit der Europäischen Menschenrechtskonvention untersucht werden.[1375]

(I) Die Umsetzung der Europäischen Menschenrechtskonvention in England

Die Europäische Menschenrechtskonvention wurde in England und Wales durch den Human Rights Act 1998[1376] mit Wirkung zum 2.10.2000 umgesetzt. Dadurch findet die

1370 Engl. „mandatory requirements".

1371 Re Westminster Property Management Ltd. (No. 2) [2001] BCC 305, 358. Vgl. ebenfalls Re Lo Line Electric Motors Ltd. [1988] Ch 477, 486.

1372 EuGH Rs. C-212/97-Centros, Rn. 25; EuGH Rs. C-208/00, Slg. 2002, I-9919-Überseering, Rn. 92; EuGH Rs. C-167/01-Inspire Art, Rn. 132, 140.

1373 EuGH Rs. C-260/89, Slg. 1991, I-2925-ERT.

1374 Herdegen, Europarecht, S. 31; Craig/de Burca, EC Law, S. 329.

1375 Vgl. hierzu einführend Pettet: Company Law, S. 451-452; Lowry/Watson, Company Law, S. 399-440.

1376 Human Rights Act 1998, [1999] ILM 364 ff., vgl. hierzu Mc Goldrick (2001) 50 I.C.L.Q. 901 ff.

Konvention nun auf allen Ebenen des englischen Rechts unmittelbare Anwendung. Doch schon zuvor wurde die EMRK von englischen Gerichten bei der Auslegung von Rechtsfragen beachtet. So war auch die Vereinbarkeit des CDDA 86 mit der Europäischen Menschenrechtskonvention schon Gegenstand mehrerer Entscheidungen.[1377] Probleme bereitet vor allem die Vereinbarkeit des CDDA 86-Verfahrens mit Art. 6 EMRK. Art. 6 EMRK möchte das Recht auf einen fairen Prozess („fair trial") garantieren. Art. 6 EMRK beabsichtigt, einen Minimumstandard von Fairness in Zivil- bzw. Strafverfahren zu gewährleisten.

(II) Der nemo tenetur-Grundsatz und die Klassifizierung des CDDA 86-Verfahrens

Der Europäische Gerichtshof für Menschenrechte hat deutlich gemacht, dass er den Mitgliedstaaten in Zivilverfahren einen größeren Spielraum einräumt als in Strafverfahren.[1378] Diese Rechtsprechung findet ihre Stütze darin, dass der gesetzliche Schutzrahmen für Strafverfahren in der Europäischen Menschenrechtskonvention weiter gezogen ist. Soweit ein Betroffener geltend machen kann, dass es sich bei der staatlichen Zwangsmaßnahme um ein Strafverfahren handelt, kommt neben Art. 6 Abs. 1 EMRK auch Art. 6 Abs. 2 und Art. 6 Abs. 3 EMRK zur Anwendung. Insbesondere kann sich der Betroffene im Falle eines Strafverfahrens auf den nemo tenetur-Grundsatz berufen, was ihm im Zivilverfahren verwehrt ist. In einer Reihe von Entscheidungen wurde der rechtlichen Einordnung des CDDA 86-Verfahrens daher entscheidende Bedeutung beigemessen.[1379] Umstritten war in den Entscheidungen vor allem, ob Informationen, die im Rahmen der zwingenden Kooperationspflicht bei Abwicklung einer Gesellschaft nach s. 235 IA 86 herausgegeben werden müssen, in einem anschließenden CDDA 86-Verfahren zum Beweis der Ungeeignetheit eines director verwendet werden dürfen.[1380] Die betroffenen directors rügten eine Verletzung des nemo tenetur-Grundsatzes. Demnach darf niemand gezwungen werden, sich in einem Strafverfahren selbst zu belasten. Der Europäische Gerichtshof für Menschenrechte hatte den nemo tenetur-Grundsatz in der Vergangenheit bereits anerkannt.[1381] In einer Folgeentscheidung wurde dieses Recht vom Europäischen Gerichtshof für Menschenrechte bestätigt.[1382] Die rechtliche Einordnung der Natur des CDDA 86-Verfahrens war daher von herausragender Bedeutung.

1377 Siehe. z.B. R v. Secretary of State for Trade and Industry, ex parte Mc Cormick [1998] BCC 379; Hinchliffe v. Secretary of State for Trade and Industry [1999] BCC 226.

1378 Dombo Beheer v. Netherlands (1993) EHRR 213.

1379 DC, HS and AD v. United Kingdom [2000] BCC 710 bzw. WGS and MSLS v. United Kingdom [2000] BCC 719.

1380 Ähnlich problematisch ist die nachträgliche Verwendung von Informationen in einem CDDA 86-Verfahren, die aufgrund ss. 218, 236, 433 IA 86 bzw. einer öffentlichen Untersuchung im Rahmen der ss. 431, 432, 434 und 442-444 des CA 85 oder der s. 43 A des Insurance Companies Act 1982 bzw. gem. ss. 94, 105, 177, 178 FSA 1986 gesammelt wurden.

1381 Funke v. France (1993) 16 EHRR 297.

1382 Saunders v. United Kingdom [1996] 23 EHRR 313. Infolge dieser bedeutenden Entscheidung, die auch großes Medieninteresse erregte, wurde durch den IA 2000 s. 219 IA 86 eingeführt. S. 219 IA 86 verbietet es, dass Anworten, die unter einer zwingenden Kooperationspflicht abgegeben wur-

Die Einordnung des CDDA 86-Verfahrens im englischen Recht war nicht immer eindeutig. Zum Teil wurde das CDDA 86 Verfahren als Zivilverfahren klassifiziert,[1383] in anderen Entscheidungen wiederum auch als „quasi-penal“ eingestuft.[1384] Die Einordnung des CDDA 86-Verfahrens nach englischem Recht ist jedoch nicht entscheidend, da der Begriff des „Strafverfahrens“ i.S.d. Art. 6 EMRK europarechtsautonom ausgelegt wird.[1385] Das heißt, dass die Interpretation des Europäischen Gerichtshofs für Menschenrechte für die Klassifizierung des CDDA 86 von ausschlaggebender Bedeutung ist. Die Kriterien, auf die sich der Europäische Gerichtshof für Menschenrechte bei der Beurteilung der Rechtsnatur einer staatlichen Zwangsmaßnahme stützt, wurden in *Engel v. Netherlands*[1386] festgelegt. Daraus ergibt sich, dass die Konvention weniger auf die Form oder die Bezeichnung eines Verfahrens im inländischen Recht schaut als auf den Inhalt bzw. die wahre Natur des Verfahrens.

Es gibt eine Reihe von Gesichtspunkten des CDDA 86-Verfahrens, die es nahe legen könnten, dass das CDDA 86-Verfahren, trotz anderweitiger inländischer Klassifizierung, in Wahrheit ein Strafverfahren im Sinne von Art. 6 EMRK ist. In der Praxis stehen sich im CDDA 86-Verfahren eine staatliche Behörde und eine Privatperson gegenüber, denn das Antragsrecht im s. 6 CDDA 86-Verfahren (bei weitem das wichtigste und häufigste Verfahren) steht ausschließlich dem Secretary of State und dem official receiver zu. Die englischen Gerichte haben zudem deutlich gemacht, dass der CDDA 86 primär dem Schutz der Öffentlichkeit dienen soll.[1387] Der Schutz privater Interessen sei dagegen zweitrangig. CDDA 86-Verfahren und Strafverfahren gehen oftmals Hand in Hand, d.h., dass ein bestimmtes für eine Disqualifizierung relevantes Fehlverhalten oft gleichzeitig die Strafbarkeit auslöst,[1388] so z.B. die Verletzung von s. 221 CA 85[1389] oder

---

den, in einem darauffolgenden Strafverfahren verwendet werden dürfen. Eine Abweichung hiervon ist nur in äußerst begrenzten Ausnahmefällen möglich.

1383 Balcombe J in Secretary of State for Trade and Industry v. Langridge, Re Cedac Ltd. [1991] Ch 402, 412.

1384 Re Lo-Line Electric Motors Ltd. [1988] 1 Ch 477, 486; Re Jaymar Management Ltd. [1990] BCC 303, 307; Re Cedar Developments Ltd. [1994] 2 BCLC 714, 719; Re Swift 736 Ltd. [1993] BCLC 1, 3.

1385 Vgl. EGMR, Öztürk ./. Deutschland, EuGRZ 1985, 62.

1386 Engel v. Netherlands (1976) 1 EHRR 647.

1387 Zum Beispiel: Re Lo- Line Electric Motors Ltd. [1988] Ch 477, 486; Re Sevenoaks Stationers (Retail) Ltd. [1991] Ch 164, 176; Secretary of State and Industry v. Langridge, ex parte Lonrho plc [1992] BCC 325, 333-335.

1388 Es wurde geltend gemacht, dass hierin ein Verstoß gegen das Verbot doppelter Bestrafung („double jeopardy“) liegen könnte, vgl. Re Channel Yacht Brokers Ltd., Secretary of State v. Phelps Ch D, No. 00440 of 1998 D, (unreported), auszugsweise veröffentlicht in Parry, Rebecca (Hrsg.): Disqualification Newsletter No. 7, March 2000, S. 5. Im Ergebnis wurde ein Verstoß gegen das Verbot doppelter Bestrafung jedoch abgelehnt, da die englischen Gerichte das CDDA 86-Verfahren als ein Zivilverfahren einordneten. Die Doktrin der double jeopardy findet bei konkurrierenden Zivil- und Strafverfahren keine Anwendung. Vgl. hierzu auch Re Cedarwood Productions, Secretary of State v. Reyna, Ch D (2001) Times, 3. April, auszugsweise veröffentlicht in: Parry, Rebecca (Hrsg.): Disqualification Newsletter No. 11, July 2001, S. 11-12.

1389 Strafbarkeit nach s. 221(5) CDDA 86.

die Verletzung von s. 363 CA 85[1390]. CDDA 86-Verfahren haben weitreichende Konsequenzen für die hiervon betroffenen directors. Gem. s. 6(4) CDDA 86 können directors potenziell bis zu 15 Jahre disqualifiziert werden.[1391] Das CDDA 86-Verfahren stellt daher einen schweren Eingriff in die persönliche Freiheit des Einzelnen dar.

Ein betroffener director wird durch die Disqualifizierung in einschneidender Art und Weise in seiner Freiheit beschränkt, sein Auskommen bzw. seinen Lebensunterhalt zu verdienen. Beachtet werden muss zudem, dass das CDDA 86-Verfahren nicht nur drastische Folgen für den director hat, sondern auch für die von ihm abhängigen Angestellten bzw. Unternehmen. Ferner hat die Nichtbeachtung einer Disqualifizierungsanordnung die Strafbarkeit[1392] und die persönliche Haftung[1393] zur Folge. Die Rigidität des englischen Gläubigerschutzrechts wird noch offensichtlicher, wenn man berücksichtigt, dass die drakonischen Auswirkungen eines CDDA 86-Verfahrens nicht nur den sog. „rogue trader" (also denjenigen, der bewusst rücksichtslos seine Geschäfte betreibt) treffen können, sondern auch denjenigen, der nach dem Maßstab des englischen Rechts lediglich fahrlässig seine Inkompetenz unter Beweis gestellt hat. In seinen Auswirkungen und Folgen ist das CDDA 86-Verfahren daher durchaus den Sanktionen eines Strafverfahrens vergleichbar. Das CDDA 86-Verfahren soll darüber hinaus eine abschreckende Wirkung ausüben.[1394] Hierin zeigt sich eine frappierende Übereinstimmung mit dem Präventionsgedanken des Strafrechts. Schließlich hat das CDDA 86-Verfahren, ähnlich einem Strafverfahren, einen stigmatisierenden Effekt.[1395]

Es ist erstaunlich, dass der Europäische Gerichtshof für Menschenrechte dennoch davon auszugehen scheint, dass das CDDA 86-Verfahren nicht strafrechtlicher, sondern bloß zivilrechtlich-regulativer Natur sei. In *DC, HS and AD v. United Kingdom*[1396] stellte der Europäische Gerichtshof für Menschenrechte fest, dass Disqualifizierungsverfahren eher zivilrechtlicher als strafrechtlicher Natur sind.[1397] Art. 6 Abs. 2 und Art. 6 Abs.

1390 Strafbarkeit nach s. 363(4) CDDA 86.

1391 Wurde ein Verstoß gegen s. 6 CDDA 86 festgestellt, ist eine zweijährige Disqualifizierung zwingend.

1392 Vgl. Art. 13 CDDA 86.

1393 Vgl. Art. 15 CDDA 86.

1394 Auf die vom Parlament beabsichtigte abschreckende Wirkung des CDDA 86-Verfahrens wurde z.B. in folgenden Fällen hingewiesen: Re Grayan Building Services Ltd. [1995] Ch 241, 253; Re Swift 736 Ltd. [1993] BCLC 896, 899.

1395 Dieser Effekt wird noch dadurch verstärkt, dass der Secretary of State gem. s. 18 CDDA 86 verpflichtet ist, ein Register aller disqualifizierten directors zu führen, das für die Öffentlichkeit im Internet einsehbar ist. Eine mögliche Verletzung des allgemeinen Persönlichkeitsrechts der Betroffenen wurde in England bisher nicht erwogen. Vielmehr wurden bisher nur Sicherheitsbedenken geltend gemacht, dass militante Tierschützer das Register missbrauchen könnten, um an die Adressen von directors zu kommen, in deren Unternehmen in den Augen der Tierschützer Tiere gequält werden.

1396 DC, HS and AD v. United Kingdom [2000] BCC 710.

1397 DC, HS and AD v. United Kingdom, s.o., 710, 716: „In the present case, the proceedings were classified as civil in domestic law, the disqualification of directors is a matter which is regulatory rather than criminal, and the ‚penalty' is neither a fine nor a prison sentence, but rather a prohibition on acting as a company director without the leave of the court. Whilst a great deal was undoub-

3 EMRK, die nur für Strafverfahren gelten, wären daher nicht anwendbar.[1398] Das Gericht unterschied die Entscheidung *Saunders* [1399] vom vorliegenden Fall. Im Gegensatz zu *Saunders* sei das Disqualifizierungsverfahren in *DC, HS and AD* nach Ansicht des Gerichts kein Strafverfahren, sondern ein regulatives Verfahren. Die aufgrund staatlichen Zwangs gewonnenen Informationen konnten daher im Disqualifizierungsverfahren verwendet werden. Hierin sah das Gericht keinen Verstoß gegen den Grundsatz eines fairen Verfahrens.[1400] Für eine Verwendung der aufgrund gesetzlichen Zwangs erlangten Informationen führte das Gericht noch weitere Argumente an. Zum einen sei die fragliche Disqualifizierung in der Form der „carecraft procedure“[1401] entschieden worden, d.h., dass die Parteien auf eine streitige mündliche Verhandlung verzichtet hätten und die directors damit der Verwendung der zwangsweise erlangten Informationen zugestimmt hätten. Zum anderen hätten die durch Zwang erlangten Informationen im vorliegenden Disqualifizierungsverfahren keine überragende Rolle gespielt, während sie in *Saunders* einen bedeutenden Teil („significant part“) der Klage ausmachten. Nach Ansicht des Gerichts war der Antrag der directors damit offensichtlich unbegründet („manifestly ill-founded“[1402]). Im Ergebnis lehnte das Gericht daher die Zulässigkeit des Antrags ab.

Zu einem ähnlichen Ergebnis kam der Europäische Gerichtshof für Menschenrechte in der Entscheidung *WGS and MSLS v. United Kingdom.*[1403] Die beklagten directors machten ebenfalls geltend, dass das Disqualifizierungsverfahren sie in ihren Rechten aus Art. 6, 8, 13 EMRK bzw. Art. 1 des Protokolls Nr.1 zur Konvention verletze. Entscheidend war, dass zum Zeitpunkt der Antragstellung das englische Disqualifizierungsverfahren noch nicht beendet war. Das Gericht wies den Antrag daher als verfrüht zurück. Dennoch machte der Europäische Gerichtshof für Menschenrechte unter Beru-

---

tely at stake for the applicants, it cannot be said that what is inherently a regulatory matter can thereby become a ‚criminal charge‘ within the meaning of art. 6(1) of the Convention. Thus non of these criteria indicates that the applicant was charged with a ‚criminal offence‘, and the court considers that the proceedings in the present case did not determine a criminal charge within the meaning of art. 6(1) of the Convention.“

1398 Vgl. DC, HS and AD v. United Kingdom, s.o., 710, 716: „The proceedings against the applicant therefore determined ‚civil rights‘ and obligations, but did not determine a ‚criminal charge‘. As the proceedings were civil rather than criminal, a number of the applicants'complaints did not fall to be considered. In particular, art. 6(2) and 6(3) were not applicable.“

1399 Saunders v. United Kingdom [1996] 23 EHRR 313.

1400 In der Form eines Verstoßes gegen den nemo tenetur-Grundsatz.

1401 Die „carecraft procedure“, die auf den Fall in Re Carecraft Construction Co Ltd. [1994] 1 WLR 172 zurückgeht, war einer der Vorläufer des durch den Insolvency Act 2000 eingeführten undertaking-Verfahrens. Beide Verfahren dienen der Beschleunigung der Disqualifizierungsverfahren. Im Rahmen der „carecraft procedure“ einigen sich die Parteien vor Gericht auf ein „statement of undisputed facts“, dass die Disqualifizierung anerkennt, während im Rahmen des undertaking-Verfahrens die Disqualifizierung bereits auf Verwaltungsebene anerkannt wird. Die Beamten der Disqualification Unit können nunmehr außergerichtlich mit den betroffenen directors die Einhaltung bestimmter Selbstverpflichtungen („undertakings“) vereinbaren, um so ein Gerichtsverfahren zu vermeiden.

1402 DC, HS and AD v. United Kingdom, s.o., 710, 718.

1403 WGS and MSLS v. United Kingdom [2000] BCC 719.

fung auf das Urteil in *DC, HS and AD v. UK*[1404] klar, dass Disqualifizierungsverfahren regulative Zivilverfahren und keine Strafverfahren darstellen. Bedeutend ist, dass das Gericht gleichzeitig ausdrücklich feststellte, dass die directors sich auf Art. 6 Abs. 1 EMRK berufen könnten.[1405] Der Europäische Gerichtshof für Menschenrechte sah sich außerstande, über einen Verstoß gegen Art. 6 Abs. 1 EMRK vor Beendigung des inländischen Verfahrens zu urteilen.[1406]

Es kann damit festgehalten werden, dass der Europäische Gerichtshof für Menschenrechte das CDDA 86-Verfahren nicht als strafrechtliches, sondern als zivilrechtlich-regulatives Verfahren einordnet. Der strafrechtliche nemo tenetur-Grundsatz kann daher durch ein CDDA 86-Verfahren nicht verletzt werden. Dennoch besteht für einen betroffenen director weiterhin im Einzelfall die Möglichkeit, sich bei einer unfairen Behandlung durch staatliche Stellen auf die Generalklausel des Art. 6 Abs. 1 EMRK zu berufen. Dabei müssen die nationalen Gerichte im Rahmen ihrer Urteilsfindung die regulative, quasi-pönale Natur des CDDA 86 und dessen Nähe zum Strafrecht in Rechnung stellen.

(III) Das Recht auf eine angemessene Verfahrensdauer

Das CDDA 86-Verfahren kann auch mit dem Recht auf eine angemessene Verfahrensdauer in Konflikt geraten.[1407] Das Recht, dass ein Gerichtsverfahren innerhalb einer zumutbaren Zeitspanne durchgeführt werden muss, ist Bestandteil von Art. 6 Abs. 1 EMRK[1408] und damit auch im CDDA 86-Verfahren von Bedeutung.[1409] Der Europäische Gerichtshof für Menschenrechte hat in der Vergangenheit deutlich gemacht, dass er bereit ist, das Recht auf eine angemessene Verfahrensdauer in der Praxis durchzusetzen. In *EDC v. UK*[1410] gab der Europäische Gerichtshof dem betroffenen director Recht und bezeichnete die Zeitdauer des CDDA 86-Verfahrens im speziellen Fall als exzessiv und als nicht vereinbar mit dem Gebot einer zumutbaren Verfahrensdauer.[1411] Das Verfahren im spezifischen Fall hatte im Jahre 1991 begonnen und im Jahre 1996 geendet.

Die Bedeutung der Garantie einer angemessenen Verfahrensdauer durch den Europäischen Gerichtshof im Rahmen von CDDA 86-Verfahren darf nicht unterschätzt

---

1404 DC, HS and AD v. United Kingdom, s.o.

1405 WGS and MSLS v. United Kingdom [2000] BCC 719, 725-726.

1406 WGS and MSLS v. United Kingdom,s.o., 719, 726: „The court recalls that it cannot speculate on the outcome of the disqualification proceedings." Wie zu erwarten war, wurde die Klage im inländischen Verfahren zurückgewiesen, vgl. Re Westminster Property Management Ltd. Official Receiver v. Stern & Anor [2001] BCC 121.

1407 Siehe zum Recht auf eine angemessene Verfahrensdauer die Entscheidung des Europäischen Gerichtshofs für Menschenrechte in Probstmeier ./. Deutschland, EuGRZ 1997, 405.

1408 Frowein/Peukert, Art. 6 EMRK, Rn. 143.

1409 Siehe die oben erörterten Entscheidungen DC, HS and AD v. United Kingdom [2000] BCC 710 bzw. WGS and MSLS v. United Kingdom [2000] BCC 719.

1410 EDC v. UK [1998] BCC 370.

1411 EDC v. UK , s.o., 370, 378.

werden. CDDA 86-Verfahren sind oftmals komplex und langwierig[1412], was mit der quasi-pönalen Natur und den drastischen Folgen eines CDDA-86-Verfahrens zusammenhängt. Im Einzelfalle sind daher weitere Entscheidungen zu erwarten, in denen das CDDA 86-Verfahren mit dem durch die EMRK garantierten Recht auf eine angemessene Verfahrensdauer in Konflikt gerät. Die spezifische Komplexität des CDDA 86-Verfahrens wird dabei nicht als Verteidigung vorgebracht werden können. Der Europäische Gerichtshof für Menschenrechte hat wiederholt klargemacht, dass es Aufgabe der einzelnen Mitgliedstaaten ist, ihr Rechtssystem so zu organisieren, dass die Verpflichtungen aus Art. 6 Abs. 1 EMRK eingehalten werden können.[1413]

(IV) Zusammenfassung

Das Verhältnis des CDDA 86-Verfahrens zur Europäischen Menschenrechtskonvention ist problematisch. Die Klassifizierung des CDDA 86-Verfahrens als „zivilrechtlich-regulativ“ durch den Europäischen Gerichtshof für Menschenrechte hat die Rechte der betroffenen directors zwar beschnitten.[1414] Gleichzeitig hat der Europäische Gerichtshof für Menschenrechte aber deutlich gemacht, dass Art. 6 Abs. 1 EMRK bei der Anwendung des CDDA 86-Verfahrens besonders zu beachten ist. Insbesondere die oftmals unangemessen lange Verfahrensdauer der CDDA 86-Verfahren kann mit Art. 6 Abs. 1 EMRK in Konflikt geraten. Im Einzelfalle kann einer CDDA 86-Regelung daher schon wegen eines Verstoßes gegen Art. 6 Abs. 1 EMRK das Allgemeininteresse für eine europarechtliche Rechtfertigung abgesprochen werden.

cc) Die Geeignetheit

An die Geeignetheit der Mittel sind im Rahmen der Verhältnismäßigkeitsprüfung grundsätzlich keine übertriebenen Anforderungen zu stellen.[1415] Die Mitgliedstaaten besitzen eine gewisse Einschätzungsprärogative. Der EuGH ist nicht berufen, nationales Recht zu gestalten. Es fallen grundsätzlich nur solche Beschränkungen unter den Tisch, die im negativen Sinne völlig ungeeignet sind, das im Allgemeininteresse liegende Ziel zu erreichen. So sind auch die Regelungen des CDDA 86, trotz der zahlreichen Mängel, zumindest nicht völlig ungeeignet, die privaten und öffentlichen Gläubiger vor betrüge-

1412 Siehe nur die durch den Bankrott der ehrwürdigen Barings Bank ausgelöste Saga: Re Barings plc (in administration) [1998] 1 BCLC 16; Re Barings plc (in administration) (No 2) [1998] 1 BCLC 590; Re Barings plc (in administration) (No. 3) [1999] 1BCLC 226 ; Re Barings (in administration) (No. 4) [1999] 1 262; Re Barings plc(in administration) (No. 5) [1999] 1 BCLC 433. Ein Urteil von 187 Seiten. Bzw. Re Barings plc (in administration) [2000] 1 BCLC 523.

1413 Vgl. EDC v. UK, s.o., 370, 377 unter Berufung auf die Entscheidung in Ruotolo v. Italy (1992) ECHR 27, Rn. 17.

1414 Insbesondere in Bezug auf die Geltendmachung einer Verletzung des nemo tenetur-Grundsatzes.

1415 „Plausibilitätsprüfung“, Tiedje/Troberg in von der Groeben/Schwarze, Art. 43 EG, Rn. 106.

rischen und unfähigen directors zu schützen.[1416] Die Geeignetheit im europarechtlichen Sinne liegt daher vor.

dd) Die Erforderlichkeit

Die Erforderlichkeitsprüfung kann in eine Prüfung der allgemeinen Erforderlichkeit und eine Prüfung der Angemessenheit im engeren Sinne unterteilt werden. Das europarechtliche Prinzip der Erforderlichkeit verlangt zunächst, dass von mehreren möglichen und geeigneten Maßnahmen diejenige zu wählen ist, welche die gemeinschaftlich geschützten Grundfreiheiten am wenigsten beeinträchtigt. Einer nationalen Regelung ist grundsätzlich die Europarechtskonformität abzusprechen, wenn es eine mildere Maßnahme gibt, die, bei gleicher Effektivität, die gemeinschaftsrechtlich geschützten Grundfreiheiten weniger fühlbar belastet. Im Rahmen der Angemessenheit muss der Regelungszweck des nationalen, innerstaatlich zwingenden Allgemeininteresses mit der damit verbundenen Beschränkung der Grundfreiheit abgewogen werden.

(I) Allgemeine Erforderlichkeitsprüfung

Oberstes Ziel des CDDA 86 ist es, die Rechte privater und öffentlicher Gläubiger zu schützen. Fraglich ist, ob diese Rechte nicht ausreichend durch Informationsregelungen geschützt werden können. Der EuGH hat den Mitgliedstaaten zu verstehen gegeben, dass sie so weit wie möglich Informationsregeln gegenüber zwingenden inhaltlichen Regeln den Vorrang einräumen.[1417] Soweit das Allgemeininteresse auch durch Informationsregeln effektiv geschützt werden könne, könnte es den Mitgliedstaaten niederlassungsrechtlich untersagt sein, zwingende nationale Schutzvorschriften zu erlassen. Am überzeugendsten wurde diese Leitlinie vom EuGH in der Entscheidung *Cassis de Djion*[1418] vertreten. Im Bereich der Niederlassungsfreiheit hat der EuGH in *Centros*[1419] bzw. *Inspire Art*[1420] auf die überragende Bedeutung der Transparenzvorschriften gegenüber anderen zwingenden mitgliedstaatlichen Schutzvorschriften hingewiesen. Regelungen des Niederlassungsstaats sind daher unzulässig, wenn die gemeinschaftsrechtlichen Informations- bzw. Transparenzvorschriften[1421] ausreichen, die Interessen Dritter[1422] hinreichend zu schützen. In erster Linie ist daher zu überprüfen, ob die vom EuGH in

1416 Zur Kritik an der Wirksamkeit des CDDA 86 siehe , anstelle vieler, Cheffins, S. 550-553.
1417 Grundmann, ZGR 2001, 783, 804.
1418 EuGH Rs. C-120/78, Slg. 1979, I-649, 664.
1419 C-212/97-Centros, Rn. 36. Siehe hierzu Ebke, 48 Am.J.Comp.L. 623, 647 (2000); Luttermann, ZEuP 2000, 907 ff.
1420 EuGH Rs. C-167/01-Inspire Art Ltd., Rn. 135; zum Problem der durch das Informationsmodell entstehenden Informationskosten vgl. Roth, IPRax 2003, 117, 124 bzw. Eidenmüller/Rehm, ZGR 2004, 159, 172, 173.
1421 Vor allem die Erste, Vierte und Elfte Richtlinie.
1422 „stakeholder interests".

Centros bzw. *Inspire Art* ausdrücklich erwähnte Jahresabschlussrichtlinie (4. Richtlinie)[1423] und die Zweigniederlassungsrichtlinie (11. Richtlinie) das Allgemeininteresse hinreichend schützen.[1424].

Insbesondere für die erste Fallvariante muss das meines Erachtens verneint werden. Die europarechtlichen Informationsregeln warnen englische Gläubiger lediglich davor, dass sie es mit einer ausländischen Gesellschaft zu tun haben. Die Informationsvorschriften greifen zu einem Zeitpunkt, an dem der director seine Verhaltens- und Sorgfaltspflichten noch nicht verletzt hat. Ziel des CDDA 86 ist es dagegen, künftige Gläubiger vor unfähigen Geschäftsleitern zu schützen. Das können die europarechtlichen Informationsvorschriften für die erste Fallvariante nicht gewährleisten. Die europarechtlichen Informationsvorschriften schützen lediglich gegenwärtige Gläubiger. Sie haben folglich nicht dieselbe Effektivität wie die Disqualifizierungsvorschriften des CDDA 86 und können somit kein milderes Mittel darstellen.

Anders könnte der Fall aber bei der Frage der Erstreckung des Tätigkeitsverbots auf andere ausländische Gesellschaften liegen, die noch nicht in England geschäftlich tätig sind. Englische Gläubiger können sich hier neben den europarechtlichen Informationsvorschriften auch auf das englische Disqualifizierungsregister stützen. Nach den europarechtlichen Vorschriften sind ausländische Gesellschaften, die in England eine Zweigniederlassung eröffnen wollen, verpflichtet, bestimmte Urkunden und Angaben über die Gesellschaft und deren Geschäftsleiter offenzulegen. So muss die Gesellschaft bestimmte Angaben über die ständigen Vertreter der Gesellschaft registrieren lassen.[1425] Das Register, bei denen Gesellschaft und Zweigniederlassung eingetragen sind, und ihre jeweilige Eintragungsnummer sowie die Form der Gesellschaft und der Gesellschaftssitz sind in allen Geschäftsbriefen und Bestellscheinen der Niederlassung anzugeben.[1426] Zudem hat die Gesellschaft auch an ihrem Satzungssitz ein Verzeichnis über ihre Geschäftsleiter zu führen.[1427] Englische Gläubiger wissen damit nicht nur, dass sie es mit einer ausländischen Gesellschaft zu tun haben, auf die möglicherweise nicht alle englischen Gläubigerschutzvorschriften zur Anwendung kommen, sondern können durch einen kurzen Blick ins einheimische Disqualifikationsregister[1428] (das sogar im Internet veröffentlicht wird)[1429] feststellen, dass die Gesellschaft von einem in England disquali-

---

1423 Vierte Richtlinie des Rates über den Jahresabschluss von Gesellschaften bestimmter Rechtsformen vom 25.7.1978 (78/660/EWG), Abl.EG 1978 L222/11.

1424 Elfte Richtlinie des Rates vom 22.12.1989 (89/666/EWG), Abl.EG 1989 L 395/36. Zur Umsetzung der Richtlinie im deutschen Recht vgl. z.B. Kindler, NJW 1993, 3301 ff.

1425 Bzgl. Zweigniederlassungen vgl. Artt. 1, 2, 3 Elfte RiL; vgl. hierzu auch Luttermann, ZEuP 2000, 907, 915. Für selbständige Gesellschaften finden sich ähnliche Vorschriften in der Ersten RiL (Publizitätsrichtlinie).

1426 Artt. 6, 10 Elfte Richtlinie. Gem. s. 305 CA 85 müssen diese Dokumente auch die Namen aller directors angeben.

1427 Siehe s. 288 CA 85.

1428 S. 18 (2) CDDA 86 bzw. Griffin, Disqualification, S. 139.

1429 Siehe z.B. http//ws1.companies-house.gov.uk/ddir/dqfind.cgi.

fizierten director vertreten wird.[1430] Gläubiger, die bereit sind, dennoch mit der Gesellschaft Geschäfte zu machen, können das Schadensrisiko durch die Stellung von Sicherheiten minimieren oder den Preis dem Ausfallrisiko entsprechend anpassen. Es stellt sich daher zu Recht die Frage, ob die vorliegende Kumulation europäischer und nationaler englischer Informationsvorschriften nicht eine ausreichende Gewähr für die Sicherung der Rechte englischer Gläubiger bietet.

Einem ausreichenden Gläubigerschutz könnte das Problem der außervertraglichen Gläubiger entgegenstehen.[1431] Unter außervertragliche Gläubiger einer Gesellschaft sind in erster Linie die öffentlichen[1432] sowie die deliktischen Gläubiger einer Gesellschaft zu rechnen. Deren geschäftlicher Kontakt mit dem disqualifizierten Unternehmer ist in der Regel unfreiwillig. Fraglich ist daher, ob deren Stellung ein bedeutender Umstand ist, der eine Erstreckung des Tätigkeitsverbots trotz vorhandener Informationsmöglichkeiten aus Gläubigerschutzgesichtspunkten unausweichlich macht. Das ist zu verneinen. Öffentliche Gläubiger erfahren im Zeitpunkt der Registrierung der Gesellschaft von dem bereits ausgesprochenen Tätigkeitsverbot. Anstatt dem director uneingeschränkt den Zugang zum englischen Markt zu verwehren, könnten die englischen Registerbehörden von den betreffenden Geschäftsleitern oder der Gesellschaft eine Sicherheitsleistung[1433] verlangen.[1434] Deliktische Gläubiger könnten dadurch geschützt werden, dass die öffentlichen Behörden im Schadensfall die Sicherheitsleistung an die deliktischen Gläubiger ausschütten. In Betracht käme auch, dass die Registerbehörde die Aufnahme der Geschäftstätigkeit vom Abschluss einer erforderlichen Haftpflichtversicherung abhängig macht. Die Sicherheitsleistung müsste schließlich, um nicht selbst eine unzulässige Beschränkung der Mobilität innerhalb der EU darzustellen, verhältnismäßig sein. So könnte die Höhe der Sicherheitsleistung von objektiven Faktoren (wie z.B. der Schwere und Dauer der gegen den betreffenden director ausgesprochenen Disqualifikation) abhängig gemacht werden. Der EuGH hat in *Centros* deutlich gemacht, dass die Möglichkeit der öffentlichen Gläubiger, sich erforderliche Sicherheiten einräumen zu lassen, einer Verweigerung der Registrierung vorgeht. Dass die Stellung einer Sicherheit für die Geschäftsführer einer Gesellschaft dem Europarecht ebenfalls nicht fremd ist, macht die *Clean-Car*-Entscheidung des EuGH in deutlich.[1435] Der EuGH hat darin zum Ausdruck

---

1430 Das Disqualifikationsregister im Internet gibt indexartig Auskunft über Namen, Adresse, Geburtstag und die Dauer der Disqualifizierung.

1431 Vgl. hierzu auch Meiners 4 Del J Corp L 351, 364 (1979); Schwartz 76 Yale L J 1190-1205 (1966).

1432 Vor allem die Steuerverwaltung, aber auch der Sozialversicherungsträger.

1433 Z.B. Bankgarantien oder Ähnliches.

1434 Siehe hierzu auch EuGH Rs. C-212/97, Slg. 1999, I-1459-Centros, Rn. 37 bzw. Werlauf, ZIP 1999, 867, 875 für bereits bestehende Sicherheitsleistungsmöglichkeiten im dänischen Recht.

1435 EuGH Rs. C-350/96, Slg. 1998, I-2521. Im Fall ging es um die Vereinbarkeit einer österreichischen gewerberechtlichen Vorschrift mit Art. 48 (Art. 39 n.F.), die ein Wohnsitzerfordernis für Geschäftsführer aufstellte, welche der Behörde gegenüber für die Einhaltung der gewerberechtlichen Vorschriften verantwortlich waren. Das Wohnsitzerfordernis sollte u.a. sicherstellen, dass

gebracht, dass ein Wohnsitzerfordernis zur Durchsetzung einer Verwaltungsstrafe nicht erforderlich sei. Ausreichend sei u.a. die Möglichkeit der „...Absicherung seiner Zahlung durch die vorherige Stellung einer Sicherheit."[1436]

(II) Die Erforderlichkeit im engeren Sinne

Jede Disqualifizierung stellt einen Eingriff in die Niederlassungsfreiheit des Unternehmensleiters[1437] und indirekt in die Niederlassungsfreiheit der von ihm geführten Gesellschaft dar.[1438] Im Falle der 1. Fallvariante lässt sich der Eingriff rechtfertigen. Insbesondere erfordert das Anerkennungsprinzip nicht die vorrangige Anwendung ausländischen Rechts. In der Regel wird ein Normenmangel vorliegen. Die Disqualifizierungsvorschriften sind üblicherweise hoheitlicher Natur, d.h. öffentlich-rechtlich bzw. strafrechtlich ausgestaltet. Öffentliches Recht findet wegen des völkerrechtlichen Territorialprinzips keine Anwendung auf ausländische Sachverhalte.[1439] Deshalb widerspricht die Anwendung des CDDA 86 in diesem Fall auch nicht dem europarechtlichen Anerkennungsprinzip. Entscheidender Anknüpfungspunkt für die Disqualifikation ist ferner ein konkretes Fehlverhalten. Die CDDA 86-Vorschriften begründen keinen rechtlichen bzw. faktischen Nachteil für das konkret betroffene Unternehmen. Der Marktzugang wird nicht von zusätzlichen Voraussetzungen abhängig gemacht. Die Disqualifikation beruht auf einer Einzelfallbetrachtung und knüpft an objektive, konkrete Umstände, das spezifische Fehlverhalten des Geschäftsleiters an. Es steht daher im Einklang mit dem europäischen Recht, dem director einer ausländischen, in England tätigen Gesellschaft zu untersagen, sich in der Zukunft unmittelbar oder mittelbar, direkt oder indirekt an der Geschäftsführung einer anderen englischen Gesellschaft zu beteiligen. Problematisch ist nur, ob die Wirkungen dieses Ausschlusses auch auf andere unabhängige ausländische Gesellschaften erstreckt werden können.

Ein disqualifizierter director, der im Zeitpunkt der Disqualifikation in England im Ausland ein unabhängiges Unternehmen leitet, möchte mit diesem anderen ausländischen Unternehmen in England erneut tätig werden. Die englischen Behörden akzeptieren in diesem Fall nicht die Unabhängigkeit des ausländischen Unternehmens und versagen dem director, mit allen Konsequenzen für das unabhängige ausländische Unternehmen, ein Tätigwerden in England. Für die englischen Behörden macht es keinen Unterschied, dass der director in seiner Leitungsfunktion des ausländischen, unabhängi-

Strafbescheide, die gegen den Geschäftsführer verhängt werden könnten, diesem zugestellt und die Strafen vollstreckt werden konnten.

1436 EuGH Rs. C-350/96, Slg. 1998, I-2521, 2549, Rn. 36 (Hervorhebung durch den Verfasser).

1437 So Sir Scott V-C in Re Westminster Property Management Ltd. Official Receiver v. Stern [2001] BCC 121, 123.

1438 EuGH Rs. C-79/85, Slg. 1986, I-2375-Segers.

1439 Eine Ausnahme scheint, zumindest theoretisch, das englische Disqualifizierungssystem darzustellen, dessen Vorschriften auch extraterritoriale Wirkung entfalten können. Die englischen Behörden haben in der Praxis jedoch noch kein Interesse gezeigt, die extraterritoriale Kompetenz gegenüber directors durchzusetzen, die ihre Geschäftstätigkeit ausschließlich im Ausland ausüben.

gen Unternehmens pflichtgemäß und erfolgreich gehandelt hat, da das Verhalten eines director in Bezug auf andere Unternehmen lediglich pejorativ bei der Beurteilung der Ungeeignetheit eines director berücksichtigt wird.[1440] In der zweiten Variante ist die Beeinträchtigung der Niederlassungsfreiheit der Gesellschaft selbst nicht unerheblich. Im Gegensatz zur dritten Fallvariante, in der die Gesellschaft in bewusster Umgehung des Tätigkeitsverbots nach der Disqualifizierung neu gegründet wurde, trifft die Gesellschaft keine „Mitschuld" an der Beeinträchtigung ihrer Rechte. Zum Zeitpunkt der Disqualifikation in England hatte sie den betreffenden director bereits mit der Geschäftsführung betraut. Es stellt sich daher die Frage, ob die von England geltend gemachten Gründe des Allgemeininteresses gewichtig genug sind, um auch in der zweiten Fallvariante einen Eingriff in die Niederlassungsfreiheit zu rechtfertigen.

Für die Angemessenheit der englischen Disqualifizierungsregeln könnte sprechen, dass es auch in anderen Mitgliedstaaten vergleichbare Vorschriften gibt. Beispielsweise besteht in Deutschland ebenfalls die Möglichkeit, bestimmte Personen von der Geschäftsführung einer Kapitalgesellschaft auszuschließen.[1441] So sieht z.B. § 6 Abs. 2 Satz 3 GmbHG eine fünfjährige Sperre für Geschäftsführer vor, die wegen einer Straftat nach §§ 283-283d StGB (Bankrottdelikte) verurteilt wurden.[1442] Das deutsche Recht setzt damit die Strafbarkeit voraus.[1443] Wegen des strafrechtlichen Analogieverbots aus § 103 Abs. 2 GG ist die Disqualifizierungsfolge auf die im Strafgesetzbuch abschließend aufgezählten schweren Verstöße beschränkt. Im System des CDDA 86 dagegen dominiert der unbestimmte Rechtsbegriff der „unfitness". Zudem verlangt das deutsche Recht die strafrechtliche Verurteilung der betreffenden Geschäftsführer. In dem hierfür erforderlichen Strafprozess können die Geschäftsführer zu ihrer Verteidigung auf die in ihrer Schutzintensität weitergehenden strafprozessualen Verteidigungsinstrumente zurückgreifen. Der nemo tenetur-Grundsatz, der im CDDA 86-Verfahren wegen dessen „zivilrechtlich-regulativer" Natur keine Anwendung findet,[1444] gilt uneingeschränkt im deutschen System.[1445]

1440 Vgl. Re Bath Glass Ltd. [1988] BCLC 329, 331/332; Re Palmstock Ltd. [1994] BCLC 716; Re Westmid Packaging Ltd. [1998] 2 All ER 124, 132b.

1441 Zur verfassungsrechtlichen Vereinbarkeit der deutschen Vorschriften siehe Stein, AG 1987, 165 ff.

1442 Daneben findet sich noch die allgemeine Ausschlussvorschrift des § 70 StGB, die auf alle Berufszweige und alle Personengruppen angewendet werden kann.

1443 Für einen umfassenden Überblick über den Stand der Rechtsentwicklung vgl. Weyand, Insolvenzdelikte.

1444 Die Anwendung des „in dubio pro reo"-Grundsatzes („benefit of any reasonable doubt") im CDDA 86-Verfahren ist umstritten, vgl. Griffin, Disqualification, S. 164; bzw. Lindsay J in Re Polly Peck International plc [1994] 1 BCLC 574. Gegen die Anwendung des „in dubio pro reo"-Grundsatzes spricht sich Laddie J in Re Living Images Ltd. [1996] 1 BCLC 1, aus.

1445 Vgl. die Neuregelung der Auskunfts- und Mitteilungspflichten des Schuldners im Insolvenzverfahren durch § 97 InsO: „Der Schuldner ist verpflichtet, dem Insolvenzgericht, dem Insolvenzverwalter, dem Gläubigerausschuss, auf Anordnung des Gerichts der Gläubigerversammlung, über alle das Verfahren betreffenden Verhältnisse Auskunft zu geben. Er hat auch Tatsachen zu offenbaren, die geeignet sind, eine Verfolgung wegen einer Straftat oder einer Ordnungswidrigkeit herbeizuführen. Jedoch darf eine Auskunft, die der Schuldner gem. seiner Verpflichtung nach Satz 1 erteilt,

Darüber hinaus finden im deutschen System auch bestimmte berufliche Schweigerechte Anwendung.[1446] Den englischen Disqualifizierungsvorschriften stehen diese Hindernisse nicht entgegen.[1447] Das strafrechtliche Analogieverbot gilt nicht. In Deutschland ist die Reichweite der Ausschlusswirkung höchstrichterlich noch nicht abschließend geklärt. Es wird vertreten, dass der gesetzliche Ausschlussgrund des § 6 Abs. 2 Satz 3 GmbHG nur diejenigen Unternehmensleiter betreffe, die nach dem Erlass eines Urteils ein solches Amt erstmals antreten wollen. Tätigkeiten, die bereits zum Zeitpunkt des Urteils ausgeübt würden, blieben unberührt. Ein wegen Bankrotts verurteilter ehemaliger Geschäftsführer einer GmbH müßte demnach nicht ein seinerzeit zusätzlich übernommenes Geschäftsführeramt bei einer anderen GmbH niederlegen, sondern dürfte das Amt weiter ausüben.[1448] Der Rückgriff auf die allgemeine Ausschlussnorm des § 70 StGB, der in diesem Fall unter Umständen in Betracht kommen könnte, verlangt subjektiv, dass beim Betroffenen die begründete Aussicht besteht, er werde bei einer weiteren uneingeschränkten Berufsausübung wieder ein vergleichbares Bankrottdelikt begehen. Das Gericht muss daher eine einzelfallbezogene Prognoseentscheidung treffen, ob vom Verurteilten zukünftig vergleichbare Straftaten zu erwarten sind.[1449] Eine solche zukünftige Prognoseentscheidung sieht s. 6 CDDA 86 dagegen ausdrücklich nicht vor.[1450] Die Disqualifizierung im Rahmen von s. 6 CDDA erfolgt automatisch für ein vergangenes Fehlverhalten.[1451] Jeder director hat damit in England, metaphorisch gesprochen, nur „one bite of the cherry".

Gegen eine europarechtliche Rechtfertigung des CDDA 86-Systems spricht ferner, dass das zum Konzept der „unfitness" erlassene Fallrecht extrem vage und für ausländische Teilnehmer am englischen Wirtschaftsleben oft nicht durchschaubar ist. Die deutschen Ausschlussgründe beruhen dagegen auf gesetzlich konkretisierten, strafrechtlichen Tatbeständen. Sie genügen damit dem Bestimmtheitsgebot. Die mangelnde Bestimmtheit der englischen Vorschriften steht im krassen Gegensatz zu den drastischen Folgen, die mit einer Disqualifizierung in England verbunden sind. So erlauben die eng-

---

in einem Strafverfahren oder in einem Verfahren nach dem Gesetz über Ordnungswidrigkeiten gegen den Schuldner oder einem in § 52 Abs. 1 der Strafprozeßordnung bezeichneten Angehörigen des Schuldners nur mit Zustimmung des Schuldners verwendet werden."

1446 Zeugnisverweigerungsrecht gem. § 53 StPO.

1447 Griffin, Disqualification, S. 221: „The civil standard of proof necessarily involves the confirmation of a director's culpability at a standard which is less onerous than the standard which would be applicable to criminal proceedings."

1448 So Weyand, Insolvenzdelikte, S. 171; a.A. Hueck/Fastricht in Baumbach/Hueck, GmbHG, § 6, Rn. 12; Scholz/Schneider, GmbHG, § 6, Rn. 20.

1449 Weyand, Insolvenzdelikte, S. 170.

1450 Re Grayan Building Services Ltd. [1995] Ch 241 (CA); Re Pamstock Ltd. [1994] 1 BCLC 716, 737; Re Country Farm Inns Ltd. [1997] BCC 801; Re Westmid Packing Services Ltd. [1998] 2 All ER 124; Re Landhurst Leasing plc [1999] 1 BCLC 286, 344-345; Re Westminster Property Management Official Receiver v. Stern & Anor (No. 2) [2001] 305, 359 (AC) bzw. Griffin, Disqualification, S. 161: „...a director's potential to reform his future conduct should not be considered relevant to determining the outcome of disqualification proceedings under section 6. Under section 6, the imposition of a disqualification order is, following proof of a director's unfitness, mandatory."

1451 Dies ist einer der Gründe, warum man dem CDDA 86 eine quasi-pönale Natur zuspricht.

lischen Vorschriften eine Disqualifizierung bis zu 15 Jahre, während in Deutschland die Sperre in der Regel auf fünf Jahre beschränkt bleibt.[1452] Die deutschen Disqualifizierungsvorschriften sind damit zwar weniger wirksam,[1453] sie haben aber eine weitaus geringere niederlassungsrechtliche Eingriffsintensität als die englischen CDDA 86-Vorschriften. Insbesondere ist es in Deutschland i.d.R. nicht möglich, einen director von einem bereits ausgeübten Geschäftsführeramt in einer anderen, unabhängigen Gesellschaft auszuschließen. Für die Beurteilung der Angemessenheit der englischen Schutzvorschriften muss zudem die Intensität des Eingriffs im Einzelfall berücksichtigt werden.[1454] So besteht ein Eingriffsgefälle zwischen sog. „close companies" und großen, börsennotierten Unternehmen.

Besonders drastisch wirkt sich das Tätigkeitsverbot eines director auf „small and closely held companies" aus. Bei close companies besteht oft Selbstorganschaft, d.h. eine Personenidentität zwischen Anteilseigner und Geschäftsführer. Das Schicksal des Geschäftsführers ist in der Regel untrennbar mit dem Schicksal der Gesellschaft verbunden. Die Disqualifizierung des director einer bereits existierenden ausländischen close company würde ihr den Zutritt zum englischen Markt („market access") praktisch unmöglich machen[1455] und damit neue Schranken anhand nationaler Grenzen errichten. Die an die Disqualifizierung anknüpfende persönliche Haftung gem. s. 15 CDDA 86 kommt bei close companies im Ergebnis einer Nichtanerkennung der Rechtsfähigkeit der nach ausländischem Recht gegründeten Gesellschaft gleich.[1456] Für große, an der Börse notierte Unternehmen hingegen sind die Auswirkungen einer Disqualifizierung nicht im selben Maße einschneidend. Die Ersetzung eines disqualifizierten Geschäftsführers durch einen anderen beeinträchtigt nicht in demselben Maße die Niederlassungsfreiheit des Unternehmens. Für sie kann es daher im Einzelfall zumutbar sein, einen disqualifizierten Geschäftsführer auszuwechseln. Dieselben Disqualifizierungsregelungen können daher für große, börsennotierte Gesellschaften angemessen sein, während sie für kleine close companies einen unangemessenen Eingriff in die Niederlassungsfreiheit der Unternehmen und deren directors darstellen.

1452 Weyand, S. 170.
1453 So Schultheiß, S. 62.
1454 Generalanwalt Colomer hat in EuGH Rs. C-208/00, Slg. 2002, I-9919-Überseering B.V., Rn. 43, deutlich gemacht, dass die Frage der europarechtlichen Kompatibilität einer Regelung nicht global, sondern nur anhand der spezifischen materiellen Folgen des Einzelfalles beurteilt werden kann.
1455 Selbst wenn die Gesellschaft nicht beabsichtigen würde, sich in England niederzulassen, bestände die Gefahr, dass jedes Geschäft der Gesellschaft mit englischen Gläubigern die persönliche Haftung des disqualifizierten director nach sich ziehen könnte. Die Gesellschaft müßte daher ihren Kontakt zu englischen Vertragspartnern vollkommen abbrechen.
1456 Vgl. Schlussanträge des Generalanwalts Alber in EuGH Rs. C-167/01-Inspire Art Ltd., Rn. 100.

ee) Zusammenfassung

Das englische Verständnis von der Reichweite des CDDA 86 kommt am besten in einem Zitat von *Lloyd J* zum Ausdruck.[1457] Darin hat dieser erklärt, dass er es nicht akzeptiere, dass die Öffentlichkeit, zu deren Schutz englische Gerichte tätig würden, auf England und Wales beschränkt sei. Die Wirkung der Disqualifizierungsanordnung würde sich daher auch auf ausländische Gesellschaften erstrecken. Dass das Verständnis von *Lloyd J* an europarechtliche Grenzen stoßen könnte, hat *Lloyd J* nicht bedacht. So gerät die Anwendung des CDDA 86 nicht generell, aber in bestimmten Fallvarianten mit dem europäischen Recht in Konflikt. Keine Probleme bereitet es in der Regel, einen director wegen eines konkreten Fehlverhaltens für eine bestimmte Zeit von der Geschäftsführung englischer Unternehmen auszuschließen bzw. einem director für eine bestimmte Zeit zu verbieten, in England Unternehmen zu gründen (1. Fallvariante). Andere Mitgliedstaaten kennen ebenfalls Regeln, die directors von der Unternehmensleitung ausschließen. Die Darstellung hat jedoch gezeigt, dass eine in England ausgesprochene Disqualifizierungsanordnung einen director nicht daran hindern kann, weiterhin an der Geschäftsführung einer bereits bestehenden, unabhängigen ausländischen Gesellschaft mitzuwirken. Das gilt vor allem auch dann, wenn diese Gesellschaft im weiteren Verlauf beabsichtigt, z.B. mittels einer Zweigniederlassung, in England tätig zu werden (2. Fallvariante). Insbesondere für close companies, bei denen die Geschäftsführung und die Eigentümerstellung weitgehend in einer Person vereinigt sind, kann ein solches Verbot nicht aufrechterhalten werden. Englische Behörden können es jedoch im Einzelfall einem disqualifizierten director untersagen, in England z.B. mittels einer Zweigniederlassung tätig zu werden, wenn die ausländische Muttergesellschaft der Zweigniederlassung vom director bewusst nach der Disqualifizierung gegründet wurde, um die englischen Regeln zu umgehen (3. Fallvariante).

Die Darstellung hat deutlich gemacht, dass die Interessen englischer Gläubiger durch die bereits vorhandene Kumulation nationaler englischer und europarechtlicher Informationsregelungen geschützt werden können. Zum Schutz öffentlicher Gläubiger könnte dabei an die Schaffung einer gesetzlichen Grundlage gedacht werden, die es den englischen Behörden erlauben würde, bei Registrierung eine angemessene, verhältnismäßige Sicherheitsleistung von ausländischen Unternehmen zu fordern, in deren Geschäftsführung ein disqualifizierter director mitwirkt. Eine solche Sicherheitsleistung wäre in jedem Fall weniger eingriffsintensiv als das derzeit bestehende generelle Tätigkeitsverbot für disqualifizierte Unternehmensleiter ausländischer Unternehmen.

1457 Re Westminster Property Management Ltd. (No. 2), Official Receiver v. Stern & Anor (No. 2) [2001] BCC 305 (AC).

§ 3: Bewertung des englischen Gläubigerschutzmodells

Prentice hat in einem Artikel anlässlich der *Centros*-Konferenz in London zum Ausdruck gebracht, dass: „*Centros* gives rise to no significant domestic issues. English law adopts a principle of ease of incorporation and is hospitable to companies no matter how incorporated carrying on business within its jurisdiction.“[1458] Die Arbeit hat dargelegt, dass diese Behauptung nicht aufrechterhalten werden kann. Die relative Einfachheit („ease of incorporation“), mit der in England Kapitalgesellschaften gegründet werden können, und die „Gastfreundschaft“ („hospitality“) des Internationalen Gesellschaftsrechts Englands gegenüber zuziehenden ausländischen Gesellschaften ist nur die eine Seite der Medaille. Die Kehrseite ist ein vor allem insolvenzrechtlicher Drittschutz, der in seiner Regelungs- und Eingriffsintensität nicht liberaler als gesellschaftsrechtlich ausgestaltete Modelle ist. Die Arbeit hat deutlich gemacht, dass das englische Recht an die Eigenverantwortung der Unternehmer appelliert. Ein Unternehmer, der die Freiheit des Gründungs- bzw. Zuzugsrechts in Anspruch nehmen will, muss gleichzeitig bereit sein, die drastischen Folgen des insolvenzrechtlichen englischen Gläubigerschutzes zu tragen. Gerade für ausländische Unternehmer, denen nicht in demselben Maße die notwendigen Informationen für den Abwägungsprozess zugänglich sind,[1459] kann sich die Freiheit des englischen Gründungs- bzw. Zuzugsrechts leicht ins Gegenteil verkehren. Verstärkt wird die Gefahr vor allem durch die unzugängliche Kasuistik des englischen Modells, die vor allem bei ausländischen Unternehmen zu einer großen Rechtsunsicherheit mit drastischen Folgen führen kann.

Die Eckpfeiler des „englischen Gläubigerschutzmodells“ sind die Haftung für wrongful trading und die Disqualifizierungsvorschriften des CDDA 86. Beide sind in erster Linie Ausdruck eines insolvenzrechtlichen Gläubigerschutzes und setzen für ihre Anwendbarkeit zwingend die Abwicklungsjurisdiktion englischer Gerichte voraus. Die Arbeit hat nun darauf hingewiesen, dass das Inkrafttreten der Europäischen Insolvenzverordnung eine erhebliche Auswirkung auf die Reichweite des englischen Internationalen Gesellschaftsinsolvenzrechts hat. Die bisherige, zum Teil exorbitante Ausübung der Abwicklungsjurisdiktion englischer Gerichte lässt sich mit der europäischen Insolvenzverordnung nicht mehr in Einklang bringen. Das englische Recht muss daher auf diese Entwicklung reagieren und die notwendigen Korrekturen einleiten. Ein insolvenzrechtlicher Gläubigerschutz kann nur dann wirksam sein, wenn den englischen Gerichten die entsprechende Abwicklungsjurisdiktion zukommt.

Die Geschäftsleiterhaftung wegen wrongful trading ist grundsätzlich mit der europäischen Niederlassungsfreiheit vereinbar. Das gilt auch nach *Centros* bzw. *Inspire*

1458 Prentice, Incorporation Theory, S. 16. So ähnlich auch Micheler (2000) 21 Co.Law. 179, 181: „The ruling in Centros does not affect English private international law because English law determines the status of a corporation according to the law of the place where the company has been incorporated.“

1459 Zum Problem der Informationskosten aus Gläubigersicht Roth, IPRax 2003, 117-124.

Art. Die europarechtliche Vereinbarkeit wird jedoch dadurch getrübt, dass die wrongful trading-Vorschrift in der Praxis wegen der in der Arbeit dargelegten verfahrensrechtlichen Strukturmängel[1460] selten Anwendung findet. Zudem ist es fraglich, ob die praktische Wirksamkeit der derzeitigen gesetzlichen Regelung überhaupt wünschenswert ist. Die Arbeit hat aufgezeigt, dass die gesetzlichen Voraussetzungen einer Geschäftsführerhaftung in England äußerst vage sind. Die Gerichte haben es bislang nicht geschafft, die Lücke durch die Entwicklung präziser Standards zu füllen. Die dadurch bedingte Rechtsunsicherheit könnte einen lähmenden Einfluss auf die notwendige Risikobereitschaft der directors haben, mit allen damit gesamtgesellschaftlich verbundenen, negativen Folgen.

Die CDDA 86-Vorschriften haben sich dagegen in der Praxis als ein wirksames Instrument des Gläubigerschutzes erwiesen. Die Arbeit hat jedoch deutlich gemacht, dass die Anwendung der Vorschrift auf directors einer bereits existierenden, unabhängigen ausländischen Gesellschaft, zumindest für close companies, nicht mit der europäischen Niederlassungsfreiheit vereinbar ist. Zudem gerät der CDDA 86 im Einzelfall in Konflikt mit der Europäischen Menschenrechtskonvention. Dieser Konflikt wird dadurch verschärft, dass die quasi-pönale Vorschrift des CDDA 86 nicht strafrechtlicher, sondern zivilrechtlich-regulativer Natur ist. Diese Einordnung verwehrt den Betroffenen essentielle strafprozessuale Schutzrechte und ist einer der Gründe dafür, dass dem CDDA 86 im Vergleich zu ähnlichen Regelungen anderer Mitgliedstaaten eine erhöhte Eingriffsintensität zukommt.

1460 Z.B. Probleme bei der Beweisführung und Finanzierung des Anspruchs.

Fünfter Teil: Die Europarechtskonformität der Anwendung bestimmter Gläubigerschutzinstrumente des deutschen Rechts auf zuziehende ausländische EU-Gesellschaften

Der nun folgende Abschnitt befasst sich mit der europarechtlichen Vereinbarkeit der Anwendung spezifischer deutscher Gläubigerschutzinstrumente auf zuziehende ausländische EU-Gesellschaften. Nach dem Wegfall der Sanktionsmöglichkeit der Sitztheorie[1461] konzentriert sich die Darstellung und Analyse auf die dem englischen Gläubigerschutzrecht funktional vergleichbaren Institute im deutschen Gläubigerschutz. Dadurch sollen die in den vorherigen Abschnitten gewonnenen Erkenntnisse hinsichtlich des englischen Gläubigerschutzes und dessen europarechtlicher Vereinbarkeit fruchtbar gemacht werden. Die Arbeit geht von der Prämisse aus, dass sich die Mindestkapitalisierungsvorschriften gegenüber zuziehenden ausländischen EU-Gesellschaften europarechtlich nur noch schwer durchsetzen lassen werden, da ihre Geeignetheit, einen wirksamen Gläubigerschutz zu gewährleisten, starken Zweifeln unterliegen.[1462] Die Darstellung beschränkt sich demnach im Wesentlichen auf die Untersuchung der Transparenzregeln, der Insolvenzverschleppungshaftung (§ 64 Abs. 1 GmbHG i.V.m § 823 Abs. 2 BGB)[1463], einzelner Durchgriffshaftungsinstitute, insbesondere der Rechtsprechung des BGH zur Existenzvernichtungshaftung, sowie auf das Tätigkeitsverbot für Geschäftsleiter (§ 6 Abs. 2 Satz 3 GmbHG i.V.m. §§ 283 bis 283d StGB).[1464] Eine kollisionsrechtliche Qualifikation der einzelnen Gläubigerschutzinstrumente unterbleibt im Folgenden, da die nationale kollisionsrechtliche Anknüpfung grundsätzlich keinen Einfluss hat auf die Frage der Vereinbarkeit eines sachrechtlichen Gläubigerschutzinstruments mit der

---

1461 Siehe Ebke, BB 2003, Heft 1, S. I („Die Erste Seite“).

1462 Die in einem Referentenentwurf des BMJ vom 29. April 2005 angekündigte Absenkung des Mindestkapitals im GmbH-Recht auf 10.000 Euro (vgl. www.bmj.de/media/archive/908.pdf) bringt keine substantielle Änderung der Einschätzung. Die Reform ist ein wirkungsloser Kompromiss. Sie ist weder „Fisch noch Fleisch“, so ebenfalls Eilmann/Seulen, FAZ vom 4. Mai 2005, S. 25. Das Mindestkapital hat, wenn überhaupt, nur noch die Funktion einer „Seriositätsschwelle“, vgl. die Ausführungen der Generalanwälte Alber in EuGH Rs. C-167/01-Inspire Art, Rn. 141 ff. bzw. La Pergola in EuGH Rs. C-212/97-Centros, Rn. 21; vgl. ferner Eidenmüller/Rehm, ZGR 2004, 159, 186 bzw. Sandrock, BB 2003, 2588, 2589; Merkt, RIW Heft 12/2003 („Die Erste Seite“); derselbe, ZGR 2004, 305, 310, 311; Ziemons, ZIP 2003, 1913, 1916; Burg, GmbHR 2004, 1379; Altmeppen, NJW 2004, 97, 102; Drygala, ZGR 2004, 337, 348; Geyrhalter/Gänßler, DStR 2003, 2167, 2171. Die Kapitalschutzregeln der Zweiten Richtlinie werden im Bericht der High Level Group of Company Law Experts vom 4.11.2002, S. 84 ff. (abrufbar unter http://europa.eu.int) ebenfalls in Frage gestellt; a.A. Bayer, BB 2003, 2357, 2364; van Halen, WM 2003, 571, 576.

1463 Zur systematischen Einordnung des § 64 Abs. 2 GmbHG vgl. hingegen Goette, ZInsO 2005, 1-5 bzw. Röhricht, ZIP 2005, 505, 509-511.

1464 Eine Darstellung der Kapitalersatzregeln (§§ 32a, b GmbHG i.V.m. §§ 39 Abs. 1 Nr. 5, 135 InsO, § 6 AnfG; §§ 30, 31 GmbHG analog) unterbleibt. Gegen deren Anwendbarkeit auf ausländische Gesellschaften sind z.B. Borges, ZIP 2004, 733, 743; Drygala, ZEuP 2004, 337, 348; Sandrock, DB 2004, 897; Wachter, GmbHR 2004, 88, 92. Für die Anwendbarkeit sprechen sich z.B. Fischer, ZIP 2004, 1477, 1480; Ulmer, NJW 2004, 1201, 1207, aus.

europarechtlichen Niederlassungsfreiheit. Insbesondere kann durch die kollisionsrechtliche Qualifikation (z.B. als insolvenzrechtlich) keine Vorabentscheidung über die europarechtliche Zulässigkeit eines Haftungsinstituts getroffen werden.

§ 1: Transparenzvorschriften

Errichtet eine ausländische Gesellschaft in Deutschland eine Zweigniederlassung, so finden sich die relevanten Informationsvorschriften im Wesentlichen in den §§ 13 ff. bzw. 17 ff. HGB.[1465] Die Vorschriften über die Anmeldung einer Zweigniederlassung einer ausländischen Kapitalgesellschaft sind in den §§ 13 d-g HGB geregelt.[1466] § 13 d Abs. 1 HGB bestimmt dabei ganz allgemein, dass ausländische Gesellschaften, die in Deutschland eine Niederlassung errichten, bestimmten Registerpflichten unterliegen.[1467] Die Anmeldepflichten treffen alle Mitglieder der Unternehmensleitung. Die Pflichten sind im Einzelnen in § 13 Abs. 2 S. 2-4 HGB aufgeführt. Die Verpflichtungen beruhen auf der europäischen Zweigniederlassungsrichtlinie. Sie entsprechen daher den europarechtlichen Vorgaben aus *Inspire Art*[1468].

Errichtet eine Gesellschaft in Deutschland nicht nur eine Zweigniederlassung, sondern faktisch die Hauptniederlassung, so gelten die obigen Informationsvorschriften entsprechend.[1469] Für das nationale Recht ergibt sich die analoge Anwendung aus einem a maiore ad minus-Argument.[1470] Es besteht eine Regelungslücke, da eine faktische Niederlassung den deutschen Rechts- bzw. Wirtschaftsverkehr weitaus stärker betrifft als eine Zweigniederlassung. Wenn schon Zweigniederlassungen bestimmten Informationspflichten unterliegen, dann muss das erst recht für faktische Hauptniederlassungen gelten. Eine analoge Anwendung der Informationspflichten auf Hauptniederlassungen ist mit dem Europarecht vereinbar. *Centros* bzw. *Inspire Art* bekräftigen, dass der Begriff der Zweigniederlassung europarechtsautonom ausgelegt werden muss und daher auch den Umfang einer faktischen Hauptniederlassung umfassen kann.[1471] Die Anwen-

---

1465 Daneben verlangt § 35 Abs. 4 S. 1 GmbH von inländischen Zweigniederlassungen ausländischer Gesellschaften auf Geschäftsbriefen bestimmte Mindestangaben (z.B. die Angabe des Registers der ausländischen Gesellschaft), die den Vorgaben aus Art. 6 der Elften Richtlinie bzw. Art. 4 der Ersten Richtlinie entsprechen und daher europarechtlich unbedenklich sind; vgl. hierzu Wachter, MDR 2004, 611, 612.

1466 Siehe zu den Pflichten im Einzelnen Wachter, MDR 2004, 611, 612; derselbe, DB 2004, 2795, 2796; Klein, Rpfleger 2003, 629; Krause, Rpfleger 1999, 263.

1467 Siehe zuletzt AG Duisburg, NZG 2003, 1072.

1468 EuGH Rs. C-167/01-Inspire Art Ltd., Rn. 58.

1469 Hierfür Rieger, ZGR 2004, 510, 513; Hirsch/Britain, NZG 2003, 1100, 1101; Kindler, NJW 2003, 1073, 1078; Leible/Hoffmann, EuZW 2003, 677, 680 bzw. dieselben, ZGR 2004, 545, 550; a.A. Ebert/Levedag, GmbHR 2003, 1337, 1338.

1470 Rieger, ZGR 2004, 510, 513; Kindler, NJW 2003, 1073, 1078.

1471 EuGH Rs. C-212/97-Centros, Rn. 20; EuGH Rs. C-167/01-Inspire Art Ltd., Rn. 97; zur Definition des Begriffs der „Zweigniederlassung" im deutschen Recht und sich daraus ergebenden niederlassungsrechtlichen Problemen vgl. Kögel, DB 2004, 1763-1765.

dung der auf der Zweigniederlassungsrichtlinie beruhenden nationalen Informationsvorschriften auf faktische Hauptniederlassungen ist daher europarechtlich unbedenklich. Die Unbedenklichkeit könnte der Klarheit halber in einer Sitzverlegungsrichtlinie festgehalten werden oder durch eine Änderung der Zweigniederlassungsrichtlinie hervorgehoben werden.[1472] Die Anwendung deutscher Transparenzvorschriften auf zuziehende ausländische EU-Gesellschaften ist daher europarechtlich unproblematisch.[1473]

Eine andere Frage ist, wie die Eintragungspflichten gem. §§ 13d ff. HGB durchgesetzt werden können.[1474] Die Inpflichtnahme des ausländischen Geschäftsleiters analog § 11 Abs. 2 GmbHG scheidet aus. Es widerspricht der Niederlassungsfreiheit, den Geschäftsleiter einer ausländischen EU-Gesellschaft mit Verwaltungssitz in Deutschland wegen fehlender Eintragung in einem deutschen Handelsregister der persönlichen Handelndenhaftung analog § 11 Abs. 2 GmbHG zu unterwerfen.[1475] Zulässig ist demnach allein die Festsetzung eines angemessenen Zwangsgelds gem. § 14 HGB für den Fall der Nichterfüllung der Anmeldepflicht.[1476] Die Sanktionswirkung ist jedoch dadurch eingeschränkt, dass die Zwangsgelder gegen Personen, die sich im Ausland aufhalten, nicht durchgesetzt werden können.[1477]

§ 2: Die Insolvenzverschleppungshaftung

Es gibt viele Stimmen, die anstelle eines am Mindestkapital bzw. der Kapitalerhaltung ausgerichteten gesellschaftlichen Gläubigerschutzmodells auf europäischer Ebene die Einführung eines insolvenzrechtlichen Modells begrüßen würden.[1478] Das deutsche Recht kennt als insolvenzrechtliches Gläubigerschutzinstrument die Haftung für Insolvenzverschleppung. Nach den Entscheidungen des EuGH in Sachen *Centros*, *Überseering B.V.* bzw. *Inspire Art Ltd.* ist die Anwendbarkeit der Insolvenzverschleppungshaftung auf zuziehende ausländische EU-Gesellschaften verstärkt in den Blickpunkt des Interesses geraten.

1472 So Leible/Hoffmann, ZGR 2004, 545, 550, 551.

1473 Borges, ZIP 2004, 733, 736; bzgl. der gewerberechtlichen Anzeigepflicht bzw. der Zwangsmitgliedschaft in der IHK ausländischer Unternehmen vgl. Westhoff, ZInsO 2004, 289, 292-293.

1474 Art. 12 der Elften Richtlinie (Zweigniederlassungsrichtlinie) weist die Mitglied an, geeignete Maßnahmen zur Durchsetzung der Offenlegungspflichten zu treffen. Die Sanktionen müssen dabei jedoch frei von jeder Diskriminierung und verhältnismäßig sein, siehe EuGH Rs. C-167/01-Inspire Art Ltd., Rn. 61.

1475 BGH, BB 2005, 1016.

1476 BGH, BB 2005, 1016.

1477 Westhoff, ZInsO 2004, 289, 292; Wachter, MDR 2004, 611, 612; derselbe GmbHR 2004, 88, 99 m.w.N.

1478 Siehe z.B. Merkt, ZGR 2004, 305, 323.

Die Insolvenzverschleppungshaftung beruht auf § 823 Abs. 2 BGB i.V.m. § 64 Abs. 1 GmbHG. Danach besteht für Geschäftsführer die Pflicht, ohne schuldhaftes Zögern, spätestens aber drei Wochen nach Eintritt der Zahlungsunfähigkeit, die Eröffnung des Insolvenzverfahrens zu beantragen. Ein Unterlassen des Insolvenzantrags zieht gem. § 84 Abs. 1 Nr. 2 GmbHG die Strafbarkeit des Geschäftsführers nach sich. Die Insolvenz beurteilt sich nach § 17 InsO („Zahlungsunfähigkeit") bzw. § 19 InsO („Überschuldung"). Für die Überschuldung kommt es gem. § 19 InsO nicht mehr auf das Bestehen einer negativen Fortführungsprognose an. Die Erwartungen bzgl. des Fortbestehens der Gesellschaft haben nur noch Bedeutung für Ansatz und Bewertung in der Überschuldungsbilanz.[1479] Als Schadensersatzanspruch setzt § 64 Abs. 1 GmbHG i.V.m. § 823 Abs. 2 BGB ein Verschulden voraus. Ausreichend ist dabei fahrlässiges Handeln.[1480] Der Verschuldensmaßstab ist dabei dem Schutzgesetz des § 64 Abs. 1 GmbHG zu entnehmen. Fahrlässiges Handeln ist daher zu bejahen, wenn „schuldhaftes Zögern" bei der Insolvenzantragsstellung bejaht werden kann. Die Beweislast für ein fehlendes Verschulden trägt der Geschäftsführer. Schutzzweck des § 64 Abs. 1 GmbHG ist es, insolvente Gesellschaften vom Geschäftsverkehr fernzuhalten.[1481]

Neugläubiger sollen davor geschützt werden, mit insolventen Gesellschaften in Geschäftsbeziehungen zu treten. Altgläubigern soll eine möglichst große Vermögensmasse erhalten bleiben, um eine möglichst effiziente, quotenmäßige Gläubigerbefriedigung zu gewährleisten. Die Abgrenzung der Gläubigergruppen erfolgt nach dem Zeitpunkt des Forderungserwerbs. Liegt der Vertragsschluss vor dem Eintritt der Insolvenz, ist der Gläubiger ein Altgläubiger. Liegt der Vertragsschluss hingegen nach Eintritt der Insolvenz, spricht man von einem Neugläubiger.[1482] Die Insolvenzverschleppungshaftung gibt den Altgläubigern einen Anspruch auf den Quotenschaden sowie den Neugläubigern einen vollumfänglichen Schadensersatzanspruch, der das gesamte negative Interesse erfasst und auch außerhalb des Insolvenzverfahrens ohne Zwischenschaltung des Insolvenzverwalters geltend gemacht werden kann.[1483] Die Ansprüche der Altgläubiger können während der Dauer des Insolvenzverfahrens dagegen allein vom Insolvenzverwalter geltend gemacht werden.[1484] Im Gegensatz zur englischen Haftung wegen

1479 Schulze-Osterloh in Baumbach/Hueck, GmbHG, § 64, Rn. 3, 11; Lutter/Kleindiek in Lutter/Hommelhoff, GmbHR, § 64, Rn. 12; Hüfer, FS Wiedemann, S. 1047, 1049 ff.

1480 Schmidt-Leithoff in Rowedder/Schmidt-Leithoff, GmbHG, § 64, Rn. 47; Lutter/Kleindiek in Lutter/Hommelhoff, GmbHG, § 64, Rn. 44 m.w.N.

1481 BGH, GmbHR 1994, 539, 543.

1482 Haas, DStR 2003, 423, 427; BGH, NJW-RR 1995, 289, 290.

1483 BGH, DStR 1994, 1054; BGH, NJW-RR 1995, 289 f.; Ulmer, KTS 2004, 291, 301. Die Besserstellung gegenüber Altgläubigern rechtfertigt sich nach Fleischer, ZGR 2004, 437, 451, dadurch, dass ahnungslose Neugläubiger, die der Gesellschaft in Austausch- oder Finanzgeschäften Kredit gewähren, nicht nur die Gesellschaft, sondern auch die Altgläubiger massiv begünstigen würden.

1484 Siehe § 92 InsO; vgl. die Parallele zur wrongful trading-Haftung im englischen Recht, die ebenfalls allein durch den Insolvenzverwalter geltend gemacht werden kann, vgl. s. 214 (1) IA 86.

wrongful trading setzt die deutsche Insolvenzverschleppungshaftung erst nach Insolvenz der Gesellschaft ein.[1485]

B. Europarechtliche Vereinbarkeit

Unproblematisch ist, dass ausländische Geschäftsleiter nicht der Strafvorschrift des § 84 GmbHG unterliegen. Einer strafrechtlichen Verantwortlichkeit steht bereits nach deutschem Recht das Verbot einer täterbelastenden Analogie entgegen.[1486] § 84 GmbHG bezieht sich seinem Wortlaut gemäß ausdrücklich nur auf „Geschäftsführer" einer GmbH. Die directors einer zuziehenden englischen private limited company z.B. sind von der Strafbarkeit daher nicht erfasst. Im Übrigen ist die europarechtliche Zulässigkeit der Insolvenzverschleppungshaftung problematisch. Fest steht, dass die europarechtliche Zulässigkeit der Anwendbarkeit der Insolvenzverschleppungshaftung auf zuziehende ausländische EU-Gesellschaften nicht durch kollisionsrechtliche Anknüpfungsregeln beantwortet werden kann. Die Frage, ob die Insolvenzverschleppungshaftung funktional gesellschaftsrechtlich[1487], deliktsrechtlich[1488] oder insolvenzrechtlich[1489] angeknüpft wird, hat für die europarechtliche Zulässigkeitsprüfung keine entscheidende Bedeutung. Die kollisionsrechtliche Anknüpfung kann nur (wenn überhaupt) ein Indiz für die europarechtliche Rechtfertigungsprüfung darstellen. Entscheidend ist allein die tatsächliche Auswirkung der Haftung auf die europarechtliche Niederlassungsfreiheit der zuziehenden Gesellschaft.

Im Übrigen werden drei Wege bestritten, nach welchem Recht Insolvenzverschleppungsfälle behandelt werden sollen. Teilweise wird geltend gemacht, dass das dem § 823 Abs. 2 BGB zugrunde liegende Schutzgesetz bzw. der dem § 64 GmbHG entsprechende Normenzusammenhang dem Gründungsstatut der zuziehenden ausländischen EU-Gesellschaft zu entnehmen sei. Im Falle des Zuzugs einer englischen private limited company wäre das Schutzgesetz demnach s. 214 IA 86 (wrongful trading) bzw. s. 213 IA 86 (fraudulent trading).[1490] Der Ansicht liegt die Prämisse zugrunde, dass die deliktsrechtliche Vorschrift des § 823 Abs. 2 BGB als allgemeine Verkehrsvorschrift

1485 Siehe Maul/Schmidt, BB 2003, 2297, 2299; vgl. aber Habersack/Verse, ZHR 2004, 175, 187, die nachweisen, dass die Haftung wegen wrongful trading in ihrer praktischen Anwendbarkeit aufgrund Beweisschwierigkeiten in der Regel ebenfalls frühestens mit Eintritt der Insolvenz beginnt, oftmals auch erst später; zum selben Ergebnis einer vermeintlichen Vorfeldhaftung der wrongful trading-Regelung kommt auch Bachner, EBOR 2004, 195, 199.

1486 Weller, IPRax 2003, 207, 208; derselbe, Rechtsformwahlfreiheit, S. 118; Zimmer, NJW 2003, 3585, 3590; Eisner, ZInsO 2005, 20, 22; Spindler/Berner, RIW 2004, 7, 15.

1487 Mock/Schildt, ZInsO 2003, 396, 400, 402; Schumann, BB 2004, 743, 746; Ulmer, KTS 2004, 291, 301.

1488 Schanze/Jüttner, AG 2003, 661, 670; Riedemann, GmbHR 2004, 345, 349; Zimmer, NJW 2003, 3585, 3590.

1489 Weller, DStR 2003, 1800, 1804; Habersack/Verse, ZHR 2004, 174, 207; Müller, NZG 2003, 414, 417; Eisner, ZInsO 2005, 20, 22.

1490 Schumann, BB 2004, 743, 748; Schanze/Jütner, AG 2003, 661, 670.

dem Regelungsbereich der europarechtlichen Niederlassungsfreiheit entzogen ist. Das ist unzutreffend. Der EuGH hat eine teleologische Reduktion des Schutzbereichs der europarechtlichen Niederlassungsfreiheit bisher nicht vollzogen.[1491] Die Anknüpfung einer deutschen Deliktshaftung an ausländische Insolvenzhaftungspflichten ist inkonsequent. Die ausländische Gesellschaft wird weder nach den ihrem Gesellschaftsstatut zugrunde liegenden Insolvenzhaftungsvorschriften noch nach den entsprechenden deutschen Regeln beurteilt. Es besteht die Gefahr, dass die Anwendung ausländischer Haftungsgrundsätze als Schutzgesetz der Anspruchsgrundlage aus § 823 Abs. 2 BGB einen widersprüchlichen Normenmix hervorruft. Das englische Recht kennt z.B. nur eine kollektive Schadensabwicklung durch den liquidator, während die deutschen Deliktsregeln auch individuelle Schadensansprüche der Gesellschaftsgläubiger zulassen. Die von den Geschäftsleitern zu leistende Kompensationszahlung steht bei der wrongful trading-Haftung im Ermessen des Gerichts. Das englische Recht ersetzt den Gläubigern allenfalls den sog. „Quotenschaden", ein darüber hinausgehender Vertrauensschaden der Neugläubiger wird durch s. 214 IA 86 in der Regel nicht ersetzt.[1492] In ihrer personellen Reichweite geht die Haftung für wrongful trading mit der Einbeziehung der – nicht auf natürliche Personen beschränkten – Figur des sog. shadow director dagegen weit über die Insolvenzverschleppungshaftung hinaus.[1493] Es widerspricht dem Prinzip der Rechtssicherheit, nur den Torso einer ausländischen Regelung anzuwenden. Innerhalb einer Rechtsordnung sind die verschiedenen Gläubigerschutzinstrumente in der Regel aufeinander abgestimmt.[1494] Die ausländischen Haftungsregeln können daher nicht aus ihrem nationalen, Interessenskonflikte harmonisierenden, gesetzlichen Zusammenhang gerissen werden. Rein praktisch sprechen zudem die Rechtsermittlungsschwierigkeiten bei der Anwendung durch deutsche Gerichte gegen die Anwendung von s. 214 bzw. s. 213 IA 86 als Schutzgesetze einer inländischen Deliktshaftung. Die englische wrongful trading-Regelung kann daher nicht als Schutzgesetz einer deutschen deliktsrechtlichen Haftung herangezogen werden.

In Betracht kommt eine direkte (vom deutschen Deliktsrecht losgelöste) Anwendung der wrongful trading-Regelung auf zuziehende englische Gesellschaften. Eine solche streng dem Gründungsstatut der zuziehenden englischen Gesellschaft folgende Lösung hat den Vorteil, dass die Gefahr eines Normenmixes verhindert wird. Die unmittelbare Anwendung der wrongful trading-Regelung durch deutsche Gerichte ist jedoch ebenfalls problematisch. Es kann in Abrede gestellt werden, dass deutsche Untergerichte überhaupt in der Lage sind, die englischen Regelungen anzuwenden.[1495] Die

---

1491 Vgl. Kieninger, ZEuP 2004, 685, 691.

1492 Habersack/Verse, ZHR 2004, 174, 197; Bachner EBOR 2004, 195, 199 bzw. Re Purpoint Ltd. [1991] BCLC 491.

1493 Habersack/Verse, ZHR 2004, 174, 209.

1494 Weller, Rechtsformwahlfreiheit, S. 104.

1495 Siehe hierzu Mäsch, EuZW 2004, Heft 11 („Der Gastkommentar"): „Von einem Lotteriespiel zu sprechen, mag übertrieben sein – ganz fern der Realität ist dieses harsche Verdikt nicht." bzw. Weller, Rechtsformwahlfreiheit, S. 119.

Insolvenzverschleppungshaftung und die wrongful trading-Regelung sind in ihren Tatbestandsvoraussetzungen und Rechtsfolgen nicht kongruent.[1496] Die englische wrongful trading-Haftung setzt zwingend das Vorliegen eines englischen Insolvenzverfahrens voraus. Die Geltendmachung einer wrongful trading-Haftung in einem deutschen Insolvenzverfahren ist daher fragwürdig.[1497] Folgerichtig geht die englische Rechtsprechung davon aus, dass der Anspruch gem. s. 214 IA 86 ausschließlich vor einem englischen Gericht geltend gemacht werden kann.[1498] Zu Recht wird schließlich darauf hingewiesen, dass es an einer Grundlage für die Bindung eines deutschen Richters an die englische Präzedenzfallrechtsprechung fehlt.[1499]

Es verbleibt daher die Anwendung der deutschen Insolvenzverschleppungshaftungsregeln auf zuziehende ausländische Gesellschaften.[1500] Da die Insolvenzverschleppungshaftung grundsätzlich geeignet ist, die Niederlassungsfreiheit zuziehender ausländischer Gesellschaften zu behindern bzw. weniger attraktiv zu machen, müsste die Insolvenzverschleppungshaftung dem Vier-Faktoren-Test entsprechen. Nach dem Prinzip der gegenseitigen Anerkennung ist grundsätzlich das Heimatrecht der zuziehenden Gesellschaft vorrangig zu beachten. Die Erstreckung der Insolvenzverschleppungshaftung auf die zuziehende ausländische Gesellschaft müsste daher erforderlich sein. Die europarechtliche Erforderlichkeit einer lokalen Gläubigerschutzregelung bestimmt sich anhand einer teleologischen Auslegung des Geltungswillens der Niederlassungsfreiheit. In erster Linie ist dabei zu prüfen, ob die Insolvenzverschleppungshaftung den Marktzugang für zuziehende ausländische Gesellschaften rechtlich und faktisch stärker behindert als für inländische Gesellschaften. Problematisch ist es, wenn der Beginn der Antragspflicht ausländischer Geschäftsführer an einer anfänglichen Überschuldung der Gesellschaft festgemacht wird. Es ist unzulässig, ausländische Geschäftsführer persönlich haften zu lassen, weil die ausländische Gesellschaft bereits in der Startphase unterkapitalisiert gegründet wurde.[1501] Es entspricht gerade dem Sinn der Niederlassungsfreiheit, Gesellschaften nach dem Recht eines Mitgliedstaats zu gründen, der keine bestimmte Kapitalisierung voraussetzt.[1502] Die Pflicht, ausländische Gesellschaften einer bestimmten inländischen Organisationsstruktur anzupassen, führt zu einem faktischen Wettbewerbsnachteil der ausländischen Gesellschaft.

Nicht alle EU-Mitgliedstaaten knüpfen an die anfängliche Unterkapitalisierung Pflichten bzw. Sanktionen. Ein Vergleich mit der englischen wrongful trading-Haftung

---

1496 Zum Beispiel bzgl. des maßgeblichen Haftungszeitpunkts, des Haftungsumfangs, der personellen Reichweite, der Geltendmachung der Ansprüche, der Schadensbestimmung u.a.

1497 Ähnlich Borges, ZIP 2004, 733, 735-736.

1498 Chadwick J. in Re Howard Holdings Inc. [1998] BCC 549, 555: „There can be no argument but that, if an application under s. 214 is to be made at all, it must be made in an English court."; siehe hierzu Dawson (1999) 2 InsLaw 67-68.

1499 Altmeppen, NJW 2004, 97, 101.

1500 Vgl. Bitter, WM 2004, 2190, 2199, Altmeppen, NJW 2004, 97, 101.

1501 EuGH Rs. C-167/01-Inspire Art, Rn. 141.

1502 EuGH Rs. C-167/01-Inspire Art, Rn. 143.

macht das deutlich. Die Anwendbarkeit deutschen Rechts ist problematisch. So ergeben sich z.B. beim Zuzug einer englischen private limited company Bedenken. Das englische Recht kennt keine Insolvenzantragspflicht. Die Pflicht zur Stellung des Insolvenzantrags knüpft im deutschen Recht u.a. an das Tatbestandsmerkmal der Überschuldung an. Die Überschuldung ermittelt sich aus einem Vergleich des Gesellschaftsvermögens und der Gesellschaftsverbindlichkeiten. Die Insolvenzantragspflicht besteht immer dann, wenn das Verhältnis von Schulden zu Kapital negativ ist; also selbst dann, wenn die Fortführungsprognose der Gesellschaft positiv ist.[1503] Zwar kann die wrongful trading-Haftung (zumindest theoretisch) an eine unzureichende Kapitalisierung in der Startphase anknüpfen.[1504] Das englische Recht erfordert für den Haftungseintritt („moment of truth“) neben der Überschuldung aber zusätzliche Umstände, welche die Rettung der Gesellschaft als unrealistisch erscheinen lassen, wie z.B. erhebliche Umsatzeinbrüche, warnende Hinweise des Abschlussprüfers und vor allem Liquiditätsprobleme.[1505] Die Überschuldung alleine löst nach dem englischen Recht noch keine Handlungspflichten aus. Hinzukommen muss eine negative Fortführungsprognose. Das entscheidende Kriterium für die Haftung nach s. 214 IA 86 ist die Vorhersehbarkeit und Vermeidbarkeit der Insolvenz. Die Anwendung deutscher Maßstäbe führt dementsprechend zu einer veränderten Pflichtenlage der Geschäftsführer.[1506] Den englischen Geschäftsführern steht zudem ein Exkulpationsbeweis in Form der „every step defence“ zur Verfügung, wonach eine Haftung wegen wrongful trading ausscheidet, wenn die Geschäftsführer nach dem maßgeblichen Haftungseintritt („moment of truth“) alles unternommen haben, um den möglichen Verlust für die Gesellschaftsgläubiger zu minimieren.[1507] Eine solche Exkulpation kennt das deutsche Recht nicht. Es lässt sich daher festhalten: Soweit die Anwendung der Insolvenzverschleppungshaftung an die anfängliche Überschuldung einer zuziehenden ausländischen Gesellschaft anknüpft, stellt sie eine abstrakt-generelle Strukturhaftung dar, die der ausländischen Gesellschaft den Marktzugang unverhältnismäßig erschwert.

Die Anwendung der Insolvenzverschleppungshaftung könnte jedoch in Betracht kommen, wenn eine ausländische Gesellschaft nach der Gründungsphase, also während des Betriebs, in Überschuldung gerät und der Unternehmensleiter es unterlässt, einen Insolvenzantrag zu stellen. Das wäre zu verneinen, wenn in der Antragspflicht nach § 64 Abs. 1 GmbHG und der hieran anknüpfenden Haftung aus § 823 Abs. 2 BGB eine wesentliche Behinderung der Niederlassungsfreiheit der ausländischen Gesellschaft erblickt wird. Eine wesentliche Behinderung der Niederlassungsfreiheit kann auch während des Betriebs einer Gesellschaft angenommen werden, wenn die Insolvenzver-

1503 Drygala, ZEuP 2004, 337, 362 m.w.N.
1504 Vgl. Re Purpoint Ltd.. [1991] BCLC 491, 498.
1505 Habersack/Verse, ZHR 2004, 175, 185.
1506 So Drygala, ZEuP 2004, 337, 362; Forum Europaeum Konzernrecht, ZGR 1998, 672, 753-757.
1507 S. 214 (3) IA 86: „The court shall not make a declaration under this section...that person took every step with a view to minimising the potential loss to the company's creditors...“.

schleppungshaftung eine zusätzliche faktische Belastung der ausländischen Gesellschaft begründet bzw. das Binnenmarktziel, die gemeinschaftsweite Marktintegration, nachhaltig beeinträchtigen wird.

Eine faktische Belastung ist abzulehnen. Die Markttätigkeit der ausländischen Gesellschaft unterliegt keinen zusätzlichen Voraussetzungen, die nicht ebenfalls inländische Gesellschaften treffen würden. Die Aufnahme einer geschäftlichen Tätigkeit wird nicht von einer bestimmten Kapitalstruktur abhängig gemacht, die der ausländischen Gesellschaft fremd ist. Dem Regelungsinteresse des Zuzugsstaats wurde noch nicht durch Maßnahmen des Heimatlandes der zuziehenden ausländischen Gesellschaft entsprochen. Die Gefahr einer doppelten insolvenzrechtlichen Haftung der directors der zuziehenden Gesellschaft besteht in der Regel nicht. Zumindest bzgl. des Hauptverfahrens sind parallele Insolvenzverfahren durch die EuInsVO grundsätzlich ausgeschlossen.[1508]

Eine nachhaltige Behinderung der Verwirklichung des Binnenmarktes ist ebenfalls abzulehnen. Knüpft die Insolvenzverschleppungshaftung an eine nachträgliche Überschuldung an, so hatte die zuziehende ausländische Gesellschaft bereits die Chance, in Deutschland gleichberechtigt geschäftlich tätig zu sein, ohne zusätzliche Voraussetzungen zu erfüllen. Die Insolvenzverschleppungshaftung greift zu einem Zeitpunkt ein, da die Gesellschaft ohnehin nicht mehr als Marktteilnehmer lebensfähig gewesen wäre. Die Insolvenzantragspflicht und die hieran anknüpfende Haftung für Insolvenzverschleppung bezweckt, eine Gesellschaft in der Krise rechtzeitig der Sanierung zuzuführen bzw. die ohnehin nicht mehr überlebensfähige Gesellschaft vom Markt zu nehmen, um eine drohende Gläubigerschädigung zu verhindern.[1509] Die Unternehmensleiter haften für ein bestimmtes Fehlverhalten. Das Fehlverhalten liegt dabei nur auf den ersten Blick im Verstoß gegen die Insolvenzantragspflicht. Letztlich haften die Geschäftsleiter dafür, dass sie trotz erkennbarer Insolvenz die Geschäftstätigkeit nicht eingestellt bzw. eine Sanierung eingeleitet haben und die Gläubiger dadurch einen Schaden erlitten haben. Eine solche Haftung ist in anderen europäischen Staaten, die keine Insolvenzantragspflicht kennen, nicht unbekannt.[1510] Es ist daher nicht wahrscheinlich, dass die Antragspflicht ausländische Gesellschaften davon abhalten wird, ihren Sitz nach Deutschland zu verlegen. Die Beeinträchtigung des Binnenmarkts durch das Erfordernis einer Insolvenzantragspflicht und einer hieran anknüpfenden Haftung ist daher verhältnismäßig. Soweit die Insolvenzverschleppungshaftung nicht an eine anfängliche, aus deutscher Sicht unzureichende Kapitalstruktur anknüpft, sondern effektiv den Weiterbetrieb einer Gesellschaft trotz erkennbarer nachträglicher Überschuldung zu Lasten der Gläubiger sanktioniert, ist sie mit der europarechtlichen Niederlassungsfreiheit vereinbar.

1508 Die EuInsVO schreibt das Prioritätsprinzip zwar nicht ausdrücklich vor. Es ergibt sich aber implizit aus Art. 3 Abs. 3 EuInsVO bzw. dem Erwägungsgrund 22. Siehe hierzu ausführlich Herchen, ZInsO 2004, 61, 63-64.

1509 Vgl. Mock/Schildt, ZInsO 2003, 396, 400.

1510 Vgl. hierzu z.B. Omar (2003) 6 InsLaw 239-249; Zimmer, IntGes, S. 281-288; Strauß, S. 187-210.

Bei Beachtung dieser Grundsätze kann die Haftung wegen Insolvenzverschleppung daher im Einzelfall auf die Geschäftsleiter einer zugezogenen ausländischen Gesellschaft zur Anwendung kommen.

§ 3: Durchgriffshaftungsinstrumente

Die echte[1511] Durchgriffshaftung kommt vor allem bei Unterkapitalisierung, Vermögensvermischung bzw. Existenzvernichtungshaftung in Betracht.[1512] Die Abgrenzung zwischen den einzelnen Durchgriffshaftungsinstituten ist schwierig. Teilweise wird der Existenzvernichtungshaftung die Rolle eines Auffangtatbestandes zu den Haftungstatbeständen der Unterkapitalisierung bzw. Vermögensvermischung zugewiesen.[1513] Andere wiederum sehen in der Existenzvernichtungshaftung einen Unterfall des Haftungsinstituts der Vermögensvermischung.[1514] Für eine Abgrenzung der Existenzvernichtungshaftung von der Fallgruppe der Unterkapitalisierung spricht, dass die Existenzvernichtungshaftung nach dem Wortlaut des BGH[1515] einen Abzug von Vermögen voraussetzt und nicht bereits bei einer anfänglichen unzureichenden Kapitalisierung zum Tragen kommt.[1516] Die Darstellung beschränkt sich im Folgenden auf eine Untersuchung der Durchgriffshaftung wegen Unterkapitalisierung bzw. Existenzvernichtung.[1517]

A. Materielle Unterkapitalisierung[1518]

Die Durchgriffshaftung für eine qualifizierte materielle Unterkapitalisierung hat sich in der deutschen höchstrichterlichen Rechtsprechung bisher nicht durchgesetzt.[1519] Das

---

1511 Zur „unechten“ Durchgriffshaftung, die einen besonderen Rechtsgrund der Haftung (z.B. Delikt) voraussetzt vgl. Bitter, WM 2004, 2190, 2195, m.w.N.

1512 Siehe hierzu Zimmer, NJW 2003, 3585, 3588; Lutter/Hommelhoff, GmbHG, § 13, Rn. 6 gehen von fünf Fallgruppen aus (Unterkapitalisierung, Vermögensvermischung, Sphärenvermischung, Existenzvernichtung, Institutsmissbrauch).

1513 Lutter/Banerjea, ZHR 2003, 402, 440.

1514 Altmeppen, ZIP 2002, 1553, 1557 f., 1560, 1563.

1515 Siehe z.B. BGH, JZ 2002, 1047, 1048.

1516 Schön, ZHR 2004, 268, 290; offen Ulmer, JZ 2002, 1049, 1051; a.A. Lutter/Banerjea, ZGR 2003, 402, 419, 420, welche die materielle Unterkapitalisierung als einen speziellen Anwendungsfall der Existenzvernichtungshaftung ansehen und damit auch die anfängliche unzureichende Mittelausstattung ausreichen lassen wollen.

1517 Die Beschränkung rechtfertigt sich daraus, dass die verschiedenen Fallgruppen im Wesentlichen nur deskriptive Bedeutung haben. Abstrakt-generelle Tatbestandsmerkmale für Durchgriffsfälle können derzeit nicht formuliert werden; so zutreffend Hueck/Fastrich in Baumbach/Hueck, GmbHG, § 13, Rn. 13, 14.

1518 Siehe hierzu mit umfangreichen weiteren Nachweisen Hueck/Fastrich in Baumbach/Hueck, GmbHG, § 5, Rn. 6.

1519 Siehe z.B. BGH, NJW 1999, 2809; Pentz in Rowedder/Schmidt-Leithoff, GmbHG, § 13 Rn. 136; Hueck/Fastrich in Baumbach/Hueck, GmbHG, § 5, Rn. 6; Lutter/Hommelhoff, GmbH, § 13 Rn. 11 m.w.N.; Hölzle, ZIP 2004, 1729.

Gesetz erfordert in § 5 Abs. 1 GmbH nur die Aufbringung eines Mindestkapitalbetrages. Die Bemessung des für einen bestimmten Unternehmensgegenstand bzw. Unternehmensumfang erforderlichen Kapitals kann nicht mit der rechtlichen Sicherheit erfolgen, um daran die schwerwiegenden Folgen einer persönlichen Haftung der Gesellschafter knüpfen zu können.[1520] Der BGH scheint in den der materiellen Unterkapitalisierung vergleichbaren Fällen eine deliktsrechtliche Haftung gem. § 826 BGB vorzuziehen.[1521] Das steht im Einklang mit dem englischen Recht. Dem englischen Recht ist eine echte Durchgriffshaftung wegen Unterkapitalisierung ebenfalls fremd.[1522] Eine dem deutschen Durchgriffshaftungsinstitut der materiellen Unterkapitalisierung entsprechende Haftung wird auch nicht durch die wrongful trading-Regelung erreicht.[1523] Die englische Rechtsprechung hat eine Haftung wegen anfänglicher materieller Unterkapitalisierung im Bereich der wrongful trading-Haftung ausdrücklich abgelehnt.[1524]

1. *Voraussetzungen*

Die Durchgriffshaftung wegen eindeutiger materieller Unterkapitalisierung knüpft an einen objektiven Missbrauch der Rechtsform der GmbH an.[1525] Der Missbrauch bei der Durchgriffshaftung wegen materieller Unterkapitalisierung liegt in der völlig unzureichenden Kapitalausstattung der Gesellschaft durch die Gesellschafter.[1526] Das Verbot einer unzureichenden Kapitalausstattung gilt sowohl bei Gründung der GmbH als auch während der späteren Geschäftstätigkeit. Eine Haftung wegen Unterkapitalisierung setzt die Insolvenz voraus, da nur dann ein Bedürfnis für eine persönliche Inanspruchnahme der Gesellschafter besteht.[1527] Anspruchsgrundlage für die Haftung ist § 128 HGB.[1528] Während der Dauer des Insolvenzverfahrens ist allein der Insolvenzverwalter befugt, Ansprüche gegen die Gesellschafter geltend zu machen.

1520 Henze, NZG 2003, 649, 659.

1521 Z:B. BGH WM 1979, 229, 230; Lutter/Hommelhoff, GmbHG, § 13, Rn. 11; Höfling, S. 271, 280.

1522 Siehe Höfling, S. 182; Eidenmüller, JZ 2004, 24, 26; Wachter, GmbHR 2004, 88, 91; Schanze/Jüttner, AG 2003, 661, 669.

1523 Habersack/Verse, ZHR 2004, 174, 188; Fleischer, AG 1999, 350, 360 (Fn. 127), ähnlich Drygala, ZEuP 2004, 337, 362. Die Auffassung von Höfling, S. 227, ist insoweit (zumindest in der praktischen Rechtswirklichkeit) unzutreffend.

1524 Siehe Re Purpoint [1991] BCLC 491, 498.

1525 K.Schmidt, S. 240.

1526 Lutter/Hommelhoff, GmbHG, § 13 Rn. 7.

1527 Lutter/Hommelhoff, GmbHG, § 13, Rn. 9.

1528 Lutter/Hommelhoff, GmbHG, § 13, Rn. 10 m.w.N.

2. *Europarechtliche Vereinbarkeit*

Die Anwendung der Regeln über die Haftung wegen anfänglicher qualifizierter Unterkapitalisierung nach deutschem Recht auf EU-Gesellschaften ist europarechtlich problematisch.[1529] Die Anwendung wird sich in der Regel nicht damit begründen lassen, dass die anfängliche qualifizierte Unterkapitalisierung europarechtlich missbräuchlich ist. Die Errichtung von Gesellschaften in Mitgliedstaaten, die eine den deutschen Maßstäben entsprechende Kapitalisierung nicht erfordern, ist gerade Bestandteil des Rechts der europarechtlichen Niederlassungsfreiheit und kann daher nicht als solche einen Missbrauch der Niederlassungsfreiheit darstellen.[1530] Soweit das Recht eines Mitgliedstaats eine anfängliche Kapitalisierung nicht vorsieht, kommt eine Durchgriffshaftung der Gesellschafter einer europarechtlich nicht zu rechtfertigenden Anerkennungsverweigerung der Gesellschaft gleich. Die Haftung für eine anfängliche Unterkapitalisierung der Gesellschaft ist daher in der Regel nicht mit der europarechtlichen Niederlassungsfreiheit vereinbar. Eine Ausnahme kann nur für solche Fälle gemacht werden, dass die ausländische Gesellschaft im Einzelfall bewusst zu Betrugszwecken gegründet wurde. Im begründeten Einzelfall könnte das der Fall sein, wenn die Gesellschaft nur gegründet wurde, um als Vehikel für ein betrügerisches Geschäftsmodell zu dienen, dessen alleiniger Zweck die bewusste Schädigung inländischer Gläubiger ist.[1531] Eine solche bewusste Schädigung wird sich jedoch im Einzelfall nur schwer nachweisen lassen. Die Haftung aus qualifizierter Unterkapitalisierung wegen einer unzureichenden Kapitalausstattung nach Aufnahme der Geschäftstätigkeit kann hingegen im Einzelfall europarechtlich gerechtfertigt sein. Eine Haftung unter dem Blickpunkt des Missbrauchseinwands kommt insbesondere für den Fall in Betracht, dass eine bewusste Spekulation auf Kosten der Gläubiger erfolgte.[1532]

B. *Existenzvernichtungshaftung*

Die Existenzvernichtungshaftung beruht auf einer Entscheidung des BGH in Sachen „*Bremer Vulkan*“.[1533] In den Entscheidungen in Sachen „*Ausfallhaftung*“[1534] bzw.

1529 Siehe auch Weller, Rechtsformwahlfreiheit, S. 91-93.

1530 EuGH Rs. C-167/01-Inspire Art Ltd., Rn. 143.

1531 Siehe Eidenmüller, JZ 2004, 24, 26; vgl. ebenfalls den Schlussantrag des Generalanwalts Darmon in EuGH Rs. C-229/83, Slg. 1985, I-1-Association des Centres distributeurs Éduard Leclerc et al. v. SARL Au blé vert et al., Rn. 17, wonach nur „normale“ handels- und gesellschaftsrechtliche Aktivitäten den Schutz des Gemeinschaftsrechts genießen sollen.

1532 Vgl. Bitter, WM 2004, 2190, 2198; Borges, ZIP 2004, 733, 742.

1533 BGH, ZIP 2001, 1874; zur Entstehungsgeschichte der Existenzvernichtungshaftung vgl. Weller, Rechtsformwahlfreiheit, S. 123-126.

1534 BGH, ZIP 2002, 848.

„*KBV*“[1535] hat der BGH die Haftungsvoraussetzungen konkretisiert. Der Existenzvernichtungshaftung liegt der Normzweck zugrunde, dass ein Gesellschafter nur dann in den Genuss der Haftungsbeschränkung der Kapitalgesellschaft[1536] kommen soll, wenn er die Gesellschaft nicht ihrer Fähigkeit beraubt, ihren Verbindlichkeiten nachzukommen.[1537]

1. *Voraussetzungen*

Die Existenzvernichtungshaftung setzt tatbestandlich einen insolvenzverursachenden Abzug[1538] von Gesellschaftsvermögen durch den Alleingesellschafter oder die einverständlich handelnde Gesellschaftergesamtheit voraus.[1539] Der BGH verweist in der KBV-Entscheidung auf die zwingende Beachtung der Zweckbindung des Gesellschaftsvermögens zur vorrangigen Befriedigung der Gesellschaftsgläubiger als unabdingbare Voraussetzung für die Inanspruchnahme des Privilegs der beschränkten Haftung nach § 13 Abs. 2 GmbHG. Ein Verstoß gegen diesen Grundsatz ist ein Missbrauch der Rechtsform der GmbH, der eine persönliche Haftung der Gesellschafter nach sich zieht.[1540] Letztlich stellt das der Existenzvernichtungshaftung zugrunde liegende Verhalten eine Umgehung des gesetzlich zwingend vorgesehenen förmlichen Liquidationsverfahrens dar.[1541] Die Existenzvernichtungshaftung sieht als Rechtsfolge eine unmittelbare Durchgriffshaftung der Gesellschafter, denen der Eingriff zuzurechnen ist, gegenüber den Gläubigern der GmbH vor. Anspruchsgrundlage ist § 128 analog HGB.[1542] Die Durchgriffshaftung greift jedoch erst nach Eintritt der Insolvenz der GmbH ein und dient der Kompensation der Ausfälle, welche die Gläubiger in der Insolvenz erleiden.[1543] Der Vermögensabzug der Gesellschafter muss dabei kausal für die Insolvenz und damit die wirtschaftliche Existenzvernichtung der GmbH gewesen sein.[1544]

1535 BGH, JZ 2002, 1047.
1536 § 13 Abs. 2 GmbHG.
1537 Weller, IPRax 2003, 207; Bitter, WM 2004, 2190, 2196 („teleologische Reduktion der Haftungsbeschränkung“).
1538 Vgl. hierzu Lutter/Banerjea, ZGR 2003, 402, 405-406 bzw. 414-415, Weller, Rechtsformwahlfreiheit, S. 164, 165, derselbe, DStR 2003, 1800, 1804; derselbe, IPRax 2003, 520, 524; a.A. z.B. Altmeppen, ZIP 2001, 1837, 1841; Henze, NZG 2003, 649, 658.
1539 Zur möglichen Haftung des Geschäftsführers siehe Lutter/Banerjea, ZIP 2003, 2177.
1540 BGH, JZ 2002, 1047, 1048; Spindler/Berner, RIW 2004, 7, 11.
1541 Weller, Rechtsformwahlfreiheit, S. 134.
1542 Lutter/Banerjea, ZHR 2003, 402, 430; Bitter, WM 2001, 2133, 2139; Ulmer, JZ 2002, 1049, 1050.
1543 Siehe z.B. Roth, NZG 2003, 1081.
1544 Vgl. Lutter/Hommelhoff, GmbHG, § 13, Rn. 18.

2. *Europarechtliche Vereinbarkeit*

Soweit die Existenzvernichtungshaftung eine echte Durchgriffshaftung darstellt, könnte sie aus der Sicht der europarechtlichen Niederlassungsfreiheit problematisch sein. Die echte Durchgriffshaftung stellt eine Durchbrechung des gesellschaftsrechtlichen Trennungsprinzips dar. Die Missachtung der eigenen Rechtspersönlichkeit der ausländischen Gesellschaft könnte eine gemeinschaftlich nicht zu rechtfertigende[1545] Anerkennungsverweigerung darstellen.[1546] Teilweise wird die europarechtliche Vereinbarkeit darin gesehen, die Existenzvernichtungshaftung dem Deliktsstatut zuzuordnen.[1547] Teilweise wird die europarechtliche Vereinbarkeit in einer insolvenzrechtlichen Anknüpfung gesucht.[1548] Andere sehen die europarechtliche Vereinbarkeit darin, dass die Durchgriffshaftungsinstrumente in ihrer bisherigen strengen Handhabung als ein Missbrauch der Niederlassungsfreiheit im Einzelfall angesehen werden könnten.[1549] Schließlich wird ein Anwendungsbereich für eine Haftung nach den Grundsätzen des existenzvernichtenden Eingriffs völlig ausgeschlossen. Die Existenzvernichtungshaftung stelle keinen Missbrauch im europarechtlichen Sinne dar und könne mangels Erforderlichkeit einer nationalen Regelung nicht aus zwingenden Gründen des Allgemeininteresses gerechtfertigt werden, da beim Zuzug einer englischen private limited company z.B. das englische Recht vergleichbare Schutzinstrumente, wie die Haftung wegen fraudulent bzw. wrongful trading kenne.[1550]

Allein durch die kollisionsrechtliche Anknüpfung lässt sich die europarechtliche Vereinbarkeit nicht bestimmen. Die kollisionsrechtliche Anknüpfung ist grundsätzlich irrelevant. Sie kann lediglich ein Indiz für die europarechtliche Zulässigkeit sein. Insofern ist festzustellen, dass in den Anwendungsfällen der Existenzvernichtungshaftung immer auch eine deliktische Haftung im Raum steht.[1551] Die Nähe zum Deliktsrecht, als allgemeinem Verkehrsrecht, könnte eine europarechtliche Rechtfertigung nahelegen, es sei denn, die Existenzvernichtungshaftung führt in ihrer Anwendung zu einer unverhältnismäßigen Behinderung der Niederlassungsfreiheit der zugezogenen ausländischen Gesellschaft. Die Anwendungsfälle der Existenzvernichtung können jedoch vor allem als ein Missbrauch bzw. Betrug im Einzelfalle betrachtet werden.[1552] Der spezifische Missbrauchseinwand kann grundsätzlich dem mitgliedstaatlichen Recht entnommen

---

1545 Eine solche Maßnahme kommt nämlich einer Negierung der Niederlassungsfreiheit gleich, vgl. EuGH Rs. C-208/00, Slg. 2002, I-9919-Überseering B.V., Rn. 93.

1546 Schanze/Jütner, AG 2003, 661, 669 bzw. dieselben, AG 2003, 30, 34.

1547 So Schanze/Jüttner, AG 2003, 30, 34; Zimmer, NJW 2003, 3585, 3588, 3589; Kindler, NZG 2003, 1086, 1090; a.A. für gesellschaftsrechtliche Qualifikation u.a. Schön, ZHR 2004, 268, 292; Burg, GmbHR 2004, 1379.

1548 Bei entsprechender Einordnung Weller, DStR 2003, 1800, 1804; derselbe, IPRax 2003, 207, 210.

1549 Zimmer, NJW 2003, 3585, 3589; Bayer, BB 2003, 2357, 2364 .

1550 Ebert/Levedag, GmbHR 2003, 1337, 1340.

1551 § 826, §§ 823 Abs. 2 i.V.m. §§ 263, 266 StGB, vgl. Bitter, WM 2004, 2190, 2197.

1552 Roth, NZG 2003, 1081, 1085; Borges, ZIP 2004, 733, 742; Horn, NJW 2004, 893, 899; Bayer, BB 2003, 2357, 2364; Drygala, ZGR 2004, 337, 347; a.A. Spindler/Berger, RIW 2004, 7, 9.

werden. Das Gemeinschaftsrecht bietet dann in einem zweiten Schritt den Maßstab, an dem der mitgliedstaatliche Gesetzgeber seine nationalen Missbrauchsregeln messen lassen muss.[1553] Die Reichweite einer europarechtlich zulässigen Anwendung des mitgliedstaatlichen Missbrauchseinwands ist durch eine Interpretation der inhaltlichen Tragweite der Niederlassungsfreiheit selbst zu ermitteln. Das Recht hört dort auf, wo der Missbrauch beginnt.[1554] Entscheidend für die Zulässigkeit der Geltendmachung eines nationalen Missbrauchseinwands ist nicht die dogmatische Einordnung, sondern die rechtliche bzw. faktische Auswirkung auf die Niederlassungsfreiheit. Die Niederlassungsfreiheit will in erster Linie die Chance der Marktteilnahme gewährleisten. Der Marktzugang wird durch die Existenzvernichtungshaftung zwar behindert, aber nicht wesentlich erschwert.[1555]

Die Existenzvernichtungshaftung setzt einen Abzug von Vermögenswerten voraus und greift daher erst ein, wenn die ausländische Gesellschaft bereits die Chance hatte, auf dem einheimischen Markt geschäftlich tätig zu werden. Die anfängliche unzureichende Kapitalausstattung einer Gesellschaft stellt gerade keine Fallgruppe der Existenzvernichtungshaftung dar.[1556] Die Existenzvernichtungshaftung knüpft an ein konkret missbräuchliches Verhalten im Einzelfall an.[1557] Die Existenzvernichtungshaftung ist eine Verhaltenshaftung, keine Strukturhaftung.[1558] Die Feststellung des Fehlverhaltens obliegt den Gerichten. Die nationale Maßnahme stellt demnach keine unflexible, abstrakt-generelle Regelung dar. Die Existenzvernichtungshaftung postuliert keine unflexible Grenze, wie die Vorschriften über die Mindestkapitalisierung und eine hieran anknüpfende Haftung der Geschäftsführer. Durch die Anknüpfung an ein konkret missbräuchliches Verhalten mit Einzelbezug begründet die Existenzvernichtungshaftung grundsätzlich keine zusätzliche Belastung für ausländische Gesellschaften. Sie erfordert nicht, dass ausländische Gesellschaften erneut bestimmten Anforderungen genügen müssen, die ihnen ihr Heimatstaat bereits auferlegt hat. Durch den konkreten Einzelfallbezug und die Anknüpfung an ein missbräuchliches Verhalten ist ferner eine Flut von Anwendungsfällen ausgeschlossen. Die Existenzvernichtungshaftung hat damit in der Regel keine einschneidende Abschreckungswirkung auf potenzielle Marktteilnehmer. Die Beeinträchtigung für die wechselseitige Durchdringung der mitgliedstaatlichen Märkte bzw. die Behinderung des Binnenmarkts ist überschaubar. Durch die Existenz-

1553 Siehe Schön, FS Wiedemann, S. 1282.

1554 Siehe die Schlussanträge des Generalanwalts La Pergola in C-212/97-Centros, Rn. 20 bzw. Kjellgren (2000) 11 Eur.Bus.L.Rev. 179, 192: „The Court's doctrine on abuse largely falls back on interpretation of the Community provisions in question themselves ... No specific principle of abuse is applied."

1555 Ähnlich Bitter, WM 2004, 2190, 2197.

1556 Vgl. Lutter/Banerjea, ZGR 2003, 402, 405 f., 414 f., Weller, Rechtsformwahlfreiheit, S. 164, 165, derselbe, DStR 2003, 1800, 1804; derselbe, IPRax 2003, 520, 524; a.A. Altmeppen, ZIP 2001, 1837, 1841; Henze, NZG 2003, 649, 658.

1557 Hiergegen Eidenmüller, JZ 2004, 24, 26, der davon ausgeht, dass die Existenzvernichtungshaftung eine allgemeine Regelung darstellt.

1558 Weller, Rechtsformwahlfreiheit, S. 167.

vernichtungshaftung soll gerade nicht der einheimische Markt vor dem Zuzug ausländischer EU-Gesellschaften abgeschottet werden. Vielmehr soll durch die Abschreckungsfunktion der Existenzvernichtungshaftung gerade die ausländische Gesellschaft als Markteilnehmer erhalten bleiben bzw. die missbräuchliche Vernichtung der Lebensfähigkeit der ausländischen Gesellschaft verhindert werden. Die Existenzvernichtungshaftung ist folglich auf ausländische Gesellschaften anwendbar.

Zum demselben Ergebnis kommt eine Ansicht, die der Existenzvernichtungshaftung eine weit über den deutschen Rechtsraum hinausgehende Bedeutung zuweist.[1559] Demnach gründet die Existenzvernichtungshaftung auf dem Vorbehalt, den Art. 44 Abs. 2g EG für den Zuzug von Gesellschaften formuliert habe. Danach hätten EU-Gesellschaften die in der Publizitätsrichtlinie angelegte Trennung der Vermögenssphäre von Gesellschaft und Gesellschafter[1560] zu beachten. Der Zuzugsstaat könne die Wertentscheidung der Richtlinie gegen die Auslandsgesellschaft durchsetzen.[1561] Die Ansicht verweist u.a. auch auf die Entscheidung des EuGH in der Sache *Marleasing*[1562], in der der EuGH den Grundsatz der Vermögenstrennung exemplifiziert habe. Dass eine Missachtung des Prinzips der Vermögenstrennung die uneingeschränkte Haftung nach sich ziehen könne, belege Art. 7 der Publizitätsrichtlinie, der vor der förmlichen Gründung einer Kapitalgesellschaft und der damit vollzogenen Vermögenstrennung eine unbeschränkte Haftung der Gründungspersonen anordne.[1563] Ob die Mitgliedstaaten das uneingeschränkte Recht haben, einen Verstoß gegen das Prinzip der Vermögenstrennung zu sanktionieren, ist fraglich. Eine solche nationale Maßnahme muss sich ebenfalls an Artt. 43 und 48 EGV messen lassen. Die Herleitung aus Art. 7 der Publizitätsrichtlinie kann nicht überzeugen. Die Ansicht macht aber deutlich, dass dem Europarecht der Grundsatz der Vermögenstrennung nicht fremd ist. Da die Existenzvernichtungshaftung keine wesentliche Behinderung der europarechtlichen Niederlassungsfreiheit darstellt, ist sie mit den Artt. 43 und 48 EGV vereinbar.

§ 4: Das Tätigkeitsverbot für Geschäftsleiter

Entsprechend den englischen Vorschriften des CDDA 86 stellt die Rechtsprechung des EuGH in Sachen *Centros*, *Überseering B.V.*, *Inspire Art Ltd.* auch die deutschen Tätigkeitsverbote für Geschäftsleiter in Frage. Können Unternehmensleiter zugezogener ausländischer Gesellschaften nach deutschem Recht von der Unternehmensleitung ausgeschlossen werden? Ist es GmbH-Geschäftsführern, die in Deutschland vom Geschäftsführeramt ausgeschlossen wurden, möglich, den Ausschluss durch eine bereits beste-

1559 Schön, ZHR 2004, 268, 294.
1560 Artt. 7, 11, 12 der Publizitätsrichtlinie.
1561 Schön, ZHR 2004, 268, 297.
1562 EuGH Rs. C-106/89, Slg. 1990, I-4135, 4156-Marleasing SA.
1563 Schön, ZHR 2004, 268, 295.

hende ausländische EU-Gesellschaft oder durch Gründung einer ausländischen Gesellschaft zu umgehen?[1564] Die folgende Untersuchung wird versuchen, hierauf eine Antwort zu geben.

A. Voraussetzungen

Das deutsche Recht kennt sowohl den speziellen Ausschlussgrund des § 6 Abs. 2 Satz 3 GmbHG i.V.m. den §§ 283 bis 283d StGB als auch den Ausschluss aufgrund eines gerichtlichen Urteils (§ 70 StGB) bzw. einer vollziehbaren Entscheidung einer Verwaltungsbehörde (z.B. § 35 GewO) gem. § 6 Abs. 2 Satz 4 GmbHG.[1565] § 8 Abs. 3 GmbHG sieht ferner eine der Registeranmeldung der Gesellschaft beizufügende Versicherung der Geschäftsführer vor, dass keine Umstände vorliegen, die ihrer Bestellung nach § 6 Abs. 2 Satz 3 und 4 GmbHG entgegenstehen. Im Folgenden erfolgt eine Konzentration der Untersuchung auf den Ausschlussgrund gem. § 6 Abs. 2 Satz 3 GmbHG.

§ 6 Abs. 2 S. 3 GmbHG sieht vor, dass eine wegen einer Insolvenzstraftat (§§ 283 bis 283d StGB) verurteilte Person auf die Dauer von fünf Jahren seit Rechtskraft des Urteils von der Bestellung zum Geschäftsführeramt ausgeschlossen ist. § 6 Abs. 2 Satz 3 GmbHG setzt die Strafbarkeit voraus. Dabei ist fraglich, ob die Verurteilung wegen einer vergleichbaren Straftat durch ein ausländisches Strafgericht ausreichend ist. Teilweise wird das bejaht. Andernfalls könne der Schutz des Vermögens Dritter durch grenzüberschreitendes Handeln unterlaufen werden.[1566] Die Ansicht ist jedoch abzulehnen.[1567] § 6 Abs. 2 Satz 3 GmbHG spricht eindeutig nur von einer Verurteilung „wegen einer Straftat nach dem §§ 283 bis 283d StGB“. Eine Verurteilung wegen entsprechender Strafbestimmungen widerspricht dem eindeutigen Wortlaut. Eine analoge Anwendung ist aus Gesichtspunkten der Rechtsicherheit abzulehnen. Das Tätigkeitsverbot ist in seiner faktischen Schwere und Auswirkung einer strafrechtlichen Sanktion vergleichbar. Analogien sind daher enge Grenzen gesetzt. Der Gesetzgeber hat in § 6 Abs. 2 S. 3 GmbH den Ausschluss enumerativ auf die Insolvenzstraftaten beschränkt, andere Verurteilungen wegen Betrugs bzw. Untreue reichen daher (zumindest derzeit)[1568] nicht

---

1564 Lanzius, ZInsO 2004, 296 weist zu Recht darauf hin, dass Internetanbieter, die englische private limited companies vermarkten, disqualifizierte deutsche Geschäftsführer schon als potenzielle „Kundengruppe“ erkannt hätten.

1565 Zur verfassungsrechtlichen Vereinbarkeit der deutschen Vorschriften siehe Stein, AG 1987, 165 ff.

1566 So OLG Naumburg, ZIP 2002, 622, 625; siehe auch Scholz/Schneider, GmbHG, § 6 Rn. 20; Hommelhoff/Kleindiek in Lutter/Hommelhoff, GmbHG, § 6 Rn. 17.

1567 Siehe hierzu LG Köln, NJW-RR 1995, 553; Roth/Altmeppen, GmbHG, § 6 Rn. 6c; Hueck/Fastrich in Baumbach/Hueck, GmbHG, § 6 Rn. 10.

1568 Art. 11 des Entwurfs eines Gesetzes zur Sicherung von Werkunternehmeransprüchen und zur verbesserten Durchsetzung von Forderungen (Forderungssicherungsgesetz – FoSiG) sieht vor, dass die Straftatbestände, die eine Bestellung zum GmbH-Geschäftsführer ausschließen, erweitert werden sollen. Die Begehung allgemeiner Vermögensdelikte (Betrug, Untreue u.a.) könnte dann künftig Personen vom Amt als Geschäftsführer ausschließen. Voraussetzung ist aber, dass die Peraus.[1569] Genauso wenig kann die Verwirklichung ausländischer Straftatbestände für ein Tätigkeitsverbot nach § 6 Abs. 2 S. 3 GmbHG genügen. Im Übrigen widerspricht eine Berücksichtigung vergleichbarer Tatbestände auch dem Bestimmtheitsgebot, da die Vergleichbarkeit nur schwer festzustellen ist.[1570] Wegen der drastischen Folgen (z.B. Nichtigkeit der Bestellung zum Geschäftsführeramt) ist eine solche Unsicherheit nicht hinnehmbar. Eine andere Frage ist, ob der Anwendung des inländischen Tätigkeitsverbots gegenüber ausländischen Gesellschaften nicht das strafrechtliche Analogieverbot entgegensteht.[1571] Das ist zu verneinen. Die §§ 283 bis 283d StGB sehen im Gegensatz zu § 84 GmbHG keine rechtsformspezifische Strafbarkeit vor. Die Handlungspflichten gem. §§ 283 bis 283d StGB sind nicht an die Stellung als Geschäftsführer einer GmbH gebunden. Einer Anwendung des Tätigkeitsverbots aus § 6 Abs. 2 S. 3 GmbHG i.V.m §§ 283-283 d StGB steht daher nicht das strafrechtliche Analogieverbot entgegen.

B. Europarechtliche Vereinbarkeit

Das Recht, über die Bestellung der Geschäftsleiter zu befinden, ist Teil des internen Organisationsrechts der Gesellschaft. Das europarechtliche Anerkennungsprinzip gebietet daher, dass sich das Recht der Geschäftsleiterbestellung bei zuziehenden ausländischen EU-Gesellschaften in der Regel nach ihrem ausländischen Gesellschaftsstatut richtet. Die deutschen Ausschlussvorschriften, die der ausländischen Gesellschaft das Recht absprechen, über die Bestellung ihrer Geschäftsleiter zu befinden, müssen sich daher am Europarecht messen lassen.

Das Tätigkeitsverbot nach § 6 Abs. 2 S. 3 GmbHG setzt die Begehung eines Insolvenzdelikts nach den §§ 283 bis 283d StGB voraus. Aus der Zugehörigkeit der Insolvenzdelikte der §§ 283 ff. StGB zum Strafrecht ergibt sich noch nicht, dass es sich um eine Materie handelt, die dem Gemeinschaftsrecht entzogen ist.[1572] Die innerstaatliche kollisionsrechtliche Qualifikation einer Norm ist für die Frage der möglichen Beeinträchtigung der Niederlassungsfreiheit grundsätzlich nicht von Bedeutung. Ansonsten könnten die Mitgliedstaaten den Schutzbereich der Niederlassungsfreiheit durch innerstaatliche Anknüpfung bestimmen.

Die Anwendbarkeit des Bestellungsverbots des § 6 Abs. 2 S. 3 GmbHG auf ausländische Gesellschaften ist im deutschen Recht umstritten. Teilweise wird angenommen, dass Personen, die in Deutschland nach § 6 Abs. 2 S. 3 von einem Tätigkeitsverbot

sonen wegen der genannten Straftaten in den letzten fünf Jahren zu einer Freiheitsstrafe von mindestens einem Jahr verurteilt worden sind, vgl. hierzu Melchior, GmbHR 2005, R 29-30 bzw. Drygala, ZIP 2005, 423, 424.

1569 Roth/Altmeppen, GmbHR, § 6 Rn. 6c.

1570 LG Köln, NJW-RR 1995, 553; Roth/Altmeppen, GmbHG, § 6 Rn. 6c.

1571 Vgl. zum Analogieverbot bei der Anwendung der Strafvorschrift des § 84 GmbHG Zimmer, NJW 2003, 3585, 3590; Weller, IPRax 2003, 207, 208.

1572 Siehe z.B. Spindler/Berger, RIW 2004, 7, 15.

betroffen sind, als Geschäftsleiter einer ausländischen Gesellschaft mittels einer deutschen Zweigniederlassung ihre Geschäfte im Inland weiterbetreiben dürfen.[1573] Es ist zwar zutreffend, dass bei der Eintragung einer ausländischen Gesellschaft von den Geschäftsleitern keine Versicherung gem. § 8 Abs. 3 GmbHG verlangt werden kann.[1574] Gegen eine solche Versicherungspflicht bei der Anmeldung der ausländischen Gesellschaft zum Handelsregister spricht, dass sie von der insoweit europarechtlich abschließenden Zweigniederlassungsrichtlinie nicht vorgesehen ist. Im Übrigen trifft die Zweigniederlassungsrichtlinie aber keine abschließende Regelung über den Ausschluss von ausländischen Geschäftsleitern. Ein Teil der Rechtsprechung geht daher zu Recht davon aus, dass einem Inländer untersagt werden kann, ein inländisches Tätigkeitsverbot durch die Gründung einer Auslandsgesellschaft zu umgehen.[1575] Die europarechtliche Vereinbarkeit der Untersagung ergibt sich daraus, dass die Neugründung einer ausländischen Gesellschaft zur Umgehung eines inländischen Tätigkeitsverbots des Unternehmensleiters einen Missbrauch der europarechtlichen Niederlassungsfreiheit darstellt.[1576]

Die Entscheidungen des EuGH in *Centros* bzw. *Inspire Art Ltd.* stehen dem nicht entgegen. Zwar kann ein Staatsangehöriger eines Mitgliedstaats, der eine Gesellschaft gründen möchte, diese in dem Mitgliedstaat errichten, dessen gesellschaftliche Vorschriften ihm die größte Freiheit lassen, und anschließend in anderen Mitgliedstaaten Zweigniederlassungen gründen.[1577] Gleichzeitig macht der EuGH aber ausdrücklich deutlich, dass ein Mitgliedstaat berechtigt ist, geeignete Maßnahmen gegenüber der Gesellschaft als auch gegenüber ihren Gesellschaftern zu treffen, wenn diese sich in missbräuchlicher Weise ihren Verpflichtungen bzw. der Anwendung nationalen Rechts entziehen will.[1578]Das Tätigkeitsverbot stellt eine objektive Einzelfallregelung dar, die ein konkretes Fehlverhalten sanktioniert. Die Niederlassungsfreiheit der Gesellschaft ist vom Tätigkeitsverbot ihres Unternehmensleiters nur indirekt betroffen. Das Tätigkeitsverbot richtet sich in erster Linie gegen den Geschäftsleiter. Die Gesellschaft muss eine Einschränkung ihres Niederlassungsrechts hinnehmen, da die Bestellung des Unternehmensleiters in bewusster Kenntnis des Tätigkeitsverbots erfolgte. Es ist der Gesellschaft zumutbar, ihre Geschäfte in Deutschland durch die Bestellung anderer Geschäftsleiter

1573 OLG Oldenburg, RIW 2001, 863, 864 (entgegen BayObLG, DB 1982, 273 und OLG Düsseldorf DB 1992, 1469); Kindler, NJW 1993, 3301, 3305 bzw. Lutter/Bayer in Lutter/Hommelhoff, GmbHG, § 12, Rn. 22.

1574 § 13g Abs. 2 S. 2 HGB verweist explizit nicht auf § 8 Abs. 3 GmbHG, vgl. Großfeld, IntGesR, Rn. 1005; Lutter/Bayer in Lutter/Hommelhoff, GmbHG, § 12, Rn. 22; Seibert, GmbHR 1992, 738, 741.

1575 OLG Zweibrücken, ZIP 2003, 849, 851; KG Berlin, GmbHR 2004, 116, 119 (jeweils als obiter dictum).

1576 Siehe Eidenmüller, ZGR 2004, 159, 179 bzw. derselbe, JZ 2004, 24, 26; Schanze/Jüttner, AG 2003, 661, 669 bzw. Lutter/Bayer in Lutter/Hommelhoff, GmbHG, § 12, Rn. 22; Seifert, RIW 2001, 68, 69; OLG Zweibrücken, ZIP 2003, 849, 851; KG Berlin, GmbHR 2004, 116, 119.

1577 EuGH Rs. C-167/01-Inspire Art Ltd., Rn. 138; EuGH Rs. C-212/97-Centros, Rn. 27.

1578 Inspire Art Ltd, s.o., Rn. 136; Centros, s.o., Rn. 24, 38.

zu verfolgen. Das Tätigkeitsverbot ist in Deutschland auf die im Strafgesetzbuch enumerativ aufgezählten schweren Verstöße beschränkt. Das deutsche Recht verlangt die strafrechtliche Verurteilung der betreffenden Geschäftsführer. In dem hierfür erforderlichen Strafprozess können die Geschäftsführer zu ihrer Verteidigung auf die in ihrer Schutzintensität weitgehenden strafprozessualen Verteidigungsinstrumente zurückgreifen. Der nemo tenetur-Grundsatz, der z.B. im englischen CDDA 86-Verfahren wegen dessen zivilrechtlich-regulatorischer Natur keine Anwendung findet, gilt uneingeschränkt im deutschen System. Darüber hinaus finden im deutschen System bestimmte berufliche Schweigerechte Anwendung.[1579] Der Ausschluss eines Unternehmensleiters, der ein deutsches Tätigkeitsverbot dadurch umgehen will, dass er sich einer im Ausland neugegründeten Gesellschaft bedienen will, um wiederum in Deutschland Geschäfte zu tätigen, ist als Missbrauch der Niederlassungsfreiheit europarechtlich gerechtfertigt.

Fraglich ist, ob es einem in Deutschland von der Geschäftsführung ausgeschlossenen Unternehmensleiter untersagt werden kann, mit einer zum Zeitpunkt der Disqualifizierung in Deutschland bereits bestehenden unabhängigen ausländischen Gesellschaft in Deutschland erneut geschäftlich tätig zu werden („unabhängige ausländische Gesellschaft"). In Deutschland ist die Reichweite der Ausschlusswirkung des § 6 Abs. 2 Satz 3 GmbHG höchstrichterlich noch nicht abschließend geklärt. Insbesondere ist strittig, ob der Ausschluss gem. § 6 Abs. 2 Satz 3 GmbHG sich auch auf ein bereits ausgeübtes Geschäftsführeramt in einer anderen Gesellschaft bezieht. Zu Recht wird vertreten, dass der gesetzliche Ausschlussgrund des § 6 Abs. 2 Satz 3 GmbHG nur diejenigen Unternehmensleiter betreffe, die nach dem Erlass eines Urteils ein solches Amt erstmals antreten wollen. Tätigkeiten, die bereits zum Zeitpunkt des Urteils ausgeübt würden, bleiben vom Tätigkeitsverbot unberührt. Ein wegen Bankrotts verurteilter ehemaliger Geschäftsführer einer GmbH müßte demnach nicht ein seinerzeit zusätzlich übernommenes Geschäftsführeramt bei einer anderen Gesellschaft niederlegen, sondern dürfte das Geschäftsführeramt weiter ausüben.[1580] Für diese Ansicht spricht der Wortlaut des § 6 Abs. 2 Satz 3 GmbHG sowie der Aspekt des Vertrauensschutzes. Ein bereits bestehendes Geschäftsleiteramt bei einer ausländischen Gesellschaft müsste daher durch ein Tätigkeitsverbot in Deutschland ebenfalls nicht niedergelegt werden.

Folgt man der Gegenansicht, die das Tätigkeitsverbot auch auf ein bereits ausgeübtes Geschäftsführeramt erstrecken will, so ist dessen Anwendbarkeit bzgl. ausländischer EU-Gesellschaften mit der Niederlassungsfreiheit nicht vereinbar. Die ausländische Gesellschaft genießt ein schutzwürdiges Vertrauen. Die Ausdehnung des Ausschlusses auf bereits bestehende ausländische Gesellschaften lässt sich europarechtlich nicht rechtfertigen. Die Erstreckung des Berufsverbots auf eine im Zeitpunkt des Urteils bereits bestehende ausländische EU-Gesellschaft ist nicht erforderlich. Vertragsgläubi-

1579 Zeugnisverweigerungsrecht gem. § 53 StPO.

1580 So Weyand, Insolvenzdelikte, S. 171; a.A. z.B. Hueck/Fastricht in Baumbach/Hueck, GmbHG, § 6, Rn. 12; Scholz/Schneider, GmbHG, § 6, Rn. 20.

ger können durch Informationsinstrumente hinreichend geschützt werden. Die Namen der Geschäftsleiter sind bekannt. Die ausländischen Geschäftsleiter haben im Zusammenhang mit der Anmeldung einer inländischen Zweigniederlassung beim Handelsregister ihre Unterschrift zu zeichnen.[1581] Durch die Anlegung eines (dem englischen Recht entsprechenden) online frei zugänglichen Registers über disqualifizierte Geschäftsführer könnte die Öffentlichkeit hinreichend vor ungeeigneten Geschäftsleitern geschützt werden. Öffentliche Gläubiger wiederum können durch die Stellung von verhältnismäßigen Sicherheiten durch die zuziehende ausländische Gesellschaft bei Anmeldung im Handelsregister geschützt werden.[1582]

§ 5: Zusammenfassung und Bewertung

Die vom Gesellschaftsstatut losgelöste Anwendung inländischer Gläubigerschutzinstrumente ist durch die jüngste Rechtsprechung des EuGH nicht generell ausgeschlossen worden. Soweit eine ausländische Gesellschaft einen freien, unbehinderten Marktzugang genießt, nationale Betriebsregelungen keine zusätzliche Belastung gegenüber einheimischen Gesellschaften begründen („dual burden") und die Erreichung des Binnenmarktzieles durch einzelfallbezogene neutrale Regelungen nicht unverhältnismäßig erschwert wird, steht der Anwendbarkeit lokaler Regelungen nichts entgegen. Die Untersuchung hat dennoch deutlich werden lassen, dass die Anwendbarkeit der (den englischen vergleichbaren) deutschen sachrechtlichen Gläubigerschutzinstrumente auf zuziehende ausländische EU-Gesellschaften im Einzelfall europarechtlich problematisch sein kann. Ausländischen EU-Gesellschaften, die nach Deutschland zuziehen, können zwar die deutschen Transparenzvorschriften entgegengehalten werden. Die Transparenzvorschriften gewährleisten aber keinen umfassenden Gläubigerschutz. Gerade im Hinblick auf außervertragliche Gläubiger (deliktische Gläubiger bzw. öffentliche Gläubiger) sind sie nicht geeignet, einen hinreichenden Schutz beim Zuzug ausländischer EU-Gesellschaften zu gewährleisten.[1583] Das Argument, dass ein solcher Schutz bei deliktischen Handlungen natürlicher Personen ebenfalls nicht gesichert ist, da der Geschädigte nicht davon ausgehen kann, dass er von einer solventen Person geschädigt wird, ist nicht überzeugend. Natürliche Personen sind nicht mit juristischen Personen vergleichbar. Der Geschäftsumfang ist bei juristischen Personen in der Regel wesentlich umfangreicher als bei natürlichen Personen. Das potenzielle Risiko, durch eine juristische Person zu Schaden zu kommen, ist dementsprechend größer.

1581 Siehe § 13g Abs. 2 S. 2 HGB i.V.m. § 8 Abs. 4 GmbHG bzw. § 8 Abs. 5 GmbHG.

1582 Vgl. EuGH Rs. C-212/97-Centros, Rn. 37.

1583 So zu Recht Ulmer, NJW 2004, 1201, 1202; Eidenmüller, JZ 2004, 24, 27; Bayer, BB 2003, 2357, 2364.

Der Gläubigerschutz durch einen Durchgriff auf die hinter der juristischen Person stehenden Gesellschafter ist ebenfalls europarechtlich problematisch. Insbesondere ist es nicht möglich, nationale Vorstellungen über eine „ausreichende Kapitalisierung“ von Kapitalgesellschaften zuziehenden ausländischen EU-Gesellschaften entgegenzuhalten. Die Durchgriffshaftung wegen anfänglicher materieller Unterkapitalisierung ist nicht mit dem Europarecht vereinbar. Eine englische private limited company, die mit einem Grundkapital von einem Pfund in ihrem Herkunftsstaat rechtmäßig errichtet wurde, ist nicht unterkapitalisiert.[1584] Die Bewertung der ausreichenden anfänglichen Kapitalisierung ist eine Frage, die das Heimatrecht der zuziehenden Gesellschaft zu klären hat. Die deutschen Mindestkapitalisierungsvorschriften, deren europarechtliche Vereinbarkeit zweifelhaft ist, können durch die Hintertür einer Durchgriffshaftung wegen materieller Unterkapitalisierung nicht neu belebt werden. Der Durchgriff auf die hinter der juristischen Person stehenden Gesellschafter ist nur im begründeten Einzelfall, bei Vorliegen eines europarechtskonform zu bestimmenden Betrugs bzw. Missbrauchs möglich. Ein solcher europarechtlicher Missbrauch kann im Einzelfall durch die Existenzvernichtungshaftung sanktioniert werden. Die echte Durchgriffshaftung wegen Existenzvernichtung ist in der Regel mit der europarechtlichen Niederlassungsfreiheit vereinbar. Sie ist eine Verhaltens- und keine Strukturhaftung und stellt keine wesentliche Behinderung des Binnenmarktzieles dar. Die Existenzvernichtungshaftung will gerade nicht den einheimischen Markt vor ausländischen Gesellschaften abschotten. Vielmehr bezweckt sie, die ausländische Gesellschaft als Marktteilnehmer zu erhalten. Die Gesellschafter sollen von der missbräuchlichen Existenzvernichtung der Gesellschaft abgehalten werden.

Die deutschen Vorschriften, die ein Bestellungsverbot für ausländische Unternehmensleiter vorsehen, sind weitgehend auf ausländische EU-Gesellschaften anwendbar. Die Umgehung der deutschen Ausschlussvorschriften durch die Neugründung einer ausländischen EU-Gesellschaft und eine sich hieran anschließende Geschäftstätigkeit in Deutschland stellt einen europarechtlichen Missbrauch dar, der im begründeten Einzelfall verboten werden kann. Die indirekte Beeinträchtigung der Niederlassungsfreiheit der neu gegründeten ausländischen Gesellschaft ist verhältnismäßig. Eine neugegründete Gesellschaft, die einen Geschäftsleiter in bewusster Kenntnis von dessen Betätigungsverbot mit der Geschäftsleitung betraut, kann sich nicht auf Vertrauensgesichtspunkte berufen. Der ausländischen Gesellschaft ist es zuzumuten, die Geschäftsführung durch andere Unternehmensleiter ausüben zu lassen. Etwas anderes gilt für den Fall, dass eine unabhängige ausländische Gesellschaft im Zeitpunkt des Tätigkeitsverbots bereits bestand und den Geschäftsleiter bereits mit der Geschäftsführung betraut hatte. In einem solchen Fall ist die Unabhängigkeit der ausländischen Gesellschaft zu achten. Das Betätigungsverbot hat keine Ausstrahlungswirkung auf bereits bestehende ausländische Gesellschaften bzw. eine hierin bereits ausgeübte Geschäftsführungstätigkeit. Die ausländische Gesellschaft und ihre durch das Heimatrecht bestimmte innere Organi-

1584 Schanze/Jüttner, AG 2003, 661, 669.

sation sind vom Zuzugsstaat anzuerkennen. Ein Missbrauch ist abzulehnen, da die Geschäftsbetrauung nicht zur Umgehung eines bereits ausgesprochenen inländischen Tätigkeitsverbots erfolgte. Die Gefahr, dass ein Geschäftsleiter ein drohendes inländisches Tätigkeitsverbot dadurch umgeht, dass er eine ausländische Gesellschaft im Vorfeld der Disqualifizierung gründet und sich mit dem Geschäftsführeramt betraut, ist hinzunehmen. Den Risiken, die sich hieraus für einheimische Gläubiger ergeben, kann durch Informationsvorschriften bzw. die Stellung von verhältnismäßigen Sicherheitsleistungen begegnet werden. Gerade im Falle von close companies, bei denen Personenidentität zwischen Eigentümer und Geschäftsführung besteht, sind solche Sicherungsinstrumente mildere Maßnahmen als ein mehrjähriges Tätigkeitsverbot.[1585]

Die Insolvenzverschleppungshaftung kann unter bestimmten Umständen gegen die Niederlassungsfreiheit verstoßen. Soweit die deutsche Insolvenzverschleppungshaftung allein an die anfängliche Überschuldung anknüpft, stellt sie eine abstrakt-generelle Strukturhaftung dar, die dem europarechtlichen Erfordernis einer objektiven Einzelfallentscheidung nicht entspricht. Der EuGH hat in *Inspire Art Ltd.* hinreichend deutlich gemacht, dass nationale Vorstellungen, die eine bestimmte Kapitalisierung verlangen, nicht zuziehenden ausländischen EU-Gesellschaften entgegengehalten werden dürfen.[1586] Soweit die Insolvenzverschleppungshaftung nicht an eine anfängliche, aus deutscher Sicht unzureichende, Kapitalstruktur anknüpft, sondern effektiv den Weiterbetrieb einer Gesellschaft trotz erkennbarer nachträglicher Überschuldung zu Lasten der Gläubiger sanktioniert, ist sie mit der europarechtlichen Niederlassungsfreiheit vereinbar.

1585 Siehe zur Sicherheitsleistung als milderer Maßnahme auch EuGH Rs. C-167/01-Centros, Rn. 37.
1586 EuGH Rs. C-167/01-Inspire Art Ltd., Rn. 143.

Schlussbetrachtung

Die Arbeit hat erkennen lassen, dass die englischen Gläubigerschutzvorschriften und die vergleichbaren deutschen sachrechtlichen Gläubigerschutzinstrumente zuziehenden ausländischen EU-Gesellschaften nicht bedenkenlos entgegengehalten werden können. Die deutschen Gläubigerschutzregeln werden immer noch weitgehend von dem Bestreben dominiert, einheimische Kapitalisierungsvorstellungen gegenüber zuziehenden ausländischen EU-Gesellschaften durchzusetzen. Die englischen sachrechtlichen Gläubigerschutzregelungen sind in der Hinsicht europarechtlich vorzugswürdig. Eine Unterkapitalisierungshaftung hat sich im englischen Recht nicht durchgesetzt. Die englischen Gläubigerschutzregeln fordern im größeren Maße die Feststellung eines konkreten Fehlverhaltens im Einzelfalle. Die englischen Gläubigerschutzinstrumente sanktionieren konkretes Fehlverhalten und fordern nicht ex ante eine bestimmte Kapitalstruktur der Gesellschaft. Sie stehen damit im Einklang mit der Forderung des EuGH, der zur Durchsetzung des effet utile bzw. zur Erreichung des Binnenmarktzieles abstrakt-generellen Hindernissen der europarechtlichen Niederlassungsfreiheit eine Absage erteilt hat. Das englische Gläubigerschutzmodell ist jedoch ebenfalls erheblichen rechtlichen und praktischen Bedenken ausgesetzt. Negativ schlägt zu Buche, dass die englischen Gläubigerschutzvorschriften auf Tatbestands-[1587] und Rechtsfolgenseite[1588] durch eine große Rechtsunsicherheit gekennzeichnet sind. Gerade für zuziehende ausländische Gesellschaften ist eine solche Rechtsunsicherheit bedenklich. Im günstigsten Falle führt die Rechtsunsicherheit lediglich zu erheblichen Informationskosten. Im schlechtesten Falle werden ausländische Gesellschaften wegen des möglichen unkalkulierbaren Haftungsrisikos von einem geschäftlichen Engagement in England abgehalten. Die Rechtsunsicherheit hat einen schädlichen Einfluss auf die Verwirklichung des einheitlichen europäischen Binnenmarkts. Besonders drastisch kann sich die Rechtsunsicherheit im Bereich der Disqualifizierung von Geschäftsleitern auswirken. Die Regelungen des CDDA 86 finden im Gegensatz zu der wrongful trading-Haftung[1589] häufig Anwendung. Der CDDA 86 hat eine quasi-pönale Natur, ohne den hiervon Betroffenen, im Gegensatz zum deutschen Recht, die erforderlichen, erweiterten Möglichkeiten der strafprozessualen Verteidigung zugute kommen zu lassen. Der CDDA 86 gerät nicht nur im Einzelfalle mit der EMRK in Konflikt. Die Arbeit hat deutlich gemacht, dass die An-

---

1587 Siehe z.B. die unbestimmten Rechtsbegriffe „unfit“, „that person knew or ought to have concluded that there was no reasonable prospect“„took every step to minimise loss“, „good arguable case“ u.a.

1588 Siehe z.B. das Recht des Richters, die Höhe der Beitragszahlung im Rahmen der wrongful trading-Haftung zu bestimmen.

1589 Die bisherige geringe Spruchpraxis englischer Gerichte zum wrongful trading mag der Grund sein, dass die fehlende Transparenz der Regelung bisher keine negative Auswirkung auf die Geschäftsfreudigkeit der Unternehmer hatte.

wendbarkeit der Vorschriften des CDDA 86, wie auch des vergleichbaren deutschen Tätigkeitsverbots des § 6 Abs. 2 Satz 3 GmbHG i.V.m. §§ 283-283d StGB, im Einzelfalle gegen die europarechtliche Niederlassungsfreiheit verstoßen kann. Einer bedenkenlosen Übernahme der englischen Disqualifizierungsvorschriften als Modell für die Entwicklung einer von der *High Level Group of Company Law Experts* in ihrem Schlussbericht vom 4. November 2002[1590] bzw. von der Europäischen Kommission in ihrem Aktionsplan zur Modernisierung des Gesellschaftsrechts vom 21. Mai 2003[1591] angeregten europaweiten Berufsverbotsregelung für persönlich und fachlich ungeeignete Geschäftsführer sollte daher mit Skepsis begegnet werden.[1592]

Das „englische Gläubigerschutzmodell" ist trotz intensiver Reformbestrebungen des DTI nicht in der Lage, die sich stellenden Probleme im europäischen Gesellschaftsrecht zufriedenstellend zu lösen.[1593] Es bedarf daher der Entwicklung eines von den rein nationalen Lösungen unabhängigen, eigenständigen europäischen Gläubigerschutzmodells. Ein solches europäisches Gläubigerschutzmodell sollte in erster Linie auf den bereits bestehenden nationalen und europäischen Transparenzregelungen aufbauen. Ein gut funktionierendes Transparenzsystem ist eine unabdingbare Voraussetzung dafür, dass die Gesellschaftsgläubiger in der Lage sind, sich selbst durch spezielle Vertragsregelungen vor dem Insolvenzrisiko einer Gesellschaft zu schützen. Das vom EuGH favorisierte Informationsmodell sollte daher weiter ausgebaut werden. Der Umfang der von den einzelnen mitgliedstaatlichen Handelsregistern offenzulegenden Informationen muss erweitert und die Vernetzung der einzelnen Handelsregister vorangetrieben werden.[1594] Denkbar wäre z.B. die Anlegung eines europaweiten Registers für disqualifizierte Geschäftsleiter, das von allen Beteiligten im europäischen Rechts- und Wirtschaftsverkehr jederzeit online einsehbar ist.[1595] Gläubigerschutz kann jedoch nicht allein durch Transparenzregelungen gewährleistet werden.[1596] Insbesondere außervertragliche Gläubiger bedürfen im Einzelfall eines zusätzlichen Schutzes. Trotz aller Kritik im Einzelnen hat die Arbeit dargelegt, dass das englische Modell eines insolvenzrechtlichen Gläubigerschutzes beachtenswerte Anregungen enthält. Ein auf dem Insolvenzrecht beruhendes Gläubigerschutzmodell hat u.a. den Vorteil, dass der europäische Integrationsprozess im Insolvenzrecht durch Inkrafttreten der EuInsVO trotz aller Schwierigkei-

1590 Schlussbericht der High Level Group of Company Law Experts, s.o., S. 74/75.

1591 Aktionsplan der EU-Kommission zur Reform des Europäischen Gesellschaftsrechts vom 21.05.2003, NZG 2003, Sonderbeilage 13, S. 9.

1592 Für die Einführung eines dem CDDA 86 vergleichbaren Konzepts durch den deutschen Gesetzgeber ist hingegen Lanzius, ZInsO 2004, 296, 301-302.

1593 Vor einer unbedachten Übernahme der englischen wrongful trading-Haftung in das Gemeinschaftsrecht warnt z.B. Fleischer, ZGR 2004, 437, 456; derselbe, AG 1999, 350, 359 ff.

1594 Vgl. hierzu Wachter, GmbHR 2004, 88, 103; derselbe, DB 2004, 2795, 2803.

1595 Das englische Recht sieht nach s. 18 CDDA ein entsprechendes Register für nach dem CDDA 86 disqualifizierte directors vor, das unter: http://www.companieshouse.gov.uk/ddir/ einsehbar ist.

1596 Siehe auch Kieninger, Wettbewerb, S. 382.

ten weiter fortgeschritten ist als im Recht der kleinen Kapitalgesellschaft.[1597] Der rechtsübergreifende Ansatz des gesellschaftsrechtlichen Gläubigerschutzes muss daher auch bei der Entwicklung eines europäischen Gläubigerschutzrechts berücksichtigt werden. Nur die Einbeziehung des Insolvenzrechts, des Kapitalmarktrechts und vor allem auch des Steuerrechts ermöglicht eine Konzentration auf die wahren ökonomischen Ziele des Gesellschaftsrechts. Die Entwicklung in den USA steht Pate dafür, dass die bundeseinheitliche Regelung dieser Bereiche einen der Garanten für die Flexibilität der einzelnen bundesstaatlichen Gesellschaftsrechte darstellen kann.

Die Entwicklung eines solchen weitergehenden europäischen Gläubigerschutzmodells kann nicht durch die Gerichte geleistet werden. *Generalanwalt Colomer* hat in seinen Schlussanträgen zu der Entscheidung *Überseering*[1598] klar zum Ausdruck gebracht, dass es nicht Aufgabe des EuGH sei, im Bereich des Internationalen Privatrechts gestalterisch tätig zu werden. Die vom EuGH berufenen Mitgliedstaaten, eingezwängt in ihre nationale politische Zwangsjacke, haben es in der Vergangenheit nicht geschafft, ein konstruktives, tragfähiges Modell zu entwickeln. Es ist daher an der Zeit, neue Wege zu gehen. Einen weiterführenden Vorschlag stellt die von *Ebke* entwickelte Idee der Schaffung eines privaten European Law Institute (ELI) dar.[1599] Der Vorteil dieses Instituts liegt in seiner Unabhängigkeit. Weitgehend frei von politischen Zwängen könnte es Modellgesetze entwickeln, die inhaltlich mehr darstellen als „die Quersumme einzelner Gesellschaftsrechte der Mitgliedstaaten"[1600] und denen sich die Mitgliedstaaten auf freiwilliger Basis anschließen könnten. Dabei könnten die Vorzüge der einzelnen mitgliedstaatlichen Modelle objektiv und unabhängig berücksichtigt und bewertet werden.

Die zunehmende Globalisierung stellt eine gewaltige Herausforderung für Deutschland und Europa dar. Die Europäische Union wird dieser Herausforderung gewachsen sein, wenn sie sich auf ihre Stärken besinnt. Einer der wesentlichen Gründe für die Prosperität Europas lag immer in seiner nationalen und kulturellen Vielfalt.[1601] Es gilt, institutionelle Strukturen zu schaffen, die in der Lage sind, diesen europäischen Wettbewerbsvorteil fruchtbar zu machen, indem die Stärken und Schwächen der einzelnen Mitgliedstaaten in rechtsvergleichender Sorgfalt herausgearbeitet und auf einer objektiven, den sozio-kulturellen Unterschieden Rechnung tragenden Basis bewertet werden. Die Darstellung und Analyse der Stärken und Schwächen des Gläubigerschutzes im englischen Recht in dieser Arbeit möchte dazu einen kleinen Beitrag leisten.

1597 Fischer, ZIP 2004, 1477, 1486. Für den Übergang zu einem insolvenzrechtlich ausgestalteten Gläubigermodell vgl. auch Weller, Rechtsformwahlfreiheit, S. 331-332.

1598 Schlussanträge des Generalanwalts Colomer in der Entscheidung EuGH Rs. C-208/00, Slg. 2002, I-9919-Überseering B.V., Rn. 43.

1599 Grundlegend hierzu Ebke, FS Großfeld, S. 189 ff. bzw. Ebke, ZSR 1999, 106, 122-123; Ebke, RabelsZ 1999, 195, 239; Ebke (1997) 31 Int'l Law. 961, 985; Ebke, Bundesgerichtshof, S. 824. Den Vorschlag Ebkes für „erwägenswert" hält Deckert, RabelsZ 2000, 478, 496; zustimmend auch Omar (2003) 6 I.Law. 239: „...it would provide legal integration without conceding sovereignty".

1600 So Ebke, FS Großfeld, S. 212.

1601 Vgl. Land*es*, S. 36; *Kennedy*, S. 48-49.

Literaturverzeichnis

Alva, C.: Delaware and the Market for Corporate Charter-History and Agency, (1990) 15 Del J of Corporate Law 885-901

Armour, Douglas: Tolley's limited liability partnerships - the new legislation, Croyden Surrey 2001

Arsalidou, Demetra: The impact of section 214 (4) of the Insolvency Act 1986 on directors'duties, (2000) 22 Co.Law. 19-23

Bachmann, Gregor: Grundtendenzen der Reform geschlossener Gesellschaften in Europa – Dargestellt am Beispiel des britischen Reformprozesses und der Europäischen Privatgesellschaft, ZGR 2001, 351-384

Bachner, Thomas: Wrongful Trading – A New European Model for Creditor Protection?, (2004) 5 EBOR 293-319

- Wrongful trading before the English High Court Re Continental Assurance Company of London plc (Singer v. Beckett), (2004) 5 EBOR 195-200

Bailey, Edward/Groves, Hugo: Corporate Insolvency - Law and Practise, 2. Auflage, London, Edinburgh, Dublin 2001

Balz, Manfred: Das neue Europäische Insolvenzübereinkommen, ZIP 1996, 948-955

Basedow, Jürgen: Europäisches Internationales Privatrecht, NJW 1996, 1922-1929

Battifol, Henri/Lagarde, Paul: Traitè élémentaire de droit international privé, Band 1, 5. Auflage, Paris 1970

Baumbach, Adolf/Hueck, Alfred (Hrsg.): GmbH-Gesetz, 17. Auflage, München 2000

Bayer, Walter: Die EuGH-Entscheidung „Inspire Art" und die deutsche GmbH im Wettbewerb der europäischen Rechtsordnungen, BB 2003, 2357-2366

Beatson, J.: Anson's Law of Contract, 27. Ausgabe, Oxford 1998

Bebr, Gerhard: The Existence of a Genuine Dispute: An Indispensable Precondition for the Jurisdiction of the Court under Article 177 ECC Treaty?, (1980) 17 CML Rev 525-537

Becker, Patricia: Grenzüberschreitende Sitzverlegung: Internet-Umfrage von der Europäischen Kommission, GmbHR 2004, R 145-147

Beckett, Margaret: The President of the Board of Trade: Modern Company Law - For a Competitive Economy, London 1998

Behrens, Peter: Das Internationale Gesellschaftsrecht nach dem Centros-Urteil des EuGH, IPRax 1999, 323-331

- Die Gesellschaft mit beschränkter Haftung im internationalen und europäischen Recht, 2. Auflage, Berlin 1997
- Die GmbH im internationalen Recht, in: Ulmer, Peter u.a. (Hrsg.): Hachenburg - Großkommentar zum HGB, 7. Auflage Berlin 1975, Bd. I, §§ 1-12, Rn. 592-650
- Die grenzüberschreitende Sitzverlegung von Gesellschaften in der EWG, IPRax 1989, 354-361
- Die Konvergenz der wirtschaftlichen Freiheiten im europäischen Gemeinschaftsrecht, EuR 1992, 145-162
- Internationales Gesellschaftsrecht nach dem Überseering-Urteil des EuGH und den Schlussanträgen zu Inspire Art, IPRax 2003, 193-207

- Krisensymptome in der Gesellschaftsrechtsangleichung, in Immenga, Ulrich u.a. (Hrsg.): Festschrift für Ernst-Joachim Mestmäcker, Baden-Baden 1996, S. 831 ff.

Berg, Alan: The Company Law Review: Legislating Director's Duties, [2000] JBL 472-491

Bernsau, Georg: Geschäfte mit Auslandsfirmen können teuer werden, FAZ vom 09.06.2004, S. 25

Besse, Dirk: Die justitielle Zusammenarbeit in Zivilsachen nach dem Vertrag von Amsterdam und das EuGVÜ, ZEuP 1999, 107-122

Biggs, Adrian: In Praise and Defence of Renvoi, (1998) 47 ICLQ 877-884

Binz, Marc K./Mayer, Gerd: Die ausländische Kapitalgesellschaft & Co. KG im Aufwind?, GmbHR 2003, 249-257

Bitter, Georg: Der Anfang vom Ende des „qualifiziert faktischen GmbH-Konzerns" – Ansätze einer allgemeinen Missbrauchshaftung in der Rechtsprechung des BGH, WM 2001, 2133-2141

- Flurschäden im Gläubigerschutzrecht durch „Centros & Co."? – Eine Zwischenbilanz, WM 2004, 2190-2199

Blobel, Felix/Späth, Patrick: Zum Entwicklungsstand der Lehre vom „forum non conveniens" in England, RIW 2001, 598-604

Bloß, Henning: Die Unternehmensgruppe im englischen und deutschen Recht der Kapitalgesellschaften, Frankfurt a. Main 1999

Bloxham, Peter/Baird, Kenneth: Cross Frontier Issues, in Barc, Stephen (Hrsg.): Tolley's Insolvency Law, 16. Auflage, Croydon, Surrey 2001

Blümcke, Patrick: Das Internationale Gesellschaftsrecht von Kanada, Münster 2001

Böcker, Philipp: Die Überschuldung im Recht der Gesellschaft mit beschränkter Haftung – Harmonisierung von Insolvenzverschleppungshaftung und Eigenkapitalersatzrecht, Baden-Baden 2002

Borges, Georg: Die Sitztheorie in der Centros-Ära: Vermeintliche Probleme und unvermeidliche Änderungen, RIW 2000, 167-178

- Gläubigerschutz bei ausländischen Gesellschaften mit inländischem Sitz, ZIP 2004, 733-744

Bourne, N.: Wrongful Trading – The Start of Something Big, (1995) 16 Bus L Rev

Boyle, A.J./Birds, John: Boyle & Bird's Company Law, 4. Auflage, Bristol 2000

Brandi, Tim Oliver/Morshäuser, Ralf: Generalanwalt: Keine Bedenken gegen „Sitztheorie" – EU-Staaten dürfen Unternehmen am eigenen Recht messen, FAZ vom 12.12.2001, S. 25

Bücker, Thomas: Freie Auswahl im europäischen Gesellschaftsrecht, FAZ vom 9.10.2003, S. 21

Burbidge, Peter: Cross border insolvency within the European Union: dawn of a new era, (2002) 27 Eur.L.Rev. 589-609

Burg, Michael: Existenzvernichtungsschutz in der Private Limited Company?, GmbHR 2004, 1379-1383

Cabral, Pedro: „Presumed Innocent": Companies and the Exercise of the Right of Establishment Under Community Law, (2000) 25 Eur.L.Rev. 157-164

Callies/Ruffert (Hrsg.): Kommentar zum EU-Vertrag und EG-Vertrag, 2. Auflage, Neuwied u.a. 2002

Canaris, Claus-Wilhelm/Heldrich, Andreas/Hopt, Klaus J. (Hrsg.): 50 Jahre Bundesgerichtshof, München 2000

Cary, William L.: Federalism and Corporate Law: Reflections upon Delaware, (1974) 83 Yale LJ 663-705

Cheffins, Brain R.: Company Law - Theory, Structure and Operation, Oxford 1997

Collins, Lawrence (Hrsg.): Dicey & Morris, On Conflicts of Laws, 12. Auflage, London 1993

Cooke, T.E./Hicks, Andrew: Wrongful Trading - Predicting Insolvency, [1993] JBL 338-350

Cork, Kenneth: Report of the Review Committee, Insolvency Law and Practise, Cmd 8558, London 1982

Craig, Paul/de Burca, Gráinne: EU Law, 3. Auflage, Oxford 2003

Crezelius, Georg/Schneider Uwe H. (Hrsg): Scholz Kommentar zum GmbH-Gesetz, 1. Band, 9. Auflage, Köln 2000

Daniels, Ronald J.: Must Boards Go Overboard? An Economic Analysis of the Effects of Burgeoning Statutory Liability on the Role of Directors in Corporate Governance, in Ziegel, Jacob S. (Hrsg.): Current Developments in International and Comparative Corporate Insolvency Law, Oxford 1994, S. 547-569

Dauses, Manfred A. (Hrsg.): Handbuch des EU-Wirtschaftsrechts, Band 1, München 2001

Davies, Paul: Legal Capital in Private Companies in Great Britain, AG 1998, 346-354

- Gower and Davies' Principles of Modern Company Law, 7. Auflage, London 2003

Dawson, Kate: The Extra-Territoriality of the Insolvency Act 1986 and foreign directors, (1999) 2 InsLaw 67-68

Deckert, Martina R.: Zum Harmonisierungsbedarf und Harmonisierungsgrenzen im Europäischen Gesellschaftsrecht, RabelsZ 2000, 478-496

Di Marco, Gūiseppe: Die multinationalen Korporationen im Internationalen Privatrecht, BerDtGesVölkR 1978, 169 ff.

- Der Vorschlag der Kommission für eine 14. Richtlinie – Stand und Perspektiven, ZGR 1999, 3-12

Diederichsen, Almut: Gerichtsstandsregel stärkt Konsumenten – EU-Verordnung löst Übereinkommen ab, FAZ vom 13. März 2002, S. 30

Dierksmeier, Jochen: Der Kauf einer englischen „Private Limited Company", Heidelberg 1997, S. 43-44

Dietrich, Holger: Sitzverlegung im Binnenmarkt und ihre Besteuerung, Frankfurt am Main 2001

Dignam, Alan J./Allen David: Company Law and the Human Rights Act 1998, London, Edinburgh, Dublin 2000

Dine, Janet: Control of English law over foreign companies, [1988] JBL 77-79

Dodsworth, Andrew: Disqualifying de facto directors, (1995) 11 Insolvency Law & Practise, 176-177

Doyle, Louis G.: Insolvency Litigation, London 1999

Drake, Charles D.: Disqualification of Directors – The Red Card, [1989] JBL 474-491

Drury, Robert R.: The Regulation and Recognition of Foreign Corporations: Responses to the „Delaware Syndrome", (1998) 57 CLJ 165-194

- Migrating Companies, (1999) 24 EL Rev 354-372

Drygala, Tim: Stand und Entwicklung des europäischen Gesellschaftsrechts, ZEuP 2004, 337-365

- Zur Neugestaltung der Tätigkeitsverbote für Geschäftsleiter von Kapitalgesellschaften, ZIP 2005, 423-427

DTI: A Revised Framework for Insolvency Law, Cmd 9175, London 1984

- Companies in 1998/99, HMSO, London 1999
- Companies in 1999/00, HMSO, London 2000
- Companies in 2002/2003, HMSO, London 2003
- The Euro – Redenomination of Share Capital, HMSO, London 1998

Duys, Oliver: Auslands-Kapitalgesellschaft & Co KG – Systemimmanente Grenzen – Europarechtliche Einflüsse, Regensburg 2001, S. 98-122

Ebenroth, Carsten/Eyles, Uwe: Die innereuropäische Verlegung des Gesellschaftssitzes als Ausfluß der Niederlassungsfreiheit? (Teil 1), DB 1989, 363-372

- Die innereuropäische Verlegung des Gesellschaftssitzes als Ausfluß der Niederlassungsfreiheit? (Teil 2), DB 1989, 413-417

Ebenroth, Carsten/Sura, Achim: Das Problem der Anerkennung im internationalen Gesellschaftsrecht, RabelsZ 1979, 315-345

Eberhartinger, Michael: Konvergenz und Neustrukturierung der Grundfreiheiten, EWS 1997, 43-51

Ebert, Sabine/Levedag, Christian: Die zugezogene „private company limited by shares (Ltd.)" nach dem Recht von England und Wales als Rechtsformalternative für in- und ausländische Investoren in Deutschland, GmbHR 2003, 1337-1346

Ebke, Werner F.: „Die ausländische Kapitalgesellschaft & Co. KG" und das europäi sche Gemeinschaftsrecht – Besprechung der Entscheidung BayObLGZ 1986, 61, ZGR 1987, 245-259

- „The Limited Partnership" and Transnational Combinations of Business Forms: „Delaware Syndrome" Versus European Community Law, 22 Int'l Law 191-205 (1988)
- Company Law and the European Union: Centralized versus Decentralized Lawmaking, (1997) 31 Int'l Law. 961-986
- Unternehmensrecht und Binnenmarkt – E pluribus unum?, RabelsZ 1998, 195-242
- Das Schicksal der Sitztheorie nach dem Centros-Urteil des EuGH, JZ 1999, 656-661
- Die Zukunft der Rechtsetzung in multijurisdiktionalen Rechtsordnungen: Wettbewerb der Rechtsordnungen oder zentrale Regelvorgabe – am Beispiel des Gesellschafts- und Unternehmensrechts, Spezialausgabe Nr. 28, ZSR 1999, 106-127
- Unternehmensrechtsangleichung in der Europäischen Union: Brauchen wir ein European Law Institut?, in Hübner, Ulrich/Ebke, Werner F. (Hrsg.): Festschrift für Bernhard Großfeld, Heidelberg 1999, S. 189-221
- Centros - Some Realities and Some Mysteries, 48 Am.J.Comp.L. 623-660 (2000)
- Märkte machen Recht – auch Gesellschafts- und Unternehmensrecht!, in Schneider, Uwe H./Hommelhoff, Peter/Schmidt, Karsten u.a. (Hrsg.): Festschrift für Marcus Lutter, Köln 2000, S. 17-30
- Das Internationale Gesellschaftsrecht und der Bundesgerichtshof, in: Canaris, Claus-Wilhelm, Heldrich, Andreas, Hopt, Klaus J. u.a. (Hrsg.): 50 Jahre Bundesgerichtshof, München 2000, S. 799-824
- (Red.): Münchener Kommentar zum Handelsgesetzbuch, Band 4, Drittes Buch. Handelsbücher, §§ 238-342 a HGB, München 2001

- Das Statut der Europäischen Aktiengesellschaft ist verabschiedet – und jetzt?, EWS 2002, 1
- The Real Seat Doctrine in the Conflict of Corporate Laws, (2002) 36 Int'l Law. 1015- 1037
- Die Würfel sind gefallen: Die Sanktionen der Sitztheorie sind europarechtswidrig!, BB 2003 Heft 1; S. I („Die Erste Seite")
- Überseering: „Die wahre Liberalität ist Anerkennung", JZ 2003, 927- 933
- Gesellschaften aus Delaware auf dem Vormarsch: Der BGH macht es möglich, RIW 2004, 740-744

Ebke, Werner F./Gockel, Markus: European Corporate Law, (1990) 24 Int'l Law 239-250

Ebke, Werner F./Bert, Peter: Vereinheitlichung der Abschlussprüferhaftung in Europa durch Rechtsprechung. Die Abschlussprüferhaftung gegenüber Dritten nach der Caparo-Entscheidung des House of Lords, EWS 1993, 229-237

Edwards, Vanessa: EC Company Law, Oxford 1999

Efferink, Harm van/Ebert, Sabine/Levedag, Christian: Die zugezogene niederländische B.V. als Rechtsformalternative zur deutschen GmbH für in- und ausländische Investoren in Deutschland, GmbHR 2004, 880-890

EFTA Surveillance Authority: Written Observations in Case C-208/00-Überseering B.V. v. NCC Nordic Construction Company Baumanagement GmbH vom 18. September 2000

Eidenmüller, Horst: Wettbewerb der Gesellschaftsrechte in Europa, ZIP 2002, 2233-2245

- Mobilität und Restrukturierung von Unternehmen im Binnenmarkt, JZ 2004, 24-33

Eidenmüller, Horst/Rehm, Gebhard: Niederlassungsfreiheit versus Schutz des inländischen Rechtsverkehrs: Konturen des Europäischen Internationalen Gesellschaftsrechts, ZGR 2004, 159-188

Eidenmüller, Horst/Engert, Andreas: Rechtsökonomik des Mindestkapitals im GmbH-Recht, GmbHR 2005, 433-438

Eilmann, Götz/Seulen, Günther: Die Reform des GmbH-Rechts bleibt wirkungslos, FAZ vom 04. Mai 2005, S. 25

Eisner, Helmut: Kapitalersatz- und Insolvenzverschleppungshaftung im Fall der Scheinauslandsgesellschaft, ZInsO 2005, 20-23

Embid Irujo, José Miguel: Eine spanische „Erfindung" im Gesellschaftsrecht: Die „Sociedad limitada nueva empresa" – die neue unternehmerische GmbH, RIW 2004, 760-767

Erwand, Christine: Forum non conveniens und EuGVÜ, Frankfurt a. Main 1996

Europäische Kommission: Modernisierung des Gesellschaftsrechts und Verbesserung der Corporate Governance in der Europäischen Union – Aktionsplan vom 21.05.2003, NZG 2003, Sonderbeilage 13

- Modernisierung des Gesellschaftsrechts und Verbesserung der Corporate Governance in der Europäischen Union – Aktionsplan, NZG 2003, Sonderbeilage zu Heft 13, S. 1-15

Everling, Ulrich: Das Niederlassungsrecht in der EG als Beschränkungsverbot – Tragweite und Grenzen, in: Schön, Wolfgang u.a. (Hrsg.): Gedächtnisschrift für Knobbe-Keuk, S. 607-625, Köln 1997

Eyles, Uwe: Das Niederlassungsrecht der Kapitalgesellschaften in der Europäischen Gemeinschaft – Die Überlagerung des deutschen Gesellschaftsrechts und Unternehmenssteuerrechts durch die Europäische Gemeinschaft, Baden-Baden 1990

Farnsworth, Albert: The Residence and Domicile of Corporations, London 1939
Farnsworth, Albert: Note on „Union Corporation Ltd. v. IRC", (1952) 68 LQR 307 ff.
Farrar, John H./Hannigan, Brenda M./ Fuery Nigel E./Wylie, Phillip: Farrar's Company Law, 4. Auflage, London, Edinburgh, Dublin 1998
Fastrich, Lorenz/Hueck, Götz u.a. (Hrsg.): Baumbach/Hueck – GmbH-Gesetz, 17. Auflage, München 2000
Ferran, Ellis: Book Review (1999) 58 CLJ 655-656
Fischer, Michael: Die Verlagerung des Gläubigerschutzes vom Gesellschafts- in das Insolvenzrecht nach „Inspire Art", ZIP 2004, 1477-1486
Fitzpatrick, Francis: Disqualification of a Director on Grounds of Unfitness, (1992) 152 N.L.J. 596-598
Fleischer, Holger: Neue Entwicklungen im englischen Konzernrecht – Vergleichende Notizen im Lichte der Empfehlungen des Forum Europaeum Konzernrecht, AG 1999, 350-362
- Gläubigerschutz in der kleinen Kapitalgesellschaft: Deutsche GmbH versus englische private limited company, DStR 2000, 1015-1021
- Erweiterte Außenhaftung der Organmitglieder im Europäischen Gesellschafts- und Kapitalmarktrecht, ZGR 2004, 437-479
- Gläubigerschutz im Recht der Delaware corporation, RIW 2005, 92-97

Fletcher, Ian F.: A New Age of International Insolvency, the Countdown has begun, (2000) 13 Insolvency Intelligence 57-61
Fletcher, Ian F.: The Genesis of Modern Insolvency Law – An Odyssey of Law Reform, [1989] JBL 365-376
- Insolvency in Private International Law, Oxford 1999

Fock, Till Henning: Sitztheorie im deutschen internationalen Steuerrecht nach der Centros-Entscheidung, RIW 2000, 42-53
Forsthoff, Ulrich: Niederlassungsrecht für Gesellschaften nach dem Centros-Urteil des EuGH: Eine Bilanz, EuR 2000, 167-196
- EuGH fördert Vielfalt im Gesellschaftsrecht, DB 2002, 2471-2477
- Mehr Wahlmöglichkeiten für Unternehmen, FAZ vom 13.11.2002, S. 19

Forum Europaeum Konzernrecht: Konzernrecht in Europa, ZGR 1998, 672-772
Foster, Nicholas H.D.: Company Law Theory in Comparative Perspective: England and France, 48 Am.J.Comp.L. 573-621 (2000)
Fox, Denis/Bowen, Michael: The Law of Private Companies, London 1991
Freedman, Judith: Limited Liability: Large Company Theory and Small Firms, (2000) 63 MLR 317-354
Freedman, Judith/Godwin, M.: The Statutory Audit and the Micro Company – An Empirical Investigation, [1993] JBL 105-130
Freitag, Robert: Der Wettbewerb der Rechtsordnungen im Internationalen Gesellschaftsrecht, EuZW 1999, 267-270

Fritz, Daniel Friedemann/ Bähr, Rainer M.: Die Europäische Verordnung über Insolvenzverfahren – Herausforderung an Gerichte und Insolvenzverwalter, DZWIR 2001, 221 ff.

Frommel, S.N.: EEC companies and migraton: a setback for Europe?, Intertax 1988, 409-416

Frowein, Jochen Abr/Peukert, Wolfgang: Europäische Menschenrechtskonvention – EMRK-Kommentar, Kehl u.a. 1996

Gansen, Georg: Die Harmonisierung der Kapitalaufbringung im englischen und deutschen Kapitalgesellschaftsrecht, Frankfurt am Main 1999

Geimer, Reinold: Internationales Zivilprozeßrecht, 4. Auflage, Köln 2001

Geyrhalter, Volker: Niederlassungsfreiheit contra Sitztheorie – Good Bye „Daily Mail"?, EWS 1999, 201-203

Geyrhalter, Volker/Gänßler, Peggy : Perspektiven nach „Überseering" – wie geht es weiter?, NZG 2003, 409-414

Geyrhalter, Volker/Gänßler, Peggy: „Inspire Art" – Briefkastengesellschaften „on the Move", DStR 2003, 2167-2172

Gillessen, Frederick: Europäische transnationale Sitzverlegung und Fusion im Vereinigten Königreich und in Irland, Frankfurt am Main 2000

Godfrey, Patricia/Nield, Sarah: The wrongful trading provisions – all bark and no bite?, (1995) 11 Insolvency Law & Practise 139-140

Goette, Wulf: Zur systematischen Einordnung des § 64 Abs. 2 GmbHG, ZinsO 2005, 1-5

Goldring, Jeremy/Theobald, Katherine: A piece of the action: champerty and maintenance in insolvency, (1996) 12 Insolvency Law & Practise, S. 48-51

Goode, R. M.: Wrongful Trading and the Balance Sheet Test of Insolvency, [1989] JBL 436-439

Göthel, Stephan R.: Internationales Gesellschaftsrecht in den USA: Die Internal Affairs Rule wankt nicht, RIW 2000, 904-910

Götker, Uwe: Der Geschäftsführer in der Insolvenz der GmbH, Köln 1999

Götsche, Max: Das Centros-Urteil des EuGH und seine Auswirkungen – eine Bestandsaufnahme aus gesellschafts-, handels- und steuerrechtlicher Sicht, DStR 1999, 1403-1408

Gotzen, Paul: Niederländisches Handels- und Wirtschaftsrecht, 2. Auflage, Heidelberg 2000

Goulding, Simon: The Private Company in the United Kingdom, in: De Kluiver, Harm-Jan./Van Gerven, Walter (Hrsg.): The European Private Company?, Antwerpen u.a. 1995, S. 55 ff.

Gower, L.C.B.: Principles of Modern Company Law, 3. Auflage, London 1969

Gower, L.C.B./Davies, Paul L.: Principles of Modern Company Law, 6. Auflage, London 1997

Grabitz, Eberhard: Das Recht auf Zugang zum Markt nach dem EWG-Vertrag, in: Stödter, Rolf/Thieme, Werner (Hrsg.): Hamburg – Deutschland – Europa. Beiträge zum deutschen und europäischen Verfassungs-, Verwaltungs- und Wirtschaftsrecht, Festschrift für Hans Peter Ipsen, Tübingen 1977, S. 645-667

Grabitz, Eberhard/Hilf, Meinhard: Das Recht der Europäischen Union – Kommentar, 1. Band, München 2001

Grantham, Ross/Rickett, Charles (Hrsg.): Corporate Personality in the 20th Century, Oxford 1998
Grierson, Christopher K.: Issues in Concurrent Insolvency Jurisdiction: English Perspectives, in *Ziegel, Jacob S.* (Hrsg.): Current Developments in International and Comparative Corporate Insolvency Law, Oxford 1994, S. 577-620
Griffin, Stephen: Personal Liability and Disqualification of Company Directors, Oxford 1999
- Identifying the characteristics of a de facto director, in Parry, Rebecca (Hrsg.): Butterworths Disqualification Newsletter No. 7, March 2000, 2-4
- Company Law – Fundamental Principles, 3. Auflage, London 2000
- Identifying the characteristics of a shadow director, in Parry, Rebecca (Hrsg.): Butterworths Disqualification Newsletter Nr. 9, November 2000, 2-4
- Evidence justifying a person's capacity as either a de facto or shadow director: Secretary of State for Trade and Industry v. Becker, (2003) 3 InsLaw 127-131
Gross, Wolfgang: Direktinvestition und europäische Integration. Dargestellt am Beispiel der Bundesrepublik Deutschland, Konstanz 1989
- Deutsches Gesellschaftsrecht in Europa, EuZW 1994, 395-402
Großerichter, Helge: Ausländische Kapitalgesellschaften im deutschen Rechtsraum. Das deutsche Internationale Gesellschaftsrecht und seine Perspektiven nach der Entscheidung in Überseering, DStR 2003, 159-169
Großfeld, Bernhard: Diplomatischer Schutz für Aktiengesellschaften und Aktionäre, ADW 1972, 537 ff.
- Die Entwicklung der Internationalen Anerkennungstheorien im Internationalen Gesellschaftsrecht, in: Hefermehl, Wolfgang/Gmür, Rudolf/Brox, Hans (Hrsg.): Festschrift für Harry Westermann, Karlsruhe 1974, S. 199-222
- in: Staudinger (Hrsg.): Kommentar zum Bürgerlichen Gesetzbuch, Internationales Gesellschaftsrecht, Berlin 1998
Großfeld, Bernhard/Luttermann, Claus: Anmerkung zum EuGH-Urteil vom 27.9.1988-Rs. 81/87, JZ 1989, 386-387
Grundmann, Stefan: Information und ihre Grenzen im Europäischen und neuen englischen Gesellschaftsrecht, in: Schneider Uwe H./ Hommelhoff, Peter u.a. (Hrsg.): Festschrift für Marcus Lutter, Köln 2000, S. 61-82
- Wettbewerb der Regelgeber im Europäischen Gesellschaftsrecht – jedes Marktsegment hat seine Struktur, ZGR 2001, 783-832
Gully, Cork: Cork Gully on Insolvency Judgements, London 1991, S. 255 ff.

Haas, Ulrich: Aktuelle Rechtsprechung zur Insolvenzantragspflicht des GmbH-Geschäftsführers nach § 64 Abs. 1 GmbHG, DStR 2003, 423-433
Habersack, Mathias: Europäisches Gesellschaftsrecht, 2. Auflage, München 2003
Habersack, Mathias/Verse, Dirk: Wrongful Trading – Grundlage einer europäischen Insolvenzverschleppungshaftung?, ZHR 2004, 174-215
Hachenburg, Max: Gesetz betreffend die GmbH - Großkommentar zum HGB, 7. Auflage, Berlin 1975
Hailbronner, Kay/Thiery, Claus: Amsterdam – Vergemeinschaftung der Sachbereiche Freier Personenverkehr, Asylrecht u. Einwanderung sowie Überführung des Schengen Besitzstands auf EU-Ebene, EuR 1998, 583-615
Halbhuber, Harald: Limited Company statt GmbH? – Europarechtlicher Rahmen und deutscher Widerstand, Baden-Baden 2001

- National Doctrinal Structures And European Company Law, (2001) 38 CMLR 1385-1420
- Das Ende der Sitztheorie als Kompetenztheorie – Das Urteil des Europäischen Gerichtshofs in der Rechtssache C-208/00 (Überseering), ZEuP 2003, 418-437

Halliday, T.C./Carruthers B.G: Professionalization and the Moral Regulation of Markets: Corporate Governance, Insolvency Practitioners, and the English Insolvency Act 1985, London 1992

Hanisch, Hans: Stellungnahme zu der Frage, ob und gegebenenfalls in welcher Weise ein in seiner Wirkung territorial beschränktes Sonderinsolvenzverfahren über das Inlandsvermögen eines Schuldners vorzusehen ist, wenn dieser den Mittelpunkt seiner hauptsächlichen Interessen im Ausland hat, in Stoll, Hans (Hrsg.): Vorschläge und Gutachten zur Umsetzung des EU-Übereinkommens über Insolvenzverfahren im deutschen Recht, S. 202-218, Tübingen 1997

Hartlieb, Gerd Walter: Die Haftung des „directors" einer englischen Kapitalgesellschaft, des Vorstandsmitgliedes einer AG sowie des GmbH-Geschäftsführers nach deutschem Recht, Berlin 1987

Hatzopoulos, Vassilis: Recent Developments of the Case Law of the ECJ in the Field of Services, (2000) 37 CML Rev 43, 68

Heeder, Oliver: Fraus legis, Frankfurt a. Main 1998

Hefermehl, Wolfgang/Gmür, Rudolf/Brox, Hans (Hrsg.): Festschrift für Harry Westermann, Karlsruhe 1974

Heidinger, Markus: Austria: Company Law – Branch Office, (2000) 15 JIBL N8

Heinze, Meinhard: Arbeitsrechtliche Probleme bei der grenzüberschreitenden Sitzverlegung in der Europäischen Gemeinschaft, ZGR 1999, 54-70

Heiss, Helmut: „Überseering": Klarschiff im internationalen Gesellschaftsrecht?, ZfRV 2003, 90-97

Herchen, Axel: Aktuelle Entwicklungen im Recht der internationalen Zuständigkeit zur Eröffnung von Insolvenzverfahren: Der Mittelpunkt der (hauptsächlichen) Interessen im Mittelpunkt der Interessen, ZInsO 2004, 825-831
- Internationale Kompetenzkonflikte in der Europäischen Gemeinschaft, ZInsO 2004, 61-66

Herdegen, Matthias: Europarecht, 3. Auflage München 2001

Hess, Klaus-Peter: Durchgriff im englischen und schottischen Gesellschaftsrecht, RIW 1994, 826-829

Heß, Burkhard: Die „Europäisierung" des internationalen Zivilprozessrechts durch den Amsterdamer Vertrag – Chancen und Gefahren, NJW 2000, 23-32

Hicks, Andrew: Advising on Wrongful Trading, (1993) 14 Co.Law. 16-20
- Director disqualification – the National Audit Office follows up, (1999) 15 Insolvency Law & Practise, 112-119
- Directors' disqualification – is it a lottery?, (1999) 15 Insolvency Law & Practise, 73-78
- Disqualification of Directors: No Hiding Place for the Unfit?, ACCA Research Report No. 59, Glasgow 1999

Hirt, Hans C.: The Wrongful Trading Remedy in UK Law: Classification, Application and Practical Significance, ECFR 2004, 71-120

Hirte, Heribert/Mock, Sebastian: Wohin mit der Insolvenzantragspflicht?, ZIP 2005, 474-478

Höfling, Barbara: Die Centros Entscheidung des EuGH auf dem Weg zu einer Überlagerungstheorie für Europa, DB 1999, 1206-1208
- Die Sitztheorie, Centros und der österreichische OGH, EuZW 2000, 145-146
- Das englische internationale Gesellschaftsrecht, Heidelberg 2002

Hölzle, Gerrit: Materielle Unterkapitalisierung und Existenzvernichtungshaftung – Das Phantom als Fallgruppe der Durchgriffshaftung, ZIP 2004, 1729-1736

Hoey, Amanda: Matters determining unfitness-recent developments, in Parry, Rebecca (Hrsg.): Butterworths Disqualification Newsletter No. 5, November 1999, S. 2-5

Hoffmann von, Bernd: Internationales Privatrecht, 6. Auflage, München 1999

Hoffmann, Jochen: Neue Möglichkeiten zur identitätswahrenden Sitzverlegung in Europa – Der Richtlinienentwurf zur Verlegung des Gesellschaftssitzes innerhalb der EU, ZHR 2000, 43-66

Hohloch, Gerhard: Vereinigtes Königreich, in: Hohloch, Gerhard (Hrsg.): EU-Handbuch zum Gesellschaftsrecht, Berlin 2001, S. 1-128

Hommelhoff, Peter: Einige Bemerkungen zur Organisationsverfassung der Europäischen Aktiengesellschaft, AG 2001, 279-288

Hopt, Klaus J.: Europäisches Gesellschaftsrecht – Krise und neue Anläufe, ZIP 1998, 96-106
- Gesellschaftsrecht im Wandel, in Wank, Rolf. u.a. (Hrsg.): Festschrift für Herbert Wiedemann, München 2002, S. 1013-1032
- Europäische Aktiengesellschaft – per aspera ad astra?, EuZW 2002, 1

Horn, Norbert: Deutsches und europäisches Gesellschaftsrecht und die EuGH-Rechtsprechung zur Niederlassungsfreiheit – Inspire Art, NJW 2004, 893-901

Huber, Peter: Internationales Insolvenzrecht in Europa – Das internationale Privat- und Verfahrensrecht der Europäischen Insolvenzverordnung, ZZP 2001, 133-166

Hübner, Ulrich: Der „Company Secretary" im englischen Gesellschaftsrecht, in Hübner, Ulrich/Ebke, Werner F. (Hrsg.): Festschrift für Bernhard Großfeld, Heidelberg 1999, S. 459-469

Hübner, Ulrich/Ebke, Werner F. (Hrsg.): Festschrift für Bernhard Großfeld, Heidelberg 1999

Hüfer, Uwe: Bewertungsprobleme bei der Überschuldungsbilanz, in Wank, Rolf u.a. (Hrsg.): Festschrift für Herbert Wiedemann, München 2002, S. 1047-1068

Hügel, Hanns F.: Steuerrechtliche Hindernisse bei der internationalen Sitzverlegung, ZGR 1999, 71-108

Immenga, Ulrich u.a. (Hrsg.): Festschrift für Ernst-Joachim Mestmäcker, Baden-Baden 1996

Ingenhoven, Thomas: Grenzüberschreitender Rechtsschutz durch englische Gerichte, Baden-Baden 2001

Inglis, B.D.: The Judicial Process in The Conflict of Laws, (1958) 74 LQR 493-516

Ivamy, Hardy: Dictionary of Company Law, 2. Auflage, London 1985

Jacobs, F.G.: When to Refer to The European Court, (1974) 90 LQR 486-493

Jahn, Andreas/Herfs-Röttgen, Ebba: Die Europäische Aktiengesellschaft – Societas Europaea, DB 2001, 631-638

Jarass, Hans D.: Die Niederlassungsfreiheit in der Europäischen Gemeinschaft – Ein Kernelement der Freiheit selbständiger Betätigung, RIW 1993, 1-7
- Elemente einer Dogmatik der Grundfreiheiten, EuR 1995, 202-226

Jayme, Erik/Kohler, Christian: Europäisches Kollisionsrecht 2001: Anerkennungsprinzip statt IPR?, IPRax 2001, 501-514
Jayme, Erik/Hausmann, Rainer: Internationales Privat- und Verfahrensrecht, 10. Auflage, München 2000
Jickeli, Joachim: Der Binnenmarkt im Schatten des Subsidiaritätsprinzips, JZ 1995, 57-64
Jungmann, Carsten/Bisping, Christopher: Die Reform des britischen Unternehmensinsolvenzrechts durch den Enterprise Act 2002, RIW 2003, 930-938

Kaczorowska, Alina: Gourmet Can Have His Keck and Eat It!, (2004) 10 ELJ 479-494
Kallmeyer, Harald: Tragweite des Überseering-Urteils des EuGH vom 5.11.2002 zur grenzüberschreitenden Sitzverlegung, DB 2002, 2521-2522
Keay, Andrew: The duty of directors to take account of creditors' interests: Has it any role to play, (2002) JBL 379-388
- Company Law or another way of skinning a cat – enforcing directors' duties for the benefit of creditors, (2004) 17 InInt 1-9
Kemper, Jutta: Die Verordnung (EG) Nr. 1346/2000 über Insolvenzverfahren – Ein Schritt zu einem europäischen Insolvenzrecht, ZIP 2001, 1609 ff.
Kennedy, Paul: Aufstieg und Fall der Großen Mächte, Frankfurt am Main 1989
Kern, Konrad: Überseering – Rechtsangleichung und gegenseitige Anerkennung, Berlin 2004
Kieninger, Eva-Maria: Niederlassungsfreiheit als Wahlfreiheit – Besprechung der Entscheidung EuGH EuZW 1999, 216 – Centros Ltd.. ./. Erhervs- og Selskabsstyrelsen, ZGR 1999, 725-749
- Anmerkung zu der Entscheidung des OGH vom 15. 7. 1999 – OB 123/99b, NZG 2000, 36-41
- Wettbewerb der Privatrechtsordnungen im Europäischen Binnenmarkt, Tübingen 2002
- Internationales Gesellschaftsrecht nach „Centros", „Überseering" und „Inspire Art": Antworten, Zweifel und offene Fragen, ZEuP 2004, 685-704
- The Legal Framework of Regulatory Competition Based on Company Mobility: EU and US Compared, 6 GLJ 741-770 (2005)
Killian, Matthias: Modernes Gesellschaftsrecht Off-Shore - Im Blickpunkt: Neue Ge sellschaftsformen im Recht der Crown Dependencies, RIW 2000, 896-903
Kindler, Peter: Neue Offenlegungspflichten für Zweigniederlassungen ausländischer Kapitalgesellschaften – Zur Umsetzung der Elften gesellschaftlichen Richtlinie der EG in deutsches Recht, NJW 1993, 3301-3306
- Niederlassungsfreiheit für Scheinauslandsgesellschaften? – Die „Centros"-Entscheidung des EuGH und das Internationale Privatrecht, NJW 1999, 1993-2000
- Internationales Gesellschaftsrecht am Scheideweg, RIW 2000, 649-653
- „Inspire Art" – Aus Luxemburg nichts Neues zum internationalen Gesellschaftsrecht, NZG 2003, 1086-1090
- Auf dem Weg zur Europäischen Briefkastengesellschaft? – Die „Überseering"-Entscheidung des EuGH und das internationale Privatrecht, NJW 2003, 1073-1079

Kjellgren, Anders: On the Border of Abuse - The Jurisprudence of the European Court of Justice on Circumvention, Fraud and Other Misuses of Community Law, (2000) 11 Eur.Bus.L.Rev. 179-194

Klapdor, Ralf: Überlegungen zur Besteuerung der europäischen Aktiengesellschaft, EuZW 2001, 677-680

Klein, Manfred: Gründung der Betriebsstätte einer Kapitalgesellschaft angelsächsischen Rechts in Deutschland, Rpfleger 2003, 629-635

Klinke, Ulrich: Europäisches Unternehmensrecht und EuGH – Die Rechtsprechung in den Jahren 1991-1992, ZGR 1993, 1-40

- Europäisches Unternehmensrecht und EuGH – Die Rechtsprechung im Jahre 1995, ZGR 1996, 567, 573-593
- Europäisches Unternehmensrecht und EuGH – Die Rechtsprechung in den Jahren 1998-2000, ZGR 2002, 163-203

Kluiver de, Harm-Jan: Inspiring a New European Company Law? – Observations on the ECJ's Decision in *Inspire Art* from a Dutch Perspektive and the Imminent Competition for Corporate Charters between EC Member States, ECFR 2004, 121-134

Kluiver de, Harm-Jan/Gerven van, Walter (Hrsg.): The European Private Company?, Antwerpen u.a. 1995

Kögel, Steffen: Gründung einer ausländischen Briefkastenfirma: Wann ist eine Zweigniederlassung in Deutschland eine Zweigniederlassung, DB 2004, 1763-1766

Koenig, Christian/Meurer, Friederike/Engelmann, Christina: Das EuGH-Urteil „Deutscher Apothekenverband/Doc Morris", EWS 2004, 65-72

Kohler, Christian: Gemeinschaftsrecht und Privatrecht: Zur Rechtsprechung des EuGH im Jahre 1995, ZEuP 1996, 452-467

Krause, Thomas: Handelsregistereintragung der inländischen Zweigniederlassung einer ausländischen Gesellschaft, Rpfleger 1999, 263-265

Kropholler, Jan, Internationales Privatrecht, 5. Auflage, Tübingen 2004

Kruse, Viola: Sitzverlegung von Gesellschaften innerhalb der EG, Köln u.a. 1997

Kübler, Friedrich: Gesellschaftsrecht, 5. Auflage, Heidelberg 1998

Kübler, Friedrich/Mendelson Morris/Mundheim, Robert H.: Die Kosten des Bezugsrechts: Eine rechtsökonomische Analyse des amerikanischen Erfahrungsmaterials, AG 1990, 461-475

- Aktienrechtsreform und Unternehmensverfassung, AG 1994, 141-148

Lachmann, Andreas: Haftungs- und Vermögensfolgen bei Sitzverlegung ausländischer Kapitalgesellschaften ins Inland, Frankfurt/Main 2000

Landes, David: The Wealth And Poverty Of Nations – Why Some Are So Rich And Some So Poor, London 1999

Lange, Knut Werner: Anmerkung zu der Entscheidung Centros Ltd. ./. Erhvers- og Selskabsstyrelsen, DNotZ 1999, 599–607

Lanzius, Tim: Die Directors Disqualification des englischen Rechts – ein Baustein zum Schutz des deutschen Rechtsverkehrs vor Scheinauslandsgesellschaften, ZInsO 2004, 296-302

Latty, Elvin R.: Pseudo Foreign Corporations, (1955) 65 Yale LJ 137-173

Leible, Stefan: Anmerkung zum Urteil vom 9.3.1999 – Rs. C-212/97-Centros, NZG 1999, 298-302

- Anmerkung zum Beschluss des Landgerichts Salzburg vom 27.11.2000, NZG 2001, 460-461
- Niederlassungsfreiheit und Sitzverlegungsrichtlinie, ZGR 2004, 531-558

Leible, Stefan /Hoffmann, Jochen: „Überseering" und das (vermeintliche) Ende der Sitztheorie, RIW 2002, 925-936
- „Überseering" und das deutsche Gesellschaftskollisionsrecht, ZIP 2003, 925-931

Lembeck, Eva-Désirée: UK-Company Law Reform – Ein Überblick, NZG 2003, 356-365

Lenz, Carl Otto/Borchardt, Klaus-Dieter (Hrsg.): EU- und EG-Vertrag Kommentar, 3. Auflage, Köln u.a. 2003

Lewis, David: Corporate Redomicile, (1995) 16 Co.Law. 295-299

Lidbetter, Andrew: Company Investigations and Public Law, Oxford 1999

Linke, Christine E.: Europäisches Internationales Verwaltungsrecht, Frankfurt a. Main, Berlin u.a. 2001

Lonbay, Julian: Case C-55/94 Reinhard Gebhard v. Consiglio dell'ordine degli Avvocati e Procuratori di Milano, Judgement of 30. November 1995, [1995] ECR I-4165, (1996) 33 CML Rev 1073-1087

Looijestijn-Clearie, Anne: Centros Ltd. – a Complete U-Turn in the Right of Establishment for Companies?, (2000) 49 ICLQ 621-642
- Have the dikes collapsed? Inspire Art a further break-through in the freedom of establishment of companies?, (2004) 5 EBOR 389-417

Loose, Peter/Griffiths, Michael/Impey, David: The Company Director – Powers, Duties and Liabilities, 8. Auflage, Bristol 2000

Lowry, John: Spelling the end of siège réel: The ascendancy of UK Company Law, MittBl. DAV Internationaler Rechtsverkehr 2003, 28-35

Lowry, John/Watson, Lorraine: Company Law, London 2001

Lurger, Brigitta: „Centros Revisited": Die österreichische Sitztheorie und die Niederlassungsfreiheit des EG-Vertrags, IPRax 2001, 346-352

Lutter, Marcus: A Mini-Directive on Capital, in: De Kluiver, Harm-Jan/Van Gerven, Walter (Hrsg.): The European Private Company?, Antwerpen u.a. 1995, S. 201 ff.
- Europäisches Unternehmensrecht im 21. Jahrhundert, ZGR 2000, 1-18
- Europäische Aktiengesellschaft – Rechtsfigur mit Zukunft?, BB 2002, 1-7
- „Überseering" und die Folgen, BB 2003, 7-10
- Zur Entwicklung der GmbH in Europa und in der Welt, GmbHR 2005, 1-4

Lutter, Marcus/Banerjea-Nirmal, Robert: Die Haftung des Geschäftsführers für existenzvernichtende Eingriffe, ZIP 2003, 2177-2180
- Die Haftung wegen Existenzvernichtung, ZGR 2003, 402-440

Lutter, Marcus/Hommelhoff, Peter (Hrsg.): GmbH-Gesetz Kommentar, 16. Auflage, Köln 2004

Luttermann, Claus: EWS-Kommentar zu der Entscheidung des BGH v. 30. 3. 2000 – VII ZR 370/98, EWS 2000, 375-376

Luttermann, Claus: Mit dem Europäischen Gerichtshof (Centros) zum Internationalen Unternehmens- und Kapitalmarktrecht – Kollisionsrecht in Zeiten des Internets, ZEuP 2000, 907-921

Mankowski, Peter: Entwicklungen im Internationalen Privat- und Prozessrecht 2003/2004 (Teil 1), RIW 2004, 481-497

Manning, B.: The Business Judgement Rule and the Director's Duty of Attention: „Time for Reality", (1984) 39 Bus.Law. 1477 ff.

Marks, David/Kaye, Roger, Shashi, Rajani (Hrsg.): Tolley's Insolvency Law, Loseblattsammlung, 13. Ausgabe, Croyden 2000

Mäsch, Gerald: Die Rolle des BGH im Wettbewerb der Rechtsordnungen oder: neue Nahrung für den Ruf nach der Revisibilität ausländischen Rechts, EuZW 2004, 321 („Der Gastkommentar")

Maul, Silja/Schmidt, Claudia: Inspire Art – Quo vadis Sitztheorie?, BB 2003, 2297-2300

Mc Clean, David: Morris: The Conflict of Laws, 5. Ausgabe, London 2000

Mc Goldrick, Dominic: The United Kingdom's Human Rights Act 1998 in Theory and Practise, (2001) 50 ICLQ 901-953

Mc Kenzie Skene, Donna: Insolvency Law in Scotland, Edinburgh 1999

- Mental health as a factor in disqualification proceedings, in Parry, Rebecca (Hrsg.): Disqualification Newsletter No. 11, July 2001, S. 2-6

Mc Neil/Lau, Alex: International Corporate Regulation: Listing Rules and Overseas Companies, (2001) 50 ICLQ 787-810

Meilicke, Wienand: Der GmbHR-Kommentar zu EuGH, Rs. C-167/01 – Inspire Art Ltd., GmbHR 2003, 1271-1273

Meiners, Roger E./Mofsky James S./Tollison Robert D.: Piercing the Veil of Limited Liability, (1979) 4 Del J Corp L 351-367

Melchior, Robin: Ausschließungsgründe für Geschäftsführer werden novelliert. Schwarze Schafe – Weiße Weste: Reloaded!, GmbHR 2005, R 29-30

Merkt, Hanno: Das Europäische Gesellschaftsrecht und die Idee des „Wettbewerbs der Gesetzgeber", RabelsZ 1995, 545-568

- Das Informationsmodell ist weiter auf dem Vormarsch, RIW 2003 Heft 12; S. I („Die erste Seite")
- Die Gründungstheorie gewinnt an Einfluss, RIW 2003, 458-460
- Der Kapitalschutz in Europa – ein rocher de bronze?, ZGR 2004, 305-323
- Die Pluralisierung des europäischen Gesellschaftsrechts, RIW 2004, 1-7
- European Company Law Reform: Struggling for a More Liberal Approach, ECFR 2004, 3-35

Micheler, Eva: The Impact of the Centros Case on Europe's Company Laws, (2000) 21 Co.Law. 179-182

- Gläubigerschutz im englischen Gesellschaftsrecht, ZGR 2004, 324-347

Mithani, Abbas: Directors' Disqualification, Band 6, London 2001

Mock, Sebastian/Schildt, Charlotte: Insolvenz ausländischer Kapitalgesellschaften mit Sitz in Deutschland, ZInsO 2003, 396-402

Mokal, Rizwaan J.: An Agency Cost Analysis of the Wrongful Trading Provisions: Redistribution, Perverse Incentives and the Creditor's Bargain, (2000) 59 CLJ 335-369

Monti, Mario: Statut der Europäischen Aktiengesellschaft, WM 1997, 607-608

Morse, Geoffrey: Palmer's Company Law, 25. Auflage, London 1998

Moss, Gabriel: Insolvency Administration for Foreign Companies in England, (1993) 15 Comp.YB Int'l Bus., S. 3-19

Mott, de, Deborah A.: Perspectives on Choice of Law for Corporate Internal Affairs, 48 L & Contemp Probs 161-198 (1985)

Muchlinski, Peter: Corporations in International Litigation: Problems of Jurisdiction and the United Kingdom Absbestos Case, (2001) 50 ICLQ 1-25
Mülbert, Peter O.: Privatrecht, die EG-Grundfreiheiten und der Binnenmarkt, ZHR 1995, 2-33
Müller, Hans-Friedrich: Insolvenz ausländischer Kapitalgesellschaften mit inländischem Verwaltungssitz, NZG 2003, 414-418
- Die grenzüberschreitende Verschmelzung nach dem neuen Richtlinienentwurf der EU-Kommission, ZIP 2004, 1790-1797
National Audit Office: Company Directors'Disqualification – A Follow up Report, London 1999
Neye, Hans-Werner: Die Vorstellungen der Bundesregierung zum Vorschlag einer 14. Richtlinie, ZGR 1999, 13-19
Niebel, Rembert: Der Status der Gesellschaften in Europa, Stuttgart 1998
Noack, Ulrich: Das GmbH-Recht braucht eine Runderneuerung, FAZ vom 26.11.2003, S. 25
Nobel, Peter (Hrsg.): Internationales Gesellschaftsrecht – Schriften zum Internationalen Gesellschaftsrecht, Heft 2, Bern 2000
- Die Freizügigkeit von juristischen Personen in der EU, in Nobel, Peter (Hrsg.): Internationales Gesellschaftsrecht – Schriften zum Internationalen Gesellschaftsrecht, Heft 2, Bern 2000, S. 29-44
Nolan, Richard: Disqualifying Directors, (1994) 15 Co.Law. 278-280
North, P.M./Fawcett, J.J.: Cheshire and North – Private International Law, 13. Ausgabe, London 1999

O.V.: Wrongful Trading Laws That Directors Ignore, Accounting Age, v. 29.10.1992, S. 8
- in: *Parry, Rebecca* (Hrsg.): Butterworths Disqualification Newsletter Nr. 8, Juli 2000, S. 7-8
- „Wenn nur Ethelred der Unfertige noch herrschte“, FAZ vom 4.9.2000, S. 3
- „Bundesrat lehnt Gesetz zur Europa AG ab“, FAZ vom 27.11.2004, S. 14
- „Justizministerin Zypries bereitet das elektronische Handelsregister vor“, FAZ vom 7.4.2005
Oberhammer, Paul: Europäisches Insolvenzrecht in praxi – „Was bisher geschah“, ZinsO 2004, 761-773
Omar, Paul J.: Freedom of Movement for Companies and the Avoidance of Regulation, (1999) 10 ICCLR 286-288
- Centros Revisited: Assessing the Impact on Corporate Organisation in Europe, (2000) 11 ICCLR 407-41
- The European Initiative on wrongful trading, (2003) 6 InsLaw 239-249
Ong, Kingsley T.W.: Disqualification of directors: a faulty regime?, (1998) 19 Co.Law. 7-10

Paal, Boris: Rechnungslegung und DRSC, Baden Baden 2001
Paefgen, Walter G.: Gezeitenwechsel im Gesellschaftskollisionsrecht,, WM 2003, 561-570
- Wider die gesellschaftsrechtliche Ausländerphobie, ZIP 2004, 2253-2262
Payne, Jennifer: Lifting the corporate veil: a reassessment of the fraud exception, (1997) 56 CLJ 284-290

Pennington, Robert R.: Company Law, 7. Auflage, London, Dublin, Edinburgh 1995
- Pennington's Insolvency Law, 2. Auflage, London, Edinburgh, Dublin 1997

Pernice, Christina: Die Insolvenzverschleppung durch das Geschäftsführungsorgan der kleinen Kapitalgesellschaft im deutschen, französischen und englischen Recht, Frankfurt am Main 2002

Pettet, Ben: Company Law, Harlow, London 2001

Pfeiffer, Thomas: Die Entwicklung des Internationalen Vertrags-, Schuld- und Sachenrechts 1997-1999, NJW 1999, 3674-3687

Pluskat, Sorika: Die neuen Vorschläge für die Europäische Aktiengesellschaft, EuZW 2001, 524-528

Prentice, Dan: Creditors' Interest and Directors' Duties, (1990) 10 OJLS 265-277
- ECC Directives on Company Law and Financial Markets, Oxford 1991
- Corporate Personality, Limited Liability and the Protection of Creditors, in Grantham, Ross/Rickett, Charles: Corporate Personality in the 20th Century, Oxford 1998 , S. 99-125
- The Incorporation Theory – The United Kingdom, Draft Paper, Oxford 2000

Prentice, Dan/Oditah, Fidelis/Segal, Nick: Administration: Part II of the Insolvency Act 1986, in Ziegel, Jacob S. (Hrsg.): Current Developments in International and Comparative Corporate Insolvency Law, Oxford 1994, S. 63-106

Priester, Hans-Joachim: EU-Sitzverlegung – Verfahrensablauf, ZGR 1999, 36-53

Quest, David: Company Law: Disqualification of Directors, (1994) 9 JIBL 108-109

Rajak, Harry: Britisches Recht und der Vorschlag einer 14. Richtlinie, ZGR 1999, 111-125

Rasner, Henning: Die Europäische Aktiengesellschaft (SE) – ist sie wünschenswert?, ZGR 1992, 314-326

Rebmann, Kurt/Säcker, Franz Jürgen/Rixecker, Roland (Hrsg.): Münchener Kommentar zum Bürgerlichen Gesetzbuch, Band 11, Internationales Handels- und Gesellschaftsrecht u.a., 3. Auflage, München 1999

Rehberg, Markus: Internationales Gesellschaftsrecht im Wandel: Das Überseering-Urteil des EuGH und seine Folgen (Tagungsbericht), IPRax 2003, 175-181

Reher, Tim: Gesellschaftsrecht in Gemeinsamen Märkten, Baden-Baden 1997

Recq, Gabriel/Hoffmann, Sven: Die französische S.A.R.L. als GmbH-Ersatz, GmbHR 2004, 1070-1077.

Richter, Hartmut: Die Rechtsstellung Ausländischer Kapitalgesellschaften in England – Internationales Privatrecht und Fremdenrecht, Münster 1980

Rickford, Jonathan (Hrsg.): Reforming Capital, Provisional Report of the Interdisciplinary Group on Capital Maintenance, The Company Law Center, British Institute of International and Comparative Law (Januar 2004), (2004) 15 Eur.Bus.L.Rev., Heft 4, S. 1-109

Rider, Barry R. K. (Hrsg.): The Corporate Dimension, Bristol 1998

Riedemann, Susanne: Das Auseinanderfallen von Gesellschafts- und Insolvenzstatut „Inspire Art" und die Insolvenz über das Vermögen einer englischen „limited" in Deutschland, GmbHR 2004, 345-349

Riegger, Bodo: Centros – Überseering – Inspire Art: Folgen für die Praxis, ZGR 2004, 510-530

Ries, Peter: Anmerkung zu LG Berlin, Beschluss vom 22.6.2004 – 102 T 48/04 (nicht rechtskräftig), ZIP 2004, 2380-2383
Ripley, A.: Director's Duties and the Interests of Creditors, (1989) 10 Co.Law. 87-93
Röhricht, Volker: Insolvenzrechtliche Aspekte im Gesellschaftsrecht, ZIP 2005, 505-516
Roth, Christian: Entwicklung des Gesellschaftsrechts: Kündigt die Europäische Gesellschaft die Europäische Privatgesellschaft an?, The European Legal Forum 2000, 396-403
Roth, Günther H.: Gründungstheorie: Ist der Damm gebrochen?, ZIP 1999, 861-867
- Gläubigerschutz durch Existenzschutz, NZG 2003, 1081-1090
Roth, Günther H./Altmeppen, Holger: Gesetz betreffend die Gesellschaften mit beschränkter Haftung (GmbHG), 3. Auflage, München 1997
Roth, Wulf-Henning: Grundlagen des gemeinsamen europäischen Versicherungsmarktes, RabelsZ 1990, 63-138
- Der Einfluß des Europäischen Gemeinschaftsrechts auf das IPR, RabelsZ 1991, 623-673
- Die Niederlassungsfreiheit zwischen Beschränkungs- und Diskriminierungsverbot, in Wolfgang Schön u.a. (Hrsg.): Gedächtnisschrift für Knobbe–Keuk, S. 729-742, Köln 1997
- „Centros“: Viel Lärm um Nichts?, ZGR 2000, 311-338
- Internationales Gesellschaftsrecht nach Überseering, IPRax 2003, 117-127
Rowedder, Heinz/Schmidt-Leithoff, Christian: Gesetz betreffend die Gesellschaften mit beschränkter Haftung (GmbHG) Kommentar, 4. Auflage, München 2002
Roxburgh, D.S.: Dissolution of Non-Resident Incorporated Companies Before 15. March 1993, (1992) 32 ET 425 ff.

Sandrock, Otto: Die multinationalen Korporationen im Internationalen Privatrecht, BerDtGesVölkR 1978, 169 ff.
- Ein amerikanisches Lehrstück für das Kollisionsrecht der Kapitalgesellschaften, RabelsZ 1978, 227-267
- Die Konkretisierung der Überlagerungstheorie in einigen zentralen Einzelfragen – ein Beitrag zum internationalen Gesellschaftsrecht, in Sandrock, Otto (Hrsg.): Festschrift für Günther Beitzke, Berlin, New York 1979, S. 669-696
- Sitztheorie, Überlagerungstheorie und der EWG-Vertrag: Wasser, Öl und Feuer, RIW 1989, 505-513
- Centros: Ein Etappensieg für die Überlagerungstheorie, BB 1999, 1337-1345
- BB-Forum: Nach Inspire Art – Was bleibt vom deutschen Sitzrecht übrig?, BB 2003, 2588-2589
- Sitzrecht contra Savigny? – Zum angeblichen Chaos im Internationalen Gesellschaftsrecht, BB 2004, 897-901
Sandrock, Otto/Austmann, Andreas: Das Internationale Gesellschaftsrecht nach der Daily Mail-Entscheidung des Europäischen Gerichtshofes: Quo vadis?, RIW 1989, 249-253
Schack, Haimo: Internationales Zivilverfahrensrecht, 3. Auflage München 2002
Schall, Alexander/Westhoff, Andre: Warum Deutschland eine neue Kapitalgesellschaftsform braucht, GmbHR 2004, R381-382

Schanze, Erich/Jüttner, Andreas: Anerkennung und Kontrolle ausländischer Gesellschaften – Rechtslage und Perspektiven nach der Überseering-Entscheidung des EuGH, AG 2003, 30-36

- Die Entscheidung für Pluralität: Kollisionsrecht und Gesellschaftsrecht nach der EuGH-Entscheidung „Inspire Art", AG 2003, 661-671

Schmidt, Karsten: Anmerkung zu BGH, NJW 1993, 2931, NJW 1993, 2934-2935

- Gesellschaftsrecht, 3. Auflage, Köln u.a. 1997
- Sitzverlegungsrichtlinie, Freizügigkeit und Gesellschaftsrechtspraxis, ZGR 1999, 20-35
- Verlust der Mitte durch „Inspire Art"? – Verwerfungen im Unternehmensrecht durch Schreckreaktionen der Literatur, ZHR 2004, 493-502

Schmitthoff, Clive M.: The English Conflict of Laws, 3. Auflage, London 1954

- The Second EEC Directive on Company Law, (1978) 15 CML Rev 43-54

Schneider, Uwe H./Hommelhoff, Peter/Schmidt, Karsten/Timm, Wolfram/Grunewald u.a. (Hrsg.): Festschrift für Marcus Lutter, Köln 2000

Scholz, Franz (Hrsg.): Kommentar zum GmbH-Gesetz, 9. Auflage, Köln 2000

Scholz, Kai-Steffen: Die BGB-Gesellschaft nach dem Grundsatzurteil des BGH vom 29.1.2001, NZG 2002, 153-163

Schön, Wolfgang: Gesellschaftsrecht nach Maastricht, ZGR 1995, 1-38

- (Hrsg.): Gedächtnisschrift für Knobbe-Keuk, Köln 1997
- Die Niederlassungsfreiheit von Kapitalgesellschaften im System der Grundfreiheiten, in Schneider Uwe H./Hommelhoff, Peter/Schmidt, Karsten u.a. (Hrsg.): Festschrift für Marcus Lutter, Köln 2000, S. 685-706
- Der „Rechtsmissbrauch" im Europäischen Gesellschaftsrecht, in Wank, Rolf u.a. (Hrsg.): Festschrift für Herbert Wiedemann, München 2002, S. 1271-1295
- Zur „Existenzvernichtung" der juristischen Person, ZHR 2004, 268-297

Schuberth, Ernst-Markus: Konzernrelevante Regelungen im britischen Recht, München 1997

Schulte, Richard: Enforcing wrongful trading as a standard of conduct for directors and a remedy for creditors: the special case of corporate insolvency, (1999) 22 Co.Law. 80-88

Schultheiß, Michael: Die Haftung des „shadow director" einer englischen Kapitalgesellschaft – Der Haftungsdurchgriff auf den beherrschenden Gesellschafter und die Konzernobergesellschaft im englischen Recht, Aachen 2000

Schulz, Andreas/Geismar, Bernhard: Die Europäische Aktiengesellschaft, DStR 2001, 1078-1086

Schulz, Martin: (Schein-)Auslandsgesellschaften in Europa – Ein Schein-Problem?, NJW 2003, 2705-2708

Schumann, Alexander: Die englische Limited mit Verwaltungssitz in Deutschland: Kapitalaufbringung, Kapitalerhaltung und Haftung bei Insolvenz, BB 2004, 743-749

Schwartz, Gary J.: Should Shareholders Be Personally Liable for the Torts of Their Corporations?, (1966) 76 Yale LJ 1190-1205

Schwarz, Günter Christian: Europäisches Gesellschaftsrecht, Baden-Baden 2000

- Zum Statut der Europäischen Aktiengesellschaft – Die wichtigsten Neuerungen und Änderungen der Verordnung, ZIP 2001, 1847–1861

Schwarze, Jürgen (Hrsg.): EU–Kommentar, Baden–Baden 2000

Sealy, Leonhard S.: „The Disclosure Philosophy and Company Law Reform", (1981) 2 Co.Law. 51-56

- Personal Liability of Directors and Officers for Debts of Insolvent Corporations: A jurisdictional Perspective (England), in Ziegel, Jacob S. (Hrsg.): Current Developments in International and Comparative Corporate Insolvency Law, Oxford 1994, S. 485-499
- Book Review, (1999) 58 CLJ 247-248

Sedemund, Jochen/Hausmann, Ludwig: BB-Kommentar, BB 1999, 810-811

Seibert, Ulrich: Die Umsetzung der Zweigniederlassungs-Richtlinie der EG in deutsches Recht, GmbHR 1992, 738-741

Seifert, Bernd: RIW-Kommentar zu der Entscheidung AG Westerstede, RIW 2001, RIW 2001, 68-69

Siems, Mathias: Convergence, competition, Centros and conflicts of law: European company law in the 21st century, (2002) 27 E.L.Rev. 47-59
- Neue Medien im UK Company Law, RIW 2002, 202-207

Simmons, Marion Q.C./Smith, Tom: The Human Rights Act 1998: the practical impact on insolvency, (2000) 16 Insolvency Law & Practise

Sinclair, Neil/Vogel, David/Snowden, Richard (Hrsg.): Company Directors: Law and Liability, Band 1, London 1998

Smart Phillip St. J.: International Insolvency: Ancillary Winding Up And The Foreign Corporations, (1990) 39 ICLQ 827-855
- Corporate Domicile and Multiple Incorporation in English Private International Law, [1990] JBL 126-136
- Cross Border Insolvency, 2. Auflage, London 1998
- Forum non conveniens in bankruptcy proceedings, [1989] JBL 126-135

Snaith, Ian: Baring responsibility: in Parry, Rebecca (Hrsg.): Disqualification Newsletter No. 2, März 1999, S. 2-5

Sonnenberger, Hans Jürgen/Großerichter, Helge: Konfliktlinien zwischen internationalem Gesellschaftsrecht und Niederlassungsfreiheit – Im Blickpunkt: Die Centros-Entscheidung des EuGH als gesetzgeberische Herausforderung, RIW 1999, 721-732

Spindler, Gerald/Berner, Olaf: Inspire Art – Der europäische Wettbewerb um das Gesellschaftsrecht ist endgültig eröffnet, RIW 2003, 949-957
- Der Gläubigerschutz im Gesellschaftsrecht nach Inspire Art, RIW 2004, 7-16

Stein, Ursula: § 6 Abs. 2 Satz 2 GmbH, § 76 Abs. 3 Satz 2 AktG: Verfassungswidrige Berufsverbote?, AG 1987, 165-176

Steindorff, Ernst: Centros und das Recht auf die günstigste Rechtsordnung, JZ 1999, 1140-1143

Stödter, Rolf/Thieme, Werner (Hrsg.): Hamburg – Deutschland – Europa – Beiträge zum deutschen und europäischen Verfassungs-, Verwaltungs- und Wirtschaftsrecht – Festschrift für Peter Ibsen, Tübingen 1977

Stoll, Hans (Hrsg.): Vorschläge und Gutachten zur Umsetzung des EU-Übereinkommens über Insolvenzverfahren im deutschen Recht, Tübingen 1997

Stoller, Antje: Sitztheorie und Niederlassungsfreiheit von Kapitalgesellschaften – EuGH, NJW 2002, 3614, JuS 2003, 846-848

Strauß, Thomas: Insolvenzbezogene Geschäftsleiterhaftung in Europa, Berlin 2001

The Company Law Review Steering Group: Modern Company Law - For a Competitive Economy - Reforming the Law Concerning Overseas Companies, London Oktober 1999

- Modern Company Law - For a Competitive Economy - Company General Meetings and Shareholder Communication, London Oktober 1999
- Modern Company Law - For a Competitive Economy - Company Formation and Capital Maintenance, London Oktober 1999
- Modern Company Law - For a Competitive Economy - The Strategic Framework, London Februar 1999
- Modern Company Law - For a Competitive Economy - Completing the Structure, London November 2000
- Modern Company Law - For a Competitive Economy - Developing the Framework, London März 2000
- Modern Company Law - For a Competitive Economy - Registration of Company Charges, London Oktober 2000
- Modern Company Law - For a Competitive Economy - Capital Maintenance: Other Issues, Juni 2000
- Modern Company Law - For a Competitive Economy - Company General Meetings and Shareholder Communication, London Oktober 2000
- Modern Company Law - For a Competitive Economy-Final Report, Volume 1/ Volume 2, Juli 2001

The Cork Report Committee: Insolvency Law and Practise-Report of the Review Com mittee (the Cork Report), HMSO, Cmd 8558, London, 1982

The Greene Report Committee, HMSO, Cmd 2657, London 1926

The Insolvency Service: Annual Accounts & Reports, London 2000-2001

Theroux, Eugene A.: Transferred Corporate Domicile: A New Hebrides Refuge from War and Other Calamities, (1977) 25 Am.J.Comp.L. 405-413

Thorn, Karsten: Das Centros-Urteil des EuGH im Spiegel der deutschen Rechtsprechung, IPRax 2001, 102-110

Timmermann, Levinus: Sitzverlegung von Kapitalgesellschaften nach niederländischem Recht und die 14. Richtlinie, ZGR 1999, 147-156

Timmermann, Levinus: Das niederländische Gesellschaftsrecht im Umbruch, in Schneider, Uwe H./Hommelhoff, Peter/Schmidt, Karsten u.a. (Hrsg.): Festschrift für Marcus Lutter, Köln 2000, S. 173-186

Timmermanns, Christiaan: Harmonization in the Future of Company Law in Europe, Draft Paper, Siena 2000

Tolmie, Fiona: Funding Litigation by Liquidators: A consideration of the amendment of Rule 4.218, (2003) 4 InsLaw153-156

Triebel, Volker: Nach Überseering (und demnächst Inspire Art): Verdrängen die englische Ltd. und PLC die deutsche GmbH und AG?, BB 2003/Heft 36, I („Die Erste Seite")

- Wegzug und grenzüberschreitende Umwandlungen deutscher Gesellschaften nach „Überseering" und „Inspire Art", BB 2003, 2409-2417

Triebel, Volker/Hodgson, Stephen/Kellenter, Wolfgang/Müller, Georg: Englisches Handels- und Wirtschaftsrecht, 2. Auflage, Heidelberg 1995

Triebel, Volker/Karsten, Lars: Limited Liability Partnership Act 2000 – maßgeschneiderte Rechtsform für freie Berufe?, RIW 2001, 1-7

Ulmer, Peter: Anmerkung zu BGH, ZIP 1993, 763, ZIP 1993, 769-772

- Schutzinstrumente gegen die Gefahren aus der Geschäftstätigkeit inländischer Zweigniederlassungen von Kapitalgesellschaften mit fiktivem Auslandssitz, JZ 1999, 662-665
- Anmerkung zu BGH, JZ 2002, 1047-1049, JZ 2002, 1049-1052
- Gläubigerschutz bei Scheinauslandsgesellschaften, NJW 2004, 1201-1210
- Insolvenzrechtlicher Gläubigerschutz gegenüber Scheinauslandsgesellschaften ohne hinreichende Kapitalausstattung?, KTS 2004, 291-304

Van Halen, Curt: Das Internationale Gesellschaftsrecht nach dem Überseering-Urteil des EuGH, WM 2003, 571-578

Verheul, J.P.: The Forum (Non) Conveniens in English and Dutch Law and Under Some International Conventions, (1986) 35 ICLQ 413-423

Virgos, Miguel/Schmitt, Etienne: Erläuternder Bericht zu dem EU-Übereinkommen über Insolvenzverfahren, in Stoll, Hans: Vorschläge und Gutachten zur Umsetzung des EU-Übereinkommens über Insolvenzverfahren im deutschen Recht, Tübingen 1997, S. 32-134

Volhard, Rüdiger/Stengel, Arndt: German Limited Liability Company, Chichester, New York u.a. 1997

Von der Groeben, Hans/Schwarze, Jürgen (Hrsg.): Kommentar zum Vertrag über die Europäische Union und zur Gründung der Europäischen Gemeinschaft, 6. Auflage, Baden-Baden 2003

Vorpeil, Klaus: Neuere Entwicklungen im englischen Handels- und Wirtschaftsrecht, RIW 2004, 691-703

Vossius, Oliver: Zum Entwurf eines ganzheitlichen GmbH-Reformgesetzes aus der Praxis, GmbHR 2005, R 373-374

Voß, Rüdiger: Die Wettbewerbsfähigkeit europäischer Off-Shore Finanzzentren – Ein Vergleich der rechtlichen Standortkonditionen von Guernsey und Luxemburg aus Sicht der Finanzunternehmen, Berlin 2000

Wachter, Thomas: Auswirkungen des EuGH-Urteils in Sachen Inspire Art Ltd. auf Beratungspraxis und Gesetzgebung – Deutsche GmbH vs. Englische private limited company, GmbHR 2004, 88- 105
- Handelsregisteranmeldung der inländischen Zweigniederlassung einer englischen Private Limited Company, MDR 2004, 611-619
- Existenz- und Vertretungsnachweis bei der englischen Private Limited Company, DB 2004, 2795-2803

Wagner, Klaus R.: „Überseering" und Folgen für das Steuerrecht, GmbHR 2003, 684-693

Wahl, Ulrich, Die verfehlte internationale Zuständigkeit, Forum non conveniens und internationales Rechtsschutzbedürfnis, Berlin 1974

Walden, Daniel: Das Kollisionsrecht der Personengesellschaften im deutschen, europäischen und US-amerikanischen Recht, Baden-Baden 2001

Walmsey, Keith: Butterworth's Company Handbook, 15. Ausgabe, London, Edinburgh, Dublin 2001

Walter, F.M. (Hrsg.): Halsbury's Laws of England, 4. Auflage, London 1996

Walters, Adrian: Enforcing Wrongful Trading – Substantive Problems and Practical Disincentives, in: Rider, Barry R. K. (Hrsg.): The Corporate Dimension, Bristol 1998, S. 145-160

Wank, Rolf u.a. (Hrsg.): Festschrift für Herbert Wiedemann, München 2002

Warendorf H.C.S./Thomas, R.L.: Companies and other legal persons under Netherlands and Netherlands Antilles Law, Den Haag 2001

Weatherill, Stephen: After Keck: Some thoughts on how to clarify the clarification, (1996) 33 CML Rev 885-906

Weatherill, Stephen/Beaumont, Paul: EC Law - the essential guide to the legal workings of the European Community, 2. Auflage, London 1995

Weller, Marc-Phillipe: „Inspire Art“: Weitgehende Freiheiten beim Einsatz ausländischer Briefkastengesellschaften, DStR 2003, 1800-1804

- Das Internationale Gesellschaftsrecht in der neuesten BGH-Rechtsprechung, IPRax 2003, 324-328
- Einschränkung der Gründungstheorie bei missbräuchlicher Auslandsgründung?, IPRax 2003, 520-524
- Scheinauslandsgesellschaften nach Centros, Überseering und Inspire Art: Ein neues Anwendungsfeld für die Existenzvernichtungshaftung, IPRax 2003, 207-210
- Europäische Rechtsformwahlfreiheit und Gesellschafterhaftung, Köln u.a. 2004
- Forum Shopping im Internationalen Insolvenzrecht, IPRax 2004, 412-417

Werlauff, Erik: Ausländische Gesellschaften für Inländische Aktivität – „Centros aus dänischer Sicht“, ZIP 1999, 867-876

Westhoff, André: Die Gründung einer britischen Kapitalgesellschaft mit Verwaltungssitz im Inland und die Pflichten ihrer laufenden Geschäftstätigkeit – „How to set up a Limited?“, ZInsO 2004, 289-295

Weyand, Raimund: Insolvenzdelikte – Unternehmenszusammenbruch und Strafrecht, 5. Auflage, Bielefeld 2001

Wheeler, Sally: Swelling the Assets for Distribution in Corporate Insolvency, [1993] JBL 256-269

Wiesner, Peter M.: Corporate Governance und kein Ende, ZIP 2003, 977-980

- Die grenzüberschreitende Verschmelzung und der neue Mitbestimmungskompromiss, DB 2005, 91-94

Wilhelm, Jan: Umgehungsverbote im Recht der Kapitalaufbringung, ZHR 2003, 520-543

Williams, Christina/Mc Gee, Andrew: Curbing unfit directors – is personal liability an empty threat?, (1993) 7 Insolvency Lawyer 2-7

Wimmer, Klaus: Die Verordnung (EG) Nr. 1346/2000 über Insolvenzverfahren, ZInsO 2001, 97-103

Wolff, Martin: Private International Law, 2. Auflage, Oxford 1950

Wulf de, Hans/Dejonghe, Sofie: Netherlands: Company Law-Corporate Seats, (2004) 15 ICCLR 29-30

Wyatt, Derrek: Foglia (No. 2): The Court Denies it has Jurisdiction to Give Advisory Opinions, (1982) 7 Eur.L.Rev. 186-193

Wymeersch, Eddy: Die Sitzverlegung nach belgischem Recht, ZGR 1999, 126-146

- The Transfer of the Seat of the Company, Draft Paper, London 29.4.2000

Xanthaki, Helen: Is this really the end for the Theory of the Siège Reél?, (2001) Co.Law. 2-8

Young, E. Hilton: The Nationality of a Juristic Person, (1908) 22 HLR 1-25

Ziegel, Jacob S. (Hrsg.): Current Developments in International and Comparative Corporate Insolvency Law, Oxford 1994

Ziegenhain, Hans-Jörg: Extraterritoriale Rechtsanwendung und die Bedeutung des Genuine-Link-Erfordernisses – Eine Darstellung der deutschen und amerikanischen Staatenpraxis, München 1992

Ziemons, Hildegard: Freie Bahn für den Umzug von Gesellschaften nach Inspire Art?!, ZIP 2003, 1913-1920

Zimmer, Daniel: Internationales Gesellschaftsrecht, Heidelberg 1996

- Gesellschaftsrecht im 21. Jahrhundert, in: Schneider, Uwe H./Hommelhoff, Peter/Schmidt, Karsten u.a. (Hrsg.): Festschrift für Marcus Lutter, Köln 2000, S. 231-247
- Mysterium „Centros“ – Von der schwierigen Suche nach der Bedeutung eines Urteils des Europäischen Gerichtshofes, ZHR 2000, 23-42
- Nach „Inspire Art“: Grenzenlose Gestaltungsfreiheit für deutsche Unternehmen?, NJW 2003, 3585-3656
- Neuer Schub für die Richtlinie zur Sitzverlegung, FAZ vom 3. April 2003, S. 14
- Wie es Euch gefällt? Offene Fragen nach dem Überseering-Urteil des EuGH, BB 2003, 1-7

Zweigert, Konrad/Kötz, Hein: Einführung in die Rechtsvergleichung, 3. Auflage, Tübingen 1996

Ellen Reinbach

Gläubigerschutz gegen den Mißbrauch einer private limited company

Eine Darstellung anhand einer Gesellschaft des englischen Rechts mit Sitz in Deutschland nach Inspire Art

Frankfurt am Main, Berlin, Bern, Bruxelles, New York, Oxford, Wien, 2005.
XXIV, 259 S.
Europäische Hochschulschriften: Reihe 2, Rechtswissenschaft. Bd. 4273
ISBN 3-631-54206-2 · br. € 51.50*

Mit seinen Entscheidungen in den Sachen „Centros", „Überseering" und „Inspire Art" garantiert der EuGH die Niederlassungsfreiheit einer nach dem Recht eines Mitgliedsstaates wirksam gegründeten Kapitalgesellschaft. Die Schrift analysiert die der EuGH-Rechtsprechung zugrundeliegenden europa- und kollisionsrechtlichen Fragestellungen sowie die sich daraus ergebenden Folgeprobleme für den Schutz der inländischen Gläubiger einer in Deutschland ansässigen private limited company des englischen Rechts. Der Schwerpunkt der Arbeit liegt auf einer ausführlichen Darstellung des Gläubigerschutzes bei der englischen private limited company. Des weiteren wird auf die Anwendbarkeit des deutschen Rechts auf eine im Inland tätige Auslandsgesellschaft als gläubigerschützendes Korrektiv eingegangen.

Aus dem Inhalt: Bestimmung des Gesellschaftsstatuts · Bisheriger Schutz des inländischen Rechtsverkehrs · Vorrang der Niederlassungsfreiheit · Geltung der Gründungstheorie · Gläubigerschutz bei einer in Deutschland ansässigen private limited company mit inländischem Tätigkeitsschwerpunkt: Gläubigerschutz bei der englischen private limited company · Gläubigergefährdendes Regelungsgefälle zwischen dem Recht der GmbH und dem der private limited company · Gläubigerschutz in kritischen Fallgruppen

FSC
www.fsc.org
MIX
Papier | Fördert gute Waldnutzung
FSC® C083411

Zeitfracht Medien GmbH
Ferdinand-Jühlke-Straße 7
99095 Erfurt, Deutschland
produktsicherheit@kolibri360.de

Druck:
CPI Druckdienstleistungen GmbH
im Auftrag der
Zeitfracht Medien GmbH
Ein Unternehmen der Zeitfracht - Gruppe
Ferdinand-Jühlke-Str. 7
99095 Erfurt